WORLD WAR TWO AT SEA
CONFLICT ON THE OCEANS 1939 TO 1945

海战图文史

从大西洋到冲绳岛，用图片和文字记录二战海上战争全历程

1939—1945年的海上冲突

[英] 杰里米·哈伍德（Jeremy Harwood）◎著

付广军◎译　木子◎校译

金城出版社
GOLD WALL PRESS

WORLD WAR TWO AT SEA：CONFLICT ON THE OCEANS 1939 TO 1945
by JEREMY HARWOOD
Copyright © 2015 Quid Publishing
Simplified Chinese edition copyright © 2022 GOLD WALL PRESS CO., LTD.
This edition arranged with Quarto Publishing Plc.
All rights reserved.
本书图片由德国联邦档案馆、美国海军历史中心等授权使用。
本书一切权利归 金城出版社有限公司 所有，未经合法授权，严禁任何方式使用。

图书在版编目（CIP）数据

海战图文史：1939—1945 年的海上冲突：彩印精装典藏版 /（英）杰里米·哈伍德（Jeremy Harwood）著；付广军译 .—北京：金城出版社有限公司，2023.1
（二战文史眼丛书 / 朱策英主编）
书名原文：World War Two at Sea: Conflict on the Oceans 1939 to 1945
ISBN 978-7-5155-2371-2

Ⅰ.①海… Ⅱ.①杰… ②付… Ⅲ.①第二次世界大战战役 – 海战 – 史料 – 图解 Ⅳ.① E195.2-64

中国版本图书馆 CIP 数据核字（2022）第 202436 号

海战图文史
HAIZHAN TUWENSHI

作　　者	[英] 杰里米·哈伍德
译　　者	付广军
策划编辑	朱策英
责任编辑	李凯丽
责任校对	李晓凌
责任印制	李仕杰
开　　本	710 毫米 ×1000 毫米　1/16
印　　张	25
字　　数	320 千字
版　　次	2023 年 1 月第 1 版
印　　次	2023 年 1 月第 1 次印刷
印　　刷	小森印刷（北京）有限公司
书　　号	ISBN 978–7–5155–2371–2
定　　价	148.00 元

出版发行	金城出版社有限公司　北京市朝阳区利泽东二路 3 号　邮编：100102
发 行 部	(010) 84254364
编 辑 部	(010) 64124534
投稿邮箱	8425994321@qq.com
总 编 室	(010) 64228516
网　　址	http://www.jccb.com.cn
电子邮箱	jinchengchuban@163.com
法律顾问	北京市安理律师事务所　（电话）18911105819

1941年12月7日，日本对驻守在珍珠港的美国海军太平洋舰队发动空袭的前一天，日军空勤人员在"加贺"号航母的飞行甲板上聚集，参加攻击前的简令下达会。日本人的得手令世人震惊，它宣告战列舰作为海上之王时代的最终结束。三天后，这一事实再次得到印证，英国"威尔士亲王"号战列舰和"反击"号战列巡洋舰在马来半岛外遭遇日军空袭后沉没。

海战大事年表（1939—1945）

1940

5月　6月　7月　8月　9月　10月　11月　12月　1月　2月　3月　4月　5月　6月　7月　8月　9月　10月

1939年9月17日
英国海军"勇气"号航母在爱尔兰西南部被"U-29"号潜艇发射的鱼雷击沉。

1939年9月4日
英国"雅典娜"号客轮在爱尔兰外海被纳粹德国海军"U-31"号潜艇击沉。这艘没有护航、没有武装的民船在没有得到警告的情况下被鱼雷击中，19名船员和95名乘客（包括28名美国人）罹难。

1939年10月14日
"U-47"号潜艇击沉在斯卡帕湾停泊的英国"皇家橡树"号战列舰后，悄无声息地逃脱。❶

1939年12月13日
德国"斯佩伯爵"号袖珍战列舰被迫与三艘英国巡洋舰在普拉特河口交火，后向中立国乌拉圭寻求庇护。12月17日，该舰在蒙得维的亚港口自沉。

❶

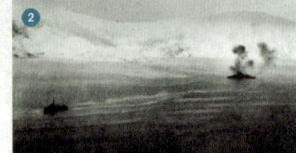
❷

1940年5月28日至6月4日
英国皇家海军和法国海军的军舰和数百艘小型民船从敦刻尔克撤离英、法、比三国军队。

1940年4月10日
六艘英国驱逐舰在纳尔维克峡湾偷袭10艘德国驱逐舰，击沉其中两艘。三天后，得到"厌战"号战列舰增援的英国驱逐舰支队卷土重来，又击沉七艘驱逐舰和一艘U型潜艇。❷

1940年7月3日
英国H舰队攻击停泊在凯比尔港的法国舰队，击沉"布列塔尼"号战列舰，重创"普罗旺斯"号战列舰和"敦刻尔克"号战列巡洋舰。

1941

1942

11月 | 12月 | 1月 | 2月 | 3月 | 4月 | 5月 | 6月 | 7月 | 8月 | 9月 | 10月 | 11月 | 12月 | 1月 | 2月 | 3月 | 4月

1940年11月11日
英国舰载鱼雷轰炸机袭击位于塔兰托基地的意大利主力舰队，导致舰队一半的舰艇失去战斗力。

1941年3月28日
英国地中海舰队在马塔潘角附近截击意大利海军舰队，后者在亚历山大和希腊之间航行伺机攻击英国运输船队。战斗造成意大利"维托里奥·维内托"号战列舰失去战斗力，三艘重型巡洋舰和两艘驱逐舰沉没。

1941年5月24日
"俾斯麦"号战列舰和"欧根亲王"号重型巡洋舰在丹麦海峡击沉英国"胡德"号战列巡洋舰，重创"威尔士亲王"号战列舰。

1941年5月17日
德国"俾斯麦"号战列舰和"欧根亲王"号重型巡洋舰从波罗的海哥腾哈芬基地出发，驶向挪威，准备突入北大西洋。

1941年5月27日
"俾斯麦"号战列舰在方向舵被英国航母舰载鱼雷轰炸机炸坏的情况下，返回法国布雷斯特港，途中被英国本土舰队逼入绝境，在离目的地还有400英里时被击沉。

1941年11月19日
澳大利亚"悉尼"号轻型巡洋舰和德国"鸬鹚"号辅助巡洋舰在西澳大利亚附近海域交火后同归于尽，沉入大海。"悉尼"号无人生还。

1941年12月10日
英国皇家海军"威尔士亲王"号和"反击"号两艘战列巡洋舰在马来半岛东北海域被来自西贡机场的日军轰炸机击沉。

1941年12月7日
日本航母舰载机分两个批次对驻扎在珍珠港的美国太平洋舰队发动偷袭。

1942年2月11日
"沙恩霍斯特"号和"格奈泽瑙"号战列巡洋舰与"欧根亲王"号重型巡洋舰在英吉利海峡上演"海峡冲刺"，用了两天时间从法国布雷斯特抵达德国本土海域。

1942年1月11日
"击鼓行动"启动，这是德国U型潜艇首次针对美国东部沿海运输船只实施的协同攻击。

1943

5月 | 6月 | 7月 | 8月 | 9月 | 10月 | 11月 | 12月 | 1月 | 2月 | 3月 | 4月 | 5月 | 6月 | 7月 | 8月 | 9月 | 10月

1942年8月10日
盟军发起"基座行动",这是为了防止马耳他岛被迫投降而向岛上输送物资的最后一次尝试。在从直布罗陀出发的14艘商船中,四艘到达瓦莱塔。最后到达的"俄亥俄"号油船在三艘舰艇拖曳下驶入港口。

1942年11月8日
"火炬行动"开始,盟军在法属北非实施两栖登陆作战。三支特混舰队分别在从大西洋沿岸的摩洛哥卡萨布兰卡附近、阿尔及利亚西部的奥兰附近和阿尔及尔附近登陆。

1943年7月9日
代号为"哈士奇行动"的盟军入侵西西里岛两栖登陆作战开始。登陆作战促使法西斯大委员会推翻了墨索里尼的统治。

1943年12月26日
"沙恩霍斯特"战列巡洋舰在伦支海被一支有巨大优势的英舰队击沉。1839舰员中,只有36幸存。

1942年6月4日
日本空袭中途岛,中途岛海战开始。然而,尼米兹海军上将提前得知袭击事宜,全副武装准备对抗。日本损失了全部四艘航母,美国仅仅损失了一艘"约克城"航母。

1942年6月27日
"PQ-17"运输船队从冰岛出发,驶向苏联北部港口阿尔汉格尔。在护航舰队撤离后,英国海军部错误地下令船队分散航行,结果造成船队遭受灭顶之灾;35艘商船中,有24艘被U型潜艇和纳粹德国空军战机击沉。

1943年5月24日
邓尼茨命令U型潜艇从北大西洋撤回。他当时已经无法承受巨大的损失,仅在5月就有41艘U型潜艇被击沉。

1943年9月9日
意大利舰队从意利北部的拉斯佩齐亚驶向马耳他,那里向英国皇家军投降。

1942年5月7日
珊瑚海海战开始。战斗持续三天,最终进入战术僵持。美国人损失舰艇虽然较多,但挫败了日军运送入侵部队至莫尔兹比港登陆的计划。

11月 | 12月 | **1944** | 1月 | 2月 | 3月 | 4月 | 5月 | 6月 | 7月 | 8月 | 9月 | 10月 | 11月 | 12月 | **1945** | 1月 | 2月 | 3月 | 4月

1944年6月6日
"霸王行动"打响，盟军进攻法国的行动从诺曼底海滩登陆作战开始。❸

1944年4月27日
一支S艇小舰队拦截了一支穿过莱姆湾前往斯拉普顿海滩参加"老虎行动"的运输船队，这次演习是诺曼底登陆的最后预演。

1944年10月23日
莱特湾海战是日本海军为了改变太平洋战争进程所做的最后一次努力。日军损失了四艘航母、三艘战列舰、六艘重型巡洋舰和四艘轻型巡洋舰、11艘驱逐舰、一艘潜艇和500架左右飞机。

1944年6月19日
菲律宾海海战开始。日本人此战损失大量战机，以至于美军飞行员把击落日本战机戏谑为"猎火鸡大赛"。

1945年1月30日
由邮轮改造而成的德国"威廉·古斯塔夫"号运兵船在波罗的海被一艘苏军潜艇击沉。船上挤满了10000名军人和平民难民，最后6000多人死亡。这次事故至今仍保持着航海史上最严重灾难的记录。

1945年3月25日
美国海军开始对冲绳进行登陆作战前的轰炸，一周内向冲绳岛发射50多万发炮弹和火箭弹。

1945年4月7日
日本最后一艘超级战列舰"大和"号在冲绳执行单程自杀性任务时被美军战机击沉。

1943年7月11日,"博伊西"号轻型巡洋舰向德国装甲部队开火,德国人当时正在试图突破西西里岛杰拉湾附近的美军滩头阵地。"博伊西"号击毁其中24辆装甲车。这张照片是从正在准备卸载陆军卡车上岸的"LST-325"号坦克登陆舰上拍摄的。

目录
CONTENTS

第一部分　战事初起　　/001

第 1 章　大国海军实力（上）　/002

第 2 章　"雅典娜"号客轮遇袭　/017

第 3 章　德国磁性水雷　/025

第 4 章　击沉"皇家橡树"号　/034

第 5 章　"斯佩伯爵"号最后的航行　/043

第 6 章　入侵挪威　/055

第 7 章　敦刻尔克大撤退　/067

第 8 章　海狮行动　/080

第 9 章　快乐时光　/087

第 10 章　塔兰托海战　/098

第 11 章　马塔潘角海战　/107

第 12 章　猎杀"俾斯麦"号　/117

第二部分　全球战争　　/131

第 13 章　大国海军实力（下）　/132
第 14 章　辅助巡洋舰　/141
第 15 章　偷袭珍珠港　/149
第 16 章　Z 舰队覆灭　/162
第 17 章　海峡冲刺　/173
第 18 章　珊瑚海海战　/182
第 19 章　中途岛海战　/190
第 20 章　北极运输船队　/199
第 21 章　瓜岛战役　/212
第 22 章　地中海运输船队　/224
第 23 章　火炬行动　/238

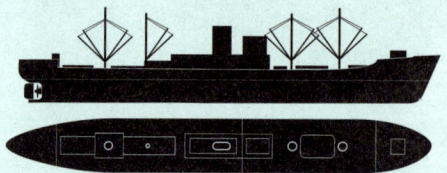

第三部分　战局逆转　　/249

第 24 章　大西洋海战　/250
第 25 章　新型鱼雷竞赛　/265
第 26 章　跳岛战术　/274
第 27 章　哈士奇行动　/285
第 28 章　北角海战　/293
第 29 章　鱼雷快艇　/302
第 30 章　斯拉普顿海滩　/311
第 31 章　诺曼底登陆　/319

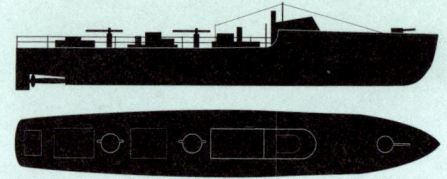

第四部分　进入尾声　　/335

　　第 32 章　菲律宾海海战　　/336

　　第 33 章　太平洋潜艇战　　/347

　　第 34 章　莱特湾海战　　/358

　　第 35 章　"天一号"作战行动　　/369

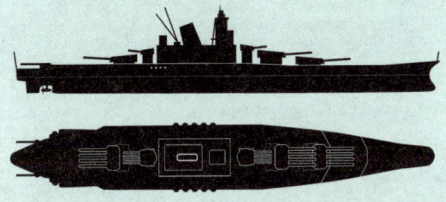

参考文献　　/376
译名对照表　　/379

第一部分
战事初起

　　二战之初，英法两国在英吉利海峡享有绝对控制权。希特勒的德意志第三帝国海军舰艇技术先进、装备精良，但其海上实力至少在水面舰艇方面，跟英法同盟海军相比明显逊色。第三帝国也没法指望其他轴心国伙伴来弥补这种不足，因为意大利和日本都决定保持中立。

　　至1940年7月底，形势彻底扭转。颇具讽刺意味的是，法国向德国投降后，它的海军因为拒绝驶往英国港口，在法属阿尔及利亚凯比尔港被英国皇家海军消灭大半。意大利此时已经加入轴心国的战事，意大利皇家海军跃跃欲试要与英国人争夺地中海的控制权。在大西洋上，德国U型潜艇持续对盟军构成威胁。与此同时，日本帝国海军也在东亚虎视眈眈，等待适宜的进攻时机。

第 1 章
大国海军实力（上）

1939 年 9 月，英国向纳粹德国宣战时，人们以为皇家海军已经做好充足的作战准备。从兵力上来说，皇家海军共有 12.9 万名军官和士兵，另有 7.3 万名后备役兵员可供调遣。算上从澳大利亚和新西兰来支援的舰船，英国海军一共投入了 317 艘作战军舰。这些军舰分为以下几类：12 艘战列舰和战列巡洋舰、8 艘航母、58 艘巡洋舰、100 艘驱逐舰、101 艘护航船只和 38 艘潜艇。

仓促上阵的英国海军

从表面上看，这个配置似乎是一支强大的海军，但表面实力掩盖了诸多内在的缺陷。其中有个问题可能是无法解决的。第一次世界大战（World War I，后简称一战）之后的多年，英国经济始终步履维艰，英国海军部得到的海军建设预算十分有限。在这种情况下，想要维持世界一流海军的水平显然是不可能的。另一个困扰是英国人作茧自缚造成的。

1922 年，英国签署《华盛顿海军条约》（Washington Naval Treaty）。这个由美国倡导缔结的条约，对英国、美国、日本、法国和意大利五国海军拥有的战列舰和战列巡洋舰总吨位进行了严格限制。条约规定的比例是 5.25:5.25:3.15:1.75:1.75——也就是说，英国皇家海军和美国海军享有同等优待；日本为了换取在东亚地区的其他特权，接受了数量上的些许劣势；法国和意大利两国数量相同，也是最少的。条约还规定了一个为期 10 年的"海军假日"计划，即所有条约签署国在此期间不得建造新的主力舰。这个时期之后建造的所有主力舰排水量均不得超过 3.5 万吨。

在此后数年中，轮流执政的保守党和工党政府多次大幅削减海军建设项目。1929 年，工党置专家建议于不顾，提出将皇家海军的巡洋舰数量从 70 艘减至 50 艘。第二年，这个决定在伦敦海军会议上正式生效，英国还同意在巡洋舰总吨位上与美国持平。日本则坚持要求达到两国同类舰船总吨位的 70%。此时，驱逐舰和潜艇也被纳入《华盛顿海军条约》限制的范围，而"海军假日"被延长至 1936 年。

这是一个令人伤心的故事。1931 年 4 月，英国海军元帅、第一海务大臣（First Sea Lord）弗雷德里克·菲尔德爵士（Sir Frederick Field）全面回顾了 10 年削减带来的累积效应。他这样写道："英联邦已经接受了这样的海军实力，即在某些情况下，海军显然无法在我们被迫卷入战争时保持海上通道的畅通。论防御实力、论舰船现代化……我们都无法达到其他大国的标准。"

菲尔德继续详细列出了英国海军的弱点。"目前我们的主力舰数量大大压减，"他写道，"如果为了保护我们的利益，我国必须把舰队派往东方国家，在此期间万一与欧洲大国发生争端，那留在本土海域保护海上贸易和领土安全的舰艇数量就会显得不足。"按照 1930 年《伦敦海军条约》（London Naval Treaty）的条款规定，英国海军只能拥有 50 艘巡洋舰，这是"肯定不够的"，而驱逐舰实力也同样十分羸弱。1918 年，海军共拥有 433 艘驱逐舰，每艘都有自己的职责。1931 年，这个数字

照片为停在泊位上的英国皇家海军"纳尔逊"号战列舰。这是英国在20世纪20年代建造的两艘战列舰之一,另一艘姊妹舰是"罗德尼"号。它们是皇家海军仅有的两艘安装406毫米口径主炮的战列舰。两艘战列舰上层结构前部安装的三座主炮塔也

独具特色。这种设计是折中的结果。为了遵守1922年《华盛顿海军条约》的条款，"纳尔逊"号排水量没有超过3.5万吨，这就意味着航行速度和防护装甲钢板厚度都要做出牺牲。

成了120左右。到1936年，其中55艘将超出服役年限。

后果很严重。1936年，海军终于要开始重整旗鼓——也是在这一年，英国签订《英德海军协定》（Anglo-German Naval Agreement），允许纳粹德国海军的规模扩充至英国皇家海军水面舰艇总吨位的35%——被忽视多年之后，皇家海军有大量欠账需要弥补。

英国的大部分主力舰都已老旧——只有两艘是一战后建造的，而且航速过慢，防护太差；而五艘在建的"国王乔治五世"级战列舰的设计也不幸被大打折扣。德国人和美国人给舰艇安装主炮时选择了381毫米和406毫米口径火炮，日本人甚至上了460毫米火炮，但英国人却严格遵守《华盛顿海军条约》，给自己的舰艇装了355毫米火炮。按照原计划，一艘"国王乔治五世"级战列舰上要安装12门主炮，但为此军舰的航速和防护装甲必须做出牺牲，这种牺牲无法接受。于是，主炮数量削减至10门，分别安装在两座四联装炮塔和一座双联装炮塔上。

法国海军实力

法国海军拥有新旧主力舰七艘，在建主力舰两艘，航母一艘，巡洋舰19艘，驱逐舰66艘。法国海军是英国海军非常重要的帮手，在地中海尤其如此，因为法国海军大部分舰艇都驻扎在那里。英国地中海舰队驻扎在西侧，法国地中海舰队驻扎在东侧。如果意大利决定履行对德条约的承诺，英法两支舰队合在一起差不多就能够对付意大利主力舰队。不过，墨索里尼选择了保持中立。

但1940年6月，形势急转直下。法国被迫退出战争，墨索里尼顺势加入，海上实力的天平朝着对英国极其不利的方向倾斜。英国人只能从本土舰队调遣一支战斗力较强的中队，从一定程度上代替从地中海离去的法国舰队。但此举极大削弱了本土舰队保卫大西洋航线免受德国辅助巡洋舰袭扰的能力。同时，法国海军的覆灭也让英国在亚太地区的处境变得岌岌可危，英国一直担心日本会趁虚而入。

凯比尔港

按照最初计划，英国地中海舰队将取道苏伊士运河前往新加坡，而法国人留在原处，牵制意大利人。法国投降后，东移计划变得不可能，除非英国放弃地中海。刚走马上任几周的首相丘吉尔拒绝支持这样的行动。

此外，还有可能出现更糟的情况。英国人当时判断，作为德法停战条款的一部分，法国舰队可能会被移交给德国人，不论这种判断正确与否，风险确实存在。丘吉尔和他的战时内阁决定采取极端行动。6月27日，首相下达命令，所有法国军舰被禁止返回法国母港。

在埃及亚历山大港，法国海军X舰队（包括一艘战列舰、四艘巡洋舰、三艘驱逐舰和一艘潜艇）在英国地中海舰队一旁抛锚停泊，事情波澜不惊地结束了。法国人同意拆除所有军舰的装备。但在凯比尔港就没么顺利了，那里位于阿尔及利亚西北部港口城市奥兰以西三英里（1英里=1.61公里），是法国海军的主基地。英国海军中将詹姆斯·萨默维尔（James Somerville）爵士率领H舰队，从直布罗陀一路火速航行，于6月3日早晨赶到奥兰。

萨默维尔的舰队包括"胡德"号战列巡洋舰、"勇士"号和"决心"号战列舰、"皇家方舟"号航母、两艘轻型巡洋舰和11艘驱逐舰。而港内挤满了法国海军的舰船，包括"布列塔尼"号和"普罗旺斯"号战列舰、"敦刻尔克"号和"斯特拉斯堡"号战列巡洋舰、"特斯特指挥官"号水上飞机母舰、六艘驱逐舰和大批各类潜艇、鱼雷快艇、小军舰、巡逻船和扫雷舰。

萨默维尔给法国海军分舰队司令马塞尔·让苏尔（Marcel Gensoul）海军上将四个选择。让苏尔可以率领舰队加入英国海军，一起并肩战斗；可以驶往某个英国港口，然后遣返水兵回法国；可以航行至加勒比海的法国军港，战争结束前舰队交由美国保管；也可以选择自沉。让苏尔跟当时很多法国海军高级军官一样，内心十分不信任英国人。他收到的维希政府命令是必要时可以开火，于是先用缓兵之计稳住英国，同时让舰艇加热锅炉，做好战斗准备。萨默维尔警告他，如果自己没有得到满意的答复，英国海军将于当天晚上7:30开火。

最后通牒的时间一到，英国人立刻向法国军舰开炮。法国海军"布列塔尼"号发生爆炸后倾覆，"敦刻尔克"号失去战斗能力，"普罗旺斯"号搁浅。"摩加多尔"号驱逐舰艉部被炸掉，艰难地在浅滩处抛锚停泊。然而，"斯特拉斯堡"号在五艘驱逐舰的护卫下，竟然奇迹般地逃脱，"特斯特指挥官"号和其他七艘驱逐舰也同样侥幸逃离。它们与来自阿尔及利亚首都阿尔及尔的六艘巡洋舰一道，最终安全驶回法国土伦港。法国最新式的战列舰之一"黎塞留"号就没有那么幸运了。它在西非达喀尔港的泊地被英国皇家海军航空兵的鱼雷轰战机重创，一年之后才恢复战斗力。

整个战斗持续不到半小时。法国海军损失约1300名官兵。丘吉尔虽然在英国下议院对攻击进行了申辩，也得到议员们的附和叫好，但正如《泰晤士报》（*The Times*）所言，这是一场"令人沮丧的胜利"。1942年11月之前，法国舰队剩余的舰艇一直停泊在土伦港。同盟国军

1943年，法国"黎塞留"号战列舰在纽约东河上的布鲁克林大桥下行驶，前往美国海军船坞进行修理。"黎塞留"号是法国历史上建造的最大战列舰，其战时经历充满波折。1940年9月，英国海军和自由法国武装力量试图攻占西非港口城市达喀尔，结果虽然没有成功，但在过程中"黎塞留"号先遭到英国鱼雷轰炸机攻击，后又被舰炮轰炸受损。"黎塞留"号一直效忠维希法国政权，直到1942年德国人占领维希法国后，才最终回到自由法国手中。

第1章 大国海军实力（上） 011

队进攻北非之后，德国人也开始向维希法国控制的地区进军，舰队执行了舰队司令弗朗索瓦·达尔朗（François Darlan）海军上将为防不测而下的秘密指令。整个舰队自沉海底。

纳粹德国重建海军

法国并不是失去本国全部海军的唯一一个大国。回到1919年，德意志帝国公海舰队（German Imperial High Seas Fleet）向英国皇家海军投降之后，舰艇被押解前往斯卡帕湾，那里是英国重要的海军基地，最终被德

1939年2月14日，在60000多名兴奋的德国人注视下，阿道夫·希特勒在汉堡布洛姆－福斯（Blohm & Voss）造船厂宣布"俾斯麦"号战列舰下水。"俾斯麦"号是德意志第三帝国建造的第一艘新一代超级战列舰。按照该舰首任也是最后一任舰长恩斯特·林德曼（Ernst Lindemann）海军上校的说法，它是"德国甚或世界上所有造船厂能建造出来的最大、最强、最优秀的战列舰"。在海试时，"俾斯麦"号的最高航速超过30节，显然比英国皇家海军的所有战列舰都快。纳粹德国海军总司令埃里希·雷德尔（Erich Raeder）元帅原本计划建造规模更大、武器装备更优越的军舰，但1939年二战爆发后不得不放弃计划。

国水兵自己打开通海阀门和水密舱门自沉。

作为战胜方的协约国已经做出决定，永远禁止德国再次成为海上大国。《凡尔赛和约》（Treaty of Versailles）对德国海军舰队的规模进行了限制，它的规模不允许超过六艘老式战列舰、六艘轻型巡洋舰、12 艘驱逐舰和 12 艘鱼雷快艇。这些舰艇如需更换，任何新建主力舰的吨位不得超过 10000 吨。德国人也被严禁建造海军战机和潜艇。

1933 年希特勒上台时，纳粹德国海军已经开始建造第一批共三艘现代化战舰，即"德意志"号（后更名为"吕佐夫"号）、"希佩尔海军上将"号和"斯佩伯爵海军上将"号（后称"斯佩伯爵"号）。三艘战舰因为《凡尔赛和约》的限制而导致吨位不足，但舰上配置的 280 毫米口径的主炮性能胜过同时代所有的巡洋舰。由于采用了能把航速提至 28.5 节的曼牌柴油发动机，它们比大多数战列舰都跑得快。德国人称它们为"装甲舰"（Panzerschiffen），但英国人却给它们送了一个"袖珍战列舰"的绰号。自 1928 年就担任纳粹德国海军司令的埃里希·雷德尔元帅打算把它们用作劫掠商船的武装快舰。

"沙恩霍斯特"号和"格奈泽瑙"号这两艘 32000 吨级战列巡洋舰于 1936 年下水，其后又有三艘重型巡洋舰建成，先是"希佩尔海军上将"号，最后是"欧根亲王"号。另外两艘计划建造的军舰没有完成。德国计划建造的第一艘航母"齐柏林伯爵"号也遭遇同样的命运。1939 年 1 月，希特勒曾亲自批准，把这艘航母的建设纳入到"Z 计划"。

"Z 计划"勾勒了一幅德国海军大规模扩建的蓝图。按照这个计划，至 1944 年，纳粹德国海军预计拥有 12 艘战列舰、15 艘袖珍战列舰、4 艘航母、5 艘重型巡洋舰、36 艘轻型巡洋舰和 249 艘 U 型潜艇。多年以来，雷德尔一直热衷地推进这个建造计划。希特勒的力挺令他欣喜不已，不过这种支持没能延续多久。赫尔曼·戈林（Hermann Goering）

从一开始就反对。1939年9月战争爆发导致计划推迟，后来为全力支持建造U型潜艇，这个计划被取消。"Z计划"留下来的东西不多，两艘巨型姊妹战列舰"俾斯麦"号和"提尔皮茨"号是硕果仅存的成果。"俾斯麦"号在1939年2月由希特勒亲自主持下水，并于1940年8月入列。1941年2月，"提尔皮茨"号也正式服役。

意大利皇家海军

纳粹德国海军虽然规模不大，但效率极高。意大利舰队规模上要大很多，但指挥控制太糟糕。从纸面实力看，意大利皇家海军（Regia Marina）是世界第五大海军，虽位列英国、美国、日本和法国之后，但是比德国和苏联都强大。

法国1940年投降，法国海军随之覆灭，之后意大利人声称自己拥有地中海地区最强大的海军。它包括6艘战列舰，大约20艘巡洋舰（7艘排水量超过10000吨），61艘驱逐舰，70艘鱼雷快艇，以及100多艘潜艇，其中"利托里奥"号和"维托里奥·维内托"号两艘战列舰在航速和装备上都优于英国海军上将坎宁安（Andrew Cunningham）率领的地中海舰队的任何舰艇。意大利人只有一个难以弥补的缺陷。意大利皇家海军缺乏航母。海军上将多梅尼科·卡瓦尼亚里（Domenico Cavagnari）自1932年起一直担任意大利海军参谋长，英国皇家海军航空兵的鱼雷轰炸机1940年成功突袭停靠在塔兰托港的意大利海军后，他遭墨索里尼解职。在此期间，他一直反对建造航母。

跟墨索里尼一样，他的海军将军们也指望着战争速战速决，但这一想法都要落空了。他们指挥的海军舰队，虽然拥有数量惊人的舰船，但技术上却很落后，而且指挥缺乏创造力。自1941年以来一直担任海军情报机构主管的海军上将佛朗哥·毛杰里（Franco Maugeri）把这些缺

高速航行中的意大利一流战列舰"利托里奥"号和"维托里奥·维内托"号上的主炮同时开火。第二次世界大战（World War Ⅱ，后简称二战）爆发时，意大利皇家海军是世界上第五大海军。从纸面实力上看，这台战争机器似乎非常强大，但上了战场接受考验时，却接连遭受羞辱，被打得落花流水。"利托里奥"号和其他同级别战列舰都面临一个难题，它们381毫米口径主炮炮管的寿命连同时代其他战列舰的一半都不到。另外，舰上没有安装任何雷达，这也是个很大的短板。

陷直接归咎于他们的领袖。他说，墨索里尼建立的不过是"一支作秀的海军，一个为其政权增光添彩的闪闪发光的大玩具"。事实上，海军领导层也应该担责。跟英国皇家海军比起来，他们似乎陷入了一种集体自卑情结之中。

　　这种自卑情结催生了一种悖论，即意大利舰队实力变得越强，其畏惧战争的海军将领就越不愿意在战场上冒险。他们被德国人逼得无路可走时，也的确主动发起过进攻，但结果都是灾难性的。

第 2 章
"雅典娜"号客轮遇袭

1939 年 9 月 3 日，英国和法国向德意志第三帝国宣战。这天傍晚，大西洋海战（Battle of the Atlantic）正式打响了整个二战的第一枪。当时，"U-30"号 VIIA 型潜艇正在爱尔兰海岸西北约 250 英里处的海域巡逻，26 岁的潜艇指挥官弗里茨-朱利叶斯·伦普（Fritz-Julius Lemp）中尉发动了这场整个二战持续时间最长的战役。大西洋海战持续将近六年，几乎打到德国最终投降的那一刻。

8 月 22 日，包括"U-30"号在内的 14 艘德国潜艇从威廉港海军基地驶出，进入各自战位。接下来的一周，随着波兰危机的升级，与英法两国开战的可能性似乎越来越大。9 月 3 日，不可避免的事情终于发生。柏林时间下午 12:56，U 型潜艇部队最高指挥部通过无线电发出一条加急密电。电报内容很简单："即刻与英国进入战争状态。"

海上交战规则

随后，他们又立即发出两条密电。第一条授权德国海军开始对敌方船舶实施攻击，但也提醒必须遵守所谓的"战时捕获法则"（Prize Regulations）。该法则已经写入了 1930 年签署的《伦敦海军条约》。德国虽然当时没有在条约上签字，但在1936年同意遵守条约规定。

根据规定，U型潜艇不能在没有任何警告的情况下攻击自身未武装又无军舰护航的商船。标准操作程序是潜艇首先上浮，向对方船首附近的水面射击。然后，受怀疑的商船必须停船等待，并允许强行登船队检查船上是否有战时禁运品。如果没有查到，商船可以继续自由航行。如果查到船上有禁运品，留足时间让船员和乘客坐上救生艇之后，才能击沉商船。

反之，如果遇到的是军舰、部队运输船和有军舰护航的船只，可以不予警告直接击沉。但攻击客运班轮是严令禁止的。第三条电报通知所有德国海军舰船，它们不必等到敌方做出所谓的"挑衅"，就可以先发制人。

"雅典娜"号遭误击

伦普十分清楚"战时捕获法则"的规定——实际上，他跟其他U型潜艇指挥官一样，从威廉港出海之前，被专门交代过这些规定。然而，下午4:30，"U-30"号潜艇驾驶台发现远方地平线上隐约出现一条大船时，这些规定并没有起到什么作用。"U-30"号当时在其巡逻区域最北端上浮航行，已偏离正常的航线。

伦普命令潜艇提速，缩短与潜在目标之间的距离，逐渐靠近之后，又潜入水中，用潜望镜就近观察。当时大约是傍晚7:00。在渐暗的光线中，伦普透过潜望镜，发现他正在观察的那条船实行了灯火管制，还在按"之"字形航线高速前进。这条外形很大的船虽然完全有可能是客轮，但伦普还是判定这肯定是英国大型武装商船，是一艘经过改造、装备火炮的客轮，这是可以立即攻击的猎物。他命令艇员进入战位。

7:40整，伦普发射了第一枚鱼雷。鱼雷直接命中船体中部，客轮在海中停了下来。他又发射第二枚鱼雷，但这回发生故障，脱了靶。由于担心这枚鱼雷可能环绕一圈后再击中自己，他命令潜艇下潜，避开鱼雷，等危险过去之后，又上浮出来。

这时暮色朦胧。伦普站在"U-30"号指挥台上，通过双筒望远镜观察正在倾侧的客轮。它看上去并没有沉没的危险，于是他下令发射第三枚鱼雷。这枚鱼雷再次脱靶。几次鱼雷攻击失败让伦普非常恼火，他慢慢接近，准备彻底击沉大船。借着背后月光的掩护，潜艇逐渐靠近漆黑一片的大船，现在他能够分辨出大船轮廓线了。他对着手中的一本英国劳氏船级社（Lloyd's Register of shipping）认证的船舶手册副本仔细查看了一遍。

查看的结果令伦普毛骨悚然。他闯下了滔天大祸。他刚刚用鱼雷攻击的不是武装商船，而是英国唐纳森航运公司的13580吨级的"雅典娜"号客轮，当时它正在从苏格兰格拉斯哥驶往加拿大蒙特利尔的途中。伦普的无线电报务员拦截到"雅典娜"号发出的遇险呼救信号，这下他仅存的一点对这条大船身份的怀疑也烟消云散。呼救信号证实了它的身份，给出了它的坐标，最后以三个字母代码SSS结束，说明其正遭受潜艇的袭击。

伦普不知道"雅典娜"号挤满了大约1100名乘客，其中有311名美国人。所幸当时海面平静，天气状况良好，乘客和船员有充足的时间登上救生船。在其第二天早上沉没之前，三艘救援船只和两艘英国驱逐舰赶到现场。船上共有118人遇难，其中很多是在救援过程中发生的一次不幸事故中溺亡的。

与美国"弗林特城"号货船和瑞典"南十字"号蒸汽游艇一道，挪威"克努特·内尔松"号油船火速赶来救援"雅典娜"号。在黑暗中，

1940年8月，已晋升为上尉的"U-30"号潜艇指挥官弗里茨-朱利叶斯·伦普（上图）与刚刚授予他骑士铁十字勋章的卡尔·邓尼茨元帅交谈。"U-30"号击沉了13580吨级的"雅典娜"号客轮（右图）。1941年5月，伦普率领的"U-110"号潜艇被英国北大西洋运输船队的护航军舰发射的深水炸弹攻击，在两艘英国驱逐舰和1艘小型护卫舰逼迫下浮出水面，最终"U-110"号自沉失败，他自己命丧大海。部分幸存的"U-110"号艇员声称，英国水兵开枪射杀了水中的伦普，但他自溺身亡的可能性更大一些，因为他指挥的潜艇没成功自沉。伦普总是对外声称，他攻击"雅典娜"号完全是无心之过。因为那艘客轮当时实行了灯火管制，而且按"之"字形航线行驶，他才将之当成武装商船，也就是可以实施攻击的目标。

"雅典娜"号的一条救生船卷入"克努特·内尔松"号的螺旋桨中，被掀翻入海。船上搭乘了52名女性乘客和8名水手，最终只有8人幸存。

掩盖沉船事件

"U-30"号潜艇上的伦普惊恐万分。然而，他并没有打算出手救援，而是趁着尚未被发现悄悄溜走。考虑到附近有几艘英国驱逐舰，这种做法也可以理解。他也没有向U型潜艇部队最高指挥部（U-boat High Command）报告这次袭击的战况。沉船事件后，他保持无线电静默长达11天之久。直到9月14日，他才打破沉寂上报，而且只报告了以下内容："U-30"号潜艇在击沉"法纳德角"号货运轮船之后，遭到英国驱逐舰的深水炸弹攻击，严重受损，请求

"雅典娜"号客轮慢慢沉没，船上幸存者（右上图）坐着救生船在海上飘了一夜后，正在向美国"弗林特城"号货船靠拢。"弗林特城"号是众多赶来救援的舰船之一。伦普朝"雅典娜"号发射了三枚鱼雷，两枚未击中目标，另一枚正中左舷，损毁了轮机舱。"雅典娜"号在海上又漂了几个小时，最终在第二天早上10:00沉没。一条救援船的船长和几位船员见证了"雅典娜"号沉没之前的最后时刻（左下图）。"雅典娜"号上19名船员和93名乘客罹难。一条救生船与挪威籍"克努特·内尔松"号油船（右下图）相撞后倾覆，很多人因此不幸遇难，在黑暗中溺亡。

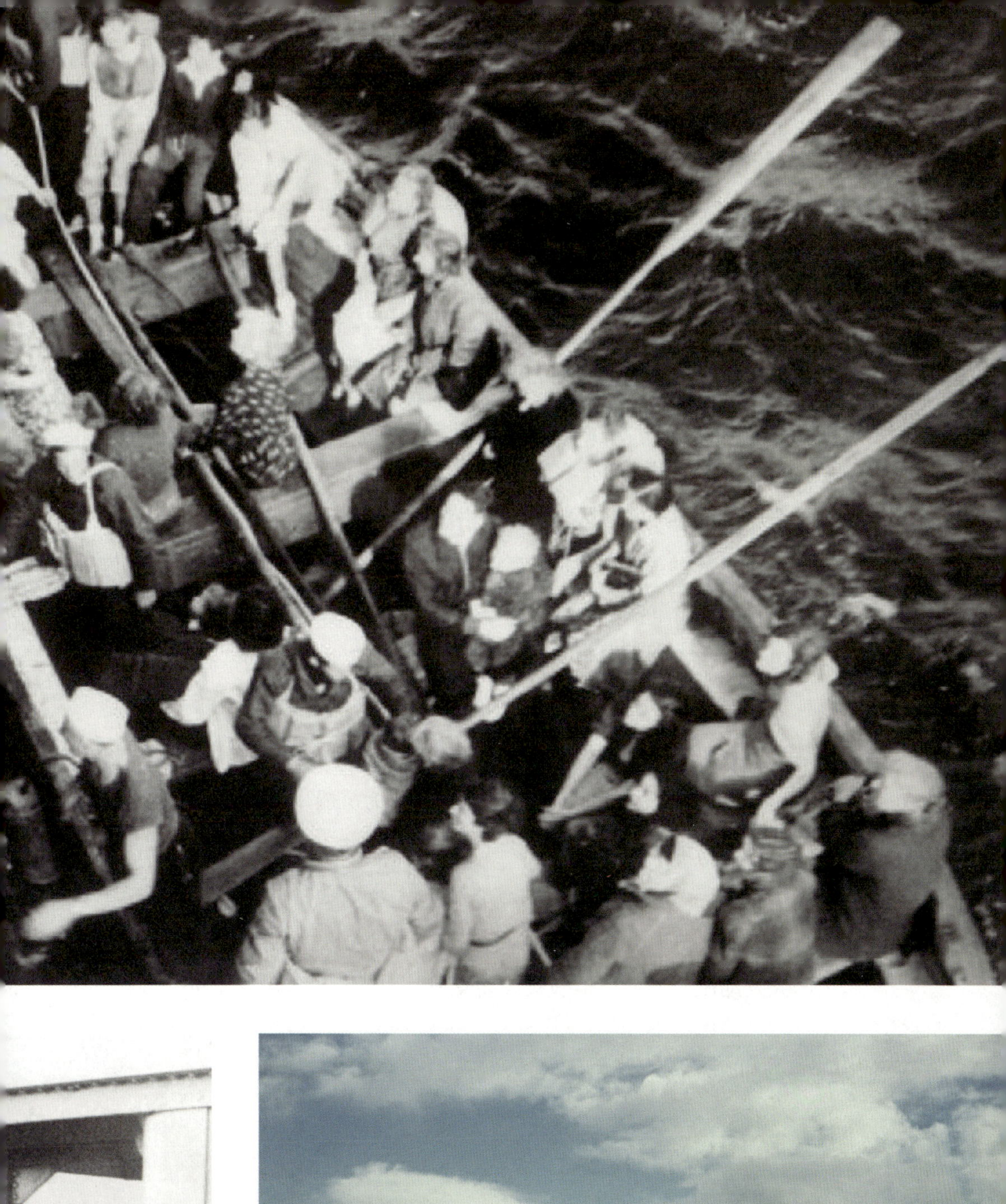

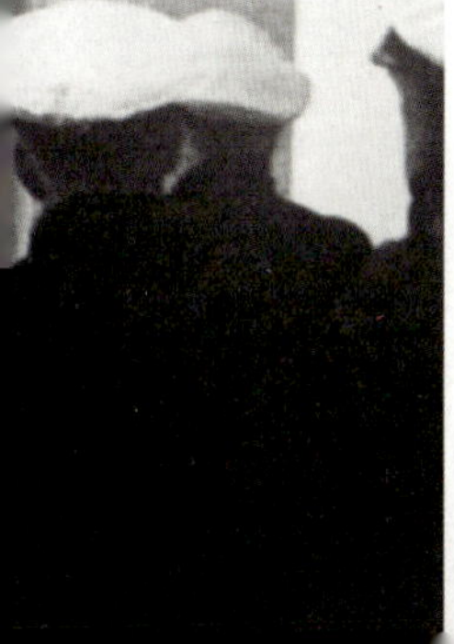

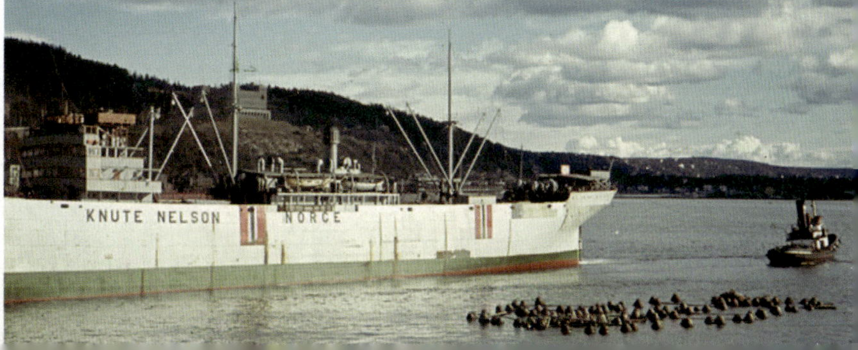
KNUTE NELSON
NORGE

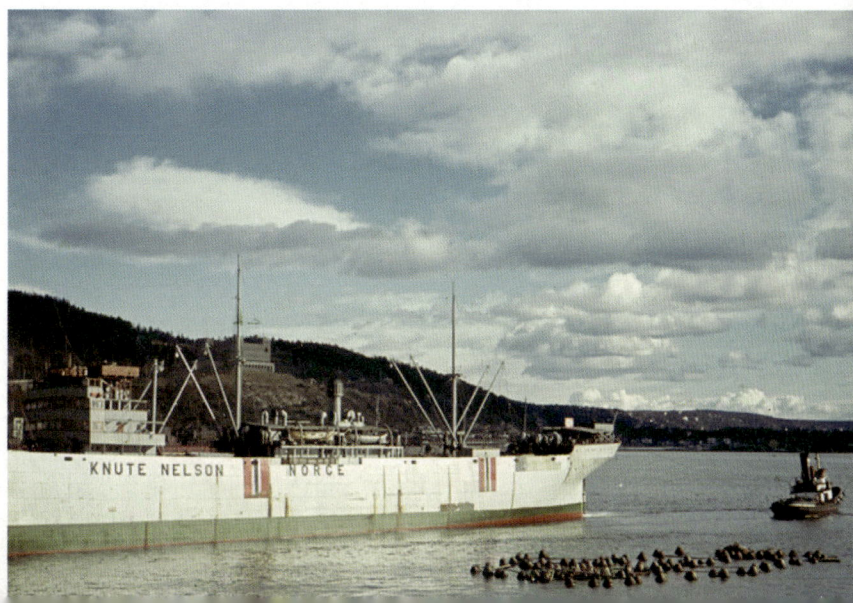

上级批准在冰岛靠岸，安排一名重伤艇员下船接受治疗。他仍然闭口不提"雅典娜"号客轮，也没有在潜艇作战日志上记录这次袭击，还命令所有艇员誓守秘密。

英国广播公司播报了有关袭击的新闻。消息传来，德国 U 型潜艇部队总司令卡尔·邓尼茨（Karl Dönitz）和海军总司令雷德尔都震惊不已。9 月 27 日，受损的"U-30"号潜艇艰难缓慢地驶回军港，伦普证实了邓尼茨的怀疑，承认自己曾经击沉"雅典娜"号客轮的事实。即便这样，邓尼茨、雷德尔以及整个德国的宣传部门依然继续否认 U 型潜艇曾经参与沉船事件。

雷德尔指责这则报道是"拙劣的谎言"。邓尼茨认为，真相最好能够掩盖起来。他们迅速窜改和伪造了"U-30"号潜艇作战日志，制造出其当时在离现场 200 英里以外活动的假象。约瑟夫·戈培尔（Joseph Goebbels）按照自己的套路，宣布丘吉尔要为沉船事件负责。这位纳粹德国宣传部长强烈谴责英国人，称他们为了把美国拖进战争，蓄意谋划了这次事件。一直到战争结束，举行纽伦堡审判时，整个掩盖过程才为世人所知。在那里，雷德尔回忆当时德国人掩盖此次事件以及指控英国人发动沉船事件，他被指控蓄意欺诈。

第 3 章
德国磁性水雷

战争爆发之初，希特勒就吹嘘，德国科学家已经研制出一种秘密武器，能够悄无声息地击沉敌方舰艇。他的对手只得凭空臆测是什么击沉了他们的舰船。这是一种新型水雷——磁性水雷。与常规的漂浮式触发水雷截然不同，磁性水雷一般布设在海底，只有舰艇毫无提防地从它上方驶过时，炸药才被引爆。

1939 年 9 月 10 日，磁性水雷第一次取得战果。这一天，由于受到水下神秘爆炸物的毁灭性冲击，"马格德堡"号轮船在奥福德角发生爆炸后沉没。六天之后，"巴黎之城"号邮轮惨遭同样厄运。随着德国人布雷的力度不断加大，遇袭船只的数量节节攀升。德国人不仅在英国港口外从低空飞行的飞机上用降落伞空投水雷，也通过 U 型潜艇和驱逐舰布设水雷。随后的几个月里，总计 76 艘舰船被炸沉。

偷袭

对这种神秘的新式武器毫无戒备的英国人彻底中招。温斯顿·丘吉尔当时刚刚被任命为英国海军大臣（First Lord of the Admiralty），他后来承认，"人们还没充分意识到这种水雷具备只有大型地雷才能产生的

026 海战图文史

第3章 德国磁性水雷

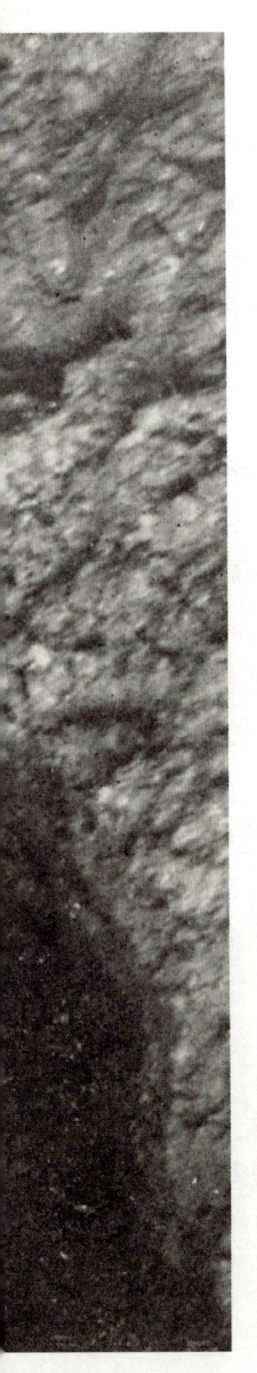

强大破坏力"。他担心这种新的威胁可能"导致我们的毁灭"。解决这个麻烦成为海军的头等大事。丘吉尔命令海军不计代价,搜寻打捞一颗没有引爆的、完好无损的水雷。

幸运女神十分眷顾英国人,机会来了。11月21日晚,纳粹德国空军一架 He-111 轰炸机在布雷时偏离了目标。一颗磁性水雷落到了舒伯里内斯附近泰晤士河口的淤泥滩中。潮水退去,那颗水雷看起来完好无损。

发现水雷

这正是英国海军部一直等待的机会。水雷专家约翰·乌弗里(John G. D. Ouvry)海军少校当时在皇家海军"弗农"号(建在英国朴次茅斯港岸上的鱼雷水雷学校)水雷研究部工作,后来记录了事情的经过:"第二天凌晨3:00,我早早起床,遵照上级指令,登上从朴次茅斯开往伦敦最早的一班火车。我直奔海军部,在那里我被告知,必须立刻投入工作,查明这些水雷的型号和原

照片中为德国 C 型磁性水雷,拍摄于英格兰肯特郡舒伯里内斯。1939 年 11 月,这枚水雷被一架纳粹德国空军飞机误投在淤泥滩上。水雷被发现后,英国皇家海军水雷研究部的专家拆除了它的引信,使其不再具有杀伤力。照片中的水雷的防护头锥已被移除,可以看到内部机械和电气工作原理。跟常规触发水雷不同,磁性水雷几乎无法探测,清扫难度巨大。但英国人运气不错,他们的专家发现了水雷的奥秘,随后设计出对付它的有效办法。

理。在这项任务中速度显然是最重要的，因为我们的海上运输有陷入停滞的危险。"

到第二天深夜，一直在紧张等待的乌弗里筋疲力尽，找了家旅馆睡了会儿觉。但刚过零点就突然被海军部的紧急命令吵醒，他必须立刻返回。到了海军部后，他才知道是舒伯里内斯有了新发现。他收到的指示是确定水雷的位置，确保它完好无损，如果能做到这些，再把它运回朴次茅斯深入研究。

乌弗里立刻搭乘快车离开——先到绍森德，然后去了舒伯里内斯。在那里，他和海军少校罗杰·刘易斯一起加入了海军中校梅顿召集的工作小组，梅顿是隶属于水雷学校试验部的另一位军官。"我们一起去了海边，内心兴奋，充满期待，"乌弗里写道，"借着火把，我们在黏糊糊的泥沙地中跟跟跄跄地走了大概 500 码（1 码 =0.9144 米），时不时地还要趟过齐膝深的水坑。我们在黑暗中使劲瞪大双眼。突然之间，一个二等兵向导大叫一声，'在那儿！长官！'就是他那晚早些时候目睹了天上有物体落入水中。"

"这是个激动人心的时刻，所有火把的光亮都汇聚到他指的方向，映照出一个长着角的闪闪发光的物体，"乌弗里继续讲述道，"我们打算先进行预检，用闪光灯拍几张照片，再用绳子绑紧水雷，一直等到天亮潮退，全力确保它安然无恙。"

拆除水雷引信

乌弗里继续解释他和同事拆除水雷引信的过程。

"我们进行了分工：鲍德温上士和我一起尝试拆除核心部件；刘易斯少校和二等水兵韦恩科姆在安全距离外观察，详细记录我们的操作和流程，万一出现意外，可以留作参考资料，"他回忆道，"除了磁铁之外，水雷可能还有其他机关，这使得危险系数陡增。如果我们遭遇不幸，两位观察员做的记录就能为其他人下次处理这种磁性水雷提供参考。"

"我首先处理的是一个用动物脂油密封的铅制部件。为了能用上当地作坊为我们赶制的特殊扳手（由梅顿中校负责），一小条带钢被折弯，以防碍事。搞定这些之后，我们就能取出第一个铅制部件。取出之后，

雷区分布图

1939 年，战争爆发不久，德国和英国都开始在北海布设雷区。英国和德国布下大量水雷，企图限制船只进入本方港口。更广泛地说，是为了阻止敌方水面舰艇和潜艇所有的潜在行动，但一般船只可以在明确划定的航道通行。雷区有三种：防御雷区、进攻雷区和战术雷区。防御雷区一般由紧靠海岸的水面舰艇在海水较浅的海域布设，而进攻雷区则由飞机和潜艇在更远的海域布设。双方都配置了大量触发水雷。德国人很快在这些基础上增加了磁性水雷，后来在战争中又增加了音响水雷和压力水雷。

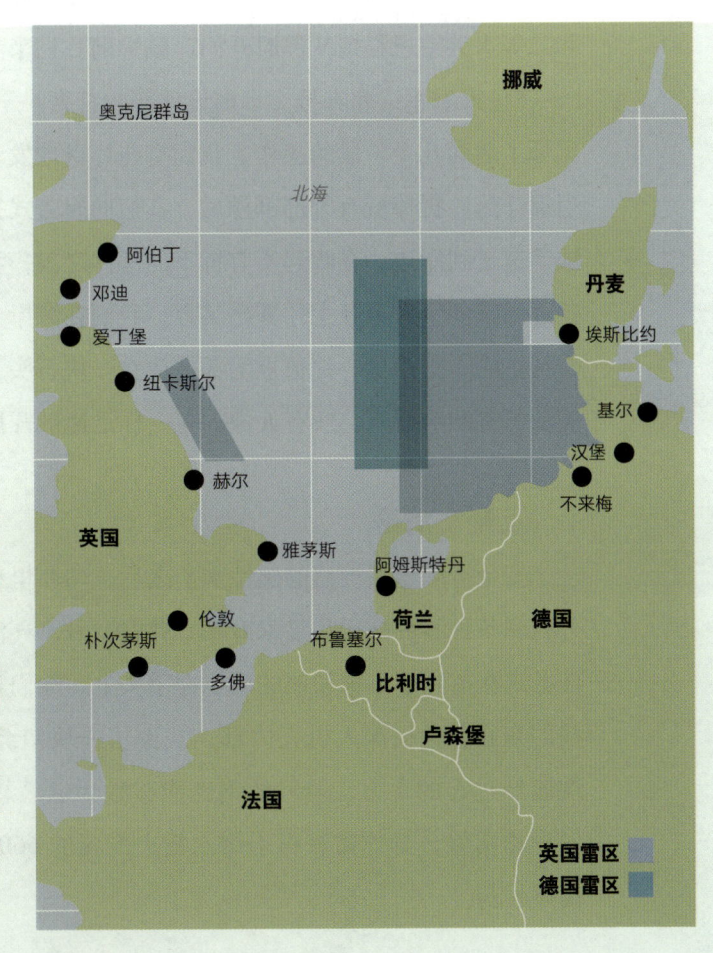

把扳手拧入底座，我找到一个小圆筒，它明显是导炸雷管，因为取出铅制部件的凹槽有炸药盘。我把这些全部拆除。这个神秘的部件后来证明是延时炸弹的引信；如果想拿来做炸弹而不是水雷，空军人员需要拔掉前面提到的带钢（投放之前）。

"在进一步拆除之前，我们不得不要求刘易斯少校和二等水兵韦恩科姆来帮忙把水雷翻转过来，因为它被管状的角牢牢缚住，结结实实地埋在坚硬的沙滩里。水雷不会漂浮，设计时也没打算让它漂浮。这个事实一下让我们搞清了扫雷舰从来捕获不到水雷样本的原因。刘易斯少校和二等水兵韦恩科姆从那时开始，就协助我们来剥解水雷。

"皇家海军'弗农号'水雷设计部的首席科学家伍德博士及时赶到，见证了后面几个阶段的操作。我们有些惊讶地发现了另一个导炸装置和引爆炸药。拆掉所有外部部件后，我们向履带式拖拉机发出信号，水雷被迅速送到岸边。在收起所有拆下的部件之前，我们十分恐惧。当恐惧感逐渐减弱，大家脸上才露出笑容。我们在海岸上停下来休整，其中一个帮忙的人把手里一件很重的部件放在一块石头上。这个部件立即开始滴滴答答地响起来。所有人像闪电一样迅速散开！"

反制：消磁

安全拆除这颗神秘的磁性水雷之后，乌弗里和他的小组拆除的水雷外壳和各种零件被送往皇家海军"弗农"号。弄清水雷详细工作原理的任务现在落到了伍德和他的两位助手头上。他们日夜工作，终于找到寻找的东西。他们深入机壳内部，找到了一块错综复杂的电磁装置。当舰艇经过它的上方，船只的钢壳能够激活电磁装置，电磁装置进而触发导炸雷管，导炸雷管再引爆水雷上配置的660磅（1磅=0.45千克）高爆炸药。

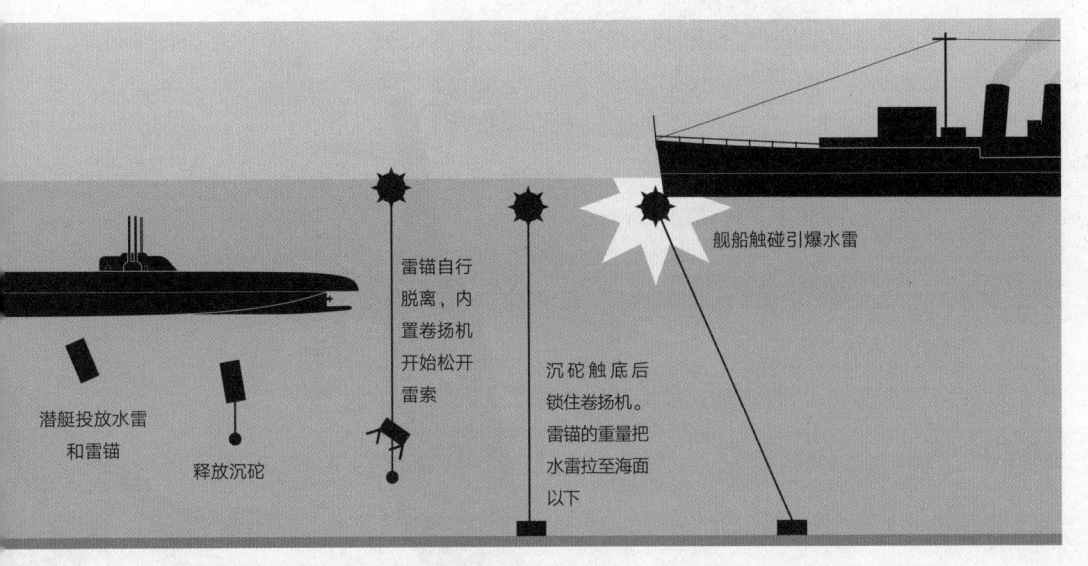

图中文字：
- 潜艇投放水雷和雷锚
- 释放沉砣
- 雷锚自行脱离，内置卷扬机开始松开雷索
- 沉砣触底后锁住卷扬机。雷锚的重量把水雷拉至海面以下
- 舰船触碰引爆水雷

布设水雷示意图

  这张简图展示了二战初期潜艇布设触发水雷的过程。水雷和雷锚从下潜的潜艇投放之后，沉砣释放出来，雷锚随后自行脱离，内置的卷扬机开始松索。当沉砣撞到海床时，卷扬机上锁。水雷受雷锚重量牵引沉至海面以下，船只碰到它的任何一个触角都能引爆。这些水雷还装有延时引信，等U型潜艇完全远离该区域后才启动。U型潜艇的艇员并不经常参与布雷。这是因为这些水雷一般布设在靠近海岸、极其危险的敌方海域。如果在那里被发现，U型潜艇会面临遭受攻击，甚至被击沉的巨大危险。

  水雷的工作方式一旦弄清楚之后，研制反制措施就成为头等大事。解决办法是消磁，就是将消磁电缆安装在船侧以永久性地消磁。这就是所谓的"擦拭"。到1940年4月，共有10个擦拭站投入运行；到6月时，大约1000艘各种舰船成功消磁。希特勒大肆吹嘘的秘密武器至此失效。

照片中扫雷舰上的舰员准备释放舰上扫雷装备。盟军大部分扫雷舰采用"奥罗佩萨"扫雷具——以配置这种装备的第一艘舰艇的名字命名——来处理触发水雷。这种扫雷具拖曳在扫雷舰后部，通过一根带有锋利锯齿和少量炸药的加重扫雷索切断水雷的系留索。水雷浮出水面后，用机枪或者步枪击毁。针对磁性水雷，人们发明了另一种排雷法。它由两根漂浮的长电缆组成，拖在一艘木质扫雷舰后面。给电缆通电后，电流形成的磁场能够引爆磁性水雷。

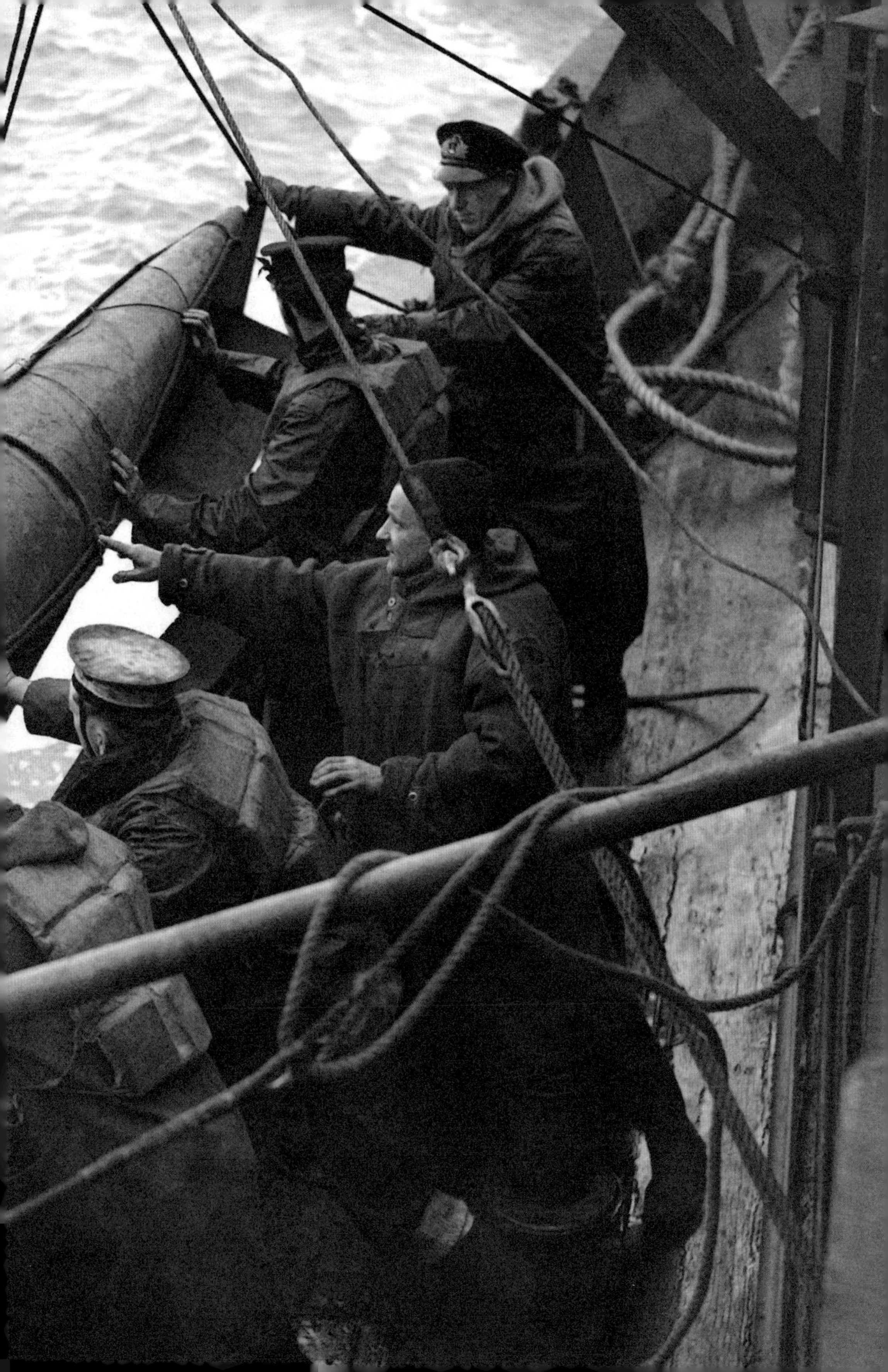

第 4 章
击沉"皇家橡树"号

英国皇家海军希望看到的世界大战的胜利开局绝不是这样的。1939年9月17日,"勇敢"号航母被击沉,它是在爱尔兰米曾角西西南(正西以南 22°30′)约 150 英里处执行一次不太明智的反潜巡弋时,遭到德军"U-29"号潜艇的鱼雷攻击。航母的指挥官威廉·马凯格–琼斯(William Tofield Makeig-Jones)上校和另外 519 名舰员一起葬身海底。

屋漏偏逢连夜雨,还有更加糟糕的事情要发生。10 月 12 日夜,在德国海军冈瑟·普里恩(Günter Prien)上尉指挥下,"U-47"号潜艇潜入斯卡帕湾,直抵英国在奥克尼群岛的大型海军基地,击沉了"皇家橡树"号战列舰。英国军舰再次被击沉的消息让德国欢呼雀跃,但却让英国海军部惊恐万分。大家都在问,一艘 U 型潜艇何以单枪匹马突破斯卡帕湾本应固若金汤的防御体系?

柏林视角

一位名叫威廉·夏伊勒(William Shirer)的美国常驻柏林记者栩栩如生地描绘了德国人公布击沉英舰消息的过程。"德国潜艇击沉英国'皇家橡树'号战列舰的地方正是斯卡帕湾,那是英国最大的海军基地,"他在日记中写道,"这听起来让人难以置信。一位参加过一战的潜艇指挥官昨晚告诉我,德国人在上次大战中曾两度企图派潜艇进入斯卡帕湾,但均告失败,连潜艇都没回来。"

夏伊勒继续描述普里恩在一场匆匆召集的记者招待会上意外露面的情景。"今天下午,潜艇指挥官普里恩上尉迈着轻快的步伐走进我们在宣传部的午后记者招待会,身后跟着他手下几位十八九岁的艇员。30岁的普里恩五官轮廓分明,一副趾高气扬的派头,这个狂热的纳粹分子看起来十分精干。希特勒的首席新闻发言人迪特里希博士首先向大家介绍了普里恩,嘴里还不停地咒骂着英国人,怒斥丘吉尔为骗子。普里恩给我们透露了一点他偷袭的经过。他说,潜艇没费什么劲就通过了海湾的水栅。尽管他没有过多解释,我依稀记得他好像是尾随一艘英国舰艇进入基地的,那可能是一艘扫雷舰。英国人的疏忽,"夏伊勒推断,"肯定是过头了。"

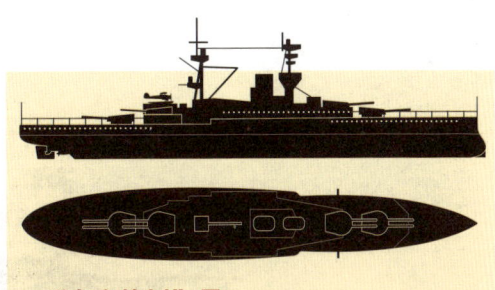

"皇家橡树"号

级别:	"复仇"级战列舰
排水量:	33500吨(满载)
长度:	624英尺7英寸(190.4米)
宽度:	88英尺5英寸(26.9米)
吃水:	28英尺6英寸(8.7米)
航速:	21节
火力装备:	4座双联装8门381毫米口径主炮;14门单装152毫米口径火炮;25门单装66毫米口径高射炮;4门单装3磅炮;4具鱼雷发射管
乘员:	997—1150人

一战期间,英国共建造了包括"皇家橡树"号在内的五艘"复仇"级战列舰,其他四艘为"复仇"号、"决心"号、"君权"号和"拉米伊"号。1916年,"皇家橡树"号参加了丹麦日德兰海战,这是其参与的唯一一次大舰队作战。跟有些英国战列舰的待遇不一样,英国海军几乎没有花什么气力来对它进行现代化改造。到1939年,航速过慢的"皇家橡树"号变得落伍。跟同级别的其他战列舰一样,任务级别随之降低,执行的是比较安全的二线任务。1939年10月,"皇家橡树"号在斯卡帕湾海军基地停泊期间,被德国海军一艘潜艇发射的鱼雷击中而沉没。

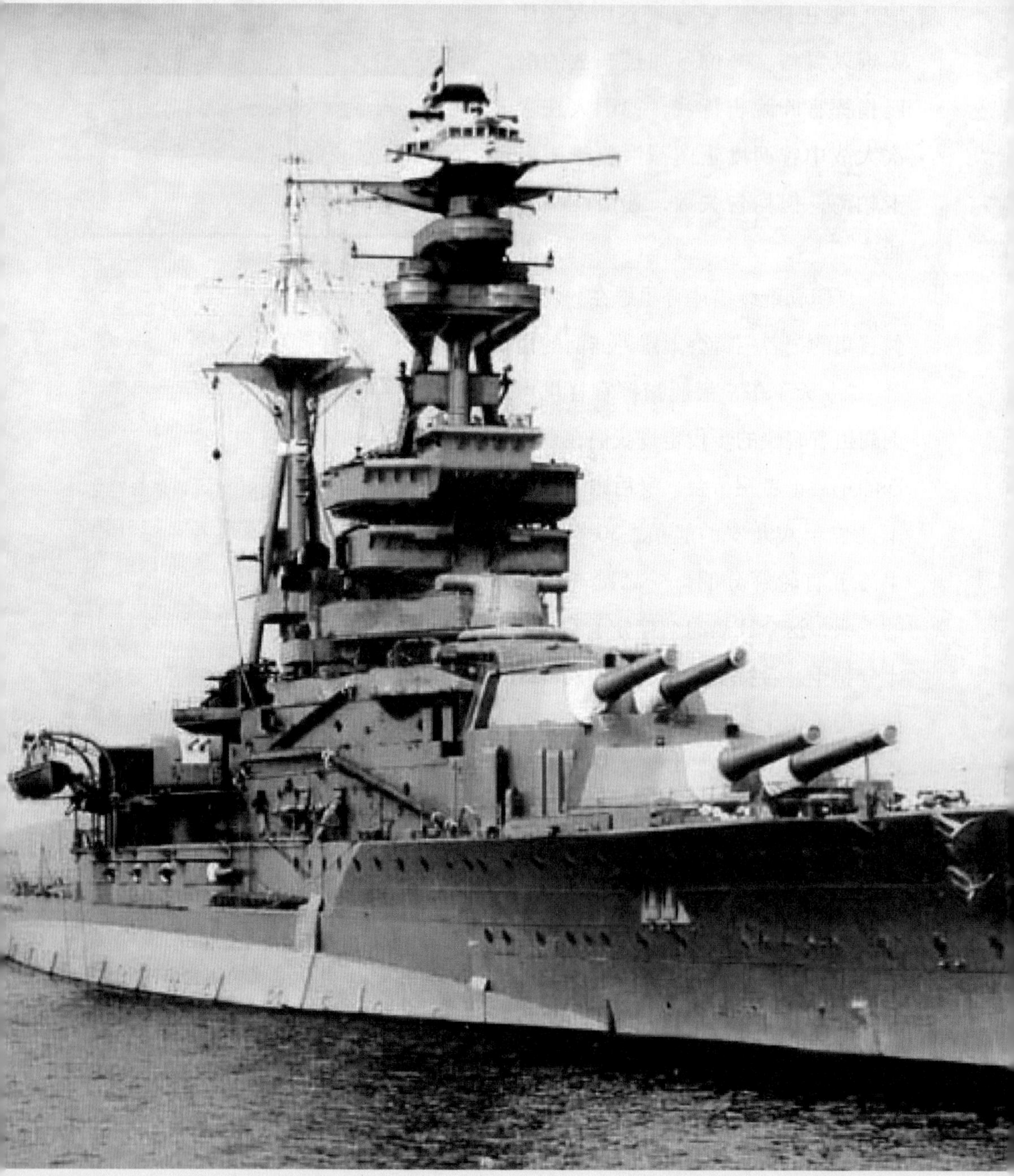

猝不及防

夏伊勒在某种程度上是正确的。英国官员天真地以为斯卡帕湾防守十分严密，其实不然。它根本没有做好成为本土舰队主要锚地的准备，这是很危险的。一战时期构筑的防御体系早已年久失修。守卫斯卡帕湾主要进口的老旧水下防潜钢网已经生锈腐烂。其他部分的防御体系也很陈旧。

一艘旧商船自沉作为阻塞船来封锁柯克海峡的航道，但两个月后的1939年5月，英国海军调查发现，柯克海峡和斯凯里海峡仍然

镜头下平静安祥的"皇家橡树"号战列舰，可能是1937年在直布罗陀半岛外拍摄的，当时它属于地中海舰队序列。1939年10月13日夜，它在斯卡帕湾停泊。"U-47"号潜艇在冈瑟·普里恩指挥下，神不知鬼不觉地潜入锚地，在第二天凌晨1:00发动突然袭击。第一轮鱼雷攻击虽然造成"皇家橡树"号舰艏轻微损坏，但并未引起警觉。水手们以为是船的内部发生了爆炸。20分钟后，第二轮攻击开始，三枚鱼雷完美命中目标，带来致命后果。10分钟之后，遇袭的"皇家橡树"号沉没。

可以通航。当时奥克尼群岛和设得兰群岛归海军上将威廉·弗伦奇（William French）爵士管辖，他一个月后证实了这一点。在亲自乘坐巡逻艇穿过柯克海峡之后，他向上报告称，潜艇和驱逐舰在平缓水域可以轻易通过。但英国海军部却没有理会这个有先见之明的警告。战争一开始，丘吉尔被任命为海军大臣后，就立即下令凿沉更多的阻塞船，安装新的钢网和水栅，但直到10月中旬，进展依然不大，并没什么实质行动。

邓尼茨磨刀霍霍

对德国海军司令雷德尔和潜艇部队总司令卡尔·邓尼茨来说，斯卡帕湾无疑极其重要。一想到一排排停在泊位的英国主力战舰被德军潜艇偷袭的场景，二人不禁垂涎三尺。即便实施攻击的潜艇自己折损，只要能击沉一艘英国战列舰，这个代价也是值得的。邓尼茨没有丝毫犹豫。10月1日，他召见了普里恩，决定派这位才华出众、胆识超群的潜艇指挥官执行一次特别行动，这是整个二战德国海军最大胆的行动之一。

一段时间以来，邓尼茨一直在策划对斯卡帕湾实施攻击。他把所有搜集的资料都交给普里恩研究。纳粹德国空军从9月6日以来拍摄的空中侦察照片显示，整个英国本土舰队停泊的区域有反潜拦障，另外理论上还有封锁斯卡帕湾七个入口的阻塞船。但它们真的能拦得住吗？在柯克海峡，英军在那儿凿沉的三艘阻塞船之间空隙的宽度刚好够一艘潜艇在涨潮后的平静水面下迂回穿过。

这需要高超的航海技术。即使在白天，航行也相当棘手，更别提夜晚了。邓尼茨派去打探进入两个海湾路线的"U-14"号潜艇不得不与流速10节的激流搏斗。即便这样，他仍然认定"不按常理，趁着涨潮

第4章 击沉"皇家橡树"号

从水面突破这个点（柯克海峡）是有可能的"。邓尼茨给了普里恩48小时，来考虑这个行动是否可行。

普里恩评估了邓尼茨那晚在基地向他提供的海量情报。"我像演算数学题目一样，在脑子里反复思考整个计划。"他后来写道。第二天，他再次向邓尼茨报告。当时总司令坐在办公桌旁。"他对我的敬礼，没有任何回应，"普里恩回忆道，"似乎没注意到我敬礼。他眼睛直直地盯着我，问'能不能干？'"

普里恩回答得很干脆："能干，长官。"邓尼茨起身，握住他的手。"好极了，"他说，"你的潜艇做好战斗准备。"10月8日，"U-47"号潜艇驶出基尔港，驶向北海，航行时晚上浮出海面，白天潜入水中。

击沉"皇家橡树"号

驾驶"U-47"号潜艇在斯卡帕湾潜入潜出，迎头搏击汹涌的潮水和变幻莫测的海流，需要高超的航海技能。"U-47"号潜艇还必须避开英国人在斯卡帕湾的四个航道入口凿沉的阻塞船，在夹缝中寻找航线。普里恩最初把柯克海峡当作最佳选择，后来转而走了霍姆海峡，他利用快速涌来的潮水，操纵着潜艇通过缝隙，进入斯卡帕湾内的平静水面。炸沉"皇家橡树"号之后，他又冷静地撤出，潜艇并未被发现。

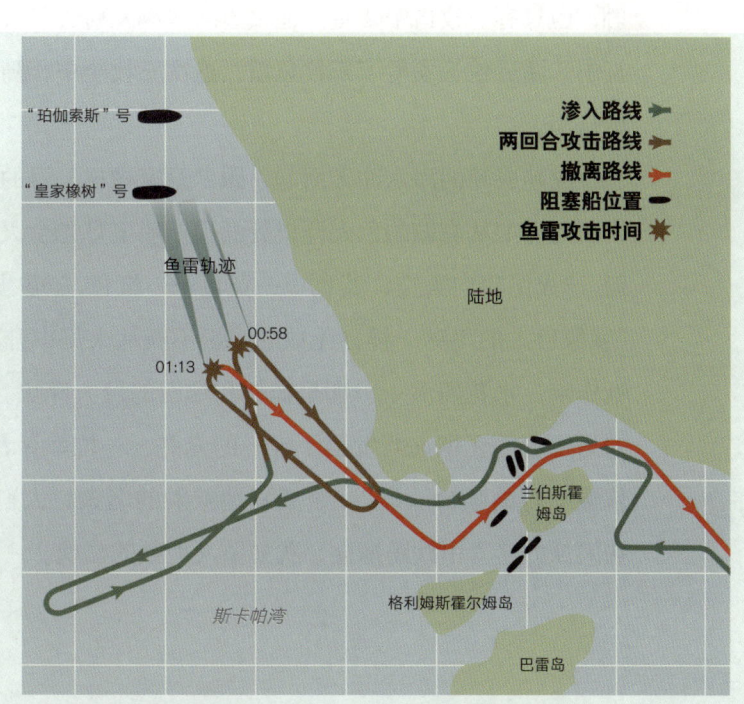

普里恩出击

10月14日晚7:15,"U-47"号潜艇在奥克尼群岛外小心翼翼地浮出海面,借着汹涌海流的推力,徐徐前进,朝着霍姆海峡向西北驶去。随后的四个小时,潜艇一路劈波斩浪,驶向霍姆海峡,逐渐靠近柯克海峡,普里恩小心谨慎地驾驶着潜艇,在沉入海底的阻塞船之间寻找可以避开的缝隙。12:27,"U-47"号潜艇进入斯卡帕湾。

普里恩开始向西,然后朝北游弋,寻找目标。终于,他撞了大运。他观察到远处一艘停泊战列舰的黑色轮廓。那就是"皇家橡树"号,是曾经在一战期间服役的五艘"复仇"级战列舰之一。英国海军虽然在过去几年尝试对它们进行现代化改造,但到二战开始时,又认为它们已经过时,但事实上并没那么老旧。这很大程度上源于它们的航速太慢,最快时也就22节。因为这个缘故,丘吉尔觉得它们是"不宜出航的战舰",干脆弃之不用。

"U-47"号潜艇接近目标。普里恩用艇艏鱼雷发射管打出三连发齐射,但只有一枚击中要害。他试着从艇艉发射管又打了一次,可还是没打中。随后他又发射了三枚鱼雷。这次三枚全中,随后响起三次巨大的爆炸声。

成吨成吨的海水冲天而起,跟"皇家橡树"号的船桅一样高,大团大团的黑烟从右舷的巨大开口处涌出。船上灯光全灭,船体迅速开始倾侧。"火焰蹿向天空,蓝色……黄色……红色,"普里恩后来这样回忆,"就像巨大的飞鸟一样,无数的黑影不断从火焰中升腾,落入海水时嘶嘶作响,水花四溅……那是桅杆和烟囱的巨大碎块。"船上通风孔冒出的灼烧着的无烟火药发出了唯一的光亮。一位幸存者这样描述,"看着就像喷灯的喷口一样,照耀着地狱般的场景,人们被烧得惨不忍睹,在闪烁的迷宫中跌跌撞撞,犹如坠入地狱的亡魂。

第4章　击沉"皇家橡树"号

普里恩决定返回基地。"皇家橡树"号显然已经在劫难逃。事实上只用了几分钟，这艘战列舰就开始下沉。当时浪潮已经开始回落，"U-47"号不得不逆着汹涌的海潮返航，但最终回到了公海。10月17日清晨，普里恩和全体艇员安全到达威廉港。他们立刻乘飞机到基尔，在那里受到邓尼茨和雷德尔的迎接，邓尼茨此时已经擢升至海军少将。他们又从基尔飞往柏林，希特勒亲自给普里恩授勋。

替罪羊

沉船事件发生以后，英方立刻着手寻找替罪羊。比如，普里恩第一枚鱼雷击中军舰后，为什么"皇家橡树"号船员没有在第一时间反应过来他们正在受到攻击。当时很多人似乎认为，爆炸只是油漆仓库内的小事故，舰上消防队员轻轻松松就能处理好。舰上很多打开的舷窗根本没人去关，造成"皇家橡树"号开始倾侧时，海水肆意灌进舱内。没人下令关闭水密舱口和舱门，也无人下达弃舰

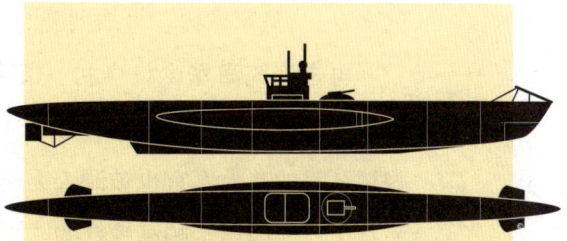

VIIB型U型潜艇

级别：攻击型潜艇
排水量：753吨（上浮）、857吨（下潜）
长度：211英尺7英寸（67.5米）
宽度：19英尺（5.8米）
吃水：14英尺5英寸（4.4米）
航速：16节（上浮）、8节（下潜）
火力装备：4具533毫米口径艇艏鱼雷发射管；1具艇艉鱼雷发射管；1门88毫米口径甲板炮和1门20毫米口径防空机关炮
乘员：144人

由冈瑟·普里恩指挥的VIIB型潜艇曾击沉英国"皇家橡树"号战列舰，这个系列的U型潜艇共有七种型号。1936年6月，VIIA型潜艇成为第一批入列德国海军的U型潜艇。随后在1938年，舱体略微加长、两侧鞍形舱容积扩大的VIIB型也开始服役，航程从4300英里增加到6500英里。早期潜艇只能携带11枚鱼雷，而VIIB型携带鱼雷数量增至14枚。双舵大大提升了潜艇机动性和转弯半径。总之，德国在战争期间一共建造了各种型号的VII型潜艇共709艘，别的国家都无法与之相比。

的命令。"皇家橡树"号战列舰的乘员多达 1146 名，最终 833 人罹难。

再去追究海军少将亨利·布莱格罗夫（Henry Blagrove）的责任已毫无意义——他与战列舰一起沉入了海底。海军上校威廉·本和"皇家橡树"号的其他军官也被调查委员会免于指控。弗伦奇上将就没有那么幸运了。他因斯卡帕湾糟糕的防御而受到指摘，被迫辞职。英国反情报机构也受到指责。英国海军部坚信，正是奥克尼群岛上的一名德国间谍提供情报，普里恩和他的潜艇才得以到达目的地。军情五处的特工被迅速派往岛上搜捕那名行踪诡秘的纳粹间谍，但一无所获。军情五处负责人弗农·凯尔（Vernon Kell）少将为此付出代价。他也被迫辞职。至于丘吉尔，大概是因为刚刚履新，得以逃脱责任。

第 5 章
"斯佩伯爵"号最后的航行

U型潜艇不是纳粹德国海军手中唯一掌握的用来攻击盟军运输船队的武器。"德意志"级袖珍战列舰是专门为了对商船实施远程攻击而设计的武装快船。但麻烦在于，随着波兰危机逐步升级，战争已经迫在眉睫，只有两艘这种战列舰做好了作战准备。"舍尔海军上将"号（后称"舍尔"号）停靠在威廉港外，其内部大部分机械装置都被拆解，要进行大规模改装。

"斯佩伯爵"号和"德意志"号具备出航条件，但它们的柴油发动机恰好赶上大修。后来，检修延后。两舰于9月21日和24日分别离开德国水域，向遥远的大西洋上预定的战斗位置驶去，然后在那里埋伏。等命令到达之后，它们就开始发起劫掠行动。"斯佩伯爵"号朝南航行，而"德意志"号沿着德国本土海域向北驶去。前者神不知鬼不觉地到达目的地。"斯佩伯爵"号从巴西里约热内卢航行到塞拉利昂弗里敦的途中，差一点被英国皇家海军"坎伯兰"号巡洋舰发现。这艘袖珍战列舰的侦察机发现一艘巡洋舰正在朝它驶来，立刻向"斯佩伯爵"号及其燃油补给船"阿尔特马克"号发出信号，让它们改变航线，避免过早被发现。

武装快船出击

9月25日夜，实施突袭行动的命令到达。此时，两艘军舰的燃料和补给已经消耗了四分之一，而尽快完成延后的发动机大修的需要也愈发紧迫。即便如此，两舰仍然做好了战斗准备。

"斯佩伯爵"号率先发起攻击。9月30日，它击沉了英国"克莱门特"号货轮。为了确保这艘货轮乘员的安全，"斯佩伯爵"号指挥官汉斯·朗斯多夫（Hans Langsdorff）上校通过无线电给巴西海军当局

"斯佩伯爵"号作战图

"斯佩伯爵"号是德国建造的三艘袖珍战列舰之一。1939年8月21日，战争爆发前夕，它从母港威廉港驶出，目的地是南大西洋。如果战争爆发，其任务就是袭击那里的英国运输商船。9月26日，它收到进入战争状态的命令。从那时起，一直到12月17日在蒙得维的亚港外普拉特河口自沉，"斯佩伯爵"号主要在南大西洋活动，期间有两周在印度洋短暂行动，共击沉九艘、俘获两艘英国商船。它还先后拦截、释放了一艘中立国荷兰的船只。它在乌拉圭东海岸240英里外海域与英国"埃克塞特"号、"埃杰克斯"号和"阿基利斯"号巡洋舰的交火最终导致毁灭。

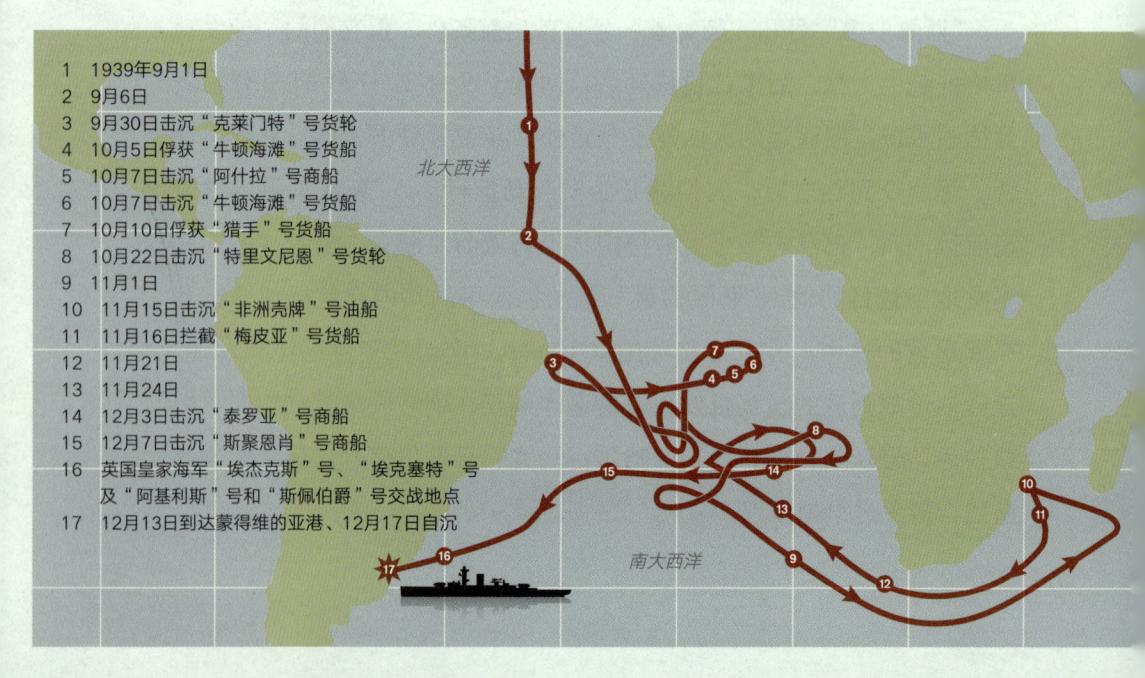

1　1939年9月1日
2　9月6日
3　9月30日击沉"克莱门特"号货轮
4　10月5日俘获"牛顿海滩"号货船
5　10月7日击沉"阿什拉"号商船
6　10月7日击沉"牛顿海滩"号货船
7　10月10日俘获"猎手"号货船
8　10月22日击沉"特里文尼恩"号货轮
9　11月1日
10　11月15日击沉"非洲壳牌"号油船
11　11月16日拦截"梅皮亚"号货船
12　11月21日
13　11月24日
14　12月3日击沉"泰罗亚"号商船
15　12月7日击沉"斯聚恩肖"号商船
16　英国皇家海军"埃杰克斯"号、"埃克塞特"号及"阿基利斯"号和"斯佩伯爵"号交战地点
17　12月13日到达蒙得维的亚港、12月17日自沉

发报，向他们通报了这次突袭。嗅到南大西洋上德军武装快船的踪迹后，英国皇家海军和法国海军派出八支特遣舰队来猎杀朗斯多夫。

这些舰队集合了一大批实力强劲的军舰，包括两艘战列舰、一艘战列巡洋舰、四艘航母和16艘巡洋舰。F舰队（由英国海军"贝里克"号和"约克"号巡洋舰组成）负责在北美和西印度群岛之间巡逻；G舰队（包括英国海军"埃克塞特"号、"坎伯兰"号、"埃杰克斯"号和"阿基利斯"号巡洋舰）被派到南美洲东海岸；H舰队（由英国海军"萨塞克斯"号和"什罗普郡"号巡洋舰组成）在好望角巡逻；T舰队（包括英国海军"鹰"号航母、"康沃尔"号巡洋舰和"多塞特郡"号巡洋舰）在南印度洋活动；K舰队（由英国海军"声望"号战列巡洋舰和"皇家方舟"号航母构成）在巴西海岸游弋；L舰队（包括法国海军"敦刻尔克"号战列舰、"贝阿恩"号航母和"乔治·莱格"号、"光荣"号及"蒙卡尔姆"号巡洋舰）从法国布雷斯特进入大西洋开展行动；M舰队（包括法国海军"杜布雷"号和"福煦"号巡洋舰）负责西非海域；N舰队（包括法国海军"斯特拉斯堡"号战列舰、英国海军"竞技神"号航母和英国海军"海王星"号巡洋舰）在西印度群岛活动。

由于要巡逻的海域长达成千上万公里，想要锁定袖珍战列舰无异于大海捞针。10月5日，"斯佩伯爵"号俘获"牛顿海滩"号货船，两天之后，又击沉"阿什拉"号商船。10月10日，它又俘获"猎手"号。10月22日击沉英国"特里文尼恩"号货轮之后，它向印度洋驶去，在那里于11月15日又击沉了"非洲壳牌"号油船。随后它两次折回大西洋，跟"阿尔特马克"号燃油补给船会合加油。

盟军特遣舰队大动干戈、费劲周折，最后只打了一场胜仗，那就是击沉"埃米·弗里德里希"号，当时这艘补给舰正在去和"斯佩伯爵"

照片中为1939年4月在英吉利海峡航行途中的"斯佩伯爵"号袖珍战列舰。当时它正要去参加大西洋海军演习，同行的有姊妹舰"舍尔"号和"德意志"号，"莱比锡"号、"纽伦堡"号和"科隆"号巡洋舰，还有一艘驱逐舰，若干潜艇支队和一艘护航的U型潜艇。1932年，"斯佩伯爵"号在威廉港开始施工建造，成功完成多次海试之后，它被选定为德国海军新的旗舰。

号袖珍战列舰会合的途中。但"斯佩伯爵"号到底在哪里,他们仍然没有一点头绪。与此同时,"德意志"号击沉两艘商船后,被召回德国,在未被盟军发现的情况下,回到母港。

穷追不舍

这样一来,海上就只剩"斯佩伯爵"号一艘袖珍战列舰在活动了。它随后再次得手,拦截击沉了"多立克之星"号货船,但正是这次行动最终导致了其毁灭。"多立克之星"号的无线电报务员虽然受到警告不许向外发出求救信号,但还是勇敢地发出"RRRR"(突袭警报)的无线电信号,同时指出了货船的位置。

盟军终于获得一些可以跟进的确凿情报。朗斯多夫又击沉了两艘商船——12月3日的"泰罗亚"号和四天之后的"斯聚恩肖"号,但一张大网开始向他收紧。正是G舰队指挥官亨利·哈伍德(Henry Harwood)准将成功地预测到朗斯多夫将转移至乌拉圭普拉特河的河口一带行动。于是,G舰队的一艘重型巡洋舰和两艘轻型巡洋舰(哈伍德指挥的另一艘重型巡洋舰"坎伯兰"号正在福克兰群岛整修)朝南美洲海岸高速驶去。他们在12月12日赶到普拉特河口,比"斯佩伯爵"号提前一天到达该区域。"斯佩伯爵"号为了省油,航速减至15节。

哈伍德在海平面上看到黑烟后,命令重型巡洋舰"埃克塞特"号前去查看。"埃克塞特"号发回电报称,看到了"一艘看上去像袖珍战列舰的东西"。英国军舰做好战斗准备。而朗斯多夫认为与他交手的是一群可能在执行护航任务的驱逐舰。他下令"斯佩伯爵"号航速提至22节,全速迎击敌舰。结果,这成为致命的失误。如果这位德国舰长意识到他接近的是英国巡洋舰,可能会与它们保持一定距离,在它们攻击

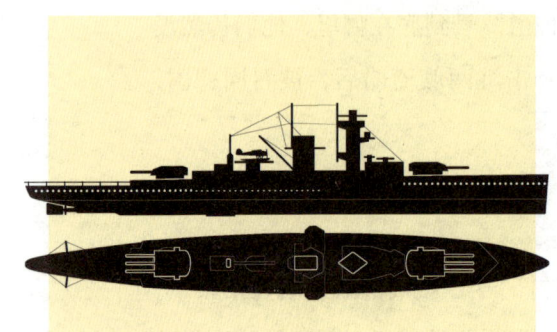

"斯佩伯爵海军上将"号

级别：	"德意志"级袖珍战列舰
排水量：	16200吨（满载）
长度：	610英尺（185.9米）
宽度：	70英尺（21.3米）
吃水：	19英尺（5.8米）
航速：	28节
火力装备：	2座3联装6门280毫米口径主炮；8门150毫米口径火炮；16门105毫米口径两用高射炮；9门37毫米口径和10门20毫米口径高射炮
乘员：	1150人

根据《凡尔赛和约》规定，"斯佩伯爵"号的排水量应该限制在1万吨，设计人员尽管在建造期间千方百计地减轻其重量，但完工时它的排水量还是超过了1.6万吨。为此，船体采用了电焊而不是铆接，同时动力由功率达到5.6万马力的8台曼牌柴油发动机提供，而不是用传统的锅炉和蒸汽轮机。柴油动力也扩大了"斯佩伯爵"号的作战半径，使它能够在加满油的情况下航行1.25万英里。

自己之前，用舰上的280毫米口径主炮给它们以残酷的打击。"埃克塞特"号巡洋舰装备了203毫米口径舰炮，而"埃杰克斯"号和"阿基利斯"号巡洋舰只有152毫米口径火炮。

清晨6:18，"斯佩伯爵"号向"埃克塞特"号开火，英国人在两分钟后还击。"埃杰克斯"号和"阿基利斯"号奋力靠近，也加入战斗。随后的30分钟，德国炮手重创"埃克塞特"号，炸毁了它的两个前炮塔，引起甲板多处起火。而"埃克塞特"号也不甘示弱，造成"斯佩伯爵"号的燃油处理系统严重受损；失去燃油处理系统，朗斯多夫舰上的燃油只够航行16小时。

"埃克塞特"号坚持战斗，一直到舰上最后一座203毫米口径炮塔也失去了战斗力。为了阻止它被逼上来的"斯佩伯爵"号彻底摧毁，"埃杰克斯"号和"阿基利斯"号积极进攻。英军发动了一次鱼雷攻击未能成功，"埃杰克斯"号和"阿基利斯"号双双受损撤退，早上7:25左右，英德双方的海上决斗结束。"斯佩伯爵"号在烟幕的掩护下向西高速驶去。哈伍德决定在天黑前一直尾随其后，计划天黑之后重新发动攻击。

受困自沉

哈伍德仍然决定继续进攻，他幽默地承认即使152毫米口径火炮狠狠地教训了"斯佩伯爵"号，但"我们可能在一直朝它扔雪球"。实际上，英国战舰给德国人造成的破坏比他们想象得严重，足以让朗斯多夫决定驶向最近的中立国港口进行检修。12月14日，他在乌拉圭蒙得维的亚港抛锚停泊。

战斗在继续——这次是外交战线的交锋。德国人请求停靠两周进行整修；英国人则要求乌拉圭遵守《海牙公约》（Hague Convention）条款，在24小时后驱逐"斯佩伯爵"号，他们的秘密间谍也开始大肆散布流言。有关H舰队即将赶到战场增援受损严重的哈伍德舰队的谣言迅速传播开来。但事实上，包括"声望"号战列巡洋舰和"皇家方舟"号航母在内的H舰队还在1000英里以外。"埃克塞特"号也退出了战斗。它严重向右倾侧，舰体前部仍在着火，已经朝1200英里外的福克兰群岛驶去。"坎伯兰"号缩短了大修时间，已经赶到接替前者。

朗斯多夫听信了谣言。他眼下面临三种选择：或驶出港湾继续战斗，或让英国人扣押战舰，或让它沉入海底。希特勒排除了战舰被俘的选项。朗斯多夫认为，如果"斯佩伯爵"号驶到海上，肯定会被摧毁。于是，他决定亲手将它沉入海底。

12月17日傍晚，在少数基本船员的驾驶下，"斯佩伯爵"号从蒙得维的亚港缓缓驶出。当行驶到乌拉圭领海尽头时，战舰停下来，基本船员下船。英国《每日电讯报》（Daily Telegraph）驻蒙得维的亚特派

希特勒被从窗外扔来的一块贴有"'斯佩伯爵'号惨败"（*Graf Spee* Defeat）标签的石头吓了一大跳，这块石头正好砸碎了他手中贴着"'不来梅'号脱险"（*Bremen Escape*）标签的咖啡杯。德国一流的跨大西洋客轮"不来梅"号成功突破英国封锁，到达母港汉堡之后，德国宣传机构立刻鼓吹这次脱险是一次意义重大的胜利。而"斯佩伯爵"号袖珍战列舰为了防止被英国皇家海军在南美中立港口击沉或被扣押，而选择自沉，却被外界视为纳粹德国的一次重大失利。

记者亨利·丹尼尔斯（Henry Daniels）描述当时的场景：

"蒙得维的亚港所有的驳岸、码头、防波堤和临近的海岸都密密麻麻地挤满了人，大家都屏住呼吸，注视着这艘德国海盗劫掠船，人们静静地伫立着，眼看着大船朝大海驶去。突然，它来了个转弯，没有像他

第5章 "斯佩伯爵"号最后的航行 051

们期待得那样驶向大海，因为那里有虎视眈眈的英国军舰，而是朝西驶向了落日……它的速度慢得要命，随后船头扎进泥滩，停了下来，抛下船锚。时间正好是晚上 8:00，太阳已经在普拉特河的西沿落下。突然之间，火光四起，两次巨大的爆炸声震天动地，战舰中部被一大片浓厚的黑烟遮蔽。战舰后部迸发出一阵令人目眩的烟火，直抵桅杆顶部，雷鸣般的轰鸣声震得围观人群的耳朵都快聋了。此后，剧烈的摇动才慢慢消退。整个战舰似乎放射着光芒走向消亡，就像地狱自己从其五脏六腑迸发出来一样。

"随着战舰炸裂，船上油舱的油料漂到海面起火，成片的火焰在平静的海面上蔓延。天空升起浓密的黑烟，从船艏到船艉，舰船的残骸很快变成了熊熊燃烧的炼狱。这就是整个悲剧的结局。"

然而，一切还远没有结束。朗斯多夫和幸存船员被带到布宜诺斯艾利斯。12 月 19 日，朗斯多夫在旅馆房间饮弹自尽，死时俯卧在一面"斯佩

"埃克塞特"号

级别："约克"级重型巡洋舰
排水量：10500 吨（满载）
长度：540 英尺（164.6 米）
宽度：58 英尺（17.7 米）
吃水：20 英尺 6 英寸（6.2 米）
航速：32 节
火力装备：3 座双联装 6 门 203 毫米口径主炮；4 门 102 毫米口径高射炮；2 门 2 磅高射炮；6 具鱼雷发射管
乘员：630 人

"埃克塞特"号与姊妹舰"约克"号在很多方面存在重大差异。前者的舰桥更紧凑和低矮，同时烟囱是垂直的，而非倾斜的。战争爆发后，舰上的防空装备也进行了升级，配备了四联装 12.7 毫米口径高射机枪塔。在普拉特河口海战中受到"斯佩伯爵"号重创后，它返回英国本土接受大修，后被派往东亚执行任务。1942 年 3 月 1 日，它在爪哇海被日本海军击沉。

在"斯佩伯爵"号舰长汉斯·朗斯多夫下令在普拉特河口炸毁并自沉该舰之后，舰上大火烧了四天才熄灭。由于英国情报机构的欺骗行动，朗斯多夫认为，如果他再次出海迎敌，必然面临被摧毁的命运。他坚信，"声望"号战列巡洋舰和"皇家方舟"号航母已经赶到河口外，增援两艘英国巡洋舰，可实际上它们还在几千公里之外。他给柏林发报："借着夜色接近封锁线，逃入公海，突围出去，回到德国海域是无法完成的。战舰能否在普拉特河口浅滩自沉，或者接受英国人扣押，请指示。"答复很简练："战舰不得在乌拉圭被俘。自沉时做好自毁。"

"斯佩伯爵"号的最后一任舰长精心安排了与战舰最后的告别。战舰上第一声爆炸正好响在太阳落山之时，同时基本船员在德国商船"塔克纳"号甲板上列队向战舰行纳粹军礼。大约50万人在海滩上见证了当时的场景。

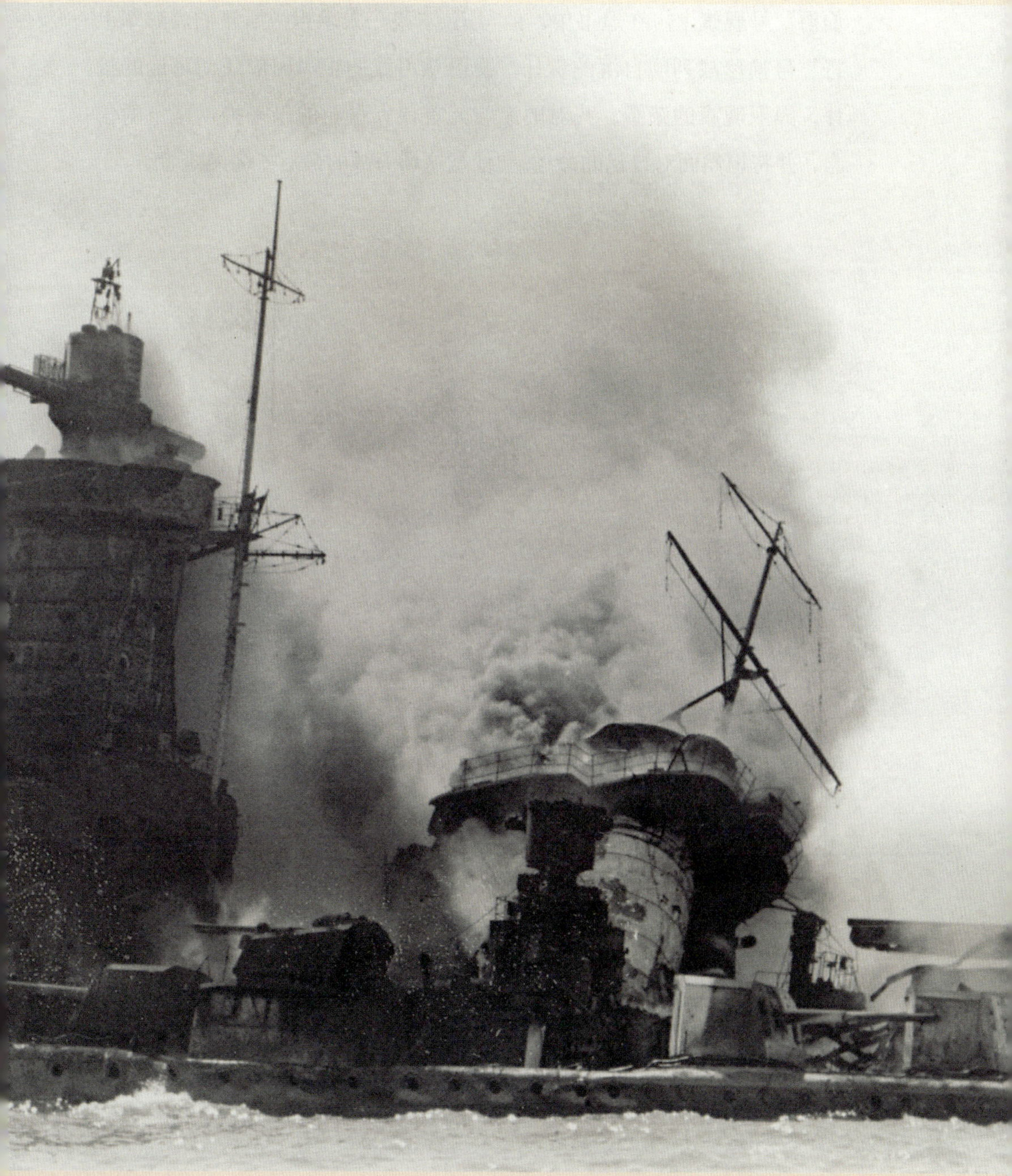

伯爵"号舰旗上。在遗书中，他写道："我一人承担'斯佩伯爵海军上将'号袖珍战列舰自沉的责任。我愿意用我的生命回应任何可能的批评，捍卫舰旗的荣耀。我对国家与元首伟大事业的未来抱以坚定的信念，并将坦然面对自己的命运。"他是这场海战的最后一名遇难者。

第 6 章
入侵挪威

二战开始几个月后，希特勒在战略上做了一次巨大的赌博。他和手下的军事顾问心里清楚，保证挪威沿岸海域的畅通无阻对于他们通过纳尔维克港转运挪威铁矿石来说至关重要，这些铁矿石为德意志第三帝国的高炉提供了燃料。而且更概括来说，他们也充分意识到，夺取挪威港口和码头的控制权，也可以让他们更容易打破英国海军对德国的封锁。

早在1939年10月，纳粹德国海军总司令埃里希·雷德尔元帅就开始催促希特勒采取行动。他认为，德国在一战时未能在西北侧翼扩张是导致德意志帝国公海舰队被困在基地的直接原因，协约国的封锁也导致了饥荒，在很大程度上导致了德国的最终投降。

"阿尔特马克"号事件

有两件事情让希特勒相信，出击挪威是盟军的行动之一。一件是雷德尔促成的希特勒和挪威法西斯党领导人维德昆·吉斯林（Vidkun Quisling）之间的会面，另一件是所谓的"阿尔特马克"号事件。

德国海军"阿尔特马克"号燃油补给船一直为"斯佩伯爵"号袖

珍战列舰补给燃料。自"斯佩伯爵"号自沉以来，它一直在南大西洋潜伏。1940年1月22日，它接到命令开始返回德国母港。当时船上运载着299名"斯佩伯爵"号扣押的英国战俘。它没有走常规的运输航线，而是穿过法罗群岛和冰岛之间的丹麦海峡，于2月14日到达挪威海域。"阿尔特马克"号指挥官海因里希·道（Heinrich Dau）上校计划沿着海岸悄悄地溜过去，以免被英国人拦截。

"皇家海军来了！"

挪威人对"阿尔特马克"号做了三次简短的检查，道每次都向他们保证，船上没有武

英国海岸司令部的"哈德逊"式侦察机（*Hudson*）拍摄到了隐藏在挪威海湾的德国"阿尔特马克"号燃油补给船。该船在挪威南岸海域被"阿瑞托莎"号轻型巡洋舰和维安上校的第4驱逐舰支队拦截，之后被俘。"阿尔特马克"号曾经是"斯佩伯爵"号袖珍战列舰的补给船，当时正想利用挪威中立国地位，运载299名"斯佩伯爵"号扣押的英国战俘偷偷摸摸地溜回德国。到达中立海域后，它的指挥官向挪威人成功地掩盖了自己的身份，但维安并没有那么容易糊弄。他接到温斯顿·丘吉尔的直接命令，跟踪"阿尔特马克"号至约辛峡湾。

"哥萨克"号驱逐舰开足马力，直冲"阿尔特马克"号驶去，登船队做好了强行登船的准备。"阿尔特马克"号试图撞击它，结果造成自己搁浅。登船队控制住补给船，找到并解救出所有战俘，然后将他们迅速转移到"哥萨克"号上。完成自己的使命之后，维安指挥军舰全速返回英国。这次事件促使希特勒下令进一步加紧筹划入侵挪威的行动。

第6章 入侵挪威

器，只进行和平贸易，他们都相信了。挪威人根本不去检查底舱，战俘费尽力气想吸引他们的注意力，可惜一点儿用都没有。但英国人没那么容易蒙骗。2月16日，英国皇家空军一架搜索飞机在卑尔根海域发现了"阿尔特马克"号，第4驱逐舰支队指挥官菲利普·维安（Philip Vian）上校奉命对其实施拦截。

当天下午晚些时候，"阿瑞托莎"号轻型巡洋舰发现了由两艘挪威鱼雷艇护送航行的"阿尔特马克"号，维安的两艘驱逐舰开始向它逼近。但燃油补给船置停船命令于不顾，机敏地躲开，溜进了约辛峡湾，与此同时鱼雷艇堵住了入口。英国人请挪威人允许他们登上补给船亲自搜查，被挪威人拒绝。

事情似乎陷入僵局。随后丘吉尔亲自过问此事，他命令维安继续前进，不必顾及挪威人是否合作。晚上11:20左右，维安的旗舰"哥萨克"号驱逐舰朝"阿尔特马克"号驶去。"阿尔特马克"号试图撞击，但没成功，自己也搁浅了。强行登船队一拥而上，登上补给船。短暂战斗之后，"阿尔特马克"号四名船员被杀，五名船员受伤，英国人控制了船只。一名英国水兵打开其中一个底舱的舱盖后，朝下大喊，"下面有英国人吗？"听到肯定的回答后，他马上又喊道，"那上来吧。皇家海军来了！"

威瑟堡行动

可想而知，希特勒的反应是十分强烈的。这就像他脚上长了疼痛难忍的鸡眼又被人踩了一脚。他下令立刻开始筹划同时入侵挪威和丹麦。行动开始的时间定为4月9日。元首似乎认为，他在关键时刻采取了及时行动。行动前一天，英国军舰在纳尔维克周边海域布雷。争夺挪威的竞赛已经开始了。

第6章 入侵挪威

在丹麦，攻占过程几乎毫不费力——只是老旧战列舰"石勒苏益格－荷尔斯泰因"号搁浅耽误了一点时间。4月9日凌晨5:30，德军越过边境；7:30，丹麦政府下令停火。但在挪威，侵略者遭遇的抵抗要顽强得多。

在奥斯陆湾，纳粹德国海军崭新的"布吕歇尔"号重型巡洋舰在通过奥斯卡堡附近的狭窄航道时，被来自挪威岸防炮台的一发炮弹击中弹药库，最终沉入大海。其他配属舰船被迫驶回，从而耽搁了占领挪威首

入侵挪威路线图

这幅地图描绘了1940年4月德国入侵中立国挪威之初，英德两国海军的动向。希特勒准备冒险与英国本土舰队正面交锋，从而巩固德国空降部队在挪威迅速建立的桥头堡。他推断，纳粹德国空军强大的空中优势完全可以弥补纳粹德国海军数量上的劣势。"布吕歇尔"号巡洋舰在接近奥斯陆湾时被岸防炮台击沉，"希佩尔海军上将"号重型巡洋舰被一艘英国驱逐舰撞击后也受到重创，但结果证实希特勒是正确的。德国海军成功地在卑尔根、斯塔万格、艾恩松、克里斯蒂安桑、阿伦达尔、霍顿、特隆赫姆和纳尔维克八个地点登陆，几乎没有遭到抵抗。

都的时间,给了挪威政府人员和皇室从德国人手中逃脱的机会。其姊妹舰"希佩尔海军上将"号被英国海军"萤火虫"号驱逐舰撞击,也受到损伤,但在夺取特隆赫姆城的过程中仍然发挥了作用。

"卡尔斯鲁厄"号轻型巡洋舰在进攻时打头阵,但在当天被英国海军"懒惰"号潜艇炸沉。其姊妹舰"柯尼希山"号之前已经在卑尔根被挪威岸防炮台炮击受损,最终被从奥克尼群岛飞来的英国"贼鸥"式俯冲轰炸机炸沉。它是历史上第一艘被飞机炸沉的大型战舰。

纳尔维克港战斗

最北面的纳尔维克港是整个战役最重要的战略目标,10艘德国驱逐舰为了确保它们运送的高山部队在那里成功登陆,击沉了两艘海防船。英国海军伯纳德·沃伯顿-李(Bernard Warburton-Lee)上校指挥着一支由五艘军舰组成的驱逐舰支队奉命向它们发起攻击。4月10日凌晨4:00,在肆虐的暴风雪中,"哈迪"号率领"热刺"号、"浩劫"号、"猎人"号和"敌人"号进入港湾。

"哈迪"号发射的一枚鱼雷炸毁了德国旗舰"威廉·海德坎普"号驱逐舰的舰部,舰队指挥官弗里德里希·邦特(Friedrich Bonte)准将身亡。另外一艘德国驱逐舰被两枚鱼雷击沉,还有三艘在炮击中受损。停在港内的八艘德国商船被击沉了六艘。

如果沃伯顿-李获得的情报准确无误,德国驱逐舰应该只剩一艘了。实际上,战场上却有五艘驱逐舰。它们是迅速从临近的峡湾赶来反扑的。在战斗过程中,"哈迪"号严重受损,不得不在海滩搁浅。"猎人"号当场被击沉,"热刺"号也受到重创,但另外两艘英国驱逐舰合力将之救出重围。一发炮弹击中"哈迪"号舰桥,沃伯顿-李本人受了致命伤。他最后一次发报的内容是:"继续与敌作战。"

英国人在纳尔维克的使命还没完成。威廉·惠特沃思（William Whitworth）海军中将在旗舰"厌战"号战列舰上坐镇指挥，率领九艘驱逐舰三天之后卷土重来，再次发起进攻。德军"奎恩"号、"吕德曼"号、"岑克尔"号和"阿明"号迅速被击沉。剩余的德国驱逐舰被"爱斯基摩人"号、"贝都因森林人"号、"英雄"号和"伊卡洛斯"号追击。只有"U-51"号潜艇成功逃到了公海。

海空交锋

惠特沃思拥有一个至关重要的优势：纳粹德国空军到目前为止并不能给纳尔维克的德国海军提供有力的空中掩护。惠特沃思——此时登上"声望"号战列巡洋舰——也在纳尔维克港外与德国海军"沙恩霍斯特"号和"格奈泽瑙"号战列巡洋舰进行了短暂交火，德国人虽然被击中数次，但仍靠着较大的速度优势突围，消失在暴风雪中。

再往南去，完全是另外一个局面。英国本土舰队司令海军元帅查尔斯·福布斯（Charles Forbes）爵士的运气就没那么好了。4月9日下午，他首先在挪威南部海域与纳粹德国空军遭遇。在那里的空袭中，尽管只损失了"廊尔喀"号驱逐舰，但他认为，在那片海域苦撑着继续作战的风险极高。他坐镇的"暴怒"号航母甲板上一架战斗机都没有。舰队防空力量也无法为它提供足够多的保护。福布斯非但没有像最初打算的那样向德军运输舰船发动进攻，反而沦落到为盟军运送部队到纳姆索斯和翁达尔斯内斯的地步。部队在那里登陆后计划向特隆赫姆发动钳形攻势。

这场地面战斗从头到尾都绝对是一场灾难。虽然英国人最终于5月28日夺回了纳尔维克，但德国人在低地国家和法国发动的闪电战使得

纳粹德国海军总司令埃里希·雷德尔元帅在检阅仪仗队。从 1939 年 10 月以来，他一直敦促希特勒介入斯堪的纳维亚半岛。丘吉尔可能会怒吼着说，入侵挪威是"跟拿破仑入侵西班牙一样的严重战略失误"。但雷德尔跟希特勒一样，愿意冒这个险，尽管他私下在日记里也承认，他的舰队"在实力上根本不够跟英格兰打这么一场大仗"。

最终放弃它成为必然。实际上，在拿下它之前，英国人就决定要从那里撤出。由于受到无情的空中轰炸，纳姆索斯和翁达尔斯内斯的人员已经被迫撤离。

"光荣"号沉没

英国海军部集结了一支由"光荣"号和"皇家方舟"号航母等掩护舰艇组成的庞大运输船队执行撤离任务。它们行驶到海上后，"光荣"号航母指挥官盖伊·休斯（Guy D'Oyly-Hughes）上校经请示得到许可离开护航舰队，独自前往斯卡帕湾。

现在依然搞不清楚为什么休斯要离开安全的大部队和"皇家方舟"号航母。有可能因为燃油不足，他的军舰需要走路途更近的航线；也有可能因为他着急回去召集一场军事法庭审判，他在之前一次行动后原本要指控一名军官。无论出于什么原因，这个决定对"光荣"号航母和护卫它的两艘驱逐舰来说都是致命的。当被"沙恩霍斯特"号和"格奈泽瑙"号拦截时，这几艘军舰明显没有处在高度戒备状态。

下午4:46，"沙恩霍斯特"号第一次捕捉到"光荣"号的回波；5:01，"光荣"号航母也在雷达上发现了德国人。这艘航母的锅炉全部点燃，拼命加速，同时费瑞"剑鱼"式（Fairey Swordfish）鱼

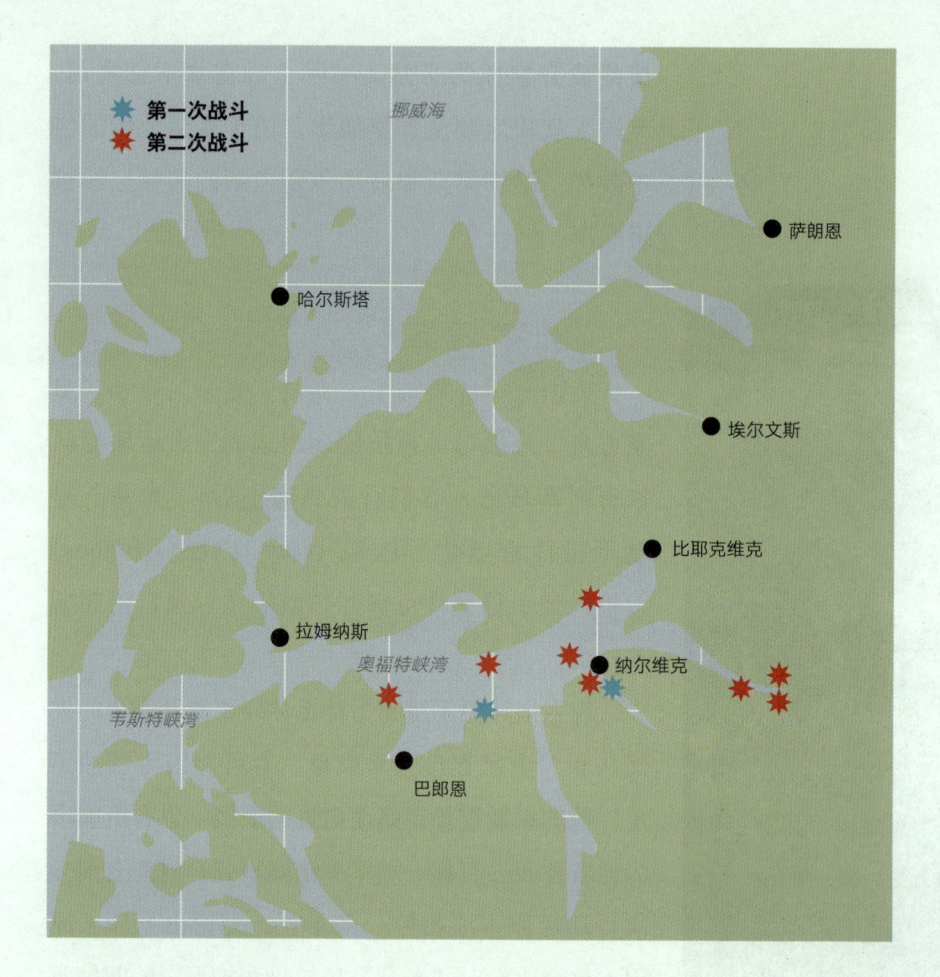

纳尔维克作战图

英国人原本以为纳粹德国海军要集中力量在大西洋突围，一下被德国人的进攻打了个措手不及，但英国海军反应相当迅速。4月10日，英国海军伯纳德·沃伯顿－李上校率领一支由五艘驱逐舰组成的舰队，开始攻击前一天到达纳尔维克的10艘德国驱逐舰。德国军舰完成运输部队的登陆任务后，队伍开始分散。五艘驱逐舰留在纳尔维克，两艘驱逐舰向西到达临近的峡湾，其余三艘向北移动。

沃伯顿－李摧毁两艘德国驱逐舰，炸沉11艘德国商船和一艘补给船，然后退出战斗。他和对手弗里德里希·邦特指挥官双双战死。三天之后，英国派"厌战"号战列舰和九艘驱逐舰进行反击，他们又击沉了三艘战舰。余下五艘驱逐舰，因为遭受严重损伤，被德国人自沉。

雷轰炸机也移动到飞行甲板上。因为"沙恩霍斯特"号和"格奈泽瑙"号在它上风处,为了能让战机起飞,"光荣"号不得不加足马力朝它们驶去。

"阿卡斯塔"号和"热心"号驱逐舰分居"光荣"号两侧,稍微比它突前一点。离两艘战列巡洋舰越来越近,"热心"号勇敢无畏地插在"光荣"号航母和两艘德国战舰之间,并且开始施放烟幕。"阿卡斯塔"号也开始施放烟幕。到5:34,"光荣"号航母上第一批"剑鱼"式轰炸机已经装好鱼雷,在甲板上准备完毕。

失去战斗力

仅仅三分钟之后,"沙恩霍斯特"号的第三轮齐射正中目标,炸穿了"光荣"号的飞行甲板,导致下面的机库也起了火。另一轮齐射炸毁了舰桥,炸死了休斯和舰桥上的几乎所有人员。主机舱被击中后,"光荣"号航速减慢,开始倾侧,同时开始向左舷打转。下午6:10,它沉入海底。"热心"号比之更早,下午5:25时就沉没了。最后,"阿卡斯塔"号在6:20沉没。三艘军舰所有遇难者包括94名军官、1380名士兵和41名皇家空军人员。

德国人也未能全身而退。"阿卡斯塔"号沉入海底之前朝"沙恩霍斯特"号发射了一枚鱼雷,造成后者严重损坏。不久之后,"格奈泽瑙"号也被英国"克莱德"号潜艇发射的鱼雷击中。德国海军的损失远不止这些。雷德尔在这场海战中几乎派上了纳粹德国海军的全部家当。到大战结束时,德国人只剩下三艘巡洋舰和四艘驱逐舰能够作战。英国人除了损失了前述三舰外,"萨福克"号和"埃芬厄姆"号巡洋舰也失去战斗力,防空巡洋舰"杓鹬"号被击沉。一艘法国巡洋舰严重受损,四艘英国驱逐舰、一艘法国驱逐舰和一艘自由波兰的驱

"沙恩霍斯特"号

级别："沙恩霍斯特"级战列巡洋舰

排水量：38900吨（满载）

长度：741英尺6英寸（226米）

宽度：100英尺（30.5米）

吃水：32英尺（9.8米）

航速：32节

火力装备：3座3联装9门280毫米口径主炮；12门150毫米口径火炮（4座双联装和4座单装）；14门105毫米口径火炮；16门37毫米口径高射炮

乘员：1800人

"沙恩霍斯特"号及其姊妹舰"格奈泽瑙"号重新定义了常规战列巡洋舰的设计。传统的这种战舰速度快，装备精良，但装甲较薄。对比起来，这两艘战列巡洋舰拥有更厚的防护装甲。为了减少由此带来的速度损耗，它们在主炮上减轻了重量，采用9门280毫米口径火炮，而不是381毫米口径重炮。这些改造足以应对大部分的任务。在战争头几个月，两舰取得不少作战成果，共在大西洋出动两次，在那里击沉了包括"拉瓦尔品第"号辅助巡洋舰在内的大量舰船。在挪威海战中，它们拦截并击沉了英国"光荣"号航母。

逐舰也都损失了。

表面上看，德国人取得了完胜。事实上，德国人的损兵折将意味着，在不久之后的夏天，纳粹德国海军再也无力竞争英吉利海峡的掌控权，也没本事掩护跨越海峡的进攻。因为这些软肋，德国计划的征服英国本土的"海狮行动"（Operation Sealion）如果真的发起，也肯定要失败。

第 7 章
敦刻尔克大撤退

1940年5月，所向披靡的希特勒装甲部队向英吉利海峡推进，大有在佛兰德包围盟军之势，这让英国远征军总司令陆军上将约翰·戈特（John Gort）勋爵陷入两难境地。他可以听从丘吉尔的命令，向南奋力冲杀，穿过德军所谓的"装甲走廊"，与法国军队在索姆河会合；或可以朝英吉利海峡沿岸撤退，寄希望于海军能够成功地解救英国远征军。

戈特选择了后者。英国远征军作战处代理处长罗伯特·布里奇曼（Robert Bridgeman）中校受命制订撤退计划。在趴在地图上仔细研究之后，布里奇曼决定，撤退最佳地点是比利时奥斯坦德和法国敦刻尔克之间一段27英里长的海岸。敦刻尔克成为整个撤离的关键。

寻找奇迹

英国远征军的士兵开始朝佛兰德海岸且战且退的同时，代号为"发电机行动"（Operation Dynamo）的大撤退仓促启动。多佛指挥部司令海军中将伯特伦·拉姆齐（Bertram Ramsey）爵士负责指挥这次行动。

转移一小股英国远征军尚可，但太多的话，没人相信能成功。英国海军部告诉拉姆齐，眼下最要紧的是要在两天内营救45000名英国远征军士兵,"两天过后德军行动,撤退行动可能要终止"。英国陆军最高指挥官帝国总参谋长(Chief of the Imperial General Staff)陆军上将埃德蒙·艾恩赛德(Edmund Ironside)爵士私下断言,如果幸运的话,英国人只能撤走30000人。"上帝保佑英国远征军,"他在日记中按捺不住怒火,"搞成这样都怪法军司令部无能"。艾恩赛德的继任者陆军上将约翰·迪尔(John Dill)爵士直言不讳地说:"从军事上看,被包围的英国远征军大队人马想要全身而退,希望渺茫。"

戈特同样悲观,他告知丘吉尔的新任陆军大臣安东尼·伊登(Anthony Eden):"我无法向您隐瞒这些情况,即使在最有利的情况下,英国远征军都不可避免地会损失大多数人和武器装备。"戈特的参谋长亨利·波纳尔(Henry Pownall)陆军中将对灾难差不多也一样听天由命。他哀叹道:"八个月前我们斗志昂扬地在这片法国海岸登陆,如今我们又回到这里。我坚信,我们是一支英勇的队伍,我们的付出绝不应该以这种可耻的结局收场。"即使一向乐观的丘吉尔也要求下议院做好最坏的打算。他让下院议员"准备迎接不幸和沉重消息的到来"。似乎除非有奇迹发生,什么都无法把英国远征军从彻彻底底的灾难中解救出来。

开始撤退

"发电机行动"跌跌撞撞开始。截至5月27日晚,仅有7669人登船。拉姆齐以最快的速度集结了所有能赶来的驱逐舰和适合运兵的商船。他规定,商船在英吉利海峡横渡一趟,必须能够运回至少1000人。所有的事情都需要时间,而这正是英国人无法拥有的奢侈品。另外,制订海上最佳航线也需要时间。

当时有三个选择:Y航线、Z航线和X航线。航程87海里(1海里=1.852 公里）的 Y 航线最长，但最安全。而航程只有 39 海里的 Z 航线最短，但因为它处在德国人设在法国加来附近和格拉沃利讷的火炮射程内，5 月 27 日之后无法在白天使用。X 航线长 55 海里，从 5 月 29 日起增补加入。

更要命的是，敦刻尔克开始遭遇纳粹德国空军越来越猛烈的空中轰炸。希特勒突然莫名其妙地命令德国陆军装甲部队在离敦刻尔克城市不远的地方停止前进，这个决定虽然让英国远征军赢得短暂的喘息时间，来加强环形防线，但德国空军总司令戈林向希特勒保证，他的轰炸机能够制止任何撤离的企图。德国空军最惊心动魄的一波攻击于 5 月 29 日下午发动，目标是沿着敦刻尔克港口防波堤停泊的 10 艘英国船只，他们损毁了其中三艘舰船。

法国"美洲虎"号驱逐舰是其中之一。纳粹德国空军空袭时，它正运载着大约 1000 名士兵高速驶出港口。炸弹没有击中这艘军舰，但有一枚落在几米之外的海中爆炸。爆炸之后，人们听到骇人的轰鸣声，原来是加压蒸汽从"美洲虎"号震碎的蒸汽输送管泄漏造成的，蒸汽发动机也很快终止工作。舰上一名军官形容，战舰随后陷入"一片死寂"。万幸的是，另一艘驱逐舰及时赶来协助它。但英国的"榴弹"号驱逐舰就没那么好的运气了，它靠着防波堤停泊时，被德国人直接击中。船员不得不弃舰。从海港入口被拖走时，其内部发生巨大爆炸，随后沉入大海。在防波堤另一侧停泊的"冠鹰"号明轮船是第三艘被炸沉的船只。

在海上，一艘接一艘舰船被炸得沉入海底或者无法航行。消息传到伦敦，英国海军部认为，兵员和装备的损失是难以承受的。海军部下令撤回拉姆齐手里剩余的七艘舰队驱逐舰，只留下 15 艘小吨位、老旧的舰艇供他差遣。后来拉姆齐警告上级，失去驱逐舰，撤退行动根本没法

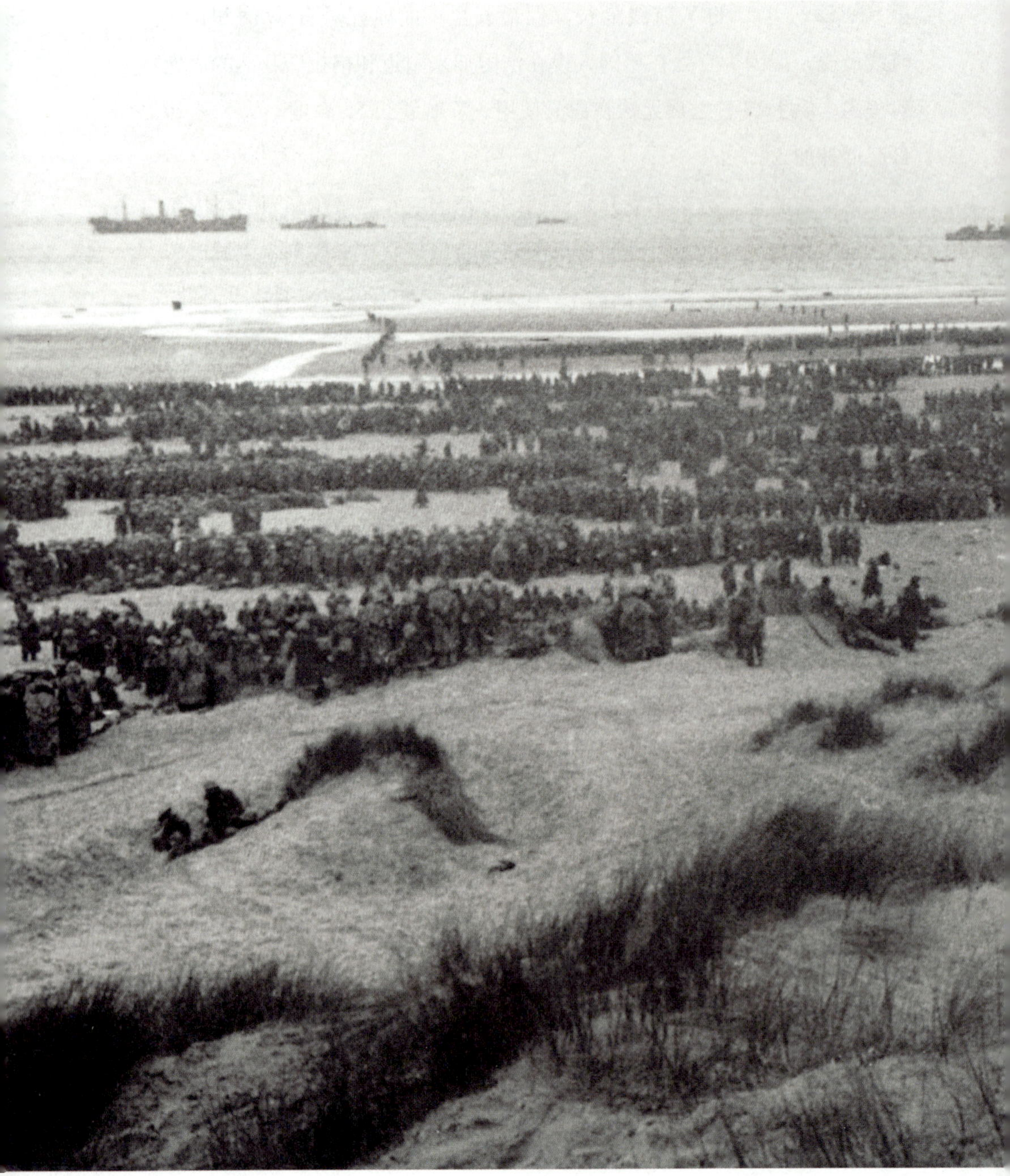

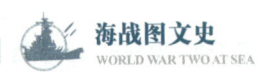

第7章 敦刻尔克大撤退

从1940年5月27日至6月4日，盟军耐心地等候从敦刻尔克撤离。英国皇家海军的任务是赶在德国装甲部队进入港口之前，尽可能多地将部队从海滩上撤走并安全运送到英国。一开始，军事专家甚至怀疑，他们能否足够幸运地撤走50000人；然而到"发电机行动"结束时，从海岸上撤回的英国、法国和比利时军队的总人数达到338226。面对德国空军几乎毫不停歇的轰炸，营救人员和被救人员都没有丝毫畏惧，不过他们被迫放弃了所有重型设备。

完成，这些驱逐舰才重新回到行动中。

海滩惨状

海岸上看起来会时不时地陷入混乱。5月29日午后，年轻的英国皇家炮兵团少尉 P. D. 埃利曼（P. D. Elliman）带领手下士兵抵达那里，他栩栩如生地描述了当时目睹的东防波堤和马洛莱班之间海滩的景象。"潮水相当低，"

法国"美洲虎"号驱逐舰正在驶往敦刻尔克途中，此行是去接回等待撤退的部队。为了防止德国潜艇的攻击，"美洲虎"号投下一枚深水炸弹。此前，它曾帮助营救"阿布凯尔"号轮船的幸存者，后者在从比利时奥斯坦德运送200多名英国远征军士兵、一群比利时修女和一批英国女学生到安全地带的途中，被德国鱼雷快艇（S-boat）击沉。德国快艇还继续用机枪扫射海里的幸存者，一直到"美洲虎"号和其他两艘驱逐舰赶到现场才罢手。

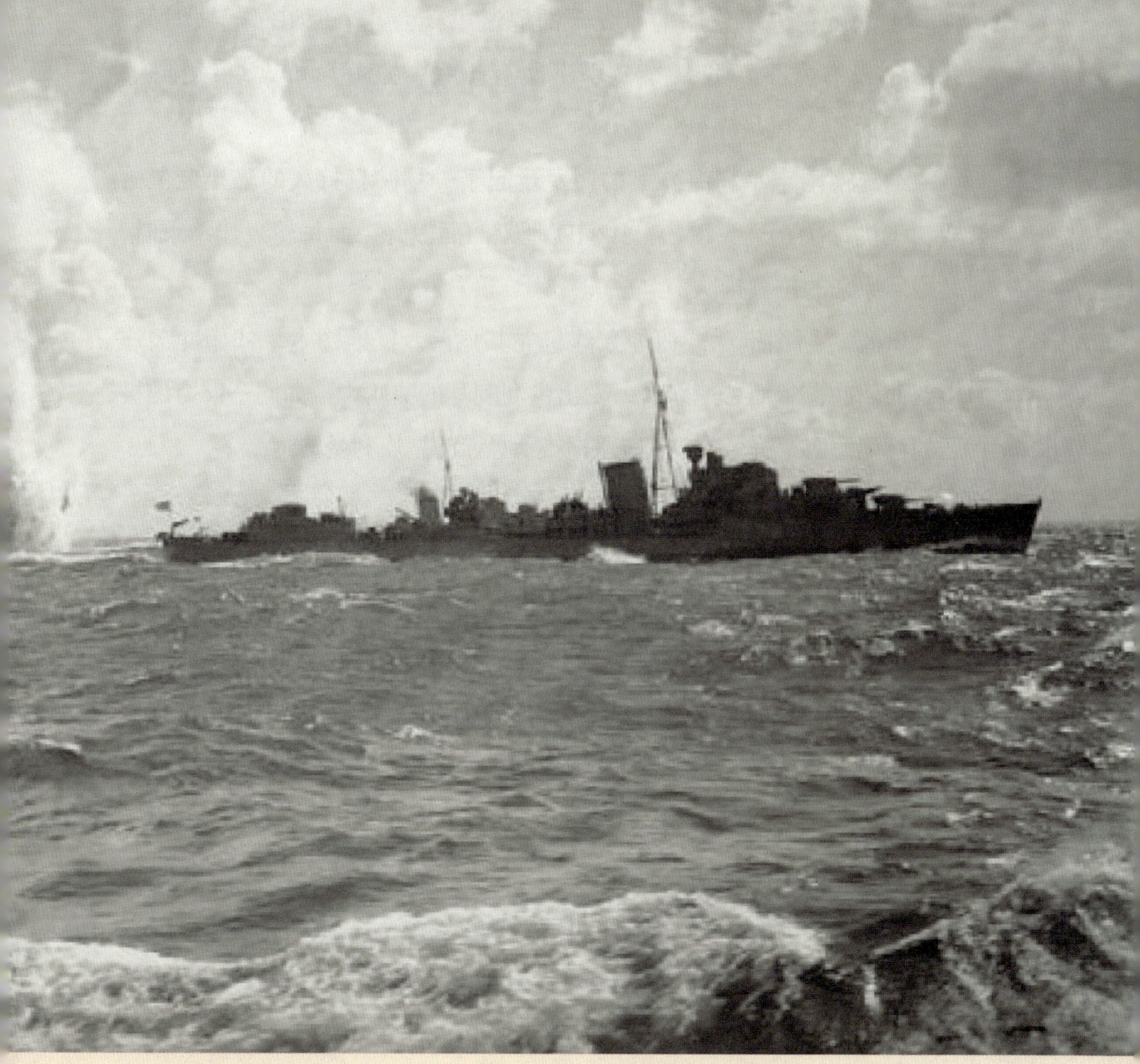

埃利曼写道,"一条轮船在水边侧躺着。海边的沙滩宽约 100 码。人们三人一行,在沙滩中间排着队。油罐燃烧时冒出的黑烟向东飘向小城。零零散散的几个军官走来走去。一切都很安静。"

"倏忽之间,暴风骤雨驾到!一队飞机打西边飞来,投下一批又一批炸弹。第一波攻击让人勇气殆尽,我们是彻底暴露在沙滩上的。一些士兵挤在失事轮船的船壳下面躲避了一会儿,但过了一段时间,什么都没有发生,我又集合手下所有士兵,整好队形,继续排队,唯恐后面的人捷足先登。"

纳粹德国空军和海滩上的盟军玩起了一场旷日持久的猫捉老鼠游戏。飞机每次飞过头顶,士兵们就赶紧四面散开,而每轮轰炸结束时,又跑回原来的位置排队。

Ju-87"斯图卡"式俯冲轰炸机尤其危险。"'斯图卡'式俯冲轰炸机忽而俯冲、忽而急速跃升,发出尖利刺耳的啸叫声,如同一群穷凶极恶的巨型海鸥一样,在我们头顶不停地盘旋。"埃利曼写道。

敦刻尔克舰队

英国海军真的是拼尽全力,但做得还不够,尤其是在希特勒撤销了先前命令之后,德国装甲部队又开始向前推进。当时急切需要吃水浅的小船,可以直接从海滩接上人员。在整个撤退过程中,英国海军部征用了大约 588 艘小船;另外数百只是由一些平民船主自愿提供的。

第一批小船于 5 月 29 日中午前后到达敦刻尔克港口外。不久之后,船员就见识到了他们面对的是怎样的敌人。亚瑟·迪万(Arthur D. Divine)是一艘参与营救的小船舵手。

"这个场景将永远清晰镌刻在我的记忆中——一列列筋疲力尽、昏昏欲睡的士兵蹒跚着从沙丘走到浅滩,一屁股坐进小船,一队队军人

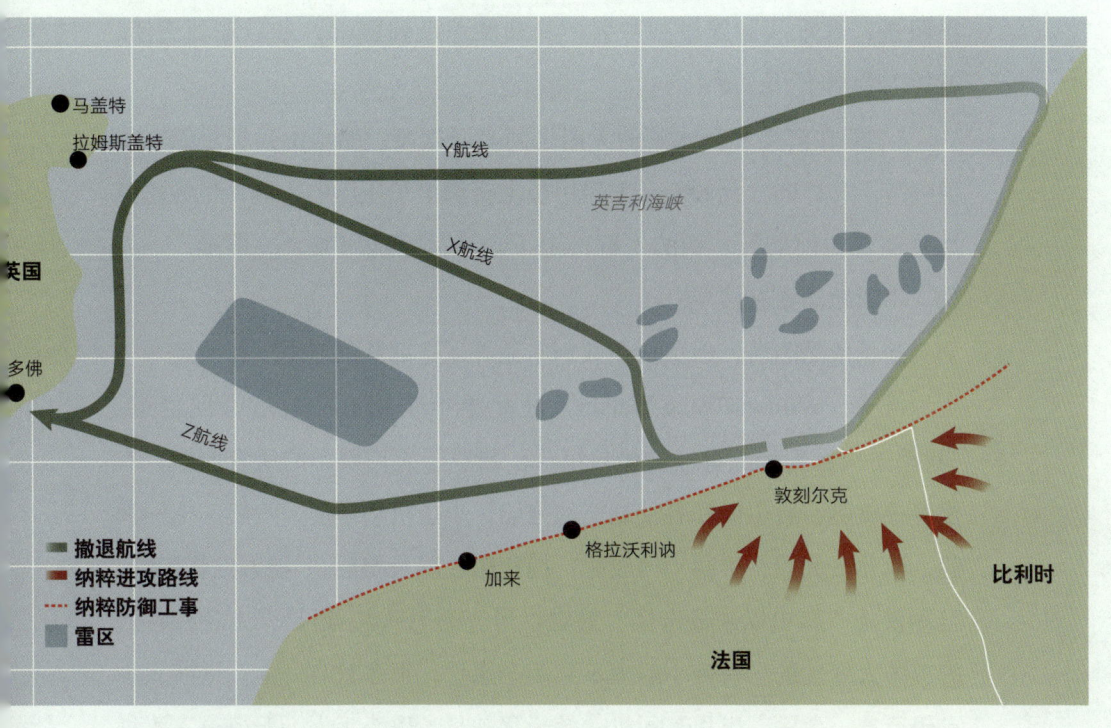

撤退航线图

　　海军中将伯特伦·拉姆齐爵士在英国多佛指挥部坐镇指挥"发电机行动",他制定了三条从敦刻尔克横渡英吉利海峡的撤退航线。Y 航线是最长的。5 月 29 号,又增加了 X 航线,它经过西南方向德国潜艇和鱼雷快艇正在巡逻的区域。这一天也见证了撤离行动最危急的时刻;纳粹德国空军至少炸沉或炸毁十艘驱逐舰、八艘运兵船和明轮船,以及不计其数的小型船只。由于人员和船只损失巨大,拉姆齐麾下七艘驱逐舰被上峰调回。不过第二天下午,这些战舰又重新归他掌控,参与撤退行动。Z 航线也有其缺陷。5 月 27 日之后,由于它处在加来附近和格拉沃利讷德国岸防火炮的射程内,这条航线在白天无法使用。

在飞溅的炸弹和炮弹碎片中跳入海中,"迪万写道,"在年轻中尉们的指挥下,最前排士兵在齐肩深的海水中向前移动,而中尉们在涌向沙滩的小浪花中刚好可以露头。前排士兵被拽上船的同时,后排士兵向前跟进，海水从脚踝没到膝盖，又从膝盖没到腰部，最后涨到肩膀，就轮到登船了。"

"小船在海滩和深水中的大船之间来回摆渡，船上士兵把小船压得像喝醉了一样向一侧倾斜。大船甲板上挤满了黑压压的人群，也慢悠悠地倾侧着向前航行。新的人群，走下沙丘，穿过海滩，一排排，一列列，不断地涌下来。"

前景依然暗淡，但负责在敦刻尔克外运送部队的海军少将威廉·韦克-沃克（William Wake-Walker）还是重拾了信心。他后来回忆道："我第一次看到如此奇怪的船只组合，网罗了人们熟悉的所有船型，有拖着橡皮艇、救生艇和各种划艇的拖船，小型机动游艇，汽艇，拖网渔船，荷兰平底船，泰晤士河驳船，捕鱼船，以及游船。"迪万这样归纳，它不仅是"有史以来最奇怪、最难以形容的船队"，还是"由各行各业的英国人驾驶的，每艘小船上不到两个水手，很多只有一人。这些人中有银行家、牙医、出租车司机、游艇驾驶员、码头工人、服务员、工程师、渔民和公务员"。

不是每个人都能平安到家。"利蒂希亚"号小艇船长吉米·登奇（Jimmy Dench）记录了参与撤离行动的"闻名"号小船在6月1日凌晨失踪的经过。"我们很快看到从后面又开过来一只小船，"登奇写道，"小船名为'闻名'号，他们一边嚷着说自己的发动机出了毛病，一边快速向我们的船尾驶来。"

"利蒂希亚"号当时是由一艘拖网渔船拖着前行的，现在它反过来又拖上了"闻名"号。登奇继续讲述："疲惫不堪的机工、水手和信号员都去休息了，因为我们的工作差不多马上结束了。就在我们为自己感到庆幸时，巨大的爆炸声传来，时间是大约凌晨1:50，我们的甲板上落下一阵碎木片。后面一片漆黑，什么都看不见，什么都做不

军队登上停靠在敦刻尔克防波堤上的"前卫"号驱逐舰。当时潮水很低,造成他们登船很困难;驱逐舰甲板的高度在涨潮时与码头齐平。跟其他舰船一样,"前卫"号经受了猛烈的空袭,但不同的是,它几乎没有受到损坏。"冠鹰"号明轮船停泊在防波堤另一侧,正当它准备起航时,接连被四枚炸弹击中。最终,它只能在布赖迪讷附近搁浅,并成为小型船只寻找海滩的地标。

了，只能往回拉拖索，那条绳子还跟我们 45 分钟前递给'闻名'号的时候一样。"

"闻名"号被水雷炸得粉碎。同一天，九艘驱逐舰和运兵船加上无数其他小船被炸沉或者炸毁。"圣阿巴斯"号拖船是纳粹德国空军的受害者之一，四枚定时炸弹正好落在其前方的海水中，直接将它炸成两半，仅仅 45 秒就沉没了。

撤退完成

撤退此时进入最后阶段。6 月 2 日晚接近 11:00 时，运载着 7208 名英国士兵和 19803 名法国士兵的最后一批船只驶向英国。根据拉姆齐提供的数字，5 月 26 日当日撤回英国远征军人员 3373 名。从那一天起至 6 月 2 日，总计营救了 288572 名士兵。

事情并没有真正结束。官方虽然终止了"发电机行动"，但拉姆齐次日表示："我希望，并且也相信，我们的任务在昨晚顺利完成，但法国人为了掩护英国后卫部队撤退，不得不抵御德国人强大的攻势，以至于无法脱身及时赶到突堤登船。我们不能让盟友陷入困境，所以今晚我还要派遣军官和士兵继续营救，让世界看看，我们永远不会抛弃我们的盟友。"英国人又救回 26995 名法国士兵。第二天，敦刻尔克投降。

营救对象并不仅限于法国军队，正如"温莎"号驱逐舰二等水兵斯坦利·艾伦（Stanley Allen）回忆的那样。"一条杂种小猎犬也跟着一些士兵上了船。它只能听懂法语。我跟它说话后，它就一直跟着我。它一点英语也听不懂，这事儿逗乐了一些士兵。敦刻尔克大撤退彻底结束后，它被英国'人民'兽医药房（PDSA）的装运车接走进行隔离，六个月后又被交给一个教区的工作人员，因为我们少尉排长的父亲在那里当教区牧师。我们所有人都为老朋友感到高兴。这是尸横遍野的敦刻尔克大撤退中充满人性温暖的一段插曲——不管怎样，人类还是很有爱心的。"

第 8 章
海狮行动

法国仅仅抵抗六周就被迫向纳粹德国屈服。1940年6月22日，法国签署停战协议，英国只能自己独自战斗了。希特勒信心满满地以为，英国人很快也会跟法国一样投降。

然而，在绝大多数不列颠人的心中，投降只是最后的选项。令希特勒难以置信的是，他向英国人"最后一次理性呼吁"，并且开出和平条件，竟然被他们嗤之以鼻，断然拒绝。英国人决心战斗到底。希特勒决定用武力解决问题。7月16日，他发布第16号元首令，授权开始制订入侵英国的计划。命令开头这样写道："英格兰在毫无希望的军事形势下，仍然没有任何愿意达成和平协议的迹象，我决定开始筹划，并在必要情况下实施对英登陆作战。作战目标是消灭英国，使其不能作为大本营继续发动对德战争，并在必要的时候彻底占领它。"

8月1日，希特勒发布第17号元首令，以"海狮行动"（Operation Sealion）作为入侵代号，详细阐述了第一步行动计划。他命令，纳粹德国空军必须把英国皇家空军从天空中赶走，并赢得英吉利海峡上空和后续战场的制空权。几天之后，被英国人轻蔑地称为"呵呵勋爵"（Lord Haw-Haw）的叛徒播音员威廉·乔伊斯（William Joyce）警告他们，元首已经下定决心进攻英国。"我要再次重申一下，入侵马上就要开始，但我想让你们记住的是，不管你们忙得有多么不亦乐乎，想尽一切办法防范，你们和英国政府的努力没有丝毫用处，"他在电台里咆哮，"不要被暴风雨前的宁静蒙蔽。眼下和平虽然尚存一线生机，但希特勒对英国政坛和经济领域的乱局了如指掌，他只是在等待合适的时机。只待时机成熟，他就会出击，狠狠地出击。"

9月4日，希特勒在柏林体育场向近乎癫狂的听众发表讲话时，反复重申这一信息。"在英格兰，老百姓充满好奇，不停地问'他为什么没来？'"他嘲笑着说，"放心。他马上来！他马上来！"

雷德尔的疑虑

纳粹德国海军比其他两个军种先行一步。早在1939年10月，海军元帅埃里希·雷德尔就单方面指示海军作战参谋部秘密研究入侵英国的计划是否可行。雷德尔唯恐希特勒突然决定对英国动手，才如此急切地提前准备，避免到时措手不及。

两人在1939年夏初就曾数次简短讨论过入侵英国的可能性，但直到1940年7月11日，雷德尔元帅才正式向希特勒阐述他的看法。他直截了当地告诉元首，不到万不得已，他认为不宜发动这种规模的登陆作战。雷德尔坚信，不必冒险直接入侵，只要利用海军潜艇和空军打击英国运输船队，辅以对英国主要工业中心的全方位轰炸，就能逼迫英国就范。

海军作战参谋部与他们总司令的意见一致。他们警告说，"'海狮行动'中赋予海军的任务与海军实力并不匹配"。纳粹海军在挪威海战中遭受重大损失。一艘重型巡洋舰、两艘轻型巡洋舰、10艘驱逐舰、八艘U型潜艇、一艘鱼雷快艇和13艘部队运输船被击沉，同时一艘袖珍

1940年入侵英国计划图

"海狮行动"是德国人蓄谋已久的入侵英国行动，计划最初由德国海军元帅雷德尔的作战参谋在1939年〇月制订，并于1940年5月31日提交希特勒批准。但希特勒和陆军统帅部没有同意这个计划。计划一直修订〇8月底，才拿出希特勒认为可行的版本。修改后的入侵战线位于比奇角和多佛之间，比最初提出的要窄很多〇如果实施这个计划，纳粹德国空军必须先消灭英国皇家空军战斗机司令部，取得绝对制空权。但因为德国空〇没能做到这一点，9月17日，希特勒决定把"海狮行动"推迟到次年。随后，1941年1月9日，他彻底放弃〇侵计划。雷德尔从自身角度告诉元首，不到万不得已，绝不能靠入侵英国本土逼英国人就范，回到谈判桌议〇战列舰、纳粹德国海军王牌的两艘战列巡洋舰、一艘重型巡洋舰和一艘轻型巡洋舰也遭到重创。这样一来，雷德尔手里只剩一艘重型巡洋舰、两艘轻型巡洋舰和四艘驱逐舰，去跟英国皇家海军争夺英吉利海峡的海上控制权。英国本土舰队可以在战场上投入五艘战列舰、11艘巡洋舰和30艘驱逐舰来对付他，并且必要时H舰队也可增援，它的两艘战列舰、两艘战列巡洋舰、三艘航母和五艘巡洋舰都停泊在直布罗陀基地。

英国海军的实力明显具有压倒性优势。为了克服自身的不足，雷德尔坚持要求，"海狮行动"启动之前，纳粹德国空军必须完全掌握英吉利海峡的制空权。如果德国空军做不到这些，"海狮行动"就必须推迟，在最坏的情况下，干脆可以完全放弃。

高层的混乱

就连希特勒对"海狮行动"能否实施也心存疑虑。他承认，这是"异常大胆和危险的行动"，并警告，"距离虽短，但这不只是过河，而是横渡敌人控制的海洋"。即便这样，他还是命令加强入侵准备工作。

首先，希特勒决定，做好所有预案的准备。他命令立即发动空袭。"如果空战结果不理想，"他对部下说，"就终止入侵的准备工作。"但反过来，"如果我们感到英国人已被打垮，空袭效果马上就要显现的话，我们就顺势发起攻击"。8月2日，期待已久的命令下达给了德国空军，要求他们"在最短的时间内制伏英国空军"。希特勒命令，英国皇家空军"必须遭到毁灭性打击，使其无法再召集起任何有威胁的攻击力量阻止德国海军渡海"。纳粹德国空军总司令戈林充满信心地预言，如果天气晴朗，四天之内就能把英国皇家空军从天空赶走。

在"不列颠之战"（Battle of Britain）逐渐进入白热化之际，德国海

1940 年 7 月,"道尼尔"式 Do-17 轰炸机正在英吉利海峡进行低空飞行。7 月 10 日,纳粹德国空军开始袭击英吉利海峡和泰晤士河口外部河段的运输船只,为发动全面攻击预热。此举具有双重目的。其一,封锁英吉利海峡,使英国人喜欢使用的小型海岸护航舰队无法航行。有人认为,如果德国空军能够做到这一点,它就有可能在英国皇家海军的大批军舰出港作战时进行有效阻止。其二,引诱英国战斗机从众多基地升空迎敌,方便德国空军评估英国皇家空军的战斗力,并了解他们战斗机司令部调度飞行中队的速度和效率。

军和陆军统帅部之间就"海狮行动"最佳实施方案爆发了激烈争吵。雷德尔坚持认为,海军的实力根本没有办法把攻击部队投送到陆军要求的 237 英里长的战线上。他顶多能够保障在福克斯通和布莱顿之间进行规模较小的登陆。8 月 7 日,双方的计划参谋人员一起开会,他们之间的分歧根本没法调和。"我断然拒绝了海军的计划,"陆军参谋长弗朗茨·哈尔德(Franz Halder)上将猛烈斥责道,"那简直是要把我的部队送往绞肉机里。"

元首的优柔寡断

希特勒出面圆场后,双方达成折中方案。8 月底,双方一致同意,依照纳粹德国海军的思路，入侵行动的战线不宜太长。然而，元首却告诉自己的将军，如果任务的风险太大，他将不会尝试入侵英国。但与此同时，入侵的准备工作依然在继续。

据纳粹德国海军估计，运送第一波攻击部队渡过英吉利海峡最狭窄的地段，需要1722艘驳船、471艘拖船、1161艘汽船和155艘运输船。用来运送攻击部队的驳船开始集结，进度虽然缓慢，但一直没停。8月31日，英国皇家空军通过空中照相侦察发现，56艘来自荷兰阿姆斯特丹和100艘来自比利时安特卫普的驳船终于开始朝英吉利海峡港口驶来。同一天，另外18艘也在比利时奥斯坦德被拍到。很快，又在法国加来发现255艘，在敦刻尔克发现192艘，在布洛涅发现230艘，在荷兰弗拉辛发现140艘，在奥斯坦德发现227艘。同时，另外600艘驳船和200艘大型船只也在安特卫普集结。数量还在不断上升。9月17日，丘吉尔在英国议会下议院秘密会议上，告诉在座的议员，"超过1700艘自航驳船和200多艘海船，其中部分是大型船只，已经在很多入侵港口集结完毕"。

丘吉尔和他的军事顾问认为，德国人的入侵已经迫在眉睫。事实上，早在9月3日，经过雷德尔的一再劝促，进攻的日期延迟到了9月21日。随后，入侵时间再次推迟一周。纳粹德国海军警告说，鉴于德国陆军要求在黎明趁退潮时登陆，而海军横渡英吉利海峡也需要借助一些月光，这一天将是年底前最后一个适合发起攻击的日期。他们还指出，纳粹德国空军似乎远未从英国皇家空军手中夺取制空权。

希特勒一直到9月14日还在犹豫，原本第二天就要发起进攻了。他召集三军高层领导人一起开会，不料竟然打起退堂鼓，"从全局看，我们虽然战果累累，但'海狮行动'的先决条件尚不具备……如能成功登陆，这一仗就赢了，但需要完全掌握制空权"。戈林虽然百般承诺，但明显制空权依然没有握在德国人手中。

  于是,"海狮行动"无限期推迟。10月21日,希特勒对他的指挥官们说,至少在第二年春天之前,入侵行动一定不会发动。事实上,这个计划从此再也没有机会重启。这是希特勒第一次在重要战役中失手,随之而来的后果产生了极端深远的影响。

第 9 章
快乐时光

　　纳粹德国海军 U 型潜艇艇员把从 1939 年 10 月起之后的 18 个月称为"快乐时光"。随着 U 型潜艇击沉的运输船只数量不断上升，他们似乎有望成功切断英国这条重要的跨大西洋生命线，阻断英伦三岛与外界的联系，使它无法获得维持作战所必需的武器弹药、食品及其他一切补给。1939 年 9 月至 1940 年 6 月期间，U 型潜艇共击沉 224 艘商船，总吨位达到 130 万吨，而且战果还在不断扩大之中。

　　这实际上变成了英国人为生存而进行的战斗。事后回顾这段历史时，温斯顿·丘吉尔称："二战期间唯一让我真正害怕的是危险的 U 型潜艇。"他如此担心是有理由的。英国人如果在大西洋海战中战败，他们的国家就有可能因为饥饿而被迫投降。如果得不到他们迫切需要的美制坦克、大炮、飞机和其他武器，英国军队有可能被迫放下武器。

重建潜艇部队

　　U 型潜艇在一战期间给各国造成巨大损失，击沉船只总吨位超过 1100 万吨。作为胜利一方的协约国考虑到这一点，在《凡尔赛和约》中明确规定永久禁止德国拥有潜艇。但这条禁令于 1935 年废止。根据

《英德海军协定》条款，英国在这一年授予德国"潜艇总吨位数与英联邦国家潜艇总吨位数持平的权利"。这种绥靖行为令人惊讶且毫无远见。

这次让步造成的影响是深远的，希特勒和纳粹德国海军总司令雷德尔元帅迅速抓住机会。雷德尔指派卡尔·邓尼茨负责建立纳粹德国海军潜艇部队，邓尼茨在一战中就曾作为潜艇指挥官而威名远扬。

随着一批新U型潜艇开始缓慢地从船台下水，邓尼茨开始着手打造一支高效的作战部队。他预计，如果与英国发生战争，需要300艘U型潜艇才能迫使英国屈服。1939年9月，到战争真正来临时，供他调遣的潜艇却仅有57艘，其中只有27艘适合远洋航行。

这些潜艇中，只有11至12艘能执行全天候海上巡逻任务。数量不足的原因显而易见。第三帝国重整军备的大部分经费都被贪得无厌的德国陆军和空军瓜分；纳粹德国海军花的钱是最少的。雷德尔提出的海军建设计划，即所谓的"Z计划"，同样倾向于发展主力舰而不是U型潜艇。

狼群出击

要想发动一场全面海战，就需要足够数量的潜艇，邓尼茨甚至连得到接近这个数量的潜艇都不可能，但他仍然决心尽力而为。他设计的潜艇战术源于他在一战时的一次作战经历。"当时是1918年10月，"他回忆道，"我在马耳他附近的地中海担任潜艇艇长。在一个漆黑的夜晚，我遭遇到一支英国护航舰队，其中包括巡洋舰和驱逐舰。我发起攻击，击沉其中一艘。但当时如果有很多潜艇，战果就会大很多。这件事启发我想出了'狼群战术'——集合所有潜艇，一起发动进攻。从1918年起，一直到1935年我们重新拥有潜艇，我从来没有放弃这个想法。"

在战争第一年，邓尼茨完善了这套新战术。他总结，首先，对船队实施狼群攻击最好到大西洋深处，尽可能远的地方，要给 U 型潜艇几天时间赶去进攻。第二，任何 U 型潜艇遭遇船队后都应先尾随跟踪，而不是立刻发起攻击，为增援潜艇留足时间赶到现场。整个狼群一旦集结完毕，即刻发起攻击，给船队以沉重打击，打垮护航舰船，迫使船队分散。

U 型潜艇通常在夜间浮出海面，在高速行驶过程中发起进攻。VIIC 型潜艇在海面的最快航速可达 17 节左右，而下潜时只有 7.5 节。U 型潜艇王牌艇长奥托·克雷奇默（Otto Kretschmer）上尉回忆了 1940 年 10 月狼群战术一次成功实施的经过，当时正在大西洋巡逻的他和"U-99"号潜艇参加了一次真正的狼群攻击。"我记得，当时收到电报，称有支运输船队正从美国驶向英格兰，但具体位置不详，"他回忆说，"邓尼茨命令所有潜艇向爱尔兰以西海域归拢，形成一条侦察线，等着船队穿过这条线。一旦对方船队发现第一艘潜艇，并试图进行无线电通信联络时，这条侦察线就自动解散，每艘潜艇可以随意发起攻击。"

两艘王牌 U 型潜艇

克雷奇默逐渐成为整个战争中最成功的 U 型潜艇指挥官。他一共击沉 47 艘船只。1941 年 3 月，在攻击"HX-112"运输船队时，"U-99"号潜艇遭受英国"步行者"号驱逐舰投放的深水炸弹攻击，严重受损后被迫浮出水面，克雷奇默当场被俘。

"步行者"号驱逐舰上的威廉·贝格（William Begg）上士事后回忆当时的情况。"我们再次掉头时，"他写道，"那艘潜艇突然浮出水面，就在对方炮手奔向甲板炮时，我命令我们的炮手开火。U 型潜艇首先从艉部开始下沉。德国艇长突然用简单的英语朝我们喊了句'请

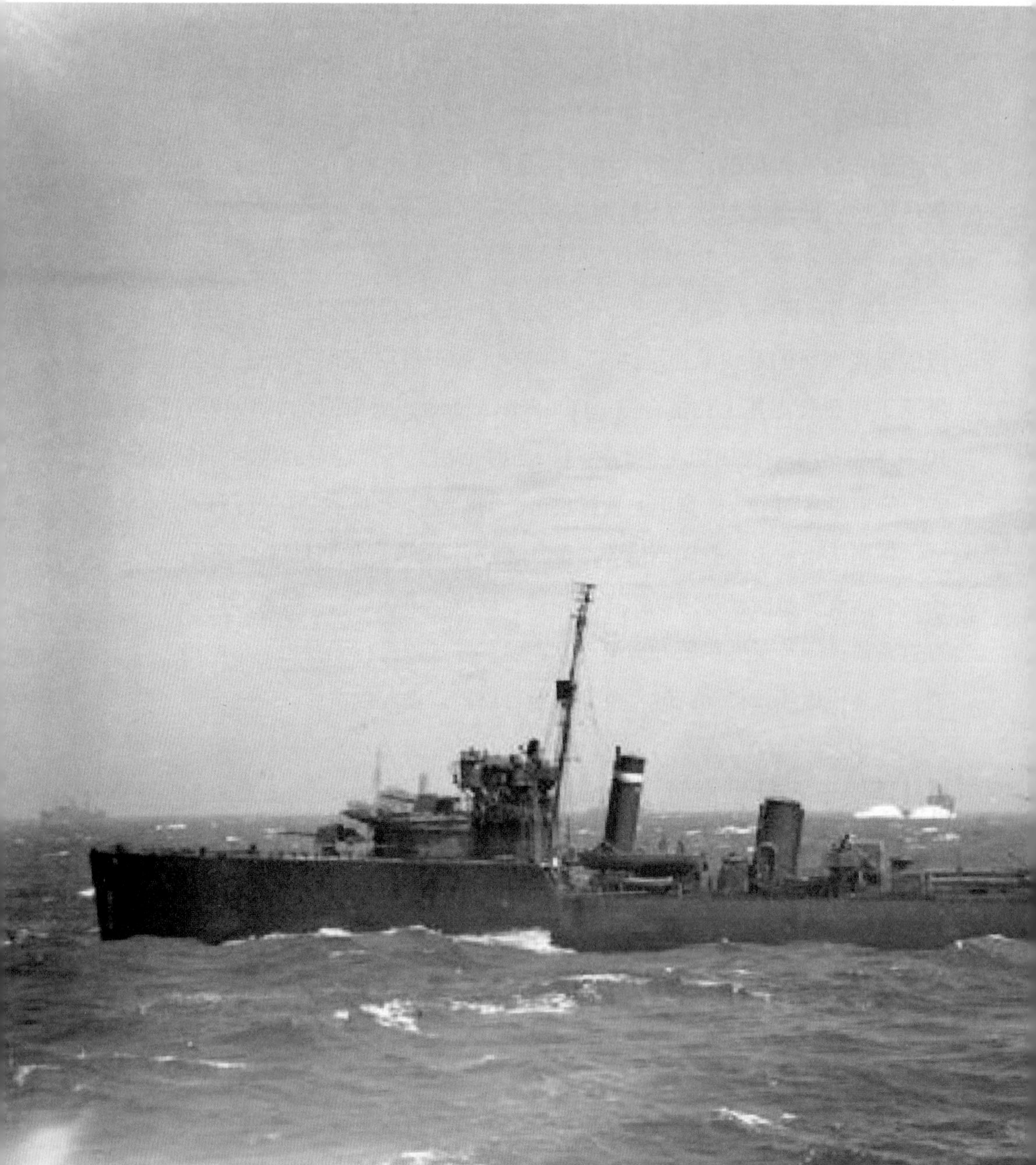

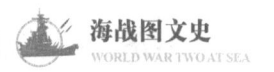

救救我的水兵！'舰长麦金太尔中校说'让这帮混蛋沉下去！别忘了我们正在进行激烈的战斗，也别忘了我们失去的那么多优秀战友和一流战舰，有些人死得那么惨烈'。但随后他还是下令从战舰上放下攀爬网，同时朝潜艇慢慢驶去，而我们的战舰却随时可能遭受周围其他潜艇的攻击。我们位于冰岛外，在那片海域分秒之间就可能丧命。"

　　另一艘王牌潜艇就没有那么幸运了。"U-100"号潜艇艇长约

　　法国沦陷之后，英国海上作战力量的使用已至极限，这就是为什么温斯顿·丘吉尔要恳求罗斯福总统允许英国向美国"租借"50艘一战旧驱逐舰。照片中正在加速航行的"步行者"号是英国皇家海军当时可以仰仗去保护大西洋船队免受U型潜艇威胁的驱逐舰之一。它曾在1941年3月击沉"U-100"号潜艇和"U-99"号潜艇的战斗中发挥重要作用，而这只是其赫赫战功的一部分。"U-99"号潜艇的指挥官是奥托·克雷奇默，他是当时德国海军U型潜艇部队最成功的王牌艇长。

阿希姆·施普克（Joachim Schepke）上尉在攻击同一船队时命丧海底。弗雷德·奇尔顿（Fred Chilton）曾在击沉这艘潜艇的"瓦诺克"号驱逐舰上服役，记录了这场战斗。"这艘造型优美的驱逐舰朝'U-100'号潜艇的指挥塔径直驶去，"他写道，"当U型潜艇艇员看到驱逐舰刀刃般的舰艏从一团水雾中朝他们驶来时，在夜幕中拉响了微弱的警报声。他们有些人从艇上跳入大海，拼命地往远处游。"

"在'瓦诺克'号驱逐舰的舰桥上，他们听到施普克用德语咆哮着说'别害怕，他们撞不到我们！他们会从艇艉开过去！'随后'瓦诺克'号直冲'U-100'号潜艇指挥塔驶去，结结实实地撞在潜艇中部，发出惊天动地的撞击声，艇上的剩余艇员也被甩进大海。'瓦诺克'号舰艏直接把施普克的双腿从躯干上截掉，把他挤进潜望镜外壳。'瓦诺克'号继续加速向前推进，直接碾压撞毁的U型潜艇，然后停下来，利用舰后的两个发动机奋力挣脱。最后，它在猛烈颠簸中驶开，'U-100'号潜艇在空中高高跃起。

如图所示，"瓦诺克"号驱逐舰投下的深水炸弹在水中爆炸，当时舰上的潜艇探索声呐显示探测到一艘U型潜艇的回波。投射人员正在舰艉观看爆炸的情景。英国皇家海军战前就信心十足地认为，潜艇探索声呐"已经真正消灭了潜艇的威胁"。事实上，情况远非如此。它的平均作用距离只有1300码，在200码以内时无法探测到水下的潜水艇。另外，它探测不到在海面航行的U型潜艇，而邓尼茨的狼群攻击绝大多数是从海面发起的。

第9章 快乐时光 093

"还没咽气的施普克从指挥塔中被猛地甩出,身体抛向空中,无助地落入大海。他仍然戴着那顶白帽,带着一副放荡不羁的架势。疯狂地挣扎了几秒钟后,没入汹涌的海浪之下,'U-100'号潜艇几分钟之后也沉入海底。虽然施普克有软弱之处,但最终在自己的舰桥上像王牌一样战死。"

"U-47"号陷落

冈瑟·普里恩曾于1939年10月14日在斯卡帕湾击沉英国海军"皇家橡树"号战列舰,但他最后在带领"U-47"号潜艇攻击"OB-293"运输船队时沉入大海。当时船队的护航舰队击沉了与普里恩同行的其中一艘潜艇,驱赶了另外两艘,但普里恩继续单独跟踪船队,随后重创20638吨级的"泰耶·维根"号商船,造成该船一周后沉没。

3月7日黄昏时分,普里恩借着风雨偷偷地浮出海面,杀气腾腾地逼近船队,这时风向一转,天空放晴,眼瞅着一艘一战旧驱逐舰"金刚狼"号向他逼近。普里恩匆忙紧急下潜。到了晚上,他又浮到水面。他最后一次向德国潜艇指挥部发送无线电信息是在当地时间3月8日凌晨3:54。但"金刚狼"号很快追上,迫使"U-47"号又回到水下。

英国人使用ASDIC(早期的潜艇探索声呐)来定位普里恩,这种声呐追踪到"U-47"号潜艇推进器的声响。最终,"金刚狼"号在发现潜艇回波位置的上方直接投下一连串的深水炸弹。巨大的爆炸使海水腾空而起,"金刚狼"号的监视哨报告,发现海面下出现了一道橙色的光。

一般认为,"金刚狼"号击沉了"U-47"号潜艇。然而,战后有新证据表明,其攻击的U型潜艇可能不是"U-47"号,而是同行的其他

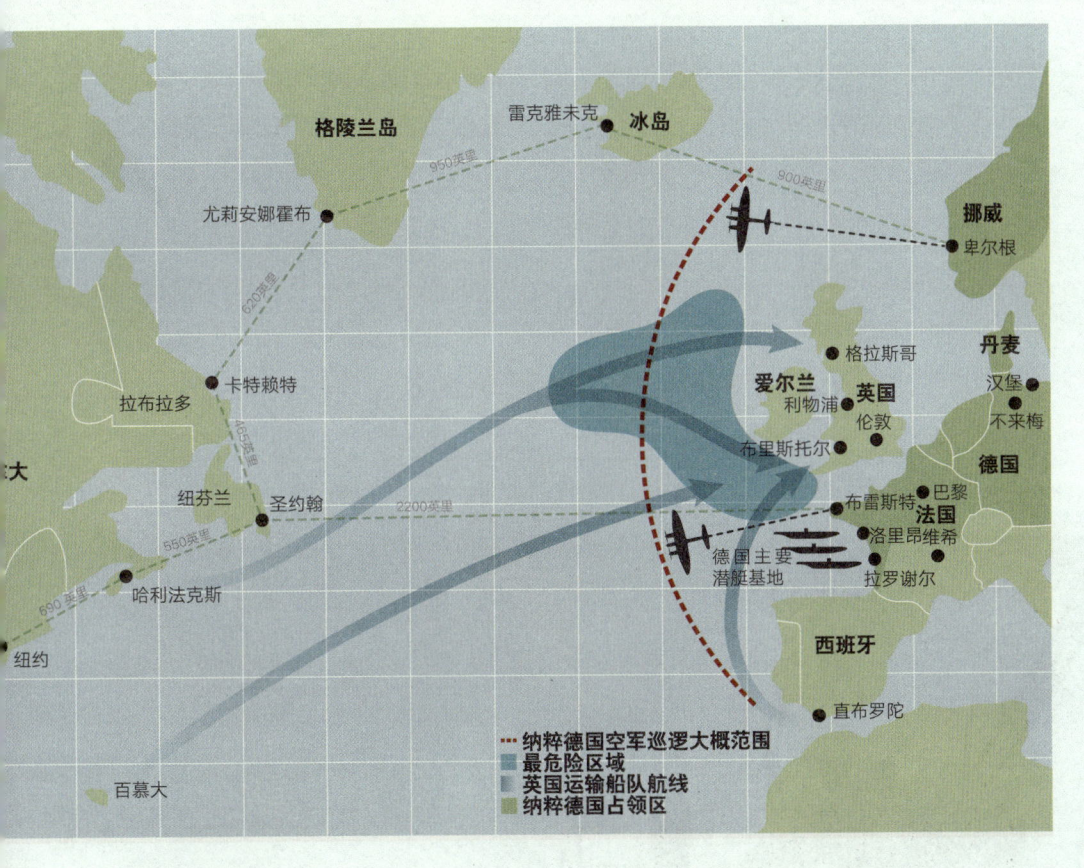

战场态势图

  1939年9月9日，在"雅典娜"号沉没的刺激下，第一批远洋运输船队从泰晤士河和利物浦起航；一周之后，开始从加拿大新斯科舍省哈利法克斯、牙买加金斯敦和塞拉利昂弗里敦返航；9月底，从直布罗陀出发的船队也开始起航。护卫舰队的短缺和护航范围的狭窄，导致这些船队只能在爱尔兰海岸以西200英里的海域得到护卫，向南最多到比斯开湾的阿申特岛，或者在加拿大海岸以外类似的较短距离。将近两年后，跨大西洋运输船队才得到全程护航。邓尼茨的U型潜艇当时是单兵作战，狼群攻击战术还未使用。他的潜艇数量也不足以支撑他发动全面进攻的雄心。但随着德国潜艇部队实力与日俱增，狼群攻击开始登场。

1941年5月，"U-110"号潜艇和"U-201"号潜艇共同在冰岛南部对英国运输船队进行袭扰。"U-110"号被深水炸弹攻击后严重受损，被迫浮出水面。参与这次行动的英国"斗牛犬号"驱逐舰试图撞击这艘U型潜艇，上面幸存的德军艇员迅速弃船并被俘。但英国人并不知道，实际上"U-110"号被俘获时是完好无损的。派去搜查潜水艇的登船队在潜艇上找到恩尼格玛密码机和密码本，并将之带回"斗牛犬"号。英国海军部意识到这个发现的重要性，也意识到必须将其列为最高机密，并且下令让"U-110"号不留任何痕迹地沉入大海。

潜艇。如果它没有击沉"U-47"号,那是谁干的?有一种说法是,普里恩的潜艇是被自己其中一枚失灵的鱼雷炸沉的。另一种说法是,下潜时发生意外导致了潜艇沉没,由于受到水下撞击,潜艇的水下耐压壳破裂。不过有一点很清楚,"U-47"号的命运一直是个谜。它的残骸一直没有找到。

纳粹德国海军推迟了10周才宣布普里恩的死讯——甚至他的妻子也被蒙在鼓里。加上克雷奇默的被俘和施普克的阵亡,潜艇部队的士气受到沉重打击。普里恩死后被授予"橡叶骑士十字勋章";纳粹德国国防军最高统帅部的一份声明提到:"他及其勇敢的艇员将永远活在德国人民的心中。"至此,"快乐时光"逐渐接近尾声。

第 10 章
塔兰托海战

1940 年 6 月，法国的沦陷对地中海海军力量的平衡产生了根本性影响。意大利人变得蠢蠢欲动，英国皇家海军也没法再指望法国舰队提供支援。

从纸面实力上说，意大利皇家海军在数量和火力上都超过英国地中海舰队，即便后者能调派驻扎在直布罗陀基地的 H 舰队增援也无济于事。意大利皇家海军在这里拥有 6 艘战列舰、7 艘重型巡洋舰、12 艘轻型巡洋舰、61 艘驱逐舰、33 艘老式鱼雷快艇、35 艘新式鱼雷快艇和 100 多艘潜艇。他们现代化程度最高的 2 艘战列舰"利托里奥"号和"维托里奥·维内托"号在 1940 年 8 月刚刚入列，比所有同级别英国战列舰的速度更快、火力更猛。不仅如此，2 艘老式战列舰"杜伊利奥"号和"多拉"号也正在进行现代化改造和升级。除此之外，他们拥有的"扎拉"级和"博尔扎诺"级重型巡洋舰也是难以对付的强大对手。

墨索里尼的海军将军们如果决定采取攻势，他们很有希望——至少在理论上取得决定性胜利。然而反常的是，他们却拒绝去做。比如，他们认为出击东地中海的战略收益太低或者为零。即使拿下苏伊士运河，

"利托里奥"号是意大利舰队最先进的战列舰。1940年10月,英国皇家海军航空兵部队费瑞"剑鱼"式鱼雷轰炸机夜袭塔兰托港时,这艘战列舰与其他几艘战舰受到重创。该舰与僚舰"杜伊利奥"号不得不驶向浅滩搁浅,以防沉没。塔兰托和拉斯佩齐亚是意大利皇家海军主要造船厂的所在地。

图为时任意大利主力舰队总司令伊尼戈·坎皮奥尼(Inigo Campioni)海军上将,他正站在旗舰"朱利奥·凯撒"号战列舰的舰桥上。战前,他被视为意大利海军最有前途的指挥官,但因为不愿意冒险带领舰队进攻英国地中海舰队而激怒墨索里尼。1940年12月,他被墨索里尼解除指挥权。

假设能够守得住,"也起不到什么重要作用"。

  这些海军将军似乎没有一丁点儿的进取心,让人感觉好像从一开始就做好了吃败仗的准备。跟傲慢自信的英国皇家海军地中海舰队总司令安德鲁·坎宁安爵士比起来,完全不是一个风格。可以肯定的是,在一些重要方面,这些意大利人指挥的舰队在技术上已经落后于时代了。意大利海军通信部门从1935年就一直在利沃尔诺试验雷达和声呐,但他们的辛勤劳动还是受到海军最高指挥部批评,被认为太过"超前"。海军将军们甚至认为,航母和鱼雷轰炸机太过奢侈,完全没有拥有的必要。这就意味着,一旦战争来临,舰队就会不太情愿到陆基空中支援范围之外作战。最后一点,意大利人害怕在战斗中损失舰船。意大利缺乏原材料,不具备厚实的工业根基,也就意味着本国造船业不能为战争中不可避免的损耗及时补血。更糟糕的是,随着战争的发展,燃油短缺使大部分军舰滞留在港内。

开始交锋

  早在1940年7月9日,意大利海军就在战斗中表现出信心不足。意大利海军情报人员拦截并破译了来自英国地中海舰队亚历山大港的加密无线电报,电文警告道有一支英国海军中队正从卡拉布里亚海岸外海域朝斯蒂洛角驶来。意大利人决定为这些英国人设下陷阱,利用火力远超对手的强大主力舰、潜艇伏击和岸基空袭来战胜对手。

  然而,事情并没有按照意大利人设想的那样发展。他们跟英国人在离意大利海岸很近的海域有所交火,但谨小慎微的战术和各方面的协调不力导致了失败。转折点出现在"朱利奥·凯撒"号战列舰被"厌战"号381毫米口径主炮的一轮齐射击中之后。"厌战"号虽然是从最大射程开炮,但齐射还是造成"朱利奥·凯撒"号四个锅炉暂停工作,迫使其航速降到 18 节。伊尼戈·坎皮奥尼海军上将立刻下令撤退，舰队在浓密的烟幕掩护下拼命加速返回基地。坎宁安一路追赶意大利人，一直到离海岸 25 英里的地方才调头回亚历山大港。尽管坎皮奥尼不停地呼叫空中支援，但始终没有等到意大利皇家空军的增援。直到坎宁安开始撤退时，意大利飞机终于赶到对他们进行侵扰，当然没有对舰队造成任何实质性破坏。

坎宁安断定，只要对意大利人采取进攻性战术，就会有所回报。不到一周之后，在克里特岛北部的斯帕达角发生的事情，让他的想法再次得到印证。当时，意大利海军少将费迪南多·卡萨迪（Ferdinand Casardi）指挥两艘轻型巡洋舰"乔瓦尼·达莱·班德·内雷"号和"巴托洛梅奥·科莱奥尼"号，跟五艘英国驱逐舰和澳大利亚"悉尼"号轻型巡洋舰交锋。

其中的四艘英国驱逐舰——"亥伯龙神"号、"圣杯"号、"英雄"号和"急火"号在进行反潜扫时发现了

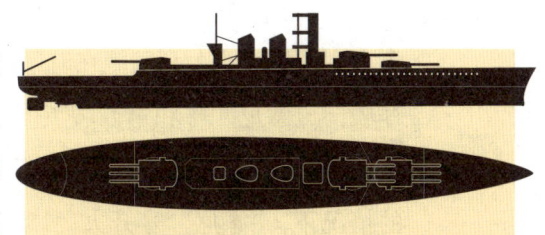

"利托里奥"号

级别："利托里奥"级战列舰

排水量：46000吨（满载）

长度：762英尺（232.3米）

宽度：107英尺（32.6米）

吃水：32英尺（9.8米）

航速：30节

火力装备：3座3联装9门381毫米口径主炮；4座3联装12门152毫米口径火炮；12门90毫米口径高射炮；20门37毫米口径和20门20毫米口径机关炮

乘员：1900人

"利托里奥"号及其姊妹舰"维托里奥·维内托"号均于1934年10月28日开工，于1940年加入意大利海军舰队。1940年6月9日，意大利参战前一天，同级别改进型"罗马"号下水，后于1942年6月入列。同级别"帝国"号虽然在1939年下水，但最终没有完工。1942年6月，"利托里奥"号在攻击前往马耳他的运输船队时再次遭到鱼雷攻击；第二年，在拉斯佩齐亚港遭遇英国皇家空军空袭，进一步受到损坏；随后，在意大利投降后前往马耳他接受扣押的途中，被德国人的"弗里茨X"制导滑翔炸弹（Fritz X）击中。"罗马"号也在这条航线上被击沉，成为世界上第一艘被导弹摧毁的军舰。

意大利军舰。意大利军舰在航速和火力都占优势的情况下，居然掉头全速驶向"悉尼"号和第五艘英国驱逐舰"浩劫"号。"悉尼"号在它到达射程之前，一直保持无线电静默。随后，在没有被意大利人发现自己的情况下，"悉尼"号开火，152毫米口径火炮向完全没有防备的卡萨迪打出一阵齐射，立刻对"班德·内雷"号形成夹叉射击。

惊慌失措的卡萨迪还把"浩劫"号驱逐舰当成了一艘英国巡洋舰。他下令舰队释放烟雾，按"之"字形航线朝东南方向驶去，试图逃离战场。进入射程后，"悉尼"号集中火力打击此时在队伍最后也离得最近的"科莱奥尼"号。

"科莱奥尼"号的驾驶室和动力室严重受损，速度渐渐放慢，然后在水中彻底不能动弹。犹豫片刻之后，旁边的僚舰抛弃了它，并在阿尼亚格拉布萨岛附近消失，以最快速度向南驶去。"亥伯龙神"号、"圣栎"号和"浩劫"号留下来彻底解决"科莱奥尼"号，而"悉尼"号与"急火"号和"英雄"号继续追击，但是"班德·内雷"号的速度太快，它们根本追不上，不得不放弃追赶。同时，无助的"科莱奥尼"号被"圣栎"号和"亥伯龙神"号发射的鱼雷击中，发生倾覆，最后沉入海底，船员弃舰而逃。英国驱逐舰从海里营救了其中555名意大利人，但中间一架姗姗来迟的意大利飞机进行了拦阻，甚至轰炸海里的自己人。

闪击塔兰托

坎宁安的意图是逼迫整个意大利主力舰队按照他选定的时间和地点出动。但既然意大利人坚决拒绝出来战斗，他决定向敌人主动出击。于是，一场针对塔兰托的毁灭性空袭上演了，这个意大利皇家海军最重要的基地将遭受从航母起飞的费瑞"剑鱼"式鱼雷轰炸机的空中打击。

截至 1940 年 11 月，塔兰托港驶入 6 艘意大利战列舰、3 艘重型巡洋舰和 3 艘驱逐舰，这些战舰都停靠在外港格兰德的海岸边。另外 4 艘重型巡洋舰、2 艘轻型巡洋舰、21 艘驱逐舰、16 艘潜艇、9 艘油船和其他小型船只停泊在内港皮克洛。这个内港完全为陆地所包围，仅有一条狭长的水道与外港相通。另外，由于海水太浅，内港也无法通行大型主力舰。而外港要大得多，深得多。漫长的防波堤也能保护它不受水面攻击。

代号为"审判行动"（Operation Judgement）的塔兰托进攻计划是坎宁安在 1935 年形成的方案基础上制订的，当时意大利入侵了埃塞俄比亚，导致英国和意大利之间关系紧张。三年后，阿瑟·圣乔治·利斯特（Arthur St George Lyster）海军上校修订了这个计划，当时他担任"光荣"号航母指挥官，这是地中海上唯一一艘英国航母。按照新的计划，"光辉"号和"鹰"号航母将执行攻击任务。然而，"光辉"号的机库失火，烧毁、烧坏舰上大量战机，"鹰"号燃油系统也出现重大缺陷，因此攻击被迫推迟。后来，只有"光辉"号及时修理完毕赶上了战斗。

两波进攻

11 月 11 日，行动终于开始。"光辉"号航母停泊在塔兰托东南方向 170 英里、希腊凯法利尼亚岛外约 40 英里海域，21 架"剑鱼"式鱼雷轰炸机分两个波次起飞出击。晚上 8:40，第一波次 12 架轰炸机从航母起飞；第二波次有九架，56 分钟后升空。其中第一波次六架和第二波次四架携带 250 磅炸弹和照明弹；其他飞机携带马克 12（Mark XII）型鱼雷，这种鱼雷能在水下 33 英尺（1 英尺 =0.3048 米）以 27 节的速度航行。

大约两小时后，第一波轰炸机飞抵塔兰托，但他们遭遇到了冰雹般的意大利防空炮火打击，无法再实施预期的偷袭。即便如此，他们还是开始按计划发起攻击。携带照明弹的飞机离开编队，投下一行照明弹，映出外港停泊的战列舰的黑色轮廓。其他飞机在海面上方30英尺的高度飞速掠过，锁定目标后，开始实施攻击。

"卡武尔伯爵"号是第一艘被击中的战列舰。一枚鱼雷击中它的舰艏，艏楼立刻爆炸起火，整舰一会儿就沉了下去。之后一分钟左右，"利托里奥"号被鱼雷击中了两次。第一波次轰炸停止后，第二波次紧接着展开。在这波轰炸中，"杜伊利奥"号严重受损；"利托里奥"号被第三枚鱼雷击中。两个波次每次仅损失一架飞机，其余"剑鱼"式鱼雷轰炸机全部安全返回"光辉"号航母。

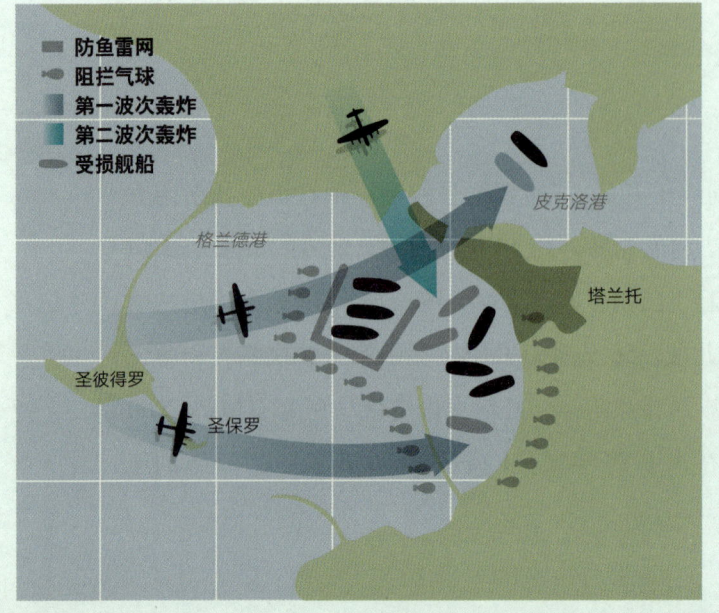

英军突袭示意图

1940年11月，英国皇家海军航空兵部队21架"剑鱼"式鱼雷轰炸机分两个波次，间隔约1小时先后从"光辉"号航母上出击，空袭使意大利主力舰队瘫痪，破坏了猝不及防的海军基地防御工事。意大利人遭受重大挫折，他们曾自信地认为，港口海水相对较浅，鱼雷发射后根本无法发挥效力。到攻击结束时，意大利战列舰实力从六艘减少到两艘，而对手只付出了两架"剑鱼"式鱼雷轰炸机。

大胜而归

坎宁安本打算第二天晚上再次发动袭击，但恶劣天气导致"光辉"号航母的战机无法起飞。即便如此，他对这次袭击的战果也非常满意。他对外宣布，这一场决定性的进攻改变了地中海海军力量的平衡。"在大约六小时的总飞行时间里，20架战机对意大利舰队造成的破坏，超过了德国公海舰队在日德兰海战白天战斗中遭受的损失。"

德国海军最高司令部的看法与坎宁安一致，他们之前就认为意大利

"卡武尔伯爵"号战列舰在1940年11月那次夜袭中，被"剑鱼"式鱼雷轰炸机投下的一枚鱼雷击中。这是一艘一战老式军舰，墨索里尼在20世纪30年代末下令对其进行全面重建和现代化改造，安装320毫米口径新主炮、新副炮和新高射炮，升级推进系统，把最高航速从21.5节提高到28节。在沉船之后，它最终在1941年2月才被打捞上来，但是维修并没有排进最要紧的事宜之列，到1943年意大利投降时仍然没有完成。

海军将军能力低下、不负责任。德国海军官方战争日志这样记载："英国人这次突袭绝对是整个战争中最伟大的海上作战胜利。它一下改变了整个地中海的战略态势，形势彻底转而对英国有利。甚至比以前更甚的是，敌人马上可以无视意大利海军的存在，在整个地中海随意穿梭。"意大利人能做的只剩评估战斗损失，努力修复破损战舰的份儿了。"卡武尔伯爵"号战列舰虽然最终被打捞上来，但再也没有出航。"杜伊利奥"号和"利托里奥"号接受整修，有六个月时间没法执行任务。舰队其他军舰被转移到那不勒斯，以免再遭受类似的袭击。

第 11 章
马塔潘角海战

如果塔兰托的失败还不够糟糕的话，墨索里尼入侵希腊的轻率行动则迅速演变成一场巨大的灾难。墨索里尼曾经告诉过他的外交大臣齐亚诺伯爵，"如果有人反对进攻希腊，就让他放弃自己的意大利人身份"。一直被故意蒙在鼓里的希特勒对这次攻击非常生气，对它造成的后果更是极为愤怒。

倒霉的意大利人在北非的境遇也没好到哪里去，他们被英国陆军上将阿奇博尔德·韦维尔（Archibald Wavell）爵士率领的尼罗河集团军赶出了埃及，在仓猝撤退过程中，还被英军横跨整个利比亚无情地追击。可怕的是，就在希特勒准备出手，从两个战线支持摇摇欲坠的盟友时，意大利主力舰队竟然偷偷摸摸地猫在军港内。

加多行动

希特勒坚持要求，意大利皇家海军必须出港，阻止英国运输船队在亚历山大港和希腊之间运送军队、补给和武器装备，之后他才会派德国国防军投入战斗。这就是"加多行动"（Operation Gaudo）的源头。根据行动计划，意大利主力舰队将兵分两路，在克里特岛南北海域进行巡弋，驱赶英国船只。英国船队在钳形攻势下就会被一个一个击沉。意大利皇家海军如果能消灭或者重创遭遇的英国皇家海军中队，那就再好不过了。

安杰洛·亚基诺（Angelo Iachino）海军中将受命指挥这次行动。他掌握着一支强大的舰队，包含崭新的"维托里奥·维内托"号战列舰、海军七艘重型巡洋舰中的六艘、两艘轻型巡洋舰和 17 艘驱逐舰，但仍然不太情愿执行委派给他的任务。纳粹德国空军的空中侦察给他带来安慰，英国地中海舰队三艘战列舰中有两艘无法参加战斗，唯一 1 艘航母也失去了战斗力。即便如此，他还是认为，行动成功的关键是他从一开始就能获得足够多的空中掩护。这一点却是意大利皇家空军和纳粹德国空军都无法保证的。

事实上，英国海军上将安德鲁·坎宁安爵士的三艘战列舰"厌战"号、"巴勒姆"号和"勇士"号，都已做好战斗准备，同时"无畏"号航母也已抵达亚历山大港，接替受损的"光辉"号航母。更重要的是，布莱奇利庄园的"超级机密"（Ultra）情报事先就发出预警，坎宁安知道意大利舰队可能要出港。于是，他指挥舰队绕道而行，远离危险区域，准备出海截击毫无提防的亚基诺。亚基诺带领他的舰队钻进一个精心布置、极易上钩的陷阱。

舰队出航

1941 年 3 月 26 日，亚基诺指挥着"维托里奥·维内托"号战列舰从那不勒斯出发。在四艘驱逐舰护送下，他首先朝墨西拿海峡驶去，在那里与奉命前来参加作战的三支巡洋舰分队会合。海军少将卡洛·卡塔尼奥（Carlo Cattaneo）率领的第 1 巡洋舰分队来自塔兰托，麾下有"波拉"号、"扎拉"号和"菲乌梅"号重型巡洋舰以及四艘驱逐舰；而海

一架费瑞"青花鱼"式舰载鱼雷轰炸机（Fairey Albacore）从"无畏"号航母上起飞。与其他"光辉"级航母一样，"无畏"号的防护装甲比上一代航母更厚，然而1941年5月底，德国空军在克里特岛海域成功闪击这艘航母时，坚固的装甲并没有使其免受重创。那年2月，它曾被派往地中海，接替受损的"光辉"号航母；接下来的一个月里，它在马塔潘角海战中扮演了重要角色，搭载的战机使意大利"维托里奥·维内托"号战列舰陷入瘫痪。

军少将路易吉·桑索内蒂（Luigi Sansonetti）指挥的第3巡洋舰分队来自墨西拿，由"的里雅斯特"号、"特伦托"号和"博尔扎诺"号重型巡洋舰以及三艘驱逐舰组成。驻守在布林迪西的第8巡洋舰分队，由海军少将安东尼奥·莱尼亚尼（Antonio Legnani）指挥，下辖"加里波第"号和"阿布鲁齐"号轻型巡洋舰以及两艘驱逐舰。

一天后的黄昏时分，坎宁安带领三艘战列舰和"无畏"号航母，在九艘驱逐舰掩护下从亚历山大港起航。在驶向克里特岛途中，他命令海军中将亨利·普里德姆-威佩尔（Henry Pridham-Wippell）指挥"猎户座"号、"埃杰克斯"号、"格洛斯特"号和"珀斯"号四艘轻型巡洋舰以及四艘驱逐舰，从爱琴海向南航行与他会合。如果普里德姆－威佩尔先遭遇到意大利人，他需要引诱他们向南航行，朝英国海军大部队方向移动。

战斗位置

坎宁安率领舰队朝西北方向加尔多岛以南的一个坐标航行了一夜。而普里德姆－威佩尔和他的巡洋舰从爱琴海出发，经过基西拉海峡抵达克里特岛以西海域。"维托里奥·维内托"号战列舰及其护航舰队往东驶向同一片海域，桑索内蒂的三艘巡洋舰与这艘旗舰左舷舰艏保持20英里的距离航行。卡塔尼奥和莱尼亚尼的巡洋舰分队与旗舰保持双倍的距离朝同一方位驶去。

"无畏"号航母上的侦察机首次侦察到三支意大利巡洋舰分队时，英国海军舰队仍在150英里之外。普里德姆－威佩尔的巡洋舰离敌人更近。3月28日早上7:45，他发现了"的里雅斯特"号、"特伦托"号和"博尔扎诺"号，它们从舰艉的地平线上冒了出来。按照之前的命令，他改变了路线，驶向英国舰队，意大利人在后面一路狂追。但持续追逐大约一小时后，意大利人突然转向西北。亚基诺打算引诱英国巡洋舰朝"维托里奥·维内托"号战列舰及其舰队其他战舰所在方位航行，以便形成两面夹击。这个计策得逞了。遭到意大利旗舰"维托里奥·维内托"号猛烈炮轰之后，普里德姆－威佩尔匆忙调转船头，再次奔坎宁安而去。

现在轮到"无畏"号航母上的鱼雷轰炸机飞行员出击了。他们驾驶着"青花鱼"式舰载鱼雷轰炸机，对"维托里奥·维内托"号发动了两次空袭。它设法躲过第一波攻击发射的鱼雷，但第二波攻击时，"青花鱼"式鱼雷轰炸机的一枚鱼雷正中其左舷，严重损坏了左螺旋桨。鱼雷

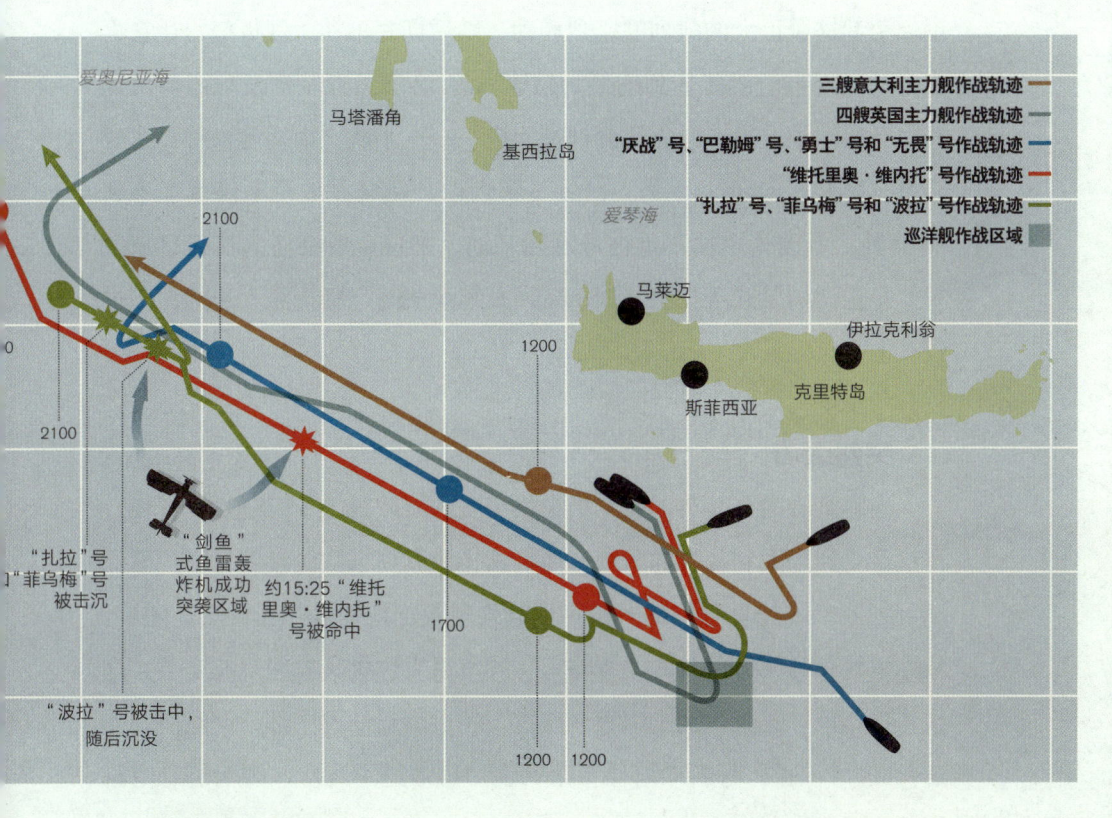

马塔潘角海战

德国人对意大利皇家海军最高指挥部不断施加压力，逼迫接替坎皮奥尼上将成为意大利主力舰队总司令的安吉洛·亚基诺上将对英国采取进攻行动。亚基诺带领"维托里奥·维内托"号战列舰、八艘巡洋舰和支援驱逐舰在克里特岛南部发起"加多行动"。不幸的是，他要对付的是英国海军上将安德鲁·坎宁安爵士和英国地中海舰队的全部兵力。加多岛外的海上作战毫无结果，但在返回塔兰托的途中，亚基诺的舰队遭到英国鱼雷轰炸机的攻击，导致"维托里奥·维内托"号战列舰受损，"波拉"号重型巡洋舰无法再航行。"波拉"号、"扎拉"号、"菲乌梅"号这几艘重型巡洋舰和"阿尔菲耶里"号、"卡尔杜齐"号驱逐舰都在随后的战斗中被击沉。"维托里奥·维内托"号战列舰跌跌撞撞地回到母港。

爆炸引起这艘巨大的战列舰剧烈震动，随后彻底不动。舰员努力让它再次开动，但当时所能达到的最大航速只有12节。亚基诺发狂似的用无线电呼叫空中支援，没有得到丝毫回应——一小队"梅塞施米特"式战斗机（Messerschmitts）其实已经飞到近前，但只在战位上停留了不到10分钟，就因为燃油不足被迫返回基地。来自克里特岛的英国皇家空军"布伦海姆"式轰炸机（Blenheim）继续从高空骚扰意大利人，不过没有击中目标。

突然袭击

当晚黄昏时分，英国侦察机在坎宁安的舰队前方50英里处飞行时，再次寻觅到意大利战舰的踪迹，他们正排成五列纵队缓慢航行，护卫受到重创的"维托里奥·维内托"号战列舰艰难地朝塔兰托驶去。随后，从克里特岛马莱迈起飞的"青花鱼"式鱼雷轰炸机又发起一波空袭。这次"青花鱼"式轰炸机击中了"波拉"号重型巡洋舰中部，彻底使其无法行驶。"波拉"号抖动着停下来，锅炉房灌进了海水，舰上所有电路都停止了工作。

亚基诺命令卡塔尼奥率领第1巡洋舰分队掉头回去支援"波拉"号，而舰队其余战舰继续朝基地航行。但这位意大利海军中将不知道的是，英国舰队早已在雷达上锁定了无法动弹的"波拉"号，并且正在全速朝它驶去。坎宁安的舰队以为他们发现的是"维托里奥·维内托"号战列舰，正当他们接近目标，准备大开杀戒时，在前方约两英里处又侦察到其他船只。他们遭遇了重型巡洋舰"扎拉"号和"菲乌梅"号以及由驱逐舰组成的一支护航舰队。这些意大利军舰缺乏空中侦察，也没有雷达，所以对周边情况不明，稀里糊涂地竟然没有发现坎宁安就在眼前。他们排成一线驶来，最前面是一艘驱逐舰，后面是两艘重型巡洋

第11章 马塔潘角海战

舰，最后是另外三艘驱逐舰。

坎宁安的舰队迅速部署，他们转动炮塔，对准前方的黑色轮廓。意大利舰队的舰炮毫无用处地指向舰艏和舰艉，"厌战"号和"勇士"号开火时，倒霉的意大利人甚至不知道是谁在攻击他们。坎宁安在自传《一个水兵的漫长行程》(A Sailor's Odyssey)中，绘声绘色地描述了当时的场景：

"在一片死寂中，那是一种能真真切切地感受到的寂静，只能听到火炮手校正火炮、瞄准新目标的声音，人们听到从舰桥后部上方的指挥塔传来的命令。再往前看，炮塔旋转后恢复平稳，381毫米口径主炮瞄向敌军巡洋舰。

"指挥塔传来一声镇定的'炮塔瞄准手发现目标'，我这辈子再没经历过比这更让人激动的时刻。这是火炮做好战斗准备的明确信号，瞄准手的手指在扳机上跃跃欲试。敌舰离我方直射距离不足 3800 码。

"这肯定是舰队枪炮长杰弗里·巴纳德（Geoffrey Barnard）中校

"维托里奥·维内托"号

级别："利托里奥"级战列舰
排水量：45750吨（满载）
长度：780英尺1英寸（237.8米）
宽度：107英尺7英寸（32.8米）
吃水：31英尺（9.4米）
航速：31.2—31.4节
火力装备：3座3联装381毫米口径主炮；4座3联装152毫米口径火炮；4门120毫米火炮；12门90毫米口径火炮；20门37毫米口径和10门20毫米口径机关炮
乘员：1830人

"维托里奥·维内托"号是二战期间意大利皇家海军参战次数最多的战列舰，曾被鱼雷击中两次，被炸弹击中一次。这艘战列舰第一次被鱼雷击中是在1941年3月马塔潘角海战前期。从英国"无畏"号航母起飞的一架费瑞"青花鱼"式鱼雷轰炸机投下一枚鱼雷，击中其左舷舯部的三联装炮塔。由此导致军舰严重内灌、左舷螺旋桨失去动力，但最终它还是靠自己的动力回到母港。12月，它在西西里岛西南被英国"冲动"号潜艇发射的鱼雷再次击中，这次又打到了左舷——击中舯部381毫米口径主炮塔正下方，但损坏不大。

最终下达的开火命令。人们听到了'叮叮叮'的开火铃声。随着6门主炮同时开火，橘红色的巨大亮光和剧烈的震动随之而来。

"就在同一瞬间，负责掩护的'灰猎犬'号驱逐舰打开探照灯，对准一艘敌方巡洋舰，使其银蓝色外形在黑暗中得到片刻的显现。伴随第一轮齐射，我们军舰的探照灯闪闪发亮，完全照亮整个骇人的场面。在光柱中，我看到我们六枚巨大的弹射物在空中穿行。其中五枚击中巡洋舰上层甲板下方几英寸（1英寸=2.54厘米）的位置，爆炸时刺眼的火花四溅而出。意大利人毫无准备。他们的火炮只受过前后射击的训练，还没来得及做出一点抵抗，就已经被无情地击溃。

"意大利巡洋舰的厄运是无法用语言形容的。我们眼睁睁地看着整座整座的炮塔和大块大块的沉重碎片在空中飞旋，溅泼着落入海水中，转瞬之间这些战舰就变得不成样子，从舰艏到舰艉，整舰简直烧成了火把。"

"海上卡波雷托"式惨败

"菲乌梅"号从船头到船尾都在着火。它逐渐向右舷重重地倾侧、慢慢下沉,后炮塔倒向海里。"扎拉"号情况也没好到哪里去,锅炉发生爆炸,前炮塔被一发英国炮弹炸裂后,快速旋转着掉进大海,整个战舰俨然成了火葬场。刚加入战斗的英国海军"巴勒姆"号用舷炮齐射"阿尔菲耶里"号驱逐舰,将之打成了冒烟的空壳。排成一线的意大利舰队最后三艘驱逐舰拼命地掉转船头,朝英国人驶去,孤注一掷地发起鱼雷攻击。其中"卡尔杜齐"号驱逐舰被"斯图亚特"号驱逐舰俘虏,

四艘"扎拉"级重型巡洋舰停泊在塔兰托,"波拉"号和"扎拉"号就在其中。在马塔潘角海战中,"波拉"号因被鱼雷击中而无法航行,随后被"杰维斯"号和"努比亚人"号驱逐舰击沉。"扎拉"号在去营救其受到重创的僚舰时,被英国战列舰火炮严重损毁,最后被自己的舰员凿沉。另一艘"扎拉"级重型巡洋舰"菲乌梅"号也遭遇了同样的命运,被当场击沉。

然后用鱼雷击沉。另外两艘成功逃离。

坎宁安的驱逐舰现在要对无法动弹的"波拉"号动手了，它既没了动力，也没有灯光，仍然无助地漂浮在海水中。"浩劫"号朝之发射两发炮弹，舰上发生了两起小火灾，但并没有什么动静。另外两艘驱逐舰抵达。他们用探照灯照到了"波拉"号上257名士气低落的舰员，许多人从军官室掠来意大利基安蒂干红葡萄酒，喝得醉醺醺的，挤在甲板上"急切地等着投降"。数百人已经弃舰而逃。那几艘驱逐舰最后用两枚鱼雷击沉了"波拉"号。这就是海军历史上非常著名的一边倒战役的结局。

第12章
猎杀"俾斯麦"号

1941年4月，纳粹德国海军总司令埃里希·雷德尔元帅开始酝酿一项新的作战计划。他和参谋人员决定组建新的强大战斗群，用来摧毁重兵护航的跨大西洋运输船队。

雷德尔起初准备派纳粹德国海军一流的新型战列舰"俾斯麦"号和"欧根亲王"号重型巡洋舰到大西洋执行任务，与"沙恩霍斯特"号和"格奈泽瑙"号两艘战列巡洋舰并肩战斗。"沙恩霍斯特"号和"格奈泽瑙"号那年开春已经在大西洋成功完成两次突袭，尔后安全返回法国布雷斯特港口。他挑选了海军上将冈瑟·卢金斯（Günther Lutjens）指挥新的突袭任务，这位经验丰富的海军军官，在舰队作战指挥方面早已功成名就。他最近取得的战绩是1941年1月指挥2艘战列巡洋舰突破包围圈，进入大西洋。但雷德尔运气不佳，不得不改变自己的计划。"沙恩霍斯特"号的锅炉出了问题，正在进行检修，需要数周才能完成。4月6日，英国空袭布雷斯特时，"格奈泽瑙"号也遭到严重损坏。它至少6个月内无法作战。

卢金斯向雷德尔做了汇报，他倾向于将突袭推迟，等到"沙恩霍斯特"号锅炉修复完毕、适合出海，或者等到新服役的"俾斯麦"号姊妹舰"提尔皮茨"号完成海上试航，做好接替"沙恩霍斯特"号的准备后再行动。然而，雷德尔元帅不愿意等待。他决定派"俾斯麦"号和"欧根亲王"号独立行动。"俾斯麦"号战列舰尽管没有经历过实战，但却是纳粹德国海军的掌上明珠。作为世界上同级别战列舰中最先进的一艘，德国人觉得没有谁能把它击沉。

"俾斯麦"号和"欧根亲王"号出航

1941年5月18日，行动最终开始，纳粹德国海军最高司令部将其命名为"莱茵河演习行动"（Operation Rheinübung）。当天下午，首先是"欧根亲王"号，其次是"俾斯麦"号，从波兰格丁尼亚港驶出，先去跟护卫舰队会合，然后驶出波罗的海，沿挪威海岸北上，朝卑尔根进发。德国海军北部司令部格鲁佩·诺德（Gruppe Nord）曾经建议卢金斯先航行到卑尔根港为舰艇加注燃料，然后经由法罗群岛和冰岛之间的航道突进北大西洋。

然而，卢金斯没有理会格鲁佩·诺德的建议。他没有在卑尔根停留，而是决定直接驶向北极，通过在挪威扬马延岛附近停泊的"魏森堡"号油船加油，然后尝试通过丹麦海峡突入大西洋。卢金斯这么做，可能是因为他曾率领"沙恩霍斯特"号和"格奈泽瑙"号在冰岛和法罗群岛这条航线上吃过亏——当时两艘战列巡洋舰在那里被"水中仙女"号巡洋舰发现，卢金斯被迫倒退回去。此外，扬马延岛是出名的雾多，能见度差。天气如果足够糟糕，将为计划中的出击提供掩护。

可惜卢金斯的如意算盘落空了。"俾斯麦"号、"欧根亲王"号和其他护卫舰船在穿过斯堪的纳维亚海域向北、向西航行途中，被瑞典"哥特兰岛"号巡洋舰和一些挪威渔船发现。瑞典虽说官方是中立的，但卢金斯坚信，瑞典人肯定会把目击的信息泄露给英国驻斯德哥尔摩大使馆。同样，渔民也会把这个消息传递给挪威抵抗组织。他最后决定驶进卑尔根港，希望随后在恶劣天气的掩护下再从港口脱身。

英军反应

5月21日，德国人抵达卑尔根，"俾斯麦"号停泊在格里姆斯塔峡湾，"欧根亲王"号停在靠北一点的卡尔瓦内斯湾。当天晚些时候，英国皇家空军"喷火"式侦察机拍到了两艘军舰。很快，两艘军舰的身份就被确认，这个信息即刻通过英国海军部转给位于斯卡帕湾的本土舰队司令海军上将约翰·托维（John Tovey）爵士。

托维做好了战前准备。"萨福克"号巡洋舰被派去援助另一艘巡洋舰"诺福克"号。"诺福克"号已经在第1巡洋舰中队指挥官海军少将威廉·韦克－沃克亲自坐镇指挥下在丹麦海峡进行巡逻。"伯明翰"号、"曼彻斯特"号和后来加入的"阿瑞托莎"号三艘巡洋舰被派去把守冰岛和法罗群岛之间的备选航道。"胡德"

"俾斯麦"号

级别："俾斯麦"级战列舰
排水量：50900吨（满载）
长度：794英尺（242米）
宽度：118英尺（36米）
吃水：33英尺（10.1米）
航速：29节
火力装备：4座8门381毫米口径主炮；6座12门150毫米口径火炮；16门102毫米口径高射炮；16门37毫米口径和36门20毫米口径机关炮
乘员：2200人

"俾斯麦"号和姊妹舰"提尔皮茨"号是德国在二战期间建造的最大军舰，也属于有史以来战斗力最强大的战列舰。由于配备了雷达和至少六名高射炮瞄准手，"俾斯麦"号火炮系统极其精准，这一点曾在丹麦海峡一战中得到证实。当时"俾斯麦"号与僚舰"欧根亲王"号重型巡洋舰准备从那里出击大西洋，被英国皇家海军"胡德"号战列巡洋舰和"威尔士亲王"号战列舰拦截，它只用了五轮齐射就击沉了"胡德"号。

1941年5月21日早上，从"欧根亲王"号重型巡洋舰上拍摄的正在进入卑尔根以南科尔斯峡湾的"俾斯麦"号战列舰。"俾斯麦"号停泊在邻近的格里姆斯塔峡湾。舰队指挥官海军上将冈瑟·卢金斯决定在挪威停留，然后在夜幕掩护下继续北上。"欧根亲王"号同样也需要加油。但卢金斯很不幸，挪威抵抗组织发现了他的战舰，并且向伦敦传递了他们到达挪威的信息。

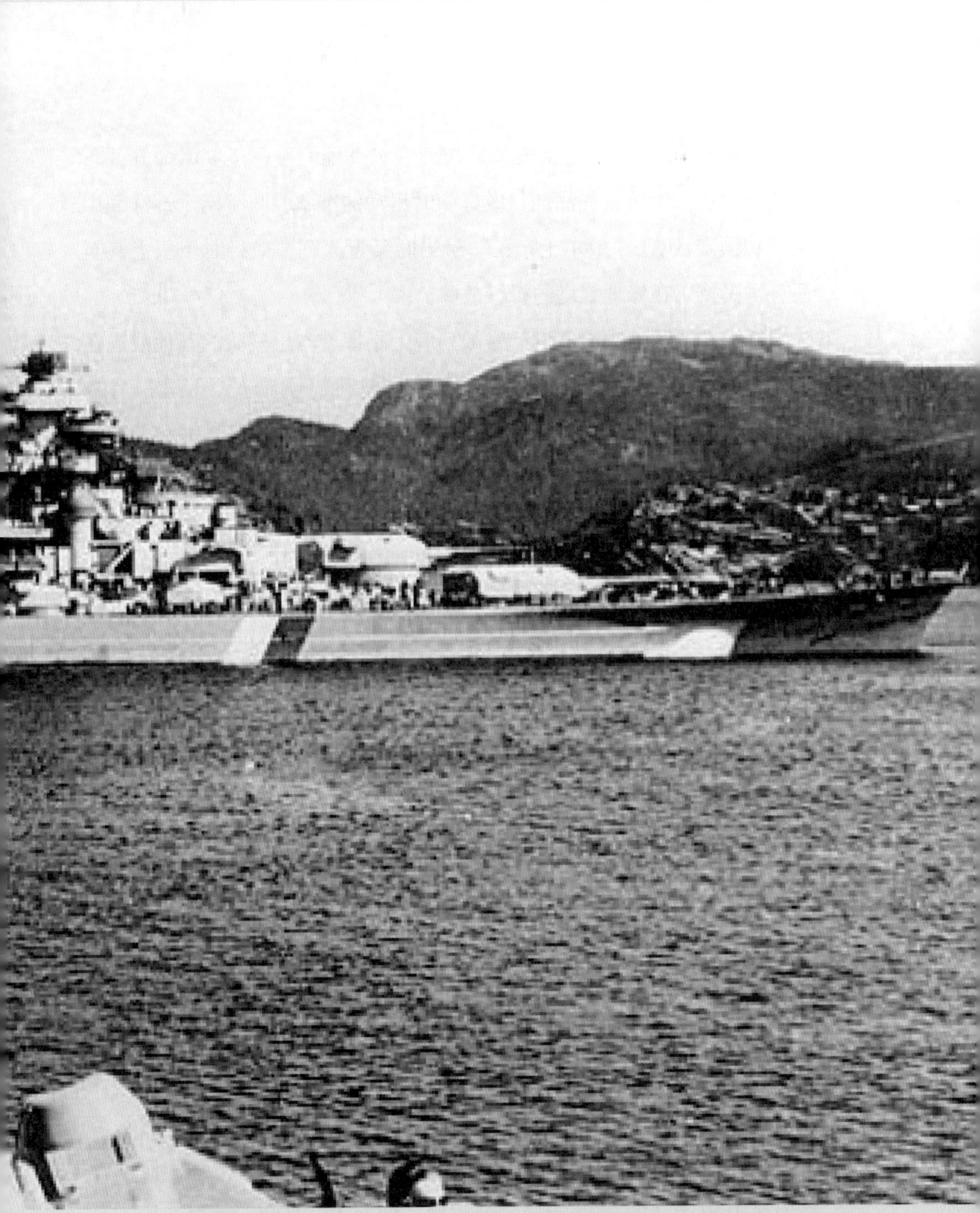

号战列巡洋舰、"威尔士亲王"号战列舰和其他六艘驱逐舰奉命开往华尔峡湾，在那里重新加满油，做好随时出动的准备，只待两个巡洋舰中队成功锁定敌舰。"威尔士亲王"号当时新近入列，航行时甲板上甚至还有平民技工在修理炮塔的机械故障。

托维在"国王乔治五世"号战列舰上指挥着本土舰队的其他战舰在斯卡帕湾待命，待形势明朗之后，再与"胜利"号航母、"反击"号战列巡洋舰（实际上停泊在更往南的克莱德）、另外四艘巡洋舰和七艘驱逐舰一起行动。"胡德"号、"威尔士亲王"号和同行的护卫舰队在5月21日午夜前离开了斯卡帕湾。第二天晚上10:45，托维和本土舰队其他军舰也出海迎战。

丹麦海峡海战

与此同时，"俾斯麦"号和"欧根亲王"号也开始出动。5月21日天一黑，两舰就从卑尔根起航，浓雾天气为撤离打了很好的掩护。它们径直往北驶向丹麦海峡，在第二天午夜时刚好向西南转弯进入。

卢金斯心里想的是，等他的舰队驶过丹麦海峡突入北大西洋之后，大雾才会消散，但他很快就失望了。5月27日晚7:15左右，"萨福克"号的监视哨发现了这两艘德国军舰。与"诺福克"号一道，这两艘巡洋舰开始用雷达跟踪德军舰队。它们还向300英里以北的"胡德"号和"威尔士亲王"号发出预警。"胡德"号和"威尔士亲王"号开始以27节的速度高速向敌舰驶来，它们的护卫舰也奋力追随。

英国海军第1战列巡洋舰中队指挥官兼本土舰队副司令兰斯洛特·霍兰（Lancelot Holland）海军中将坐镇"胡德"号指挥，他预计在凌晨1:40至2:00之间能接收到敌舰"俾斯麦"号和"欧根亲王"号的回波。但随后收到不利消息。午夜刚过，"萨福克"号发电称，它和

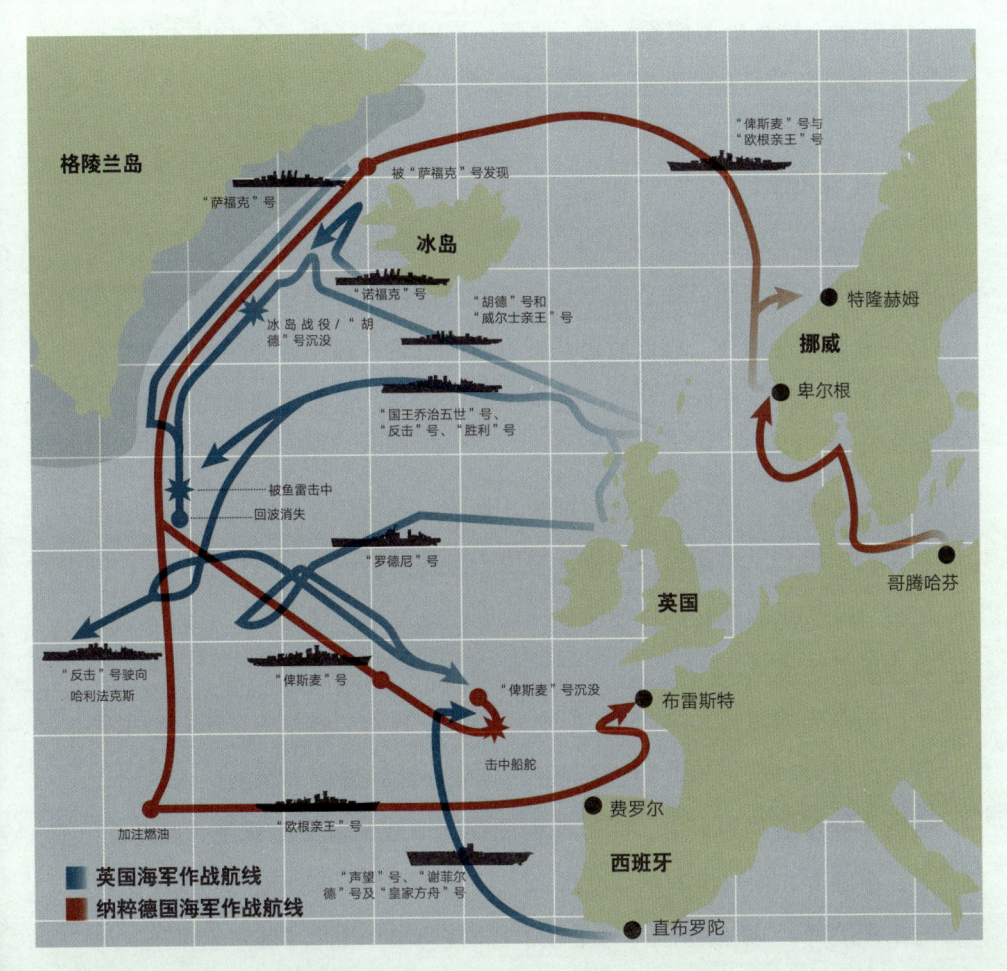

猎杀"俾斯麦"号作战图

英国本土舰队司令海军上将约翰·托维爵士负责指挥猎杀"俾斯麦"号战列舰的行动。托维派往丹麦海峡进行巡逻的重型巡洋舰"诺福克"号和"萨福克"号确认,德国人准备在大西洋发动突击。这张地图展示了此后作战的过程。与此同时,"胡德"号战列巡洋舰和"威尔士亲王"号战列舰在六艘驱逐舰的护卫下,奉命前往冰岛,把守进入丹麦海峡南部和冰岛东部海域的入口。德国人突围一开始时沾了浓雾的光,但他们似乎没有考虑到英国人能够通过雷达侦测、跟踪到他们。

"诺福克"号跟丢了德国军舰。两艘巡洋舰花了将近三个小时才再次锁定"俾斯麦"号和"欧根亲王"号的位置。

战斗开始

"胡德"号和"威尔士亲王"号朝着"俾斯麦"号和"欧根亲王"号迎面驶去，双方舰员在各自战位严阵以待，随时准备战斗。霍兰打算先直冲敌舰全速而去，靠近后再调转方向以舷炮齐射。这个战术机动是有争议的，因为这样做意味着，在战斗开始阶段，霍兰的两艘军舰只能以前炮应战。

尽管如此，霍兰仍然奋力前进。他决定不给卢金斯发挥其强大的速度优势的机会。考虑到"胡德"号甲板方面的缺陷，他也可能认为，用这种方式接近敌舰是确保他所在的旗舰不易受到"俾斯麦"号致命火力攻击的最佳方式。

当距离缩短到大约2500码时，"胡德"号和"威尔士亲王"号率先开火。"俾斯麦"号和"欧根亲王"号几分钟后进行了回击。霍兰命令他的2艘军舰集中火力，专打左侧的德国军舰，以为那就是"俾斯麦"号。事实上，他攻击的是"欧根亲王"号。原来"俾斯麦"号的雷达暂时出现故障，"欧根亲王"号走在了德国旗舰的前面。"威尔士亲王"号很快意识到错误，重新调整了攻击目标；"胡德"号继续向"欧根亲王"号开火，后来才慢慢调转炮头。

但不管怎么打，"胡德"号的炮弹都没有击中目标。对比起来，"俾斯麦"号和"欧根亲王"号第三轮齐射时，就已经击中"胡德"号。"欧根亲王"号的一枚炮弹击中"胡德"号主桅底部附近，引起的熊熊大火迅速蔓延到放置救生艇的上层甲板。

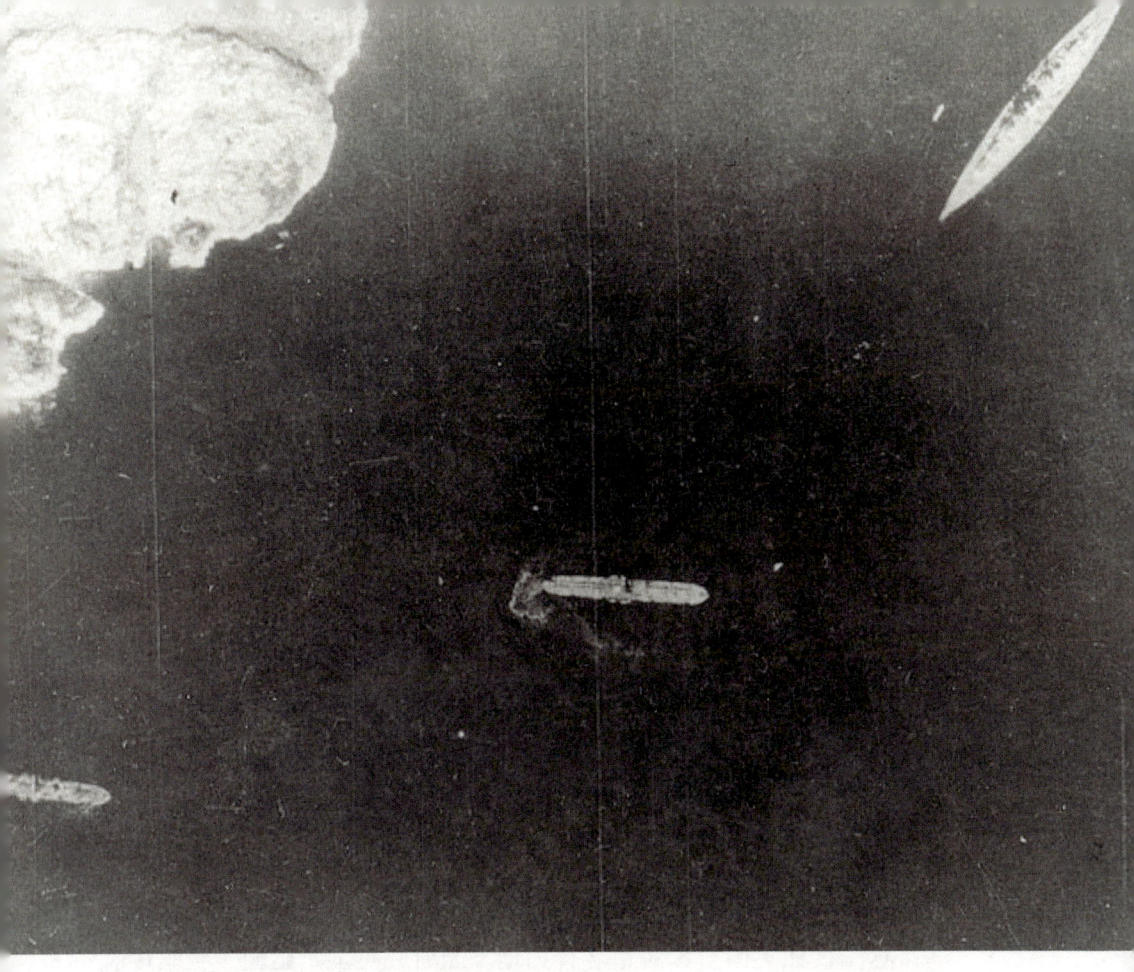

1941年5月21日下午，英国皇家空军海岸司令部"喷火"式侦察机飞行员迈克尔·萨克林上尉，在格里姆斯塔峡湾上空拍摄了这张著名的照片。他奉命在该海域巡逻，以确认挪威抵抗组织之前提供的信息。照片右边的"俾斯麦"号，当时与三艘商船在一起。如遇敌方鱼雷攻击，商船将充当军舰的保护盾。托维收到萨克林的报告后，立即下令舰队投入战斗。

"胡德"号惨遭致命一击

霍兰中将此时升起"蓝色2旗"的旗语，命令"胡德"号左转，准备用后炮轰击敌舰。正是在这个转弯过程中，"胡德"号遭受致命一击。

战斗开始大约八分钟后，"俾斯麦"号的第五轮舷炮齐射再次命中"胡德"号。至少有一枚炮弹穿透这艘庞大的战列巡洋舰单薄的甲板，钻进舰艉的弹药舱爆炸。"胡德"号喷出一团巨大火焰，然后冒起大片浓烟。黑烟散尽之后，"胡德"号也没了踪迹。"威尔士亲王"号的一名舰员记录了他如何听到"海水巨大的奔腾声不祥地消失，然后我看到'胡德'号船体中部发生巨大的爆炸。我简直不相信自己的眼睛——'胡德'号实际上被炸得粉身碎骨"。

"胡德"号舰毁人亡。这艘战列巡洋舰有1418名舰员，仅三名幸免于难，他们是海军候补少尉威廉·邓达斯（William Dundas）、二等水兵罗伯特·蒂尔伯恩（Robert Tilburn）和通信兵特德·布里格斯（Ted Briggs）。"胡德"号如此庞大的军舰，最后在海面上只剩下一堆漂浮的碎片和一层四英寸厚的浮油。"威尔士亲王"号战舰不得不孤身苦撑，继续进行后面一边倒的战斗。被"俾斯麦"号击中七次后，"威尔士亲王"号严重受损，被迫退出战斗。随后，它跟"诺福克"号和"萨福克"号一道，在安全距离内继续跟踪德国军舰。

"击沉'俾斯麦'号！"

这一仗让英国皇家海军名誉扫地。当时在英国"鞑靼"号驱逐舰担任海军中尉的作家卢多维克·肯尼迪（Ludovic Kennedy）回忆道："'胡德'号舰毁人亡这个令人痛苦而又难忘的消息传来，大多数英国人心里的感觉，就像白金汉宫被夷为平地或者英国首相被暗杀了一样，'胡德'号已经与英伦三岛和大英帝国融为一体。"丘吉尔立刻命令托维猎捕"俾斯麦"号，要不惜一切代价将之击沉。

事实证明，"俾斯麦"号战列舰撤离时也没能做到毫发无损。"威尔士亲王"号的两发355毫米口径炮弹击中它，一枚迫使其一个锅炉关闭，另一枚造成燃油泄漏。卢金斯因此不得不放弃任务。在夜幕降临之际，"俾斯麦"号转向东南，朝德国占领的法国布雷斯特港驶去。"欧根亲王"号跟它分开，往西南方向行驶，继续向北大西洋挺进。后来，在躲过"胜利"号航母舰载机发起的鱼雷攻击之后，"俾斯麦"

号又成功地甩掉"萨福克"号和"诺福克"号。

托维以为让他难熬的时间已经过去，尤其是他错误地推断"俾斯麦"号往东北方向撤退是为了驶回德国。再次锁定这艘战列舰的所有希望，都寄托在在那片海域搜索的众多战舰和英国皇家空军海岸司令部在英国本土和冰岛外进行远程侦察巡逻的飞机上。

最后时刻

5月26日上午10:10，托维突然时来运转。海岸司令部第209中队的一架"卡特琳娜"水上飞机在布雷斯特西北约670英里处发现"俾斯麦"号。英国本土舰队立刻出海追击。但能否在"俾斯麦"号到达纳粹德国空军能够提供空中支援的海域之前追上它还是个问题。此外，托维的许多舰船即将面临燃料不足的危险。他们必须采取措施让"俾斯麦"号慢下来。

托维的运气非常好，从直布罗陀跟随H舰队一道航行的"皇家方舟"

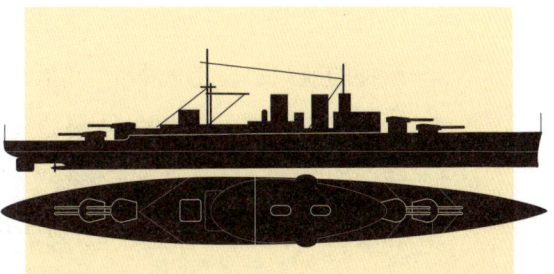

"胡德"号

级别：	"海军上将"级战列巡洋舰
排水量：	46200吨（满载）
长度：	810英尺（246.9米）
宽度：	95英尺（29米）
吃水：	31英尺6英寸（9.6米）
航速：	31节
火力装备：	4座8门381毫米口径主炮；14门102毫米口径高射炮；24门2磅防空炮；6门20毫米口径机关炮；5座20管防空火箭炮
乘员：	1420人

在两次世界大战之间的岁月，"胡德"号战列巡洋舰是当之无愧的世界最大主力舰，但其宏伟的架构也掩盖了一个巨大缺陷。由于是在一战期间设计和建造，它的防护甲板不够厚，达不到现代海战的要求。这让其在遭受远距离俯射炮击时很容易受损。在与德国海军"俾斯麦"号战列舰和"欧根亲王"号重型巡洋舰交火过程中，"胡德"号受到德国军舰（具体哪艘不详）致命一击，整舰突然被巨大的爆炸撕裂。几分钟后，它沉入大海，舰上1418名舰员只有三名幸存。

号航母，当时在"俾斯麦"号报告位置的东南方向，正好在其驶向布雷斯特的航线上。当天下午，"皇家方舟"号发起的第一波空袭以失败告终——从航母上起飞的14架"剑鱼"式鱼雷轰炸机错把H舰队派来尾随"俾斯麦"号的"谢菲尔德"号巡洋舰当成了"俾斯麦"号，对其发起攻击，但也没有成功。当晚7:10发起的第二波空袭找对了目标。参与进攻的15架"剑鱼"式鱼雷轰炸机共发射13枚鱼雷，其中两枚命中目标。第一枚几乎没有什么明显的效果。第二枚成功摧毁了"俾斯麦"号的操舵装置，造成船舵卡住。"俾斯麦"号航速骤降，已经无法控制转向。它再没有机会摆脱向其靠拢的追击者。

5月27日午夜刚过，最终对决开始上演，当时一艘波兰驱逐舰和四艘英国驱逐舰一起包围了"俾斯麦"号，多次发起鱼雷攻击。天亮了几小时后，英国主力舰全速赶到。"国王乔治五世"号和"罗德尼"号都在1600码内与"俾

英国本土舰队一路追击长达1570英里。严重受损的"俾斯麦"号最后被几轮齐射直接命中爆炸，很快沉入大西洋。要不是"皇家方舟"号航母上"剑鱼"式舰载机发射的两枚鱼雷击中了它的舰艉，船舵发生故障，没法向左转舵，"俾斯麦"号几乎就要甩掉追击的英国人了。这艘操纵失灵的战列舰此时径直驶入"国王乔治五世"号、"罗德尼"号和其他支援巡洋舰的航线。这场一边倒的战斗持续了74分钟，"俾斯麦"号最终倾覆沉没。这可能是纳粹德国海军在整个二战的最大一次失利。

斯麦"号交战。经过一个半小时的轰炸,"俾斯麦"号基本无力还手,整舰被打成一片燃烧的废墟。这艘德国战列舰又被鱼雷击中两次之后,最终在阿申特岛以西约300英里处被幸存的舰员打开通海阀沉没。舰上2222名乘员中只有110人幸存。就水面舰艇实力而言,北大西洋上的海军力量平衡无疑已经重新向英国倾斜。英国人终于替无敌"胡德"号报了仇。

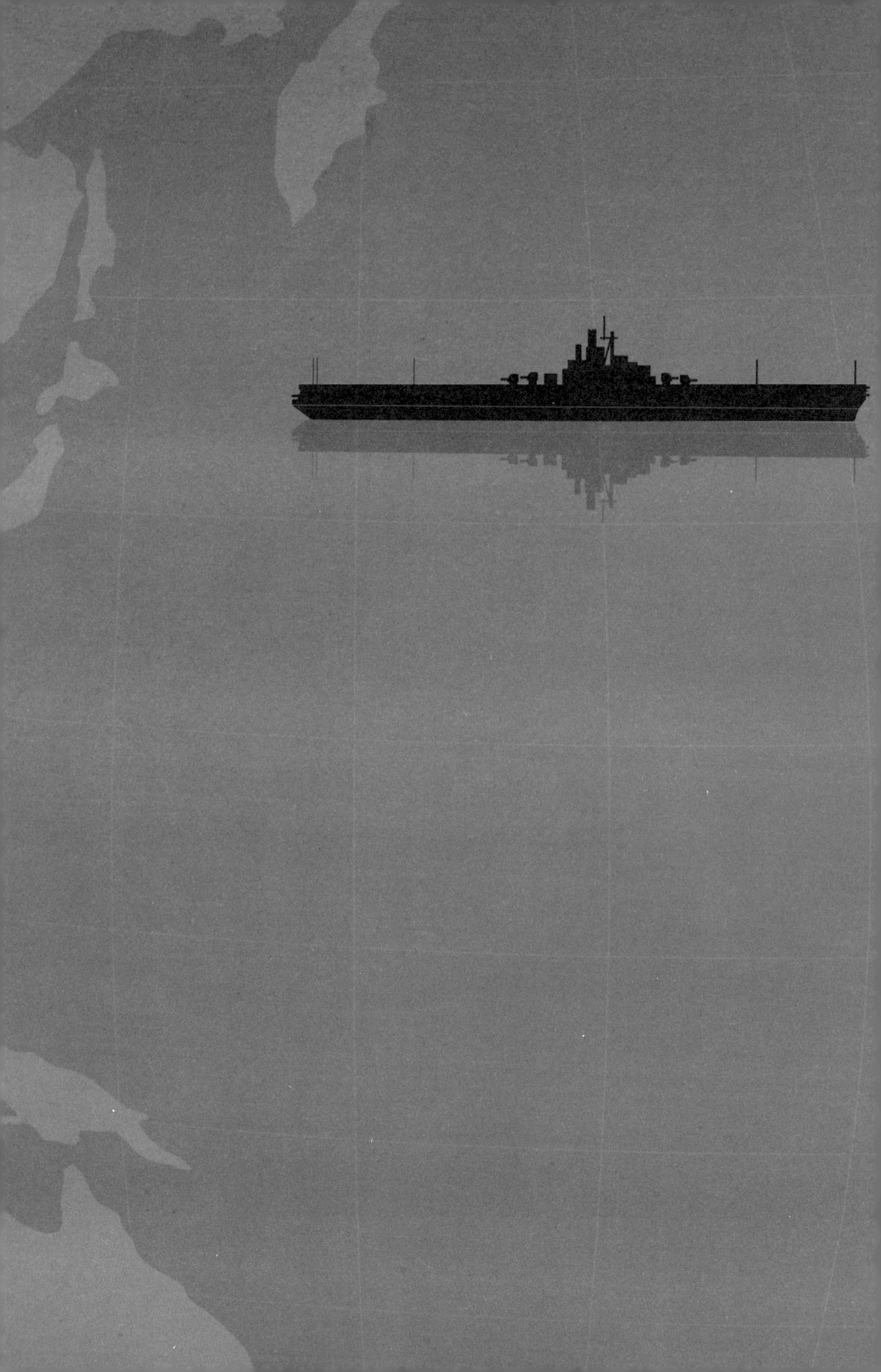

第二部分
全球战争

  1941年12月，全面战争演变成全球战争。美国海军太平洋舰队被日本人在珍珠港偷袭后元气耗尽，在战争起步阶段处境极其不利。英国皇家海军情况也一样，珍珠港事件三天后，"威尔士亲王"号战列舰和"反击"号战列巡洋舰在马来半岛外被日本人击沉，这两艘军舰原本要一起被派往东方战场去保卫新加坡的。

  从一开始，美英两国海军就是跨越两个大洋作战，既要在大西洋上跟德国潜艇战斗，又要在远东和日本较量。英国人为了履行承诺，维持支援苏联的北极运输船队，同样遭受了巨大损失。但是一步一步地，也是不可逆转地，同盟国占了上风。日本海军在中途岛海战折损了第一流的航母后，实力开始慢慢走下坡路；德国U型潜艇最终也在大西洋被击溃。而意大利水面舰队，直到最后投降，再也没有驶出过军港。几场史诗级的两栖登陆已经准备就绪，战争的进程即将改变。

第 13 章

大国海军实力（下）

1941 年，美国海军实力一跃居于世界第二。美国国会如果一直坚持实施伍德罗·威尔逊总统（Woodrow Wilson）时期通过的《1916 年海军拨款法案》，美国海军可能已经取代英国皇家海军，成为世界海军霸主。这个法案授权在五年内建设一支强于世界上任何两国海军实力之和的美国海军。

正如威尔逊所言："这将是一支能胜任时代需求、赓续历史传统的海军。世界上没有哪支海军像美国海军这样守卫着如此辽阔的海疆，它注定要成为盖世无双的世界最强海军。"然而，他雄心勃勃的目标并没有实现。1922 年，美国、英国、日本、意大利和法国在华盛顿签署《限制海军军备条约》（即《华盛顿海军条约》），条约规定，英国、美国、日本拥有的主力舰和航母总吨位比例为 5.25:5.25:3.15，法国和意大利的比例为 1.75。五个签署国还就实行为期 10 年的"海军假日"计划达成协议，该协议期内各国不得建造新的主力舰，协议期满后建造的新战列舰吨位不得超过 35000 吨。后来的一次国际会议对巡洋舰也进行了类似限制，新舰的吨位不能超过 10000 吨。

条约带来的影响是惊人的。美国海军不得不报废已完成四分之三的

"华盛顿"号战列舰、六艘部分完成的"南达科他"级战列舰和四艘正在建造的战列巡洋舰。"特拉华"号、"北达科他"号、"密歇根"号和"南卡罗莱纳"号这四艘现有战列舰也被送到废物堆。英国报废了14艘现代化战列舰和六艘战列巡洋舰,并且还放弃了建造四艘"超级胡德"("海军上将级"战列巡洋舰)的计划。日本牺牲了"土佐"号,这艘战列舰被当作练习靶舰击沉,另外还报废了八艘比较旧的战列舰。总而言之,当时美国海军还剩18艘战列舰,英国海军有16艘战列舰,日本海军剩下六艘战列舰。

罗斯福重整军备

在随后的10年,美国海军实力基本没有大的变化。后来成为美国海军总司令和美国海军作战部长的欧内斯特·约瑟夫·金(Ernest J. King)上将有这样的记录,"除了几艘巡洋舰,那一时期我们的海军几乎没有一艘新的作战舰艇(战列舰和驱逐舰均无)入列,在建的也几乎没有"。

当然也有一些别的声音,比较有名的来自威廉·"比利"·米切尔(William 'Billy' Mitchell)准将。他认为,美国海军跟其他所有国家的海军一样落伍了。"作为战争武器的水面舰艇正在消失。"米切尔自信地表示。甚至航母"在对抗一流强国时也沦为无用的工具"。根据米切尔的观点,那些从小气吝啬的国会牙缝里挤出来用于建造"兰利"号航母、"列克星敦"号航母和"萨拉托加"号航母的钱都被浪费了。

幸运的是,罗斯福总统并不支持这样的观点。早在1933年6月,罗斯福首次履任总统时,他就推动国会批准建造"企业"号航母、"约克城"号航母、第一批"布鲁克林"级巡洋舰、"克雷文"级驱逐舰和四艘新的舰队潜艇。第二年，第一批五艘"新奥尔良"级重型巡洋舰编入海军。

1935年至1940年，美国设计出"亚特兰大"级防空巡洋舰，还有海军最新的"北卡罗莱纳"级、"南达科他"级和"衣阿华"级战列舰。截至1941

这幅让人印象深刻的战时照片主角是美国海军"衣阿华"号战列舰三座406毫米口径主炮塔中的一座。跟"新泽西"号、"密苏里"号和"威斯康星"号姊妹舰一样，"衣阿华"号属于美国国会于1938年批准建造的新一代快速超级战列舰之一。"衣阿华"号1940年开建，1942年下水，1943年2月22日入列美国海军。"衣阿华"号是美国海军战列舰第7分队旗舰，二战期间大部分时间在太平洋海域活动，参与的作战行动包括马绍尔群岛战役、莱特湾海战、解放菲律宾、冲绳登陆战和对日本本州与北海道陆上目标的轰炸。

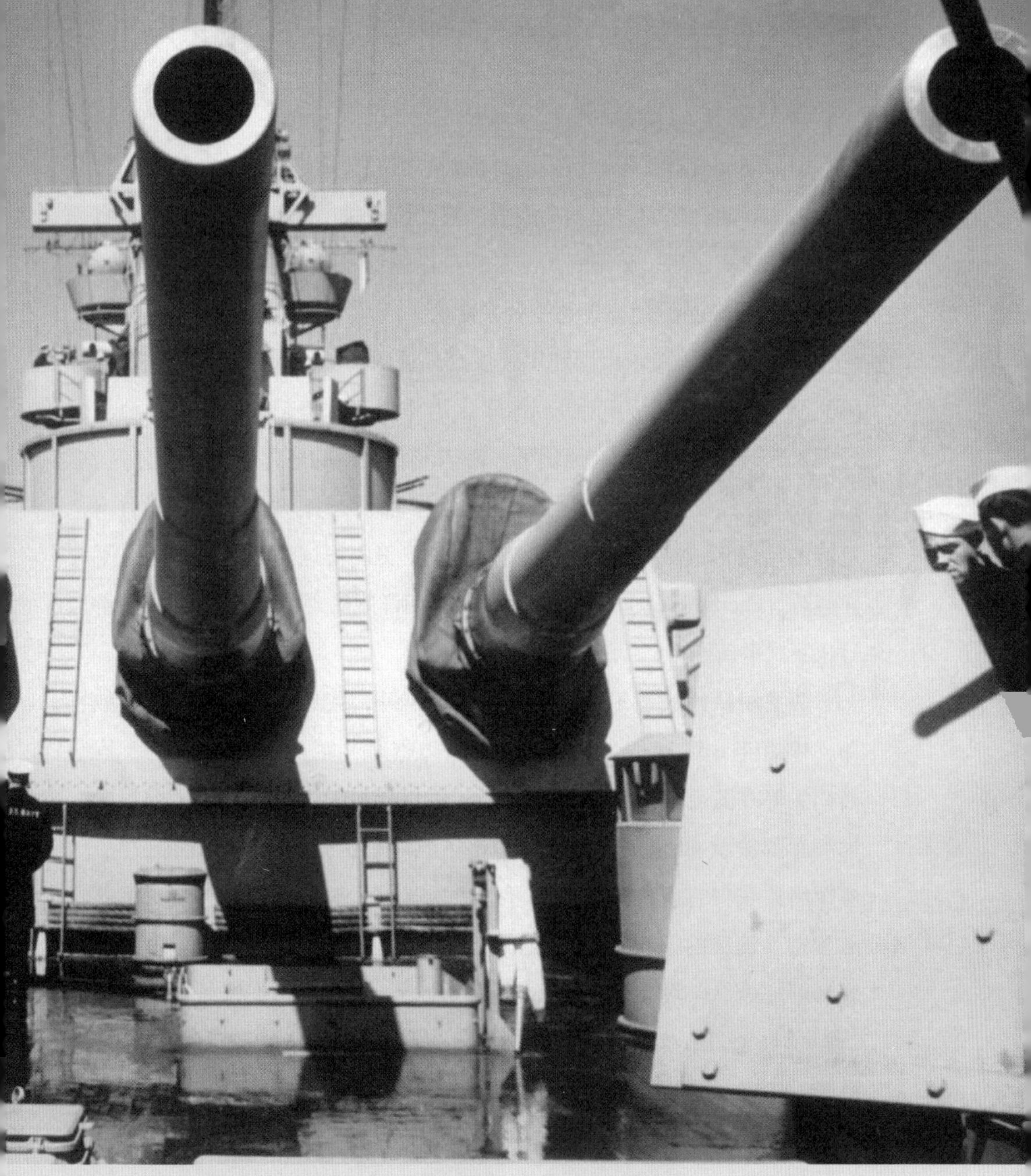

年12月,"弗莱彻"级驱逐舰、"克利夫兰"级轻型巡洋舰、"巴尔的摩"级重型巡洋舰和"埃塞克斯"级航母的设计工作也全部完成。

战云密布

国际局势日趋紧张,但美国对待轴心国的政策是由国内压倒性的大众意愿主导的,他们只想远离战争,甚至愿意付出任何代价。然而在日本入侵菲律宾之后,美国开始准备对日作战计划。美国海军的"橙色计划"(Plan Orange)就基于这个背景而生。

"橙色计划"要求美国陆军在没有外援的情况下,坚守马尼拉和菲律宾至少三四个月,一直等到海军主力作战舰队跨越太平洋来为他们纾困。等这么长时间是有原因的。随着与日关系的恶化,1940年4月,美国决定把这支主力舰队从加利福尼亚基地转移到珍珠港,旨在对日本可能的入侵形成威慑。1941年2月1日,美国把这支舰队改名为太平洋舰队(Pacific Fleet),就在同一天,大西洋舰队(Atlantic Fleet)的番号也正式重新启用。

两支舰队的战备工作已经一步步地展开,紧急情况下可以随时战斗。1940年6月14日,希特勒的军队长驱直入拿下巴黎,同一天,罗斯福签署在国会辩论数月之久的《海军扩张法案》。三天后,国会投票为海军部拨款40亿美元,远远超出了《海军扩张法案》规定的数额,海军因此获得它所称的打好两洋战争所必需的额外资源。美国海军获准建造6艘新的"衣阿华"级战列舰、5艘更大的"蒙大拿"级战列舰(不过最终并没有建成)、6艘"阿拉斯加"级重型巡洋舰(只建了2艘)、11艘"埃塞克斯"级航母、40艘巡洋舰、115艘驱逐舰和67艘潜艇。

日本备战

这些庞大的建造工程一旦完成，太平洋舰队将对日本人形成碾压优势，但在1941年这是不可能发生的。12月1日，美国能投入战场的有九艘战列舰和三艘航母，而日本此时拥有八艘战列舰和10艘航母。美国太平洋舰队和亚洲舰队总计下辖13艘重型巡洋舰、11艘轻型巡洋舰、80艘驱逐舰和55艘潜艇。日本对应的战舰数量分别是18艘重型巡洋舰、12艘轻型巡洋舰、111艘驱逐舰和64艘潜艇。

当年7月，随着日本入侵法属印度支那，多起事件加速了战争的爆发。美国、英国和荷兰流亡政府立即做出回应，他们对日本实施严格的石油禁运。罗斯福称，只有日本自己同意从法属印度支那和中国撤军，他们才会撤销这个禁令。东京政府断然拒绝向美国所提要求屈服。日本人开始计划一场更大规模的军事扩张，从而获取他们极度需要的燃油和其他重要原材料。日本海军军令部总长永野修身（Osami Nagano）大将告诉昭和天皇：政府认为，如果不发动战争，民族的命运就无法改变；但即使发动战争，国家也可能垮台。即便如此，在困境中不知抗争的民族已经失去了民族的精神，是注定灭亡的民族。

从1940年年底开始，日本联合舰队司令长官山本五十六（Isoroku Yamamoto）大将就未雨绸缪，一直在为这件可能发生的事做准备。他提出，从日本经济的危险境况来看，舰队的油料储备预计最多能维持18个月。这种情况下，对停泊在珍珠港基地的美国太平洋舰队发动毁灭性突袭成为最好的选择。他告诉从1940年9月到1941年10月担任近卫内阁海军大臣的及川古志郎（Koshiro Oikawa），"我们必须竭尽全力，开战首日就决出胜败"。

特混舰队出航

一开始，山本五十六的计划遭到很多海军将领反对，也没有得到海军军令部的支持。直到1941年9月，他才获得初步批准，开始在鹿儿岛湾进行航母舰载机攻击强化训练。1941年11月5日，他发布1号作战令（Operation Order 1），在命令中向高层军官粗略说明了那个大胆计划的细节。"敢犯东方，美国海军舰队要自寻死路，"命令写道，"我们将切断美国人通往东亚的作战航线和补给航线。我们将拦截并歼灭敌人的舰队。我们要用胜利粉碎敌人的战斗意志。"

山本五十六的意图很明确。他选择了日本第1航空舰队司令长官南云忠一（Chuichi Nagumo）中将指挥攻击珍珠港的舰队，起初南云忠一一直强烈反对突袭计划。11月22日，特混舰队开始在单冠湾集结，那里位于北海道以北的千岛群岛。这支特混舰队非常庞大，包括海军最新最大的六艘航母，分别是"赤城"号、"加贺"号、"翔鹤"号、"瑞鹤"号、"飞龙"号和"苍龙"号，共搭载423架战机。这些航母由九艘驱逐舰和一艘轻型巡洋舰护航，作战支援舰艇包括"比睿"号和"雾岛"号战列舰，"利根"号和"筑摩"号重型巡洋舰，以及三艘伊级潜艇。此外，还有八艘油船和各式各样的补给船组成了后勤船队。

11月26日，特混舰队起航，他们顶着狂风暴雨，一路艰难穿越北太平洋，驶向位于珍珠港正北275英里的目的地。他们以26节的航速于12月7日凌晨按预定时间到达。六艘航母逆风缓慢北转，以便参加第一波攻击的鱼雷轰炸机、俯冲轰炸机、高空轰炸机和负责空中掩护的"零"式战斗机升空集结。

前一天晚上，南云忠一下令向特混舰队所有人员口头传达山本五十六最后的命令。命令直截了当，"此役事关帝国安危，诸君务必努

1939年,刚擢升至日本联合舰队司令不久的山本五十六大将(中间立者)与参谋人员在"长门"号战列舰上合影。山本五十六反对与美国开战,积极推动日本保持中立,但并未成功。当战争不可避免时,他策划了针对美军珍珠港太平洋舰队的偷袭,然后试图以一场决战摧毁美国海军剩余力量。他在中途岛海战和瓜岛战役失败后被迫转入守势。

力"。山本重复的是东乡平八郎大将1905年带领舰队向对马海峡的俄罗斯人发起进攻之前下达的那道著名命令。36年前,东乡平八郎在旗舰"三笠"号战列舰上悬挂的战旗,随后也在"赤城"号航母上升起,在场的人无不为之动容。山本五十六、南云忠一和手下的指挥官坚信,他们如能战胜美国人,就能达到东乡平八郎那样的成就。

计划赶不上变化。按照山本五十六事先的约定,日本驻美大使野村吉三郎在华盛顿向美国国务卿科德尔·赫尔(Cordell Hull)递交日本正式宣战书,30分钟后他的战机才能开始发起攻击。这样的话,山本五十六不仅能够确保偷袭的效果,因为美国人根本来不及向太平洋舰队发出预警，还能保住日本的声誉。

　　但最终人为的判断错误打乱了山本五十六的如意算盘。日本驻美使馆花了很长时间才译出宣战书的文本，等到日本大使把它交给赫尔时，珍珠港袭击已经开始几个小时了。美国和日本之间的一场殊死搏斗早已开始。

第 14 章
辅助巡洋舰

当日本帝国海军还在为可能爆发的战争做准备时，纳粹德国海军正在世界各地遥远的大洋上加紧针对盟国运输船队实施水面突袭。这场争夺海上运输线的较量从头至尾都打得十分艰苦，德国人也确实取得了一些显著的成绩。

1940 年至 1942 年，埃里希·雷德尔海军元帅在战列巡洋舰、袖珍战列舰和重型巡洋舰这些主力舰之外，在不同时期共收编了 11 艘武装劫掠船。德国人称这些船只为"辅助巡洋舰"（*Hilfskreuzer*，武装的巡洋舰），这些改装成幽灵战舰的货船，伪装航行时让很多毫无防备的倒霉船只中招。它们总共俘获或击沉 142 艘盟军运输舰船，总吨位超过 87 万吨。

命运各异

1940 年春，第一批五艘辅助巡洋舰从母港出发，它们分别是"猎户座"号、"亚特兰蒂斯"号、"寡妇"号、"雷神托尔"号和"企鹅"号，后来又有六艘在夏天加入。这些辅助巡洋舰主要火力配置是一样的，包括 152 毫米口径火炮，两到六具装在甲板上的鱼雷发射管，四到六门两用37毫米口径高速炮，以及20毫米和92毫米口径高射炮，它们都隐蔽安装在伪装隔墙和甲板货物模型后面。

这些船的大小和作用各不相同。"亚特兰蒂斯"号、"企鹅"号和"雷神托尔"号是现代化柴油动力改装货船，航程达到50000英里，巡航速度为10节。"猎户座"号和"寡妇"号曾经是汉堡—美国轮船公司的客轮。因为它们靠老化的汽轮机驱动，所以很容易出现故障，并且一点也不经济。由于速度偏慢，油耗偏高，这两艘辅助巡洋舰跟其他姊妹船比起来，并不太适合持久参与武装劫掠战争。

以"寡妇"号为例，纳粹德国海军原计划让其在海上执行任务满1年，但只过了六个月，就被迫放弃任务，驶回德国占领的布雷斯特港。"猎户座"号虽然频繁出现故障，但依然成功地航行127337英里，相当于绕地球五圈多，在长达511天的航程中击沉盟军船只的总吨位达到73478吨。

"亚特兰蒂斯"号是二战爆发后由现代化柴油机货船改装而成的辅助巡洋舰。1940年3月31日，它作为对付商船的武装劫掠船开始第一次巡航，随后在南大西洋、印度洋和太平洋共航行了622天。1941年11月22日，它在圣海伦岛以南海域给一艘德国U型潜艇加注燃料时，落入英国皇家海军"德文郡"号巡洋舰布置的陷阱。由于在火力上完全不敌"德文郡"号，"亚特兰蒂斯"号指挥官伯恩哈德·罗格上校不想让船落入敌人手中，于是打开了通海阀让船自沉。"亚特兰蒂斯"号在参与武装袭扰的历程中，共击沉22艘舰船，总吨位达146000吨，俘获六艘以上的船只。

"亚特兰蒂斯"号的命运

"亚特兰蒂斯"号创造了在海上持续航行时间最长的记录，所有其他辅助巡洋舰都没法与之相比。从进入南大西洋开始，它绕行好望角，再驶进印度洋和太平洋，然后航行至遥远的澳大利亚，在史诗般600多天的航程中，一共击沉22艘船只，总吨位达146000吨。

"亚特兰蒂斯"号指挥官伯恩哈德·罗格（Bernard Rogge）上校通过自己的出色表现告诉人们，他不仅擅长军事欺骗，还是敏锐的海军战术大师。在不同时期，他成功地将"亚特兰蒂斯"号乔装打扮成挪

威"克努特·内尔松"号内燃机船、苏联"基姆"号舰队辅助船、日本"花水丸"号客运货船和荷兰"阿伯比科克"号内燃机船。甚至连伪装成希腊"卡索斯"号货船的德国辅助巡洋舰"企鹅"号也被忽悠，将自己的同伙当成了一艘英国武装商船。罗格率领"亚特兰蒂斯"号在盟军运输线路上潜行，寻觅一个又一个猎物。与此同时，随着时间的推移，英国人也不断加大、再加大追踪搜寻其的力度。

在德国人自己看来，"亚特兰蒂斯"号最后的遭遇很意外，也很不幸。1941年11月，它接到纳粹德国海军司令部的命令，到南太平洋阿森松岛外与"U-126"号潜艇会合，并为其加注燃料。执行完最后这次任务后就可以返回德国了。罗格利用这次暂停的机会拆开了左舷发动机，准备更换一个损坏的活塞。当时他没有意识到，他已经被英国一架水上侦察飞机发现，同时"德文郡"号这艘"考文垂"级重型巡洋舰正在急速朝他们驶来。

11月22日晚上8:00刚过，"亚特兰蒂斯"号上的监视哨发现了朝他们快速驶来的"德文郡"号重型巡洋舰。因为只有一个发动机能正常工作，"亚特兰蒂斯"号用尽全力也摆脱不了"德文郡"号；其152毫米口径火炮射程跟"德文郡"号203毫米口径主炮的射程也不可同日而语。罗格别无选择，只能用拖延的方法争取时间。他赶紧调转船头，替"U-126"号潜艇打掩护，以免被空中来自巡洋舰的"海象"式水上飞机发现。他想引诱"德文郡"号进入自己的火炮和鱼雷射程，或者到一个位置，方便已经紧急下潜的"U-126"号潜艇使用鱼雷攻击。

"德文郡"号指挥官罗伯特·奥利弗（Robert Oliver）上校没有上当。他没有继续靠近发报自称是荷兰"波吕斐摩斯"号货船的"亚特兰蒂斯"号，而是选择保持约一个小时航程的距离，等着"亚特兰蒂斯"号的身份得到核实。随后，罗伯特通过无线电报获悉，这艘神秘的船并非其所称的那艘货船。于是他下令开火,一上来的一阵齐射,给"亚特兰蒂斯"号造成了致命打击。

"亚特兰蒂斯"号船上火光四起,停在海面上几乎一动不动,这次它显然在劫难逃。罗格命令船员做好自沉准备,然后弃船逃走。几分钟后,"亚特兰蒂斯"号的弹药舱爆炸,两分钟后沉入海底。"德文郡"号随即朝西北方向驶去。奥利弗十分担心受到U型潜艇的攻击,唯恐自己的战舰也被击沉,所以他没敢冒险去营救海中的幸存者。

营救幸存者

"德文郡"号走远之后,罗格和其他幸存者游向从正在沉没的"亚特兰蒂斯"号上放下来的救生船、小艇、救生筏和漂浮物。"U-126"号潜艇小心翼翼地上浮,开始帮助他们。这艘潜艇拖着幸存者,开始缓慢地朝900英里以外的巴西海岸驶去。这趟航行令人心惊胆战,直到后来德国潜艇部队最高指挥部发来电报,才给他们点燃了一丝希望。电文告诉"U-126"号潜艇,另外三艘潜艇和"大蟒"号补给舰已经奉命前来协助营救幸存者。11月24日早上天一亮,"大蟒"号就驶入人们的视野。

罗格的困难似乎已经结束,但其实才刚开始。等幸存者安全登船后,"大蟒"号朝另外两艘U型潜艇驶去,按照原来的计划,它要与后者会合,并为之加注燃料。历史是惊人的相似。就在"大蟒"号开始加注燃料时,其监视哨发现另一艘重型巡洋舰直冲它驶来,这次来的是"多塞特郡"号。两艘U型潜艇紧急下潜,而没有火力装备的"大蟒"号只能坐以待毙。被迫顶风停下后,舰长下令打开"大蟒"号的通海阀,让所有人弃船。与"德文郡"号一样,"多塞特郡"号也不愿冒被德国潜艇攻击的风险,扔下漂浮在大海上的"大蟒"号舰员和幸存者,

"亚特兰蒂斯"号

级别： 辅助巡洋舰

排水量： 17600吨（满载）

长度： 509英尺（155.1米）

宽度： 61英尺（18.6米）

吃水： 29英尺（8.8米）

航速： 17.5节

火力装备： 6门150毫米口径火炮；1门75毫米口径火炮；2门37毫米口径和4门20毫米口径防空炮

乘员： 347人

续航里程6万英里、航速达10节的"亚特兰蒂斯"号对盟军的运输船队构成强有力的威胁。它能坚持这么久的原因之一就是舰长擅长伪装其真实身份。在不同的时期，"亚特兰蒂斯"号神出鬼没，曾经伪装成挪威柴油机船、苏联舰队辅助船、日本客运货船、荷兰内燃机船、挪威货船，甚至英国的辅助巡洋舰。

向南驶去。

等"多塞特郡"号走远之后，两艘U型潜艇重新浮出水面，每艘潜艇救上100名幸存者，剩余的人坐着救生艇拖在潜艇后面。随后，又有两艘潜艇加入营救。这下所有幸存者都能搭乘潜艇保命。他们一直航行到佛得角群岛才遇到四艘意大利潜艇。一部分幸存者转移到意大利人那里，德国潜艇的拥挤状况得到了缓解。

最后共有8艘潜艇驶往安全的法国圣纳泽尔港。12月23日，第一艘潜艇抵达港口。圣诞节这一天，又有三艘潜艇抵达港口。12月27日，另外两艘潜艇抵达。12月28日，又一艘抵达。最后，"U-124"号潜艇也在29日到达。除了在"亚特兰蒂斯"号上航行的10.2万英里外，罗格和幸存船员还坐着救生船和小艇漂了1000英里，在营救他们的拥挤不堪的潜艇里航行了5000英里。

成功与失败

戈培尔与其宣传部要拿罗格的功绩大做文章，这一点都不显得奇怪。后来，"鸬鹚"号辅助巡洋舰也因为在澳大利亚西北海岸击沉澳大利亚海军"悉尼"号巡洋舰而被媒体铺天盖地地报道。

1941年11月19日，"鸬鹚"号经过一番苦战之后，给对手以毁灭性打击，它不断击中对方的舰桥和两个前炮塔，最后用鱼雷击沉了对手。"悉尼"号发生爆炸，舰员无一生还。"鸬鹚"号自身也遭受到了严重损坏，船员不得不弃船。在二战余下的岁月，"鸬鹚"号获救的船员都被囚禁在澳大利亚战俘营。"雷神托尔"号则相对成功一点，首次出航执行任务，就造成两艘英国武装商船失去战斗力，还击沉另一艘。但第二次航行时就没有那么幸运了。1942年10月10日，"雷神托尔"号停靠在日本横滨港进行补给燃料和整修。一个火花碰巧造成停泊在一旁的油船失火，引发毁灭性爆炸，摧毁了"雷神托尔"号和那艘油船。

"鸬鹚"号

级别：辅助巡洋舰

排水量：19900吨（满载）

长度：515英尺（157米）

宽度：66英尺（20.1米）

航速：18节

火力装备：6门150毫米口径火炮；2门37毫米口径反坦克炮；5门20毫米口径防空炮

乘员：400人

"鸬鹚"号的排水量为19900吨，最大航速18至19节。它是二战期间纳粹德国海军列装的最大辅助巡洋舰，最出名的行动是最后那次。1941年11月，它在西澳大利亚海岸外击沉澳大利亚海军"悉尼"号轻型巡洋舰，但自己也在战斗中受到严重损坏，最终被迫自沉。"悉尼"号全体舰员命丧海底。

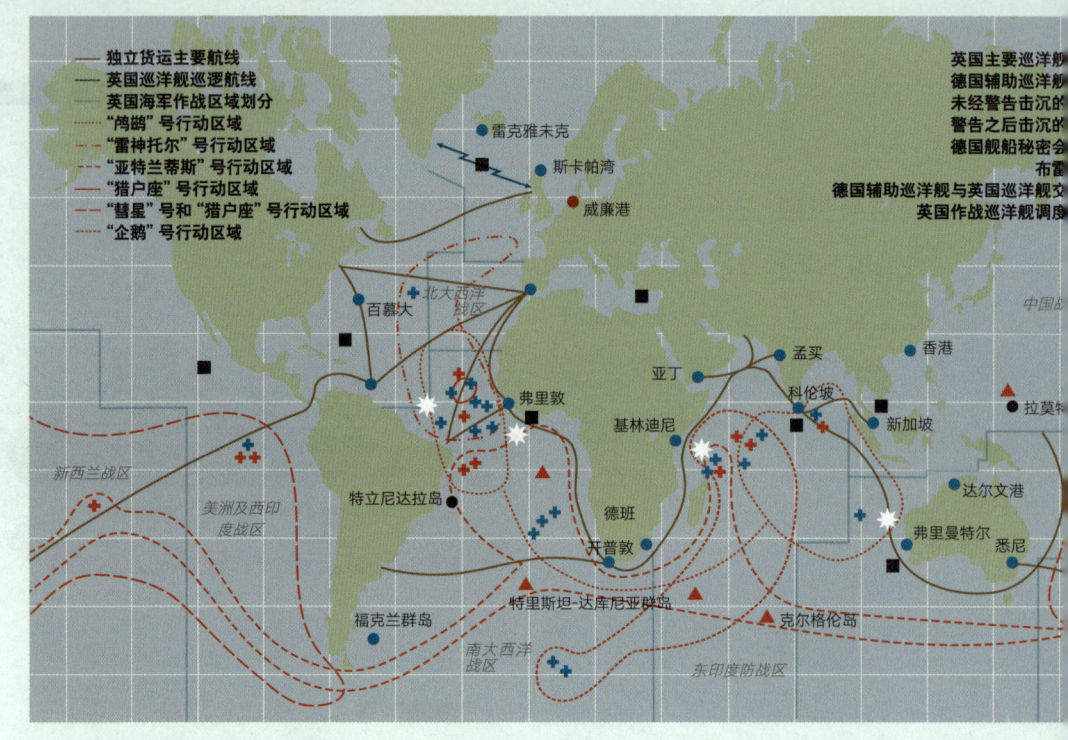

辅助巡洋舰海上作战图

二战期间，纳粹德国海军一共部署了9艘辅助巡洋舰，这些水面武装劫掠船成功击沉和俘获了142艘舰船，总吨位超过87万吨。这些船只在海上总航行时间达3769天。这幅地图展示了辅助巡洋舰在广阔作战区域的行动轨迹，以及盟军为了追踪、摧毁它们而被迫采取的反制措施。这些武装劫掠船的策略很简单：尽可能长地待在海上，尽可能多地破坏海上交通线，尽可能少地跟强大的敌军战舰交火。它们的船员都是精心挑选的志愿者。

到这个阶段，辅助巡洋舰在战争中的运气越来越背。1942年3月，"金牛座"号成为最后一艘成功进入比斯开湾的辅助巡洋舰。12月，"科堡"号的改装项目被取消；接着在1月，"科罗内尔"号被召回。最后，只剩"米歇尔"号在日本附近海域执行任务，但没有一艘补给船为它提供支持。辅助巡洋舰的战斗实际上已经结束。

第 15 章
偷袭珍珠港

1941 年 12 月 7 日拂晓时分，在珍珠港锚地停泊的美国太平洋舰队开始忙碌的周日例行工作。一声长口哨吹响，午前班人员的早餐开饭，等待换班的人在甲板上下各岗位上忙着做交班准备。舰队 70 艘军舰和 24 艘辅助船只中，只有一艘驱逐舰处于行驶状态。

就在天色渐亮之际，珍珠港的宁静瞬间被打破。大批身份不明的飞机突然布满天空，没人知道它们从何而来。几乎没有一个人认出来是日本飞机；大部分人以为它们正在参与某种形式的模拟攻击。袭击真正开始几分钟后，在现场的海军航空兵部队高级军官帕特里克·贝林杰 (Patrick Bellinger) 少将才发出第一条无线电警报。电报内容很简洁："珍珠港遭空袭！这不是演习！"

出其不意

在夏威夷的美国人做梦也没想到会被偷袭，尽管太平洋舰队总司令赫斯本德·爱德华·金梅尔 (Husband E. Kimmel) 上将早在 11 月 27 日就从华盛顿的海军作战部长哈罗德·雷恩斯福德·斯塔克 (Harold R. Stark) 上将那里收到"战争预警"。电报告诉金梅尔做好应对"未来几天日本做出进攻性举动"的准备。第二天，斯塔克紧接着发来第二份电报，警告他们"战争随时可能爆发"。

如果替金梅尔说句公道话，其实斯塔克自己也认为，珍珠港和夏威夷不是日本袭击的目标。这位海军作战部长反倒预计日本人要去进攻"菲律宾、泰国克拉半岛（连接马来半岛和亚细亚大陆的狭长海峡）或者婆罗洲"。另外，斯塔克特意地告诫金梅尔，不要"采取任何进攻性行动，除非日本公然挑衅"。他最想批准金梅尔去做的是"完成防御部署，准备实施原定作战计划"。

但他们的对手日本却真的是野心勃勃。东京已经下定决心，如果11月底前还没有与美国就取消美对日石油禁运达成外交协议的话，日本将在12月1日后迅速对遍布在亚太地区的美国、英国、荷兰的众多

1941年12月，南云忠一海军中将指挥航母舰队发动对珍珠港的突袭。他虽然不是海军航空作战专家，但是他取得的成功进一步提升了原本就很高的声望。后来率领航母舰队从太平洋到印度洋多次发起突袭，让其声望更上一层楼。然而在中途岛海战和瓜岛战役遭遇失败后，他被打入冷宫，最后沦落到指挥马里亚纳群岛一支小型舰队的地步。在没有抵挡住美国人的进攻而导致塞班岛失守后，他以日本武士的方式自杀。

战略要地发起攻击。

日本打算利用航母舰载机发起偷袭，摧毁驻扎在珍珠港的太平洋舰队。与此同时，从中国台湾机场起飞的其他日本飞机去轰炸吕宋岛上的美国机场，从而拉开日本全面入侵菲律宾的序幕。日本还将进攻并占领关岛、威克岛、吉尔伯特群岛和中国香港。

最后，日军将在泰国和马来西亚北部着陆，沿马来亚半岛一路南下，清除英国在新加坡的海军和空军基地。如果前面这几步走得顺畅，新几内亚、婆罗洲、荷属东印度和缅甸也将被侵占。这些行动的目的就是建立日本人自我吹嘘的"大东亚共荣圈"。

"虎！虎！虎！"

11月26日，在南云忠一中将的指挥下，由六艘日本一流航母组成的珍珠港行动特混舰队，在两艘战列舰、两艘重型巡洋舰、一艘轻型巡洋舰、九艘驱逐舰和三艘前沿侦察潜艇的护卫下，从千岛群岛的单冠湾出发。

为了减少被美国侦察机巡逻发现的概率，他们特意取道距离较长的北线，前往夏威夷。在波涛汹涌的海上航行时，舰队实施灯火管制，严格保持无线电静默。当他们抵达夏威夷正北200英里左右的攻击发起点时，舰队收到东京的一封十分简洁的密电。上面就一句话"攀登新高峰"（新高山登れ），这是下令攻击的暗号。

12月7日早晨6:00，参与第一波进攻的鱼雷轰炸机、俯冲轰炸机、高空轰炸机和战斗机开始起飞。70分钟后，第二波战机出发。飞到夏威夷大约需要1个小时50分钟，期间飞行员通过调整频率收听火奴鲁鲁（即檀香山）电台节目来确定他们的位置。上午7:49，第一波打击开始。四分钟后，炸弹与鱼雷如雨点似的铺天盖地，倾泻下来，渊田美津雄（Mitsuo Fuchida）中佐向航母编队和焦急等待的源田实（Minoru Genda）大佐发回密电"虎、虎、虎！"，日本的攻击计划正是由源田实和他制订的。密电证实突袭取得了彻底成功。

美国人原本也是有机会的。攻击前一晚，两艘负责巡逻的美国驱逐舰就在港口外击沉了两艘身份不明的小型潜艇，但他们

突袭珍珠港前一天，"加贺"号轰炸机群指挥官北岛一郎（Ichiro Kitajima）中尉向空勤人员详细地传达攻击计划。飞行甲板上是用粉笔画的珍珠港简图和飞机作战计划。空中打击力量由353架飞机组成，包括40架鱼雷轰炸机、103架水平轰炸机、131架俯冲轰炸机和79架战斗机。参与进攻的4艘日本航母的支援舰艇包括2艘战列舰、2艘重型巡洋舰、35艘潜艇、2艘轻型巡洋舰、9艘油船和11艘驱逐舰。

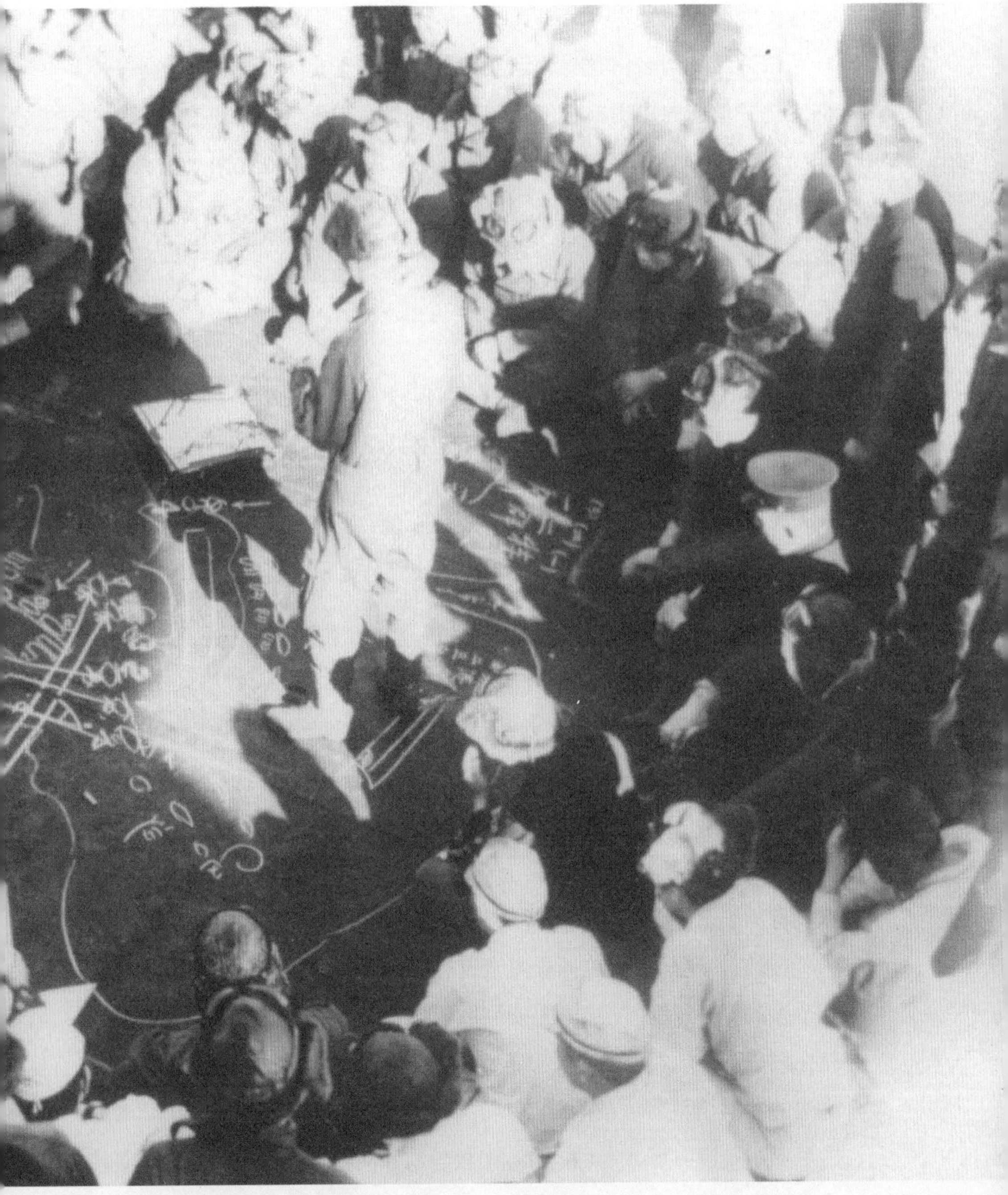

没有向舰队发出警告。第二天一大早，位于瓦胡岛北端奥帕纳山岗上陆军雷达站的两名雷达操作新兵，侦测到从正北 130 英里外飞来一大群飞机。他们向中尉报告了该情报，但长官告诉他们不必在意，那些是当天早上预计从陆地飞来的美国 B-17 轰炸机。他让两个新兵遵守程序，按预定计划关掉电台。日本人如入无人之境，继续飞完攻击前的最后一程。

血洗战列舰

随着日本海军航空兵飞行员发起进攻，他们在鹿儿岛数周的模拟投弹和飞行训练终于得到了回报。在战斗机和高空轰炸机离开编队去压制惠勒岛、希卡姆和卡内奥赫的机场的同时，鱼雷轰炸机和俯冲轰炸机飞向"战列舰大街"，那是沿着福特岛东南海岸停泊的一排战列舰，隔着主航道与美国海军船坞相距仅仅数百米。锚位上一共停泊了七艘战列舰，一部分单独停泊，其他的两两相邻，太平洋舰队的旗舰"宾夕法尼亚"号紧邻 1 号干船坞。

在攻击开始后一分钟之内，"亚利桑那"号就几乎被鱼雷和炸弹撕裂。舰艏弹药舱被一枚炸弹穿透后，海水灌进舱内，由此产生的爆炸摧毁了半个舰体，熊熊燃烧的黑红色烟柱直冲云霄。"亚利桑那"号沉入海底的速度太快，以至于成百上千的水兵困在甲板下，一点逃生的机会都没有。舰上有 1400 名军官和水兵，最后 1103 人罹难。

"俄克拉荷马"号也同样完全没有机会还手。三枚鱼雷在舰上炸开几个大洞，导致舰体迅速发生 30 度倾侧，随后两枚鱼雷彻底将它报销。就在舰员艰难地在舷侧攀爬准备弃舰时，它开始缓缓地倾覆。而停靠在旁边的"马里兰"号被两枚炸弹击中后，只受到了轻微的损坏。"西弗吉尼亚"号没有那么走运，被六七枚鱼雷和两枚炸弹击中后，船体直接发生 28 度倾侧。然而舰上的舰员通过往一侧注水来抵消另一侧灌进的水,想方设法把舰体倾斜度降到 15 度。这意味着它最终几乎是竖直地沉在港口底部的。

"田纳西"号被炸弹击中后,军官住舱失火,艉部毁坏很严重,但坚持战斗到了第二天。"加利福尼亚"号被鱼雷击中两次,用了三四天时间才沉到港口底部,最后主桅和主炮塔前部都露在海面上。"内华达"号被鱼雷击中了一次,是唯一一艘能够开动驶离的战列舰,最终在医疗船附近搁浅。"宾夕法尼亚"号只被一枚炸弹击中,损毁得不严重,这可能是因为它停在了干船坞。

悲惨的故事并没有就此结束。舰队其余的舰船也被打得落花流水,包括二艘重型巡洋舰、六艘轻型巡洋舰、29 艘驱逐舰、三艘水上飞机勤务船、10 艘扫雷舰、九艘布雷舰、五艘潜艇和其他辅助舰艇。其中三艘轻型巡洋舰损毁程度不算严重,但三艘驱逐舰受到重创。飞机的损失也令人震惊。总共有 180 架飞机被毁、159 架飞机严重损毁,仅剩 43 架还可以作战。很多飞机并排停放在跑道上,只能无助地在地上任由宰割。日本的损失很小,只有 29 架飞机被击落。

失踪的航母

到目前为止,一切都按照计划进行。实际上,日本人做梦也没有想到攻击竟然如此成功。然而就在此时,形势开始不对劲了。渊田和源田敦促南云按预定计划发起第三波攻击。然而谨小慎微的南云在草鹿龙之介(Ruyunosuke Kusaka)少将的支持下,决定停止攻击,他的这位参谋长从一开始就反对整个偷袭行动。

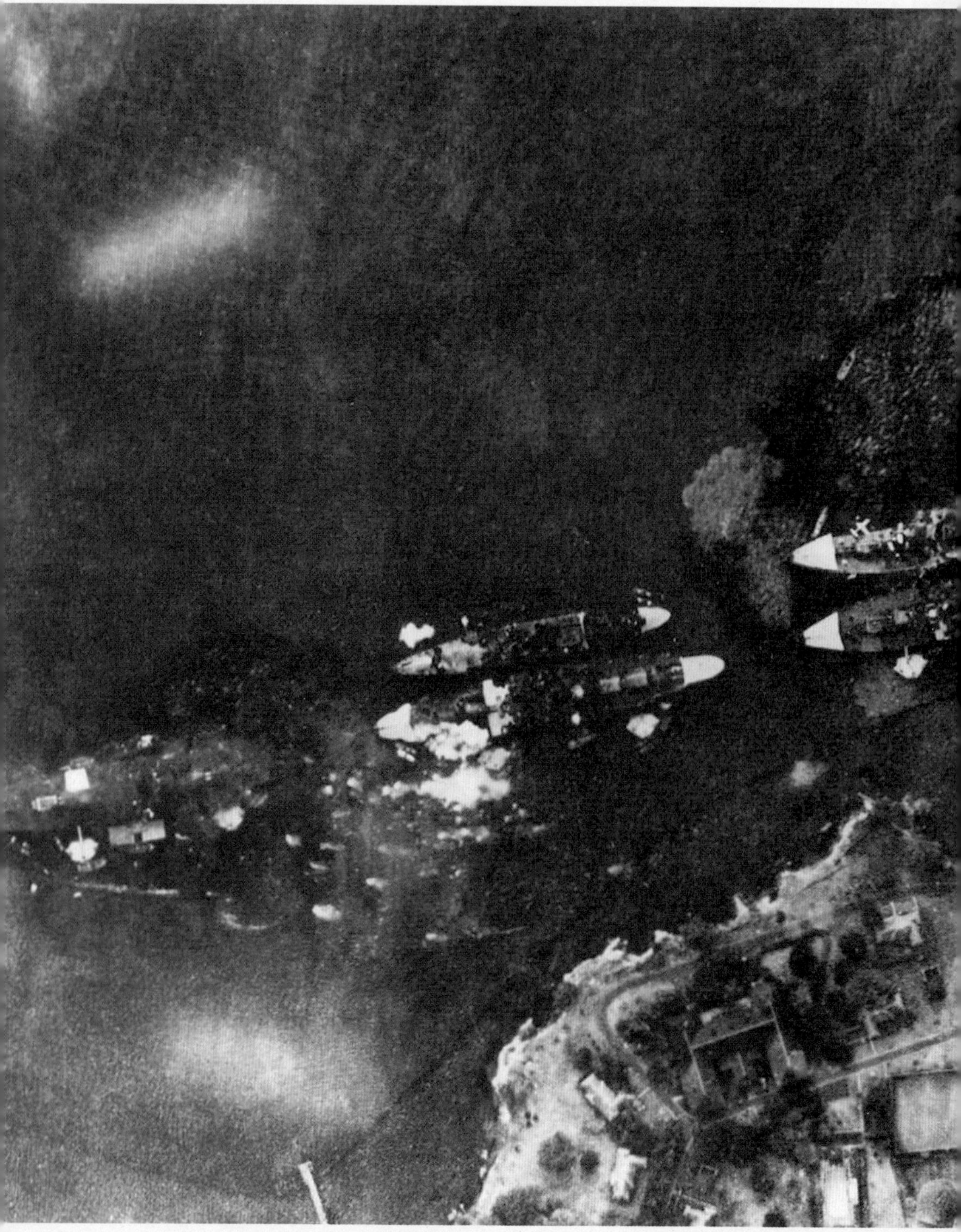

这张福特岛"战列舰大街"的航空照片是偷袭珍珠港刚开始时从一架日本轰炸机上拍摄的。从左至右依次为"内华达"号、"亚利桑那"号和外侧的"维斯塔尔"号、"田纳西"号和外侧的"西弗吉尼亚"号、"马里兰"号和外侧的"俄克拉荷马"号。照片最右边能够看到"尼奥肖"号的一部分;"亚利桑那"号被一颗炸弹击中舰艉;"西弗吉尼亚"号和"俄克拉荷马"号被鱼雷击中数次,燃油喷涌而出,正在向左舷倾侧;"内华达"号外表看起来没有什么损坏的迹象,但已经被鱼雷击中。

偷袭珍珠港示意图

上午7:53，参与第一波攻击的51架俯冲轰炸机、40架鱼雷飞机、50架高空轰炸机和43架战斗机抵达目标上空。1小时15分钟后，第二波战机从南云所在的航母起飞。第一波次打击目标是美国人的机场和停泊在珍珠港的战列舰，第二波次是其他舰船和船厂设施，但没能轰炸太平洋舰队储备燃料的油库。太平洋舰队拥有三艘航母，其中"列克星敦"号和"企业"号因出海而躲过一劫，"萨拉托加"号在圣迭戈进行修理。南云取消原定第三波攻击的原因之一就是航母不在港内。

　　源田恳求南云下令，但无济于事。源田指出，日本确实取得了成功，但主要攻击目标依然完好无损。他认为至少先找到并攻击"企业"号和"列克星敦"号这两艘太平洋舰队可以参战的航母（"萨拉托加"号航母当时正在圣迭戈船坞接受检修），最好能击沉，然后日本航母再离开这个区域也不迟。日本人原本预计这些航母都跟舰队其他舰艇一起在珍珠港，但临近突袭时，金梅尔派它们出海向威克岛和中途岛运送增援的战机。日本人开始袭击时，他们正在返回珍珠港的途中。

　　南云没有改变心意。他不清楚美国航母的位置，担心自己先被他们锁定并攻击。他命令特混舰队返回基地，全速向马绍尔群岛驶去。第二天，南云派遣"苍龙"号和"飞龙"号两艘航母，"利根"号和"筑摩"号重型巡洋舰，以及"浦风"号和"谷风"号驱逐舰去支援威克岛进攻舰队。特混舰队其余军舰返回位于日本濑户内海的基地。

寻找替罪羊

珍珠港事件发生后,美军立刻找到替罪羊。金梅尔和负责瓦胡岛陆上防御的沃尔特·肖特(Walter Short)中将都被毫不客气地解除了指挥权。两人从此再无机会重返现役。太平洋舰队二号人物威廉·派伊(William S. Pye)上将接替了金梅尔的位置,直到12月24日,他又被刚刚抵达夏威夷的海军上将切斯特·尼米兹(Chester W. Nimitz)取代。

事实证明,尼米兹的到来正是士气低落的太平洋舰队所需要的。他虽然承认日本明显打了一场大胜仗,但同时也认为,日本人犯了三个重大失误。第一个就是突袭选在周日早上,这个时间舰队十分之九的官兵都上岸休假了。如果全员在位的舰队被引到海上击沉,美国人失去的可能就不是3800人了,而是38000人。第二个失误是未能摧毁"战列舰大街"对面的干船坞和修理所。这些地方一旦遇袭,那么受损的每艘舰船都必须拖回加利福尼亚修理。第三是日本人没有

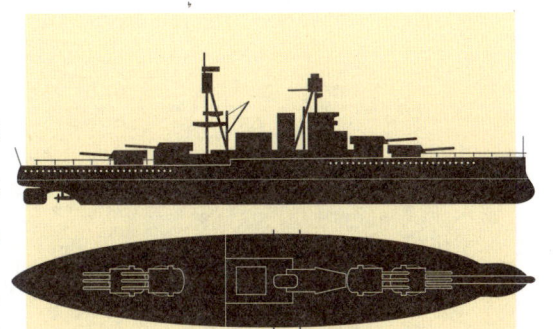

"亚利桑那"号

级别: "宾夕法尼亚"级战列舰
排水量: 32567吨(满载)
长度: 608英尺(185.3米)
宽度: 97英尺(29.6米)
吃水: 28英尺(8.5米)
航速: 21节
火力装备: 4座3联装12门355毫米口径火炮;18门127毫米口径火炮;8门7毫米口径高射炮
乘员: 2290人

1915年,"亚利桑那"号和姊妹舰"宾夕法尼亚"号下水,跻身世界最强战列舰之列。"亚利桑那"号在两次世界大战之间接受了现代化改造。作为上一代"内华达"级战列舰的升级版,它们因为是美国最早放弃传统垂直三胀式蒸汽机,代之以更经济的蒸汽轮机的两艘战列舰而引人令人瞩目。两舰还采用了四引擎、四螺旋桨布局,这在日后成为美国所有战列舰的标配。

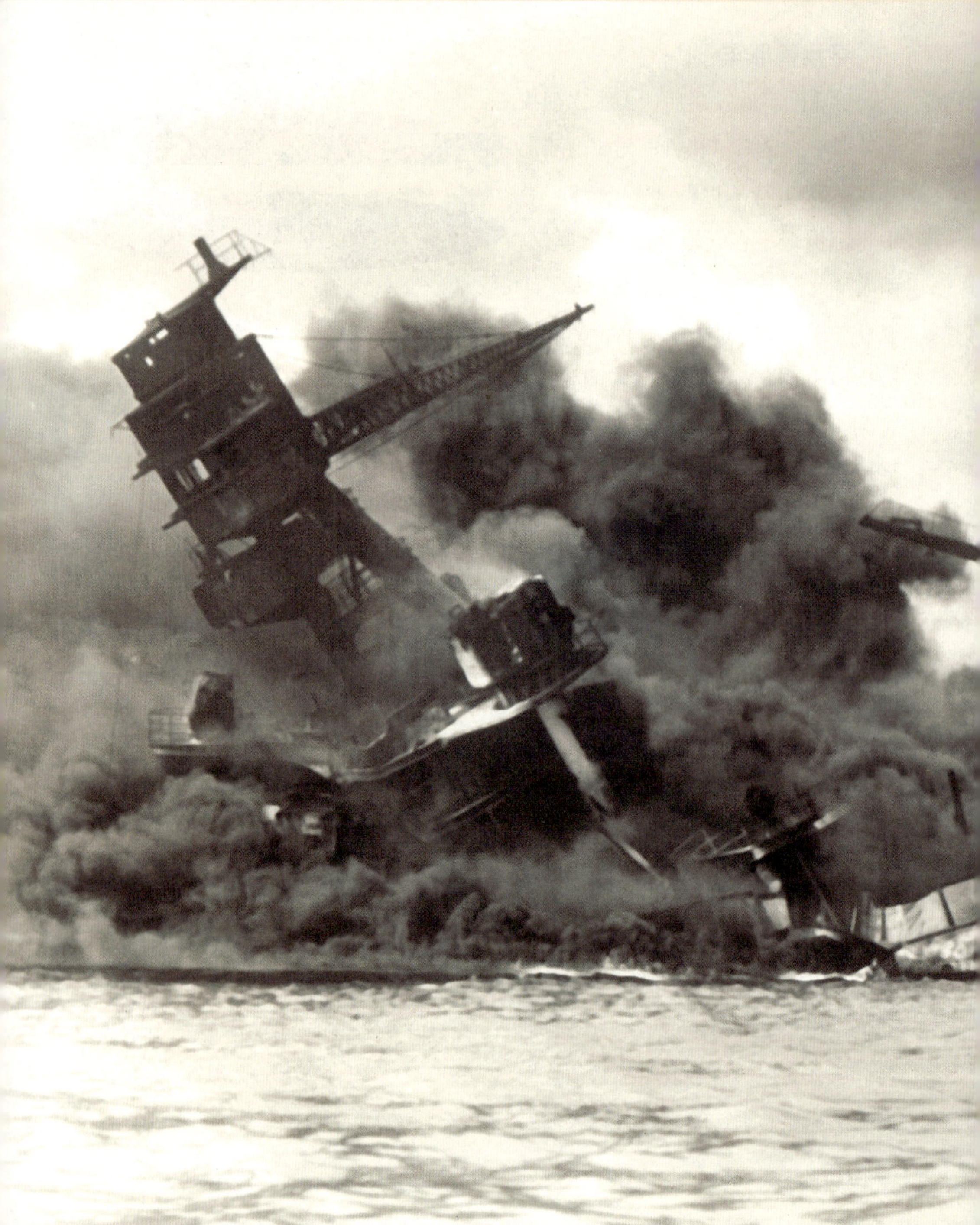

把珍珠港的燃油库当作轰炸目标。这些油库装满了燃料,并且位于很容易轰炸的位置。如果日本炸了油库,太平洋舰队几个月之内都将无法行动。

最终,时间证明尼米兹是正确的。接下来的几个月,日本人尽管变得越来越强——他们征服菲律宾;从英国人手里夺取中国香港、马来半岛和新加坡;席卷荷属东印度群岛印度尼西亚,突袭印度洋——但因此很快就承受了"战略过度扩张"(strategic overstretch)带来的恶果,这个术语是军事历史学家巴兹尔·利德尔·哈特(Basil Liddell Hart)后来提出的。当时似乎看起来不太可能,但形势已经开始不利于日本。

"亚利桑那"号被日本人袭击后,在泊位上烧了两天,慢慢沉入海底。击中它的第二枚炸弹引起火灾,引爆了前部弹药舱。随后巨大的爆炸摧毁了舰艏,炸死了海军上将艾萨克·坎贝尔·基德(Isaac C. Kidd)和舰长富兰克林·范·瓦尔肯伯格(Franklin van Valkenburgh),他们在袭击开始时冲向了舰桥。"亚利桑那"号的损害管制军官塞缪尔·格伦·福库(Samuel G. Fuqua)少校拼尽全力控制火势,营救幸存者。尽管如此,还是有1177名船员遇难。"亚利桑那"号自己也彻底被毁。

第 16 章
Z 舰队覆灭

1941 年 12 月 7 日午夜刚过,进入 12 月 8 日,也就是日本偷袭珍珠港前的几个小时,印度军队发现三艘大型商船停泊在他们守卫的海滩外,那里距离马来半岛东北部的印尼哥达巴鲁只有六英里。几分钟后,他们遭遇炮击;不久之后,久经沙场的日本第 56 师团冲上海滩。日本入侵马来半岛的战争打响了。

很长时间以来,英国人都忌惮跟日本人作战。1938 年,在拖延多年以后,位于马来半岛南端的英国驻新加坡海军基地终于完工,刚好赶上应对这次可能发生的战事。整个工程建造得十分宏伟,包括 1006 英尺长的"国王乔治六世"干船坞和 858 英尺长的九号浮动船坞,二者都能容纳当时已经下水航行或正在进行建造的最大战列舰和航母,另一个浮动船坞用于建造检修巡洋舰、驱逐舰和小型船只。万一与日本之间爆发战争,英国打算从这里向东派出海军增援部队。基地不止能容纳这些增援舰艇,它的锚地面积达 22 平方英里(1 平方英里 =2.59 平方公里)。

战争筹划

问题在于根本派不出什么增援舰艇。1941 年年初,英国海军部决定实施一个长期计划，集结一批主力舰在印度洋上待命，在战争初露端倪时以英国远东舰队的名义派往新加坡。这支舰队计划至少由七艘战列舰或战列巡洋舰、一艘航母、10 艘巡洋舰和 24 艘驱逐舰组成。据估计，如果日军进一步侵略，这支舰队加上美国太平洋舰队，将成为一支强大的威慑力量。

至少从纸面实力看，这还是很让人满意的。但现实多少有点事与愿违。英国连一艘现代化战列舰都没派到东方。相反，英国海军部打算派遣的舰艇是"纳尔逊"号战列舰、"罗德尼"号战列舰和四艘更旧更慢的 R 级战列舰——"拉米伊"号、"决心"号、"复仇"号和"君权"号。挑选的战列巡洋舰是速度比较快的"声望"号，但也一样陈旧。更要命的是，英国海军部预估新舰队最快也要到 1942 年 3 月才能集结完毕。

迫于后续事件的压力，计划不得不搁浅。1941 年 8 月，海军部决定，只能抽调老旧的"反击"号战列巡洋舰和四艘 R 级战列舰，派往亚洲战场。英国比较现代化的战列舰都必须在大西洋保护运输船队，提防"提尔皮茨"号、"沙恩霍斯特"号和"格奈泽瑙"号战列舰发起突袭，还要在地中海牵制意大利的作战舰队。

丘吉尔介入

丘吉尔根本不愿批准海军部的计划。他需要的是尽快把他所谓的"威慑舰队"派往印度洋。"这支舰队，"他认为，"应该由数量最少但战力最强的军舰组成。"他所说的"战力最强的军舰"是指一艘"国王乔治五世"级战列舰、"反击"号或"声望"号战列巡洋舰和一艘"快速航母"。"国王乔治五世"级战列舰最初选定的是"约克公爵"号，后来换成"威尔士亲王"号。他认为，这支舰队"将能使日本丧失海上作战

"威尔士亲王"号

级别：	"国王乔治五世"级战列舰
排水量：	40000吨（满载）
长度：	700英尺（213.4米）
宽度：	103英尺（31.4米）
吃水：	31.5英尺（9.6米）
航速：	29节
火力装备：	10门355毫米口径火炮（2座4联装，1座双联装）；16门133毫米口径火炮；32门2磅高射炮；16挺12.7毫米口径高射机枪
乘员：	1612人

作为海军重整军备紧急计划的一部分，英国政府下令建造5艘"国王乔治五世"级战列舰，"威尔士亲王"号是其中第二艘。1941年3月，"威尔士亲王"号加入英国海军本土舰队后，虽然它的355毫米口径火炮还未完全正常使用，也几乎立刻受命出海迎战德国海军"俾斯麦"号战列舰。"胡德"号战列巡洋舰被击沉后，"威尔士亲王"号有幸躲过自沉的厄运，德国人并没有追击它。但当其奉命与"反击"号战列巡洋舰同赴东亚，妄图威慑日本却毫无效果时，运气就没那么好了。1941年12月，它和"反击"号试图攻击日本入侵舰队，失败后在返回新加坡军港的途中，在马来半岛外遭遇空袭双双沉入大海。

能力"。

经过反复的争论和探讨，英国海军元帅、第一海务大臣达德利·庞德（Dudley Pound）爵士妥协了。10月20日，战时内阁批准，"威尔士亲王"号和"不屈"号航母首先开到南非（"不屈"号完成海上试航后从加勒比海出发），从那儿进入印度洋与"反击"号战列巡洋舰会合。随后，三艘主力舰及其护航舰全速驶往新加坡。海军副参谋长、海军上将汤姆·菲利普斯（Tom Phillips）爵士将担任舰队司令。

丘吉尔赢了。他急切地给斯大林发电，内容如下："为了让日本消停，我们正在把最新型的战列舰'威尔士亲王'号派往印度洋，它能拦截并击沉任何一艘日本军舰，我们还要在那里集结组建一支强大的作战舰队。"罗斯福也收到类似的电报。英国首相告诉他："没什么比拥有能够拦截和击沉任何军舰的战列舰更好的了。"

Z舰队到达

12月2日，"威尔士亲王"号、

"反击"号及其护航舰抵达新加坡。"不屈"号航母因为未到而引人关注。它在加勒比海搁浅,费尽周折开到位于弗吉尼亚州诺福克的美国海军造船厂,当时还在接受修理。菲利普斯本可以让"竞技神"号航母替它出征,当时"竞技神"号正好在"威尔士亲王"号动身前往新加坡时到达南非,但他没有这么做。这可能要怪"竞技神"号速度太慢,也可能因为其只能搭载16架战机。他到底出于什么考虑才做出这样的决定已经无从考证了。

无论怎样,两艘大型主力舰马上赶到的消息还是鼓舞了新加坡驻军的士气。内阁大臣达夫·库珀(Duff Cooper)是丘吉尔三个月前派到东亚地区评估局势的,对此描述如下:"当它们('威尔士亲王'号和'反击'号)绕过曲折的海湾,驶进新加坡与大陆之间海峡的狭窄水道时,激动人心的时刻到来了,我们所有人都在海军基地等着迎接它们。它们和护航的四艘驱逐舰一分不差地准时到达。它们的到来让大家心里彻底踏实了。"

大家心气儿上来的理由很充分。这艘重达35000吨的"威尔士亲王"号是英国最新型、技术最先进的战列舰,于1939年刚刚下水,火力装备中主炮是分装在三座炮塔上的10门355毫米口径火炮,射程超过20英里,副炮是主甲板两侧分别安装的四座双联装133毫米口径火炮,每门火炮每分钟能发射18发炮弹,还有六座八联装两磅砰砰炮("威尔士亲王"号原配四座八联装共32门砰砰炮,1941年在苏格兰罗赛斯船厂进行改装,增加了两座八联装和一座四联装砰砰炮)、一门40毫米口径博福斯轻型高射炮和大量"厄利康"机关炮。总重量中仅船壳板装甲重量就至少有12500吨。一般人都认为,"威尔士亲王"号是不可能被击沉的。

"反击"号战列巡洋舰排水量为32000吨,六门381毫米口径主炮

"光辉"号航母的舰员正在引导战机在飞行甲板上降落。最初选定跟随"威尔士亲王"号和"反击"号远征新加坡的是"光辉"号航母,但它在牙买加金斯敦完成任务后搁浅,被迫驶往美国进行维修。这就造成Z舰队失去自己独立的空中掩护。因为某些原因,原本取代"光辉"号的"竞技神"号也没得到命令从南非起航加入那几艘英国主力舰,而是留在了印度洋。到"光辉"号能够起航出海时,已经太晚了。

分别安装三座炮塔上。它虽然是一战时代建造的比较陈旧的军舰,但1932年至1939年进行了彻底的现代化改造。这艘战列巡洋舰的优势在于速度,刚改造好时航速最高可达32节。它的缺点是除了防护装甲太薄之外,防空武器的质量和数量也不行,只有六门手动102毫米口径高射炮和三套砰砰炮。

起航出击

至少在表面上,菲利普斯是乐观的。他甚至不在乎自己没有独立的空中掩护,即使英国皇家空军的岸基飞机不太可能为他提供有力的空中支援,他对此也无所谓。收到日本人登陆的消息后,他决定立即出海北上,希望趁日军还在下船时,把日本人的运输舰船一窝端了。

12月8日夜幕刚刚降临，菲利普斯和他的舰队开航，以17.5节的航速一路向北在黑夜中曲折行进。天气恶劣，风急浪大，舰船上方笼罩着低矮浓厚的乌云，不时暴雨如注。但这种天气状况正是菲利普斯最想要的。他打算继续向北航行到第二天，到那时如果天气能够继续给他掩护，再掉转船头向西高速驶向暹罗湾的日军登陆区域。到那里击沉尽可能多的日本舰船之后，"威尔士亲王"号和"反击"号将向南全速驶回新加坡，沿途击退日本人从水面和空中发动的任何进攻。

到下午1:30时，英国军舰离目的地还有一半路程。然而两小时后，在菲利普斯毫无察觉的情况下，一艘日本潜艇发现了舰队，并且上浮至水面，开始跟踪他们。下午5:00，潜艇跟丢了目标。但天快黑时，日本人又找到了他们，三架日本水上飞机碰巧幸运地侦察到舰队。日机远远地躲在舰队高射炮射程之外，镇定自若地标绘出它的速度和航线，然后把情报上报给位于西贡的海军司令部。

走上不归路

就在菲利普斯到达预定位置，准备改变航线驶向日本人登陆海滩的时候，他面临一个重大的抉择。他可以继续驶入暹罗湾，那么第二天早上几乎肯定要遭到日本水面舰艇和飞机的攻击，或者他可以放弃任务。就这样，他不情愿地选择了第二个方案。他给"反击"号发电："我非常遗憾地取消了这次行动，因为日军飞机已经锁定我方位置，突袭条件已经不再具备，我们的攻击目标肯定在明早之前撤走，敌军也做好了迎战我们的充分准备。"

如果菲利普斯保持航向，驶回新加坡，他原本可以安全返回基地，但命运弄人。午夜快到之际，新加坡基地发报告诉他，日本人刚刚在新加坡以北仅180英里处的关丹登陆。他决定去实地查看一下，但舰队

"反击"号

级别：	"声望"级战列巡洋舰
排水量：	35200吨（满载）
长度：	794英尺（242米）
宽度：	89英尺（27.1米）
吃水：	29英尺（8.8米）
航速：	31节
火力装备：	3座双联装6门381毫米口径主炮；10门115毫米口径火炮；24门2磅高射炮；16门12.7毫米口径高射炮
乘员：	1309人

一战期间"反击"号尚在建造之时，人们就对其和姊妹舰"声望"号的防护装甲厚度产生了质疑。之后几年，"反击"号的装甲钢板虽然进行了加固，1934年至1936年现代化改造时也进行了其他改进，但它仍然难以抵御空中轰炸。1941年12月，日本轰炸机在马来亚海域对其发起攻击，虽然躲过几次突袭，但最终还是被5枚以上连续快速发射的鱼雷击中。无法经受如此严重的损坏，"反击"号立刻向左舷倾侧，在20分钟内沉没。

到后并没有发现日本人。"快车"号驱逐舰被派到海岸附近侦察后，报告说，"一切都像周日下雨的午后一样安静"。随后，菲利普斯又浪费了不少时间，去搜寻之前在那片海域发现的一艘小船和三艘驳船。

这几次拖延可能是导致Z舰队覆灭的关键因素。上午10:15左右，敌机再次发现舰队，一小时后，日本轰炸机和鱼雷轰炸机抵近实施攻击。第一波高空轰炸机直接扑向"反击"号，但只有一枚炸弹击中了这艘巨大的战列巡洋舰，造成轻微损伤。

魂归大海

几分钟后，第一批鱼雷轰炸机抵达战场。这波攻击的目标直指"威尔士亲王"号战列舰。它拼命地利用战术机动进行躲避，但还是有两枚鱼雷直接穿入舰艉，一枚彻底损坏了左舷外的螺旋桨轴，另一枚在船体上撕开一个大洞。

结果是灾难性的。这艘战列舰航速从25节急剧下降到15节，并以13度角向左倾侧。艉部下沉得非常厉害，

Z 舰队遇袭示意图

1941年12月8日，由"威尔士亲王"号战列舰、"反击"号战列巡洋舰和四艘护航驱逐舰组成的Z舰队从新加坡起航。Z舰队的任务是找到并摧毁日军入侵舰队，阻止它增援已经在泰国和马来半岛登陆的日军。担任行动指挥的英国海军上将汤姆·菲利普斯爵士认为，舰队已经被日军飞机发现，因此突袭机会已经失去，他决定放弃行动，返回新加坡基地。随后，他变更航线，白白浪费宝贵的时间去调查电报提到的另一处日军登陆地点。由于自身不具备任何空中掩护的能力，他抵挡不住跟踪而至的日本鱼雷轰炸机和高空轰炸机对舰队的攻击。几分钟后，他的几艘军舰就被击沉。

从这张日本人拍摄的照片可以看到，"威尔士亲王"号战列舰和"反击"号战列巡洋舰遭到了日本高空轰炸机和鱼雷轰炸机的突袭，这些轰炸机是从泰国基地一路飞到马来半岛外实施的攻击。照片前景是为两艘主力舰护航的其中一艘驱逐舰。起先"反击"号竭尽全力躲过了11枚鱼雷，最后还是被击中；"威尔士亲王"号运气没有那么好。击中它的第一枚鱼雷在舰艉爆炸，撕裂了左舷螺旋桨轴隧，大量海水涌入舱内。这次重创让其再无回天之力。舰上电力系统失灵，舰艉的所有水泵都断了电，灌进来的海水迅速导致两个发动机舱、一个锅炉舱、五金操作间和其中一个柴油发电机房停止工作。

造成甲板只比海平面高两英尺，正常应该是24英尺。在被两枚鱼雷击中后的四分钟内，大约有2400吨海水涌入舰内。结果，这艘军舰的八台发电机有五台失灵，整个军舰后半部几乎失去动力。"威尔士亲王"号绝望地在水中颠簸着前行。它的操舵电动机因为要靠电续命，现在成了一堆废铁。

　　在第一阶段战斗中，"反击"号几乎毫发无损，但现在却面临高空轰炸机和低空鱼雷轰炸机的交相轰炸。令人吃惊的是，它仍然逃脱了攻击，避开了日军向其发射的近19枚鱼雷。但之后运气就用完了。一架架飞机前仆后继地发起了最后一次致命打击。四枚鱼雷同时击中了这艘战列巡洋舰。"反击"号遭受重创，在一阵突然的剧烈震动中停了下来。舰体倾斜角度达到 40 度时，它慢慢地先从舰艉开始翻过去下沉。

这样一来，孤立无援的"威尔士亲王"号只能自己战斗了。它在"反击"号沉入海底前两分钟，被日本人用鱼雷击中了右舷四次。第一枚鱼雷直接穿过舰体在底舱爆炸，导致 18000 吨海水灌入。随后高空轰炸机发起最后一击。一枚炸弹直接炸毁最后一个正常运转的锅炉舱。"威尔士亲王"号再也无法动弹。

这艘巨大的战列舰每时每刻都在不断地往下沉，海水沿着舰艉逐渐爬升到左舷甲板。当倾斜角度突然开始加剧时，从舰桥上传来了一声命

"威尔士亲王"号战列舰的舰员爬过舷侧，奋力从这艘即将沉没的战列舰上逃脱到"快车"号驱逐舰上，"快车"号正停在旁边营救幸存者。"没有人乱冲乱跑，"一位船员回忆道，"考虑到当时的状况，大家不慌不忙地撤退的情景看上去好滑稽。"

令:"弃舰!""威尔士亲王"号开始缓慢地倾覆,最终底部完全露出。它的舰艏高高耸在空中,放弃了这场力量悬殊的较量,静静地消逝在波涛之下。菲利普斯与他的战舰一起葬身大海。

　　Z 舰队成建制地被摧毁时,菲利普斯心里的想法已经无人知晓。即便日本人已经发起了突袭,他依旧没有打破无线电沉默,发电告知新加坡自己遭遇空袭。"反击"号是自己主动发的报,舰长发电请求派来更多的驱逐舰增援,以及派"所有可用的拖船"来救援。是什么让他觉得这两件事都能做到至今仍然是一个谜。

第 17 章

海峡冲刺

1942 年 2 月 11 日晚上 9:45，"沙恩霍斯特"号和"格奈泽瑙"号战列巡洋舰与"欧根亲王"号重型巡洋舰一道起锚，缓慢地驶出法国布雷斯特港，三艘军舰从 1941 年春天就一直在这里猫着。海军中将奥托·齐利亚克斯（Otto Ciliax）所谓的"德国海军一次前所未闻的大胆行动"开始了，他担任行动总指挥。这可能是纳粹德国海军在整个二战期间最大胆的一次行动。

正如德国人取的行动代号一样，"地狱犬行动"（Operation Cerebus）真的十分大胆。行动的灵感来自希特勒自己。他沉迷于认为英国人正准备入侵挪威，这样的军事冒险如果成功的话，将夺走纳粹德国在斯堪的纳维亚的铁矿石，而那是德国战争经济赖以生存的根基，也能保护从北极通往苏联的商船运输船队。他召集海军元帅埃里希·雷德尔开会议讨论海军未来的作战计划。这次会议定于 1941 年 9 月 17 日举行。

希特勒下令突围

雷德尔到达元首的指挥部时，并没有因为前几个月失去"俾斯麦"号而灰心丧气，他准备向希特勒汇报有关在大西洋部署重型舰艇的计划。然而，那是希特勒最不想做的事。他告诉雷德尔，大西洋可以交给U型潜艇。他说，纳粹德国海军的主力部队必须沿着挪威海岸驻扎，在那里"可以帮助抵御针对挪威的外来入侵"。

当时，雷德尔为了安抚元首，同意把"提尔皮茨"号战列舰派往特隆赫姆，但希特勒再三考虑后，认为这样的让步还不够。11月29日，他强令"沙恩霍斯特"号和"格奈泽瑙"号从布雷斯特突围，沿着英吉利海峡北上，穿越多佛海峡，然后进入北海。到达母港基尔后，这些军舰就能立刻展开对挪威的防御。雷德尔反对这个行动，认为风险过大，当时盛怒之下的希特勒扔出一枚让人大跌眼镜的重磅炸弹。"如果英吉利海峡航线走不通，"他几乎叫喊着说，"那么布雷斯特的军舰必须全部退役，上面的火炮也拆掉，跟水兵一起都送到挪威。"最后他还对战列舰进行了一通无端的羞辱。"无论如何，"他冷漠地说道，"未来战争根本没有战列舰的一席之地，我甚至怀疑它们现在已经没什么用处了。"

雷德尔继续提出异议，但是徒劳无功。希特勒做出过很多著名的"不可改变的决定"，这就是其中之一。无论有多么危险，布雷斯特的德国军舰都将通过英吉利海峡返回德国基地。说也奇怪，布雷斯特作战舰队的司令奥托·齐利亚克斯中将居然跟元首的意见出奇地一致。在总结为什么要坚持实施这项行动时，希特勒告诉雷德尔："布雷斯特这群军舰就像得了癌症的病人一样，如果不接受手术，只能等死。手术可能会有点用力过猛，但可以带来一线生机，病人的命可能就保住了。沿着英吉利海峡北上航行就是这样的一次手术，所以海峡行动必须尝试。"

元首随后解释了为什么他相信"地狱犬行动"会成功。他说，一切都要靠出其不意，打英国人一个措手不及。因为这个缘故，布雷斯特的舰艇不能白天出发，而是在天黑后出港，这样就能在一开始时顺利地沿着英吉利海峡一路北上，有希望一直航行到多佛海峡才被英国人发现。

"这一点你尽可放心,"他安慰忧心忡忡的海军元帅,"根据我以前的经验,我认为英国人没有迅速制订和实施计划的本事,而这些正是调遣空军和海军部队以应对我们这场冒险行动时所必需的。"

"海峡冲刺"上演

2月4日,在三艘军舰都在伊鲁瓦斯湾完成海上试航后,齐利亚克斯向雷德尔报告,出发已经准备完毕。为了利用下次新月,出发日期定在2月11日晚。一旦"沙恩霍斯特"号、"格奈泽瑙"号、"欧根亲王"号和六艘护航驱逐舰安全绕过瑟堡半岛,由鱼雷快艇组成的另外两支小舰队就会加入它们,每支舰队包括10艘快艇。在格里内角附近,舰队要再迎来24艘鱼雷快艇,以及海军西部战区和北部战区的大量炮艇和扫雷舰,到时这支庞大舰队的舰船数将达到63艘。

这是一支强大的舰队。到黎明时分,他们已经航行了250多英里,成功绕过英国人布置的花样繁多的警戒措施,这些措施是为了在德国人企图

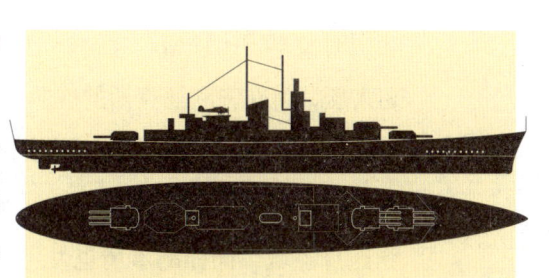

"格奈泽瑙"号

级别: "沙恩霍斯特"级战列巡洋舰
排水量: 38700吨(满载)
长度: 771英尺(235米)
宽度: 98英尺(29.9米)
吃水: 32英尺(9.8米)
航速: 31节
火力装备: 3座3联装9门280毫米口径主炮;12门150毫米口径火炮;14门105毫米口径火炮;16门37毫米口径高射炮;10门(后增至16门)20毫米口径高射炮
乘员: 1669人

1936年,"格奈泽瑙"号和姊妹舰"沙恩霍斯特"号同时下水。三年后,它们入列纳粹德国海军。这两艘军舰并肩作战,取得不少战果,但1942年春从法国沦陷区布雷斯特港出发成功穿过英吉利海峡驶回德国后,"格奈泽瑙"号好运殆尽。这艘战列巡洋舰在干船坞停泊时遭受重创,英国皇家空军投下的一枚炸弹引发了其弹药舱爆炸。德国海军参谋部虽然已经着手重建,但希特勒没有批准继续完成修复工程。它的主炮塔被拆掉,改装成海岸炮台。二战结束前,德国人让其自沉成为阻塞封锁船。

突围时及早发出预警。"海狮"号是英国海军部布置在布雷斯特外围的值班潜艇,就在齐利亚克斯的舰队出港之前,它因为要充电而不得不撤走。在布雷斯特和布雷顿半岛南端之间巡逻的英国皇家空军海岸司令部的战机发生了雷达故障,也被迫返回基地。两个小时之后,接替的飞机才赶到这片空域。同样的事情也发生在附近的另一条巡逻线路上,由于担心有雾,勒阿弗尔和布洛涅之间海域的巡逻任务提前一小时结束。

但英国的防备措施不止这些。凌晨4:00,负责守卫英吉利海峡的海军部队收到多佛指挥部的电报后,立刻进入准备战斗状态。驻扎在曼斯顿的"剑鱼"式鱼雷轰炸机机组人员做好升空准备,而停泊在哈里奇的六艘驱逐舰也已加热好锅炉,能在接到通知15分钟内起航。这是每天早

晨的例行警报，假定德国舰队出港，将在黎明前到达多佛海峡。演练之后，所有"剑鱼"式轰炸机和驱逐舰都将撤销战备状态，重回日常工作。

英吉利海峡之战

由于德军的干扰，连英国的远程雷达站也未能察觉到齐利亚克斯舰队的动作。他们的操作员开始观察到一些环形光点，但却被认为是大气干扰，或者被视为某种海空救援行动正在进行中的信号。事实上，那是德国空军战斗机正在开始集结，他们之前承诺给齐利亚克斯提高掩护。直到上午10:33，两架在海峡上空猎杀德国飞机的"喷火"式战斗机才第一次看到德国舰队。他们立即掉头返回基地，口头报告了他们看到的

照片中的"格奈泽瑙"号正在疾速航行。它和"沙恩霍斯特"号都属于当时最优雅的一批军舰，不过英国皇家空军轰炸机飞行员倒是给它们取了个嘲讽式的外号"丑姐妹"，英国人一连好几个月到布雷斯特轰炸它们，但都没有得手。

情况。这一下又浪费了不少宝贵时间，因为当时有个长期不变的规定，严禁使用无线电发送紧急警报。直到上午11:25，多佛指挥部终于收到警报，获悉英吉利海峡正在发生的事情，对即将到来的德国舰队主力的军舰做好防备。

中午时分，德国人开始驶过多佛海峡。到这个时候，他们仍然没有遇到英国海军的任何阻击。然而，下午12:18，驻扎在多佛的英国海岸炮兵开始从最大射程对他们进行断断续续的炮击。但是炮弹连舰队的边儿都没有打到。来自多佛的五艘鱼雷快艇终于赶到战场，开始发起攻击，试图突破掩护齐利亚克斯的鱼雷快艇、炮艇和驱逐舰，找准机会直接用鱼雷攻击两艘战列舰和"欧根亲王"号重型巡洋舰。可惜，他们心有余力不足，根本没有机会。面对敌人严密的炮火防护，他们只能撤退。他们冒着危险英勇发射的鱼雷全部脱靶。

现在轮到从曼斯顿飞来的英国海军航空兵六架"剑鱼"式鱼雷轰炸机登台表演了。按照部署，原本有五个"喷火"式战斗机中队为它们保驾护航，但实际上只有10架飞机赶到集结地。825中队指挥官尤金·埃斯蒙德（Eugene Esmonde）少校还是决定发起攻击。尽管被成群结队的德国空军战斗机淹没，还要面对齐利亚克斯舰队强大密集的高射炮火力网，能赶到的空中支援也就那么多，埃斯蒙德和手下飞行员还是下降到浪尖的高度，直冲目标杀去。所有六架"剑鱼"式鱼雷轰炸机在被击落之前都把鱼雷发射完了，但没有一个命中目标。五名空勤人员在海上被巡逻的鱼雷快艇救起，其余13人全部遇难。埃斯蒙德就在其中，他被追授维多利亚十字勋章。

触发水雷

德国人已经在海上超过15个小时，但到这个时候仍然毫发未损。

英国鱼雷快艇和"剑鱼"式鱼雷轰炸机发起的进攻均告失败；英国皇家空军海岸司令部和轰炸机部队司令部拼命地把有组织的忙乱变成无组织的混乱。到下午 2:20，"沙恩霍斯特"号战列巡洋舰不得不在海水中颠簸着停下。它触发了英军布下的一颗水雷。齐利亚克斯被迫转移，启用"Z-29"号驱逐舰作为新旗舰，之后"Z-29"号奋力加速才追上舰队其

海峡冲刺路线图

1942 年 2 月 11 日晚，海军中将奥托·齐利亚克斯率领德国舰队驶出布雷斯特港。到凌晨 1:30，他们以 30 节的航速行驶到阿申特岛附近海域，准备向北进入英吉利海峡。英国人坚信，没有军舰会在晚上从这条航线上通过。他们声称，德国人应该是白天出来，在夜幕降临之际到达多佛海峡，然后利用夜色掩护，安全地驶过英吉利海峡最狭窄的这一段。但事实证明，他们彻彻底底地错了。英国人也没有集结鱼雷轰炸机和护航战斗机组，做好攻击准备，而是把它们分散在各个机场。相比之下，只要天一亮，齐利亚克斯就能从天上得到 250 架纳粹德国空军一流战斗机持续提供的空中掩护。

■ "沙恩霍斯特"号、"格奈泽瑙"号和"欧根亲王"号
■ 英国皇家空军巡逻路线

1 被"喷火"式战斗机发现
2 鱼雷快艇攻击
3 "剑鱼"式鱼雷轰炸机攻击
4 "沙恩霍斯特"号触雷
5 英国皇家空军主要攻击
6 英国皇家空军主要攻击
7 "格奈泽瑙"号触雷
8 "沙恩霍斯特"号再次触雷

余舰艇。受创的"沙恩霍斯特"号战列巡洋舰落了单，舰员加紧维修在巨大爆炸中受损的螺旋桨轴。

在这个漫长的下午，英国人继续发起零星的鱼雷攻击，这次派出的是皇家空军海岸司令部"蒲福"式鱼雷轰炸机（Beauforts）。结果全部都无功而返。有些"蒲福"式鱼雷轰炸机飞行员甚至不知道他们应该轰炸什么。有些飞行员拿到的居然是几个小时之前的地图基准点。海岸司令部出战的战机总计15架。两架没有发射一枚鱼雷，四架被击落。随后，轰炸机部队司令部派飞机上阵也一样没成功。参与空袭的240架轰炸机只是三三两两地发起了零星攻击，很多战机迷路后返回了基地。

哈里奇港的驱逐舰成为英国海军压箱底的最后一招。就像埃斯蒙德一样，他们也一直希望借着夜色的掩护发起攻击。但跟他一样，他们现在也面临着白天进攻的难题。马克·派齐（Mark Pizey）上校率领"坎贝尔敦"号一马当先开始攻击"格奈泽瑙"号，"活泼"号和"伍斯特"号紧随其后。几艘驱逐舰在午后的薄雾中全速驶向目标，"格奈泽瑙"号舰员虽然迅速行动以应对眼前的威胁，但突袭效果还是达到了。"伍斯特"号受到严重损坏，大家以为它肯定要沉没了。然而舰员并没有弃船，而是让其靠着自己的动力艰难地驶回基地。其他驱逐舰不得不面对空袭。英国轰炸机竟然误炸了它们。令人尴尬的一天就这么屈辱地结束了。

终于回家

到了这个时候，德国人已经在沿着荷兰海岸向前疾驶，朝弗里西亚群岛方向通往德国领海的航道驶去。为了追上舰队其他舰艇，临时抢修过的"沙恩霍斯特"号再次全速航行。随着夜幕降临，德国空军剩余几架四处分散的掩护战机也返回了基地机场。齐利亚克斯现在要靠天气和夜幕来掩护自己了。

看起来，纳粹德国海军好像取得了一场胜利，然而之后命运又来了个意想不到的大转弯。"格奈泽瑙"号在规定航速不允许超过 10 节的海域，以 27 节的航速行驶时触发了一颗水雷。爆炸给舰艉附近的舱底造成巨大的裂缝。舰员花了 30 分钟用钢制堵漏垫给裂口打了补丁，水泵工作起来后，军舰又可以开动了。早晨 7:00，它在易北河抛锚泊船，成为齐利亚克斯舰队第一艘到家的军舰。

天快亮时，"欧根亲王"号重型巡洋舰紧随其后赶到。只有"沙恩霍斯特"号战列巡洋舰下落不明。它倒了大霉，刚过弗里西亚群岛，又撞上了第二颗水雷。这次造成的损坏严重得多，直到半夜才修好重新上路，以 12 节的航速跟跟跄跄地向前行驶，在第二天黎明时分艰难抵达威廉港。令人难以置信的"地狱犬行动"就这样结束了。

从"欧根亲王"号重型巡洋舰上拍摄的"格奈泽瑙"号正在英吉利海峡航行。在其后面航行的是"沙恩霍斯特"号。德国人为这次勇敢的海峡冲刺取名为"地狱犬行动"，它是希特勒亲自坚持实施的。元首告诉疑虑重重的海军将领，布雷斯特的军舰"就像得了癌症的人一样"。他们和癌症患者一样，唯一希望都寄托在"一次大胆的手术（行动）"上。因此，"这个行动注定要实施"。希特勒孤注一掷，认为英国人无力迅速做出回应，阻击这次冒险的行动。

第 18 章
珊瑚海海战

到1942年5月，日本在太平洋的攻势达到顶峰。在对菲律宾发动闪电战之后，日本接连占领威克岛、关岛、中国香港、泰国、婆罗洲北部、马来半岛和新加坡。经过盟军四国舰队在爪哇海的最后挣扎后，整个荷属东印度群岛被迫投降。缅甸也即将陷落。差不多在同一时间，海军中将南云指挥的世界一流航母舰队正在深入印度洋。3月25日至4月8日，他的航母舰队搭载的战机轰炸了斯里兰卡岛科伦坡和亭可马里，击沉了英国"竞技神"号航母和两艘重型巡洋舰以及总吨位约13.6万吨的运输商船。

在撤回日本海域之前的四个月里，南云特混舰队的行驶航程相当于绕行地球三分之一圈。在那段时间里，他四处出击，对珍珠港、拉包尔、安汶、达尔文、爪哇和锡兰的舰艇和岸防设施进行了毁灭性的空袭。他击沉五艘战列舰、一艘航母、两艘巡洋舰和七艘驱逐舰，击伤的主力舰更是不计其数，击沉舰队辅助船和运输商船的总吨位达到大约20万吨。他的飞行员击落成百上千架盟军飞机。而本方舰艇没有一艘因为敌人攻击而受损。

美国的反击

刚上任的美国太平洋舰队总司令尼米兹海军上将心里十分清楚，在这种危急关头必须以牙还牙。舰队的航母因为碰巧出海执行任务，在日本人袭击珍珠港时安然无恙，尼米兹正好仰仗着这些航母发动了一系列打了就跑式的空袭，希望趁日本人不备而得手。2月1日，"企业"号航母对马绍尔群岛夸贾林环礁发起突袭。接下来，"列克星敦"号航母攻击了拉包尔，然后又和"约克城"号航母一起闪击了驻扎在巴布亚岛北海岸莱城和萨拉马瓦的日本军队。

三次突袭虽然只是小打小闹，但却极大提振了太平洋舰队的士气。1942年4月18日"大黄蜂"号航母实施的东京大轰炸跟这不是一回事。当时美国海军飞机航程无法达到日本东京，所以詹姆斯·杜立特（James Doolittle）中校率领的美国陆军航空队16架B-25轰炸机改由"大黄蜂"号航母起飞。他们正午到达东京，攻击虽然只是造成一些面上的损失，但确实打了日本人一个措手不及。这

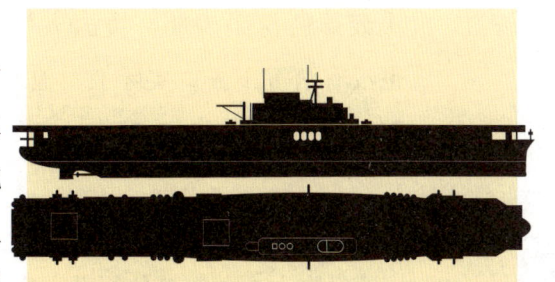

"大黄蜂"号

级别： "约克城"级航母
排水量： 29282吨（满载）
长度： 827英尺5英寸（252米）
宽度： 114英尺（34.7米）
吃水： 28英尺（8.5米）
航速： 22节
舰载战机： 90架
火力装备： 8门127毫米口径高平两用炮；16门28毫米口径高射炮；30门20毫米口径机关炮
乘员： 2919人

"大黄蜂"号、"企业"号和"约克城"号是美国海军列装的三艘"约克城"级航母。三者之中，"大黄蜂"号建造得最晚，1940年12月才下水。它比另外二艘外型稍微大一些，飞行甲板进行了扩展。1942年4月它被选作实施著名的"杜立特空袭"的母舰，部分原因可能就在于此。1个月之后，它参加了中途岛海战和所罗门战役。1942年10月27日，"大黄蜂"号航母在圣克鲁斯附近海域被鱼雷多次击中后沉没。

次轰炸的得手表明，美国人没有被打趴下，也没有消沉下去。实际上，他们做好了准备，随时准备反击。

日本的反应

日本大本营在最佳行动方案上产生了意见分歧。海军大将山本五十六和海军军令部认为，应该毕其功于一役，举全日本海军之力彻底铲除美国太平洋舰队。这个目标如能实现，日本将赢得巩固外围防御区域的时间。他们认为，如果能做到这一点，美国人最终将不愿再费力发动一场徒劳无功的战争，进而回到谈判桌上议和，日本人将成为太平洋真正的主宰者。

然而，日本陆军将领们并不这么想。他们敦促海军抽调一部分作战力量，为西南太平洋的地面作战提供支援。日本陆军即将在那里完成两大作战目标，一个是攻占新几内亚岛东南

从"大黄蜂"号航母的舰岛中央朝舰艉望去，飞行甲板上整齐停放着16架B-25B轰炸机，它们被选中执行"杜立特空袭"任务。从左舷看到的远处正在航行的是"纳什维尔"号轻型巡洋舰，是护航舰之一。左边的轰炸机正在预热发动机，这是航行途中需要定期做的。当时尽管狂风大作，暴雨如注，浪涛汹涌，飞行甲板颠簸得很严重，但所有"米切尔"轰炸机都从"大黄蜂"号成功起飞。

第18章 珊瑚海海战

海岸的莫尔兹比港,另一个是占领所罗门群岛南部的图拉吉。陆军认为控制莫尔兹比港尤其重要,这样日本战机的航程就能达到澳大利亚北部。最终,它将成为入侵澳大利亚的跳板。

最初,山本五十六拒绝了日本陆军的要求,他支持对太平洋中部的美国太平洋舰队发起他自认为的致命一击。整个战役将从攻击中途岛开始,同时对荷兰港发起佯攻以吸引注意力,并占领阿留申群岛南部的基斯卡和阿图。陆军进行了反击,他们辩称,如果他们的两栖作战和地面作战看起来能成功的话,美国人肯定要派舰队介入该地区。山本正好可以顺势在那儿实施他的决定性行动,结果跟在中途岛是一样的。山本大将不得已妥协了。但他随后决定同时推进两个计划。

珊瑚海海战

山本命令三支特混舰队进入珊瑚海执行他的计划。第一支舰队在海军少将志摩清英(Kiyohide Shima)的指挥下直指所罗门群岛的图拉吉,而第二支舰队往南驶向了莫尔兹比港。由海军中将高木武雄(Takeo Takagi)率领的航空舰队受命对可能赶来参加战斗的美国军舰发起强攻,他的这支舰队包括刚在珍珠港取得大捷的"翔鹤"号和"瑞鹤"号航母、两艘重型巡洋舰和六艘驱逐舰。

如果不是因为一个关键因素,这个计划原本就要成功了,而且山本和其他海军将领对此也全然不知。原来珍珠港基地的美国海军密码学家已经成功破译了日本海军的通信密码。通过破译截获的无线电报,尼米兹对日本人的意图了如指掌,及时调派了"约克城"号和"列克星敦"号航母赶往珊瑚海,保护莫尔兹比港。

5月1日,日本人没遭遇什么抵抗,不费吹灰之力就拿下图拉吉,第一计成功得逞。第二天,美国人做出反应,"约克城"号向该岛发起三波进攻，击沉一艘驱逐舰和五艘商船。然后它向南航行，与"列克星敦"号会合。在随后两天，日本和美国的航母彼此互相寻找，但没有成功，有一次它们之间只距离 70 英里。不过，双方战机确实都锁定了对方的一些附属舰艇。日本人摧毁了美国舰队的"尼奥肖"号油船，并击沉了护航的"西姆斯"号驱逐舰。美国战机发现并击沉了"祥凤"号轻

海空对抗示意图

日本和美国的航母在珊瑚海大战四天后，陷入战术僵持，但美国实际在战略上已经取胜。这张地图描绘了海空对抗的过程（战斗完全在航母之间展开，没有其他舰船参与作战）。战斗结束时，美国"列克星敦"号航母沉没，"约克城"号航母受损。日本"祥凤"号轻型航母沉没，王牌"翔鹤"号航母严重受损。战机损耗上，美国 66 架对日本 70 架。这就意味着，日本人无法再为他们计划运送到新几内亚莫尔兹比港进行登陆作战的部队提供空中掩护，行动只能取消。

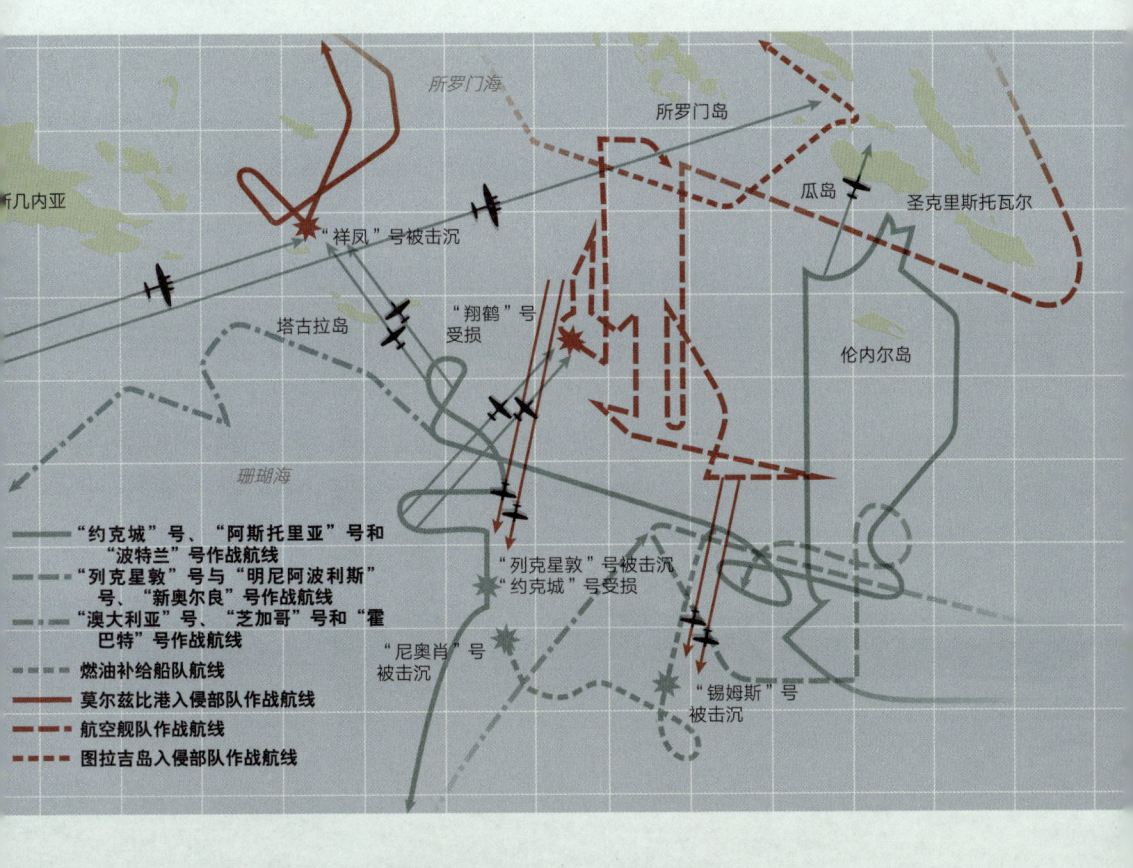

型航母，当时它正在为莫尔兹比港的日本特混舰队提供掩护。舰上大约有 800 名舰员，最后只有 255 人幸存。

5 月 8 日清晨，两支航母舰队终于找到了对方。"约克城"号的战机先发制人，对"翔鹤"号发起空袭。"瑞鹤"号航母在突如其来的暴风雨掩护下安全脱身。接着从"列克星敦"号起飞的战机也抵达战场，对"翔鹤"号展开轰炸，迫使它撤回母港进行维修。与此同时，日本人也袭击了两艘美国航母。"约克城"号被一枚重达 750 磅的炸弹击中飞

照片中美国海军"列克星顿"号航母正在燃烧，它在珊瑚海海战中被日本舰载轰炸机击中后无法航行。当时艇上油桶破裂，挥发出的高度易燃航空汽油蒸汽导致舱内发生一连串大爆炸，引燃了一场根本无法控制的大火。舰员丢下这艘绰号为"列克夫人"的航母而去，为了避免被敌人俘获，最终只能让一艘护航驱逐舰用鱼雷将之击沉。

行甲板，但成功躲避了朝它发射的三枚鱼雷。"列克星敦"号就没那么幸运了，它被两枚鱼雷击中了右舷，还被两枚炸弹打中。当舰体开始倾侧时，舰员们正忙着扑灭船上的火灾。突然之间，整个航母被两次巨大的内部爆炸震得猛烈地摇动，爆炸是由火花引起的，这些火花点燃了从破裂的航空燃油桶里散发出来的油气。艇员们不得不放弃这艘航母。为了避免损坏的军舰落入敌手，其中一艘参与护航的驱逐舰"菲尔普斯"号向它发射了鱼雷，当天晚上"列克星敦"号沉入大海。

如果单从击沉敌方军舰的数量来论，日本人的确在战术层面上获得了胜利。但从战略上说，他们遭遇了首次失败。在整个行动指挥过程中，海军中将井上成美（Shigeyoshi Inoue）决定，鉴于缺乏明显的空中优势，他不能冒险在莫尔兹比港登陆。他命令准备入侵的特混舰队返回拉包尔。这次海战也影响了山本为中途岛海战所做的准备工作。"翔鹤"号花了两个月才维修好遭受的损坏，而"瑞鹤"号在交战中损失了大量战机。结果，两艘航母都错过了6月初的大战。

第 19 章
中途岛海战

早在珊瑚海海战开打之前，山本五十六就在准备针对驻扎在太平洋中部中途岛的美国舰队发动一场决定性打击。他充满信心地认为，这场战役将彻底消灭美国太平洋舰队余下力量，日本终将取得太平洋战争的胜利。

日本海军几乎所有部队将参与这次作战。整个行动由海军中将细萱戊子郎（Moshito Hosogaya）的"北方舰队"（Northern Area Force）打响，这支由"龙骧"号和"隼鹰"号两艘轻型航母、两艘重型巡洋舰、一个护航驱逐舰编队和四艘运兵船组成的舰队将对阿留申群岛发起攻击，从而转移美国人的注意力。第二舰队司令长官近藤信竹（Moshito Hosogaya）中将指挥的中途岛攻略部队搭乘 15 艘部队运输船，在"瑞凤"号轻型航母、两艘战列舰、八艘重型巡洋舰、九艘驱逐舰和大量扫雷舰的护航下，将从马里亚纳群岛航行至中途岛，与山本大将亲自率领的主力舰队会合。南云忠一中将指挥的第 1 航空舰队将先于山本出发，前往中途岛提供空中支援。他手下有"赤城"号、"飞龙"号、"苍龙"号和"加贺"号四艘舰队航母，"雾岛"号和"榛名"号两艘战列舰，三艘巡洋舰以及 12 艘驱逐舰。最后，在珍珠港和中途岛之间间隔部署

16 艘潜艇，准备侦察和攻击离港出海的美国海军舰船。

这是一支强大的舰队。山本总共投入 200 艘舰艇，主要包括 11 艘战列舰、8 艘航母、22 艘巡洋舰、65 艘驱逐舰和 20 艘潜艇。"大和"号和"武藏"号两艘战列舰尤其引人注目。满载时，这两艘战列舰的排水量都能达到 72908 吨。作为世界上最大、最现代化的战列舰，它们的主炮是 9 门 457 毫米口径火炮，最大射程达 22.5 英里，航速达到 27.5 节。

尼米兹收到预警

尼米兹能派上阵的只有他的两支航母特遣舰队。弗兰克·弗莱彻（Frank Fletcher）少将指挥的第 17 特遣舰队由"约克城"号航母、两艘重型巡洋舰和六艘驱逐舰组成，在珊瑚海海战被炸弹损坏的"约克城"号只用了很短时间就在珍珠港维修完毕，创造了航母修复的世界最快纪录。雷蒙德·斯普鲁恩斯（Raymond Spruance）少将刚刚接替生病住院的威廉·"蛮牛"·哈尔西（William 'Bull' Halsey）中将担任第 16 特遣舰队司令，指挥"企业"号航母、"大黄蜂"号航母、六艘巡洋舰和 11 艘驱逐舰。

尼米兹清楚山本即将再次发动进攻，但不知道他会在何时何地出手。这位太平洋舰队总司令想尽办法预测日本人的下一步行动。他犯不起错误，万一估算有误，就可能造成灾难性后果。幸运的是，他还留了一张王牌没有出手。约瑟夫·罗切福特（Joseph Rochefort）中校几个月来一直带领着珍珠港的破译专家耐心工作，努力破译日本海军使用的主要作战密码。1942 年 6 月，他们终于成功。更为重要的是，他们很有把握地确定，中途岛就是山本的下一个目标。这为尼米兹争取到了宝贵的时间，让他从容地把两支航母特遣舰队部署在中途岛东北方向，准备

"约克城"号

级别："约克城"级航母

排水量：25000吨（满载）

长度：761英尺（232米）

宽度：83英尺（25.3米）

吃水：28英尺（8.5米）

航速：33节

舰载战机：81—90架

火力装备：8门127毫米口径高平两用炮；16门40毫米口径高射炮；24门20毫米口径防空炮

乘员：2919人

珊瑚海海战是"约克城"号航母在太平洋参加的第一战，此役它发挥了至关重要的作用。战斗过程中"约克城"号受到损坏，但经过珍珠港海军造船厂的巨大努力，修复工作及时完成，赶上了中途岛海战。在中途岛海战中，"约克城"号的舰载机击沉了日本的"苍龙"号航母，但随后自身也受到日本俯冲轰炸机重创。一枚炸弹炸坏了锅炉，导致它在水中无法再动弹。动力尽管最终得到恢复，但"飞龙"号起飞的鱼雷轰炸机紧接着发动了第二波攻击，舰员只得弃舰。就在抢修人员忙着修复，以便将它拖回珍珠港时，它被一艘日本潜艇发射的鱼雷击中，最终沉没。

在日本航母毫无提防地到达战场时发起伏击。

中途岛海战打响

6月3日，"北方舰队"和第2舰队率先打响战斗，对阿留申群岛东部的荷兰港实施了轰炸，并向阿留申群岛西部的阿图岛和基斯卡岛发起进攻。山本希望尼米兹能够上当，把那里当成日军主攻方向，然而美国太平洋舰队总司令并不好糊弄。美国海军两支航母特遣舰队并没有为此改变航向，转向北太平洋去支援，而是继续朝中途岛驶去，让罗伯特·西奥博尔德（Robert A. Theobald）少将独自应付阿留申群岛的战事。

6月4日早上6:00刚过，从中途岛派出执行侦察任务的一架"卡特琳娜"水上飞机报告，他们发现南云舰队的两艘航母和护卫舰队正沿东南方向朝中途岛驶来。两天前刚跟斯普鲁恩斯兵合一处并担任总指挥的弗莱彻立刻采取了行动。他命令"企业"号航母和"大黄蜂"号航母"前出西南方向，找到敌方航母并实施攻击"。"约克城"号航母待其派出的搜索飞机入列后立刻紧随两舰之后出动。

两个半小时前,南云命令战机起飞发起对中途岛第一波攻击。早上6:30,就在弗莱彻向斯普鲁恩斯发出早已准备好的命令之后10分钟,对中途岛的轰炸开始了。轰炸持续大约20分钟。南云相信一波轰炸就足以摧毁中途岛的防守,但他很快就失望了。攻击飞机在离海岸93英里时就被美国雷达发现。正当日本战斗机、俯冲轰炸机和鱼

中途岛海战作战图

因为密码破译专家的努力,海军上将尼米兹能够在恰当的时间和恰当的地点派出"企业"号、"大黄蜂"号和"约克城"号三艘航母,成功伏击山本五十六大将下令攻击中途岛的四艘日本航母。美国航母的出现让日本舰队司令南云中将完全没有料到。一开始鱼雷轰炸机的低空袭击虽然没有得手,但几分钟后美国俯冲轰炸机让"加贺"号、"赤城"号和"苍龙"号航母失去了战斗力。日本人不得不放弃这些即将沉没的航母。"飞龙"号航母发动了反击,造成"约克城"号航母严重受损,但傍晚时它自己也沉入海底。山本放弃了整个作战行动。

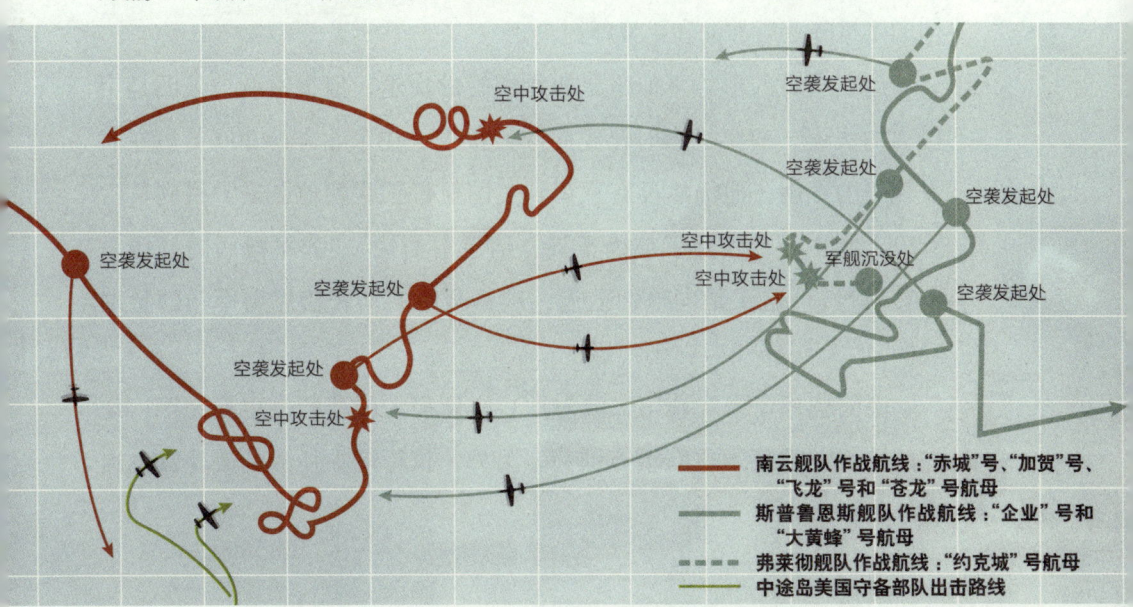

雷轰炸机朝目标奋力前进时，岛上美军战斗机全部紧急出动进行拦截。与此同时，四个波次的陆基轰炸机从中途岛起飞对南云的航母编队发起反击，包括六架"复仇者"式鱼雷飞机、16架"无畏"式俯冲轰炸机、16架B-17"空中堡垒"式轰炸机和四架B-26"掠夺者"式轻型轰炸机。

这些轰炸机虽然全部被南云舰上的战斗机掩护幕驱逐或击落，但108架进攻中途岛的日军战机中，有67架被防空体系击落或严重损坏。第一波攻击的领队是"飞龙"号航母飞行编队的指挥官友永丈市（Joichi Tomonaga）大尉，他向南云发报，有必要发动第二波攻击。

致命的犹豫

南云陷入了两难境地。他有93架战机停在"赤城"号和"加贺"号飞行甲板上待命，这些战机装载好了鱼雷和穿甲炸弹，以防侦察飞机在附近发现美国军舰。但因为没有收到这样的报告，经过仔细权衡之后，他决定冒一次险。他下令通过升降机把飞机送到下边机库，重新挂装燃烧弹和杀伤炸弹。飞行甲板即将全部空出来，让完成第一波攻击返回的飞机降落后加油和更换弹药。

这在当时的形势下似乎是非常明智的决定，但很快就被证明是个巨大的失误。侦察机当时已经向南云报告，在东北方向200英里左右发现美国军舰，他仍然没有意识到美国航母正在朝他驶来。直到早上8:20，他才终于收到了准确情报。信息很简短："敌军殿后的好像是一艘航母。"这正是向他们逼近、准备开战的斯普鲁恩斯率领的特遣舰队。

南云犹豫了。实施第二波对地攻击所需的弹药即将更换完毕。现在的局面要求必须重新填充弹药。另外，执行掩护任务的战斗机也出现燃油不足，此时完成第一波攻击返回的最后一批飞机还忙着在甲板降落。当他改变航线，向东驶去，准备与新的敌人交锋时，他的几艘航母飞行甲板上都挤满了飞机，有的在更换弹药，有的在加油，还有更多的战机在等待降落。结局就是彻底的混乱。

上午9:30，"大黄蜂"号航母派来的鱼雷轰炸机定位到南云的航母。15架鱼雷轰炸机由于在出击途中与护航飞机走丢，在没有战斗机掩护的情况下直接发起了攻击。结果全部被南云舰上的"零"式战斗机和防空火力网击落。随后，"企业"号航母也赶到攻击。14架战机被击落10架。接着轮到了"约克城"号航母，派出了12架鱼雷轰炸机出击，只有4架没有被击落，发射的鱼雷没有一枚命中目标。

南云认为胜利已经唾手可得。可惜他错了。他刚对付完鱼雷轰炸机，美国人的俯冲轰炸机就赶到了战场。"企业"号航母起飞的37架战机率先进行攻击，直指"加贺"号航母和南

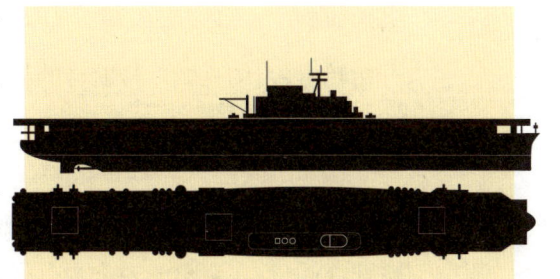

"企业"号

级别：	"约克城"级航母
排水量：	25000吨（满载）
长度：	809英尺6英寸（246.7米）
宽度：	83英尺2英寸（25.3米）
吃水：	27英尺11英寸（8.5米）
航速：	33节
舰载战机：	80—96架
火力装备：	8门127毫米口径高平两用炮；24挺12.7毫米口径机枪；4座4联装75毫米口径火炮；32挺20毫米口径机关枪；4座4联装40毫米口径火炮
乘员：	2919人

"企业"号航母在美国海军内部被称作"大E"。二战期间，美国海军在太平洋20多场重大作战行动，"企业"号只缺席了两次。其舰载机和火炮击落敌机911架；俯冲轰炸机和鱼雷轰炸机击沉敌舰71艘，击伤或击毁敌舰超192艘。1945年5月14日，"企业"号迎来最后一战，在九州岛海域遭受日本"神风"突击队自杀性飞机的攻击，飞行甲板被炸出一个巨大的洞，它不得不退出战争。

云的旗舰"赤城"号航母。为了使战机能够逆风起飞,"苍龙"号航母开始转弯,"约克城"号航母的战机趁机向其发起空袭。

俯冲轰炸

一直集中注意力在抵挡鱼雷轰炸机进攻的日本人完全没有防备又来了新威胁。"赤城"号航母被击中两次。第一枚炸弹穿过飞行甲板的升降机打到机库甲板,引爆了地上到处乱放的鱼雷和炸弹。第二枚炸弹在飞行甲板上分散停放的飞机中间爆炸,这些坐以待毙的飞机几分钟前还在忙着把炸弹换成鱼雷。

几乎就在一瞬间,"赤城"号燃起熊熊大火,舱内巨大的爆炸撕裂了舰体。右舷发动机停止工作,航速降到 12 节。随后,它为了躲避攻击而准备转向,导致方向舵卡住,剩余发动机也嘎嘎地立刻停止运转。南云不得不认清形势,他别无选择,只好转移他的指挥部,先到一艘护航的驱逐舰,然后到"长良"号轻型巡洋舰。"赤城"号舰长青木泰二郎(Taijiro Aoki)大佐顽强地坚持战斗,直到当晚 7:25 才命令剩下的船员弃船。南云亲自下令四艘护卫驱逐舰向"赤城"号发射鱼雷,"赤城"号在自己人的攻击下,于凌晨 5:00 沉入海底。

青木得以幸存,又坚持战斗了一天。"苍龙"号航母舰长柳本柳作(Ryusaku Yanagimoto)大佐和航母一起魂归大海。"苍龙"号在晚上 7:13 沉没。"加贺"号航母被四枚炸弹击中,舰长冈田次作(Jisaku Okada)大佐与大部分高级军官在第三枚炸弹爆炸时阵亡。这枚炸弹刚好击中"加贺"号的舰桥前部,炸碎了飞行甲板上的战机,连飞行甲板也炸毁了。两次内部大爆炸造成从舰艏到舰艉全部燃起大火,"加贺"号于晚上 7:22 沉没。

"飞龙"号和"约克城"号

"飞龙"号航母因为航向比三艘遭受重创的航母略微偏北而免受攻击，现在只能孤军奋战，硬着头皮打完这场力量悬殊的战斗。南云依然以为他面对的只有一艘美国航母，他下令战机攻击"约克城"号航母。日本舰队余下的18架鱼雷轰炸机、10架俯冲轰炸机和12架护航战斗机分两波次起飞执行攻击任务。

第一波攻击直接击中这艘美国航母三次，摧毁了其锅炉，并造成火灾，最终靠引入海水才扑灭，另外在飞行甲板上也直接炸出一个大洞。破损过于严重，以至于弗莱彻被迫转移，以"阿斯托里亚"号重型巡洋舰作为新的旗舰，留下"约克城"号舰长埃利奥特·巴克马斯特（Elliott Buckmaster）上校奋力挽救他的航母。他设法让其再次航行，航速一度达到20节左右。但不久"飞龙"号航母发起第二波攻击。"约克城"号被四枚鱼雷击中，这艘航母再次颠簸着停了下来，方向舵发生故障卡住，舰体向左舷倾侧。当倾斜角达到26度时，巴克马斯特决定弃舰。

但一切尚未结束。严重受损的"约克城"号顽强支撑着并没有沉没。巴克马斯特带着抢救小组重返千疮百孔的航母，同时"绿鹃"号扫雷舰拖着它往前航行。之后，日本人发出了致命一击。就在"约克城"号一步一步艰难地挪回母港时，又被一艘日本潜艇发射的鱼雷击中了两次。6月7日早上5:00刚过，"约克城"号缓缓倾覆，最终沉入海底。

"飞龙"号没有逃过这一劫。在其战机向"约克城"号发动第一波攻击大约一个小时后，"企业"号航母和"大黄蜂"号航母的俯冲轰炸机锁定并攻击了这艘日本航母，四枚炸弹直接命中。航母马上爆发凶猛的大火。火势曾经一度看起来得到控制，但是在6月4日晚上8:58，内

部的巨大爆炸又重新引发了大火。凌晨 1:05，弃舰的命令下达。一个多小时后，它被日本人自己用鱼雷击沉。

日本人的失败是彻底的，也是毁灭性的。一天之内，日本人损失了整支航母舰队。南云被迫取消中途岛行动，命令他的舰队返回日本。在珍珠港取得胜利仅六个月后，日本海军就被迫转入防御，在战争余下的时间都将处于守势。

从中途岛起飞的美国 B-17 战略轰炸机正在轰炸日本"苍龙"号航母，但并未命中（上图）；攻击在早上 8:00 至 8:30 之间发起，此时中途岛海战刚开始。美国"企业"号航母和"约克城"号航母派来的俯冲轰炸机要幸运得多，它们发现日本舰队的时机很合适。所有三个俯冲轰炸机中队全部在适宜的时间赶到战场，开始攻击南云的其他航母，当时日本航母正在给战机加油和更换弹药。因此，美国人极其容易得手。"企业"号的战机首先轰炸"加贺"号航母，紧接着是"赤城"号航母。"约克城"号的战机攻击的是"苍龙"号航母，至少三次直接命中，使整个航母燃起大火。

第 20 章
北极运输船队

1941年8月底，向苏联运送重要战争物资的第一批北极运输船队从冰岛雷克雅未克港起航，前往偏远的苏联北部港口阿尔汉格尔，此时距希特勒突然袭击盟友苏联，使两国陷入战争刚过去两个月。此后，在整个二战过程中，大量船队定期地给苏联输送物资。1945年5月德意志第三帝国无条件投降前，船队完成最后一趟航行。截止到此时，船队向苏联输送的物资达400万吨，包括坦克、战斗机、弹药、原材料、燃油和食物。

这段长达2500英里的漫长旅途危机四伏。运输船队的航线要从北极圈750英里范围内经过，冬天那里的气温最低能达到零下50摄氏度。极地这种严酷的气候状况要求海员在航行之前必须接受特殊的医学检查。如果检查合格，他们还须穿上配发的超厚衣物，帮助他们抵御寒冷。他们的呢料外套是羔羊毛做的里子，还配有遮住面部的特殊风帽，只在嘴巴和眼睛处留几个缝隙。

航行时经常出现极端残酷的天气状况，浪花落下时能够直接结冰。除了严寒之外，船只和海员还必须与狂暴的风雨、冰冷的浓雾和浮冰做斗争。这就难怪水手们将这条路线命名为"通往地狱之门"。温斯

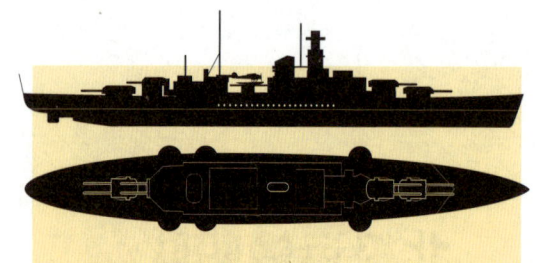

"希佩尔海军上将"号

级别："希佩尔"级重型巡洋舰

排水量：18600吨（满载）

长度：640英尺（195米）

宽度：70英尺（21.3米）

吃水：25英尺（7.6米）

航速：32节

火力装备：4座8门203毫米口径火炮；12门105毫米口径高射炮；12门37毫米口径和4门20毫米口径机关炮

乘员：1600人

"希佩尔海军上将"号和"布吕歇尔"号是德国海军在1936年建造的第一批重型巡洋舰；1938年和1939年又相继建造了"欧根亲王"号、"赛德利茨"号和"吕佐夫"号。"布吕歇尔"号在战争初期即被损毁。1940年德国入侵挪威的作战刚开始，它在沿着峡湾运送部队到奥斯陆登陆时被岸炮击沉。"希佩尔海军上将"号也参加了这次战役。1940年11月至1941年2月，它两次在大西洋巡航，攻击船队并击沉了几艘商船。随后又在北极执行任务，1942年12月，它在巴伦支海海战中受到严重损坏，希特勒暴怒之下直接让其退役。它再也没有参加过作战。

顿·丘吉尔同意他们的观点。他说过，这是"世界上最糟糕的旅程"。

威胁不断

光这些极端的天气状况似乎还不够，运输船队还要跟纳粹德国空军的轰炸机、纳粹德国海军的U型潜艇以及来自挪威北部德国海军基地的水面舰艇较量。1941年9月至1945年5月，在苏联北部和北欧之间来回航行参与运输的盟军舰船中，每20艘就有一艘被敌人击沉——总计104艘船只被击沉。英国皇家海军损失了22艘护航舰船，包括"爱丁堡"号和"特立尼达"号巡洋舰。德国海军损失了四艘水面舰艇和31艘潜艇。

船队向外驶出时使用的代码为PQ，返回时使用的代码为QP，航线尽可能靠北，以避开敌人的基地。在冬天，大部分航线走的是夜路；但在夏天，一路都是白昼。船队一旦被发现，就会持续不断地受到天上落下的炸弹和鱼雷的攻击，还有海里的潜艇和水面舰艇的袭扰。最危险的地方是挪威北部和大冰障之间的那段狭窄通道。盟军在那里遭受大部分损失。

刚开始时,运输船队几乎没遇到德国人的阻挠。至1941年底,7支船队向苏联运送了750辆坦克、800架飞机、2300辆汽车和逾10万吨其他货物。至1942年2月初,总计93艘舰船参与了12支运输船队的北上航行,只损失了一艘军舰,"马塔贝莱"号驱逐舰在一次潜艇袭击中被击沉。

这种相对的安全并没有持续多长时间。一向以直觉行事的希特勒感觉到——后来证实直觉并不准——英国人正在计划入侵挪威,他决定加强驻扎在该国北部的德国海军和空军的实力。1942年1月16日,"俾斯麦"号的姊妹舰"提尔皮茨"号战列舰抵达挪威中部港口特隆赫姆。紧随其后,"舍尔海军上将"号和"吕佐夫"号袖珍战列舰、"希佩尔海军上将"号重型巡洋舰和由德国海军最先进驱逐舰组成的几支舰队也赶到了挪威。纳粹德国在挪威的空军实力也得到大大加强,俯冲轰炸机、鱼雷轰炸机和远程侦察机的数量都有所增加。挪威北部德国空军的指挥官们现在拥有的飞机数量超过250架。

自杀鱼雷

从1942年3月起,驶向苏联或从苏联驶出的所有盟军船队几乎都面临持续不断的攻击,经过千难万险才能到达目的地。3月20日,从苏联摩尔曼斯克出发的"PQ-13"运输船队成为第一支遭受重大伤亡的船队。船队有19艘商船,装满了坦克、枪支、战机、卡车和弹药,由崭新的"特立尼达"号巡洋舰和两艘随行驱逐舰护航。等抵达目的地时,船队有五艘商船被纳粹德国空军俯冲轰炸机击沉,两艘商船毁于U型潜艇,一艘商船被纳粹德国海军三艘驱逐舰组成的小舰队击沉。

这张照片拍摄于1942年，是从"欧根亲王"号重型巡洋舰上拍摄的"舍尔海军上将"号袖珍战列舰，当时两艘军舰正在驶往挪威北部。希特勒要求将纳粹德国海军大部分水面舰队转移到挪威，准备抵御英国的登陆行动。雷德尔和手下的一帮司令都反对，但是元首并未打算改变主意。然而，德国海军在这里加强部署之后，英国向苏联输送物资的北极船队遭受攻击的风险更大了。

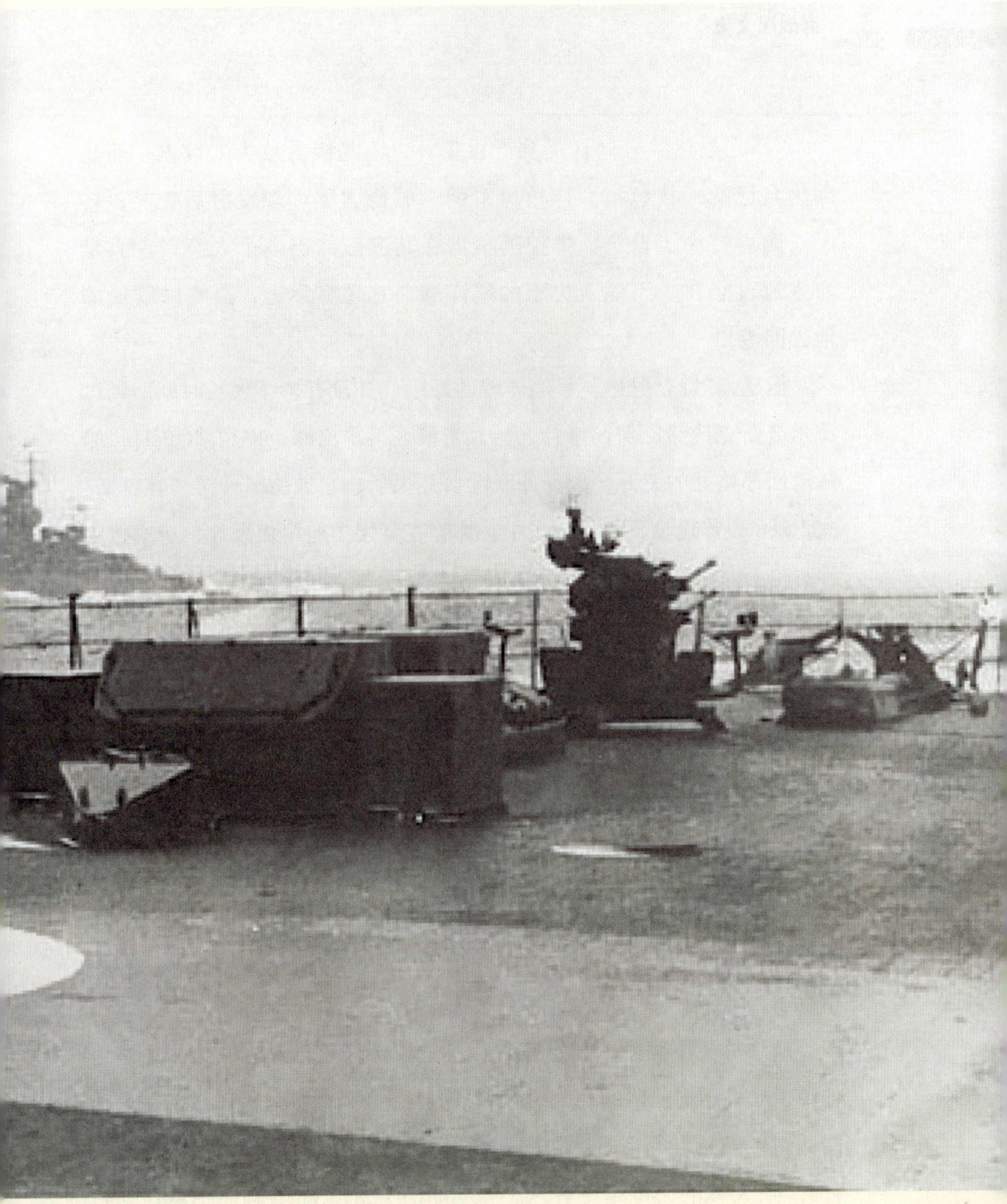

"特立尼达"号同样受到严重损坏，不是因为敌人的攻击，而是因为自己的一枚鱼雷。这枚鱼雷朝一艘德国驱逐舰发射后失灵，转了一圈后打中了自己。失控的鱼雷在其左舷炸出一个大裂口，大量海水通过裂口一下涌入失事的巡洋舰，它还算幸运，最终跌跌撞撞地驶回港口。

但是，"特立尼达"号巡洋舰的好运气并没有持续太长时间。经过摩尔曼斯克造船厂匆忙修补之后，它很快再次出海，护送"QP-11"船队返回苏格兰的戈万。离开苏联港口几天后，它被德军一架"容克斯"式 Ju-88 轰炸机投下的炸弹击中，炸弹在某层主舱甲板爆炸，造成毁灭性打击。左舷裂口处之前打的补丁引发了一场无法控制的大火。弃舰命令下达以后，"特立尼达"号被自己的一艘护航驱逐舰用鱼雷击中两次，从舰艏开始"缓慢而优雅地"下沉。

极地灾难

丘吉尔告诉罗斯福和斯大林，他对北极航线上不断加剧的损耗深表忧虑，称英国很快就撑不住了。美国总统罗斯福不以为然。"英国人对苏联人所做的每一个承诺都食言了。"他告诉财政部长亨利·摩根索（Henry Morgenthau），"没有什么事情造成的后果比苏联崩溃更糟糕了。"

斯大林更不满意。丘吉尔首相给这位苏联领袖单独发电报，警告他说，如果运输船队的损失继续增加，"那么我们唯一可以做的就是让船队暂停航行，等 7 月冰块向北消退，可航行的海域扩大后再恢复航行"。斯大林的回电毫不客气，他告诉丘吉尔，船队必须不惜任何代价继续航行。

丘吉尔最终让步。4 月 18 日，"PQ-14"船队在"爱丁堡"号重型巡洋舰、六艘驱逐舰、四艘轻型护卫舰、四艘扫雷舰和两艘反潜救援拖网渔船的护航下，从冰岛出发前往摩尔曼斯克。从华尔峡湾出发四天后，他们就遭遇了不幸。船队遭遇厚厚的浓雾，然后驶入一片浮冰海域。等到天气晴朗时，出发时的 23 艘商船只剩下了八艘。其他船只在试图穿越冰原时严重受损，已经返航。余下的船只此时必须要面对德国 U 型潜艇的攻击。"霍华德帝国"号商船被"U-403"号潜艇发射的三枚鱼雷击中，几乎立即沉没。

返程的航行同样事故频发。这次遭殃的主要是"爱丁堡"号重型巡洋舰自己。"爱丁堡"号在距离船队 20 英里海域独自巡逻时，被"U-456"号潜艇发射的鱼雷击中两次，一枚击中了舰体中部，另一枚击中旁边更远的位置。这艘严重受损的巡洋舰漂在海上慢慢停了下来，船身向右倾侧。它虽然费尽力气再次开动，但只能以 2 节的航速艰难向摩尔曼斯克基地驶去，最终没能到达港口，在被鱼雷又击中两次之后沉没。一次来自一艘德国驱逐舰，另一次来自自己的一艘护航舰，这艘护航舰是在弃舰命令下达后赶来营救其舰员的。

"PQ-17"船队惨遭不幸

船队并没有停下航行的步伐。5 月 21 日，当时最庞大的"PQ-16"船队按计划从冰岛出发前往苏联阿尔汉格尔港。等到达目的地港口时，36 艘舰船损失了七艘，其中六艘是被纳粹德国空军的"亨克尔"式和"容克斯"式轰炸机击沉的。随后，规模同样很大的"PQ-17"船队开启了自己的这段冒险之旅。6 月 27 日，船队的 35 艘商船从冰岛起航。他们运送的物资价值达 7 亿美元（按 1942 年市值），包括 297 架飞机、594 辆坦克、4246 辆军用卡车和运兵车以及超过 15.6 万吨的普通货物。

从港口出发时,"PQ-17"船队的强大阵势让人印象深刻。船队包括22艘美国商船、8艘英国商船、2艘苏联商船、2艘巴拿马商船和1艘荷兰商船,在2艘驱逐舰和其他15艘武装舰船的护航下驶向公海。英国海军"伦敦"号和"诺福克"号巡洋舰、美国海军"威奇塔"号和"塔斯卡卢萨"号巡洋舰以及3艘美国驱逐舰,在船队以北大约40英里海域集结提供近距离掩护,而斯卡帕湾的英国本土舰队也已做好准备,与"PQ-17"船队保持200英里的距离一起航行,为其提供远距离支援。本土舰队派出了"约克公爵"号战列舰、"胜利"号航母、2艘巡洋舰和14艘驱逐舰,同时美国"华盛顿"号战列舰也赶来增援。

总而言之,这是一支壮观的海军力量,英国海军部觉得,这么强大的护航舰队应该能够震慑

1942年3月,"特立尼达"号轻型巡洋舰护送"PQ-13"船队前往苏联摩尔曼斯克港,但其命运已经注定。北极可怕的大风吹散了护航舰队,这艘轻型巡洋舰在跟一支德国"纳尔维克"级驱逐舰小舰队缠斗时,遭遇了出乎意料的事故。它向为首的一艘驱逐舰近距离平射的一枚鱼雷出了故障。当鱼雷向驱逐舰艉部疾驰时,突然调转方向,奔着"特立尼达"号自己而来,撞向它的左舷,其前锅炉房灌进了海水,住舱甲板失火,它以不到4节的航速颠簸着往东南方向的基地艰难驶去。

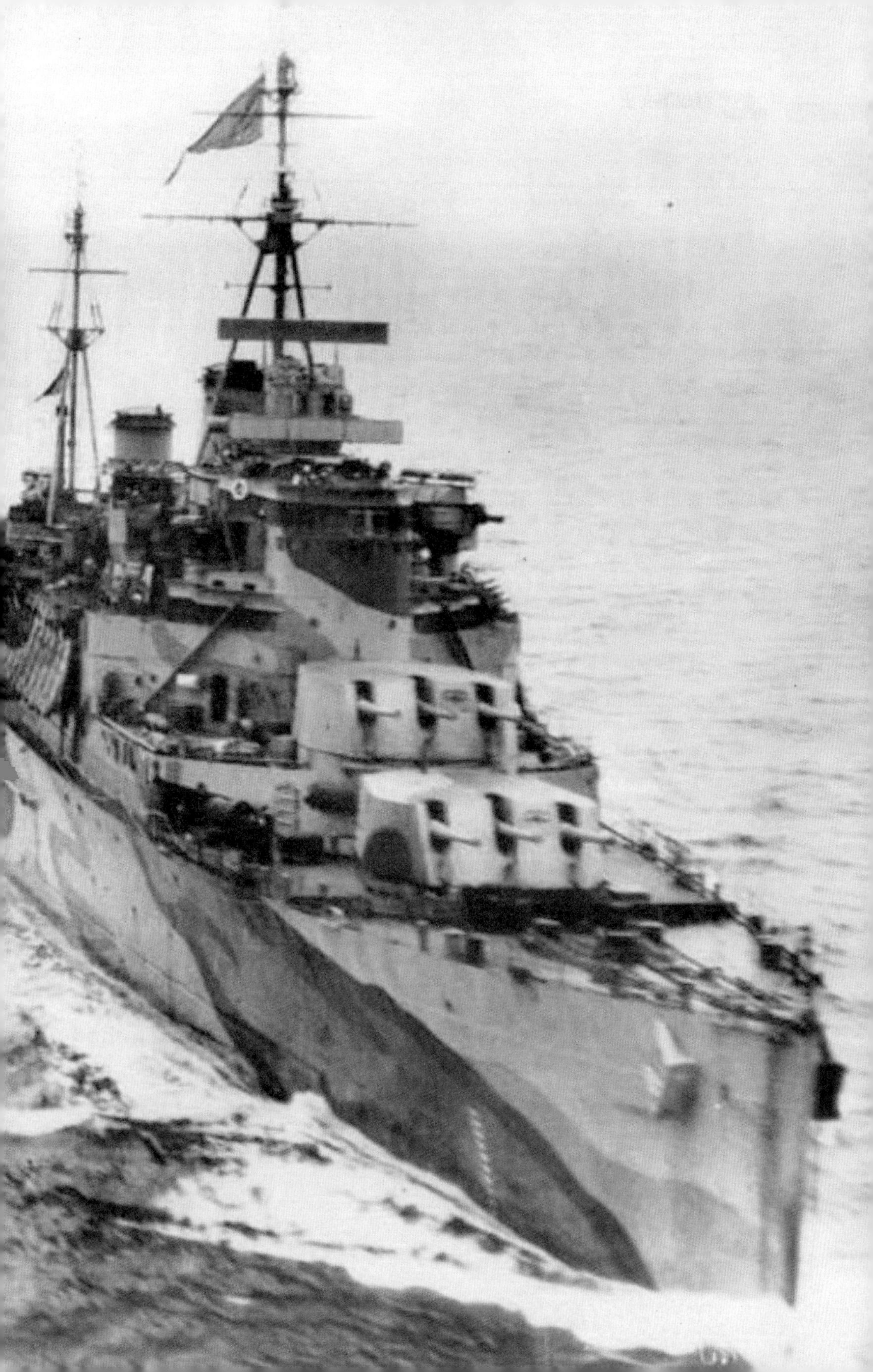

住德国人，使他们不敢再偷袭船队。但英国人没有料到的是，德国海军情报部门已经提前知道了"PQ-17"船队的规模和重要性，纳粹德国海军总司令埃里希·雷德尔元帅也已经制订了对应的计划。船队根本不知道，就在其进入公海的那一刻，德国"U-456"号潜艇就发现了他们。

7月1日一大早，一架福克-沃尔夫公司生产的"兀鹰"式远程侦察机确认了"U-456"号发现的情况。"U-235"号和"U-408"号两艘潜艇也被加派去跟踪船队。它们虽然在"PQ-17"船队进入一片巨大的雾阵时跟丢，但天气晴朗后，另一架"兀鹰"式侦察机重新发现了船队。"PQ-17"船队即将迎来一场不可避免的袭击。

纳粹德国空军首先发动攻击，但是它的"亨克尔"式He-115鱼雷轰炸机被出击果决的高射炮火赶走。然而接下来的几天，德国空军再次返回袭击时，取得了更好的战果。他们击沉了美国"克里斯托弗·纽波特"号自由轮，这是美国在二战期间大量制造的一种万吨货轮，美国海军大量购置自由轮来替代被德国潜艇击沉的商船。德国人还击沉了"纳瓦里诺"号和"威廉·胡珀"号商船。苏联"阿塞拜疆"号油船遭到严重损坏，但最终也颠簸着艰难地驶回了港口。

下令分散船队

"PQ-17"船队尽管遭受损失，但依然英勇地抵御来犯之敌，不过随后英国海军部开始插手。第一海务大臣海军元帅达德利·庞德爵士收到错误情报，以为德国海军的"提尔皮茨"号战列舰及其护航舰队已经出发，赶来截击船队。他向护航的巡洋舰下达撤退的命令，又加上他认为商船散开后，很有可能躲过攻击，因此发电报让它们分散。

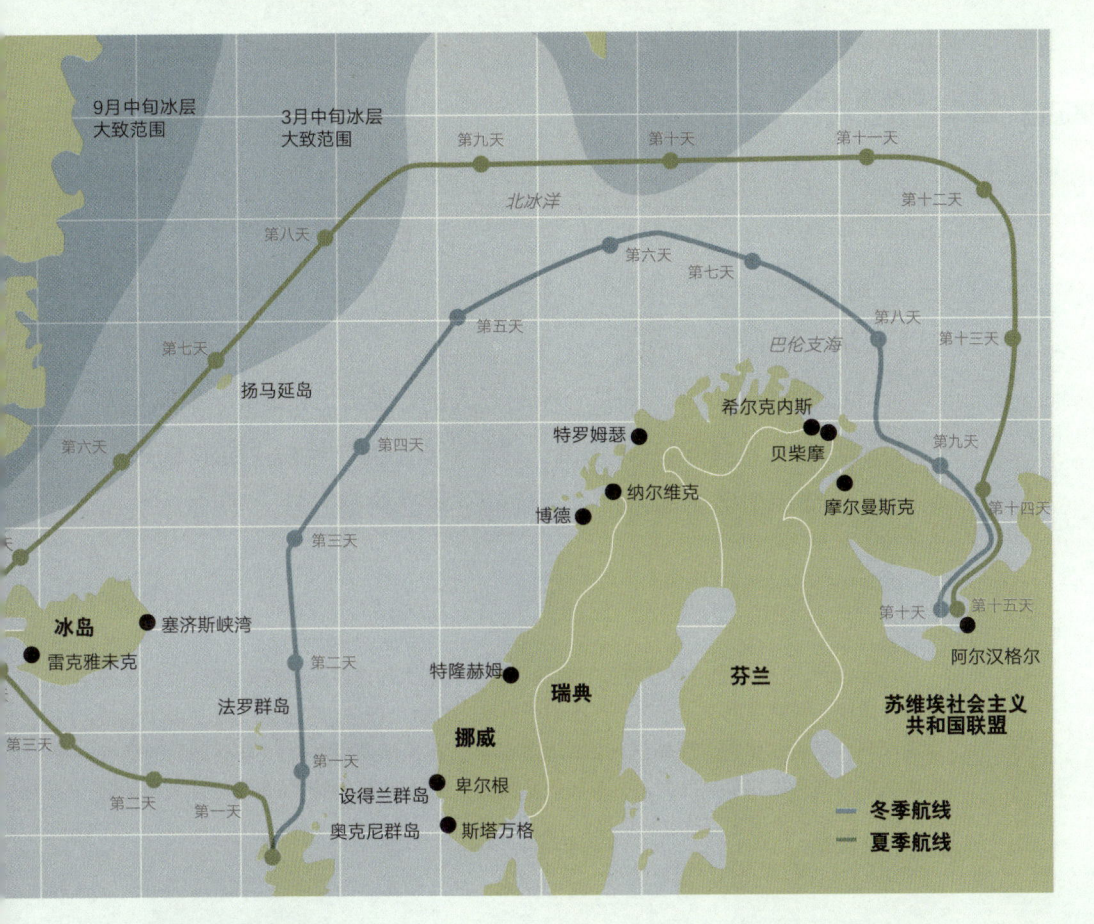

援苏船队航线图

北极船队在驶向和驶离苏联阿尔汉格尔港和摩尔曼斯克港的沿途,几乎从一上路就困难重重。夏季和冬季航线(如图所示)都在U型潜艇、德国空军战机和来自挪威海岸基地的水面舰艇的打击范围之内。在冬季,船队面对的是狂暴的风雨和极度的寒冷;在夏天,永恒的白昼使船队轻易成为U型潜艇和德国空军侦察机侦察和跟踪的目标。第一支船队于1941年8月从冰岛起航,最后一支是在1945年5月德国投降后。

失去护航力量的"PQ-17"船队现在只能任由敌人宰割。很快,对它的屠杀就开始了。"拜伦帝国"号商船是第一批遭受U型潜艇鱼雷攻击的船只之一。"卡尔顿"号和"霍诺穆"号商船在其后也被击沉。德国空军俯冲轰炸机击沉了"丹尼尔·摩根"号商船和"华盛顿"号。夜幕降临,攻击暂时中止,此时"博尔顿城堡"号、"保罗斯·波特"号、"厄尔斯顿"号、"潘克拉夫特"号、"阿夫顿河"号、"阿尔德斯代尔"号、"扎法兰"号、"费尔菲尔德城"号和"彼得·科尔"号全部被击沉。

一切还远没有结束。在接下来的三天里，袭击仍在继续，船队根本没有喘息的机会。德国空军击沉了"印第安纳人"号和"埃尔卡皮坦"号商船，而U型潜艇则击沉了"约翰·威瑟斯彭"号、"阿尔卡突击

"华盛顿"号是一艘"科罗拉多"级战列舰，美国大西洋舰队派遣其至第39特遣舰队担任旗舰，曾被派到北大西洋与英国本土舰队一起执行任务，负责护送通过摩尔曼斯克港和阿尔汉格尔港向苏联输送物资的盟军船队。在返回美国之前，"华盛顿"号随特遣舰队执行任务达四个月之久，主要任务是对付"提尔皮茨"号，防备这艘巨大的德国战列舰从挪威老巢出来袭扰北极船队。

者"号、"奥洛帕纳"号和"哈特尔伯里"号商船。从冰岛出发的35艘商船中只有11艘到达了阿尔汉格尔。这支船队的折损率是最高的。

丘吉尔闻讯后目瞪口呆。7月18日，他发电报告诉斯大林，英国暂时停止向苏联派出更多的船队。在北极最易受攻击的海域，德国海空军的实力实在太过强大。"我们由此万分遗憾地认为，"首相写道，"如果继续派出下一支'PQ-18'船队，不仅无法为贵方带来益处，更会导致我们共同的事业遭受惨重损失。"

到了9月，"PQ-18"船队才得到允许出海航行。但纳粹德国空军击沉了船队45艘船只中的10艘，另有五艘被U型潜艇的鱼雷击沉。驶往苏联的船队再次中断，直至冬天航线才重启。那时，船队的防御战术有所改善，派来为船队护航的舰船也增加了。之后的船队仍然受到攻击，但折损率大幅下降。德国人最终在争夺北方海域掌控权的较量中败北。

第 21 章
瓜岛战役

瓜岛战役（Battle of Gaudalcanal）之所以如此令人关注，其实就是源于整个战役期间美国和日本两国舰队海上交战的次数。瓜岛是位于西南太平洋上所罗门岛链上的战略要地。从1942年8月至1943年2月的6个月时间里，瓜岛周围海域共上演七次大战，超过英国皇家海军和德国帝国公海舰队在一战中交手次数的总和。不同寻常的是，大多数战役都是在夜间进行的。

美国人决心夺回瓜岛的原因很简单。日本人侵占该岛后不久，就开始在那里修建机场。海军上将欧内斯特·金（Ernest J. King）是美国海军总司令和海军作战部长，他下令立即采取行动将日本驻军赶回海上。否则，等到机场建造完成后，日本计划在那里部署的轰炸机编队将对南太平洋上各个点位的美军构成极大威胁。这种情况必须不惜一切代价加以避免。

7月2日，参谋长联席会议决定派遣正在前往努美阿途中的第1海军陆战师，重新夺回瓜岛和新格鲁吉亚海峡对面的图拉吉和另外两个岛屿。登陆日定在8月7日。海军陆战队搭乘15艘运输船，由八艘巡洋舰和一支掩护驱逐舰队护航。由"萨拉托加"号、"企业"号和"黄蜂"号组成的航母战斗群,加上"北卡罗莱纳"号战列舰、五艘重型巡洋舰、一艘轻型巡洋舰、16艘驱逐舰和三艘油船,提供进一步的支援。

美军在瓜岛的登陆战只遭遇到些许抵抗。到8月9日午夜,滩头阵地和尚未完工的机场都被拿下。这是美国人第一次成功地从日本人手中抢夺地盘。然而,形势很快急转直下。指挥航母战斗群的弗兰克·弗莱彻少将最初表示,他的舰队将在瓜岛附近停留48小时,为正在装卸补给物资的海军陆战队提供空中掩护,来应对日本肯定会发动的空中反击。他的舰艇在距离该岛约120英里的战位停留了36个小时,然后向东南方向撤退。日本在8月7日发动第一次空袭,动用了所有可调遣的陆基轰炸机来对付美国进攻者及其运输船。到8月9日,美军已经派不出战机来截击。

萨沃岛海战

萨沃岛海战(Battle of Savo Island)是瓜岛战役的第一场海战。毫无疑问,美国人这场战斗表现得最糟糕。他们损失了四艘重型巡洋舰;"芝加哥"号重型巡洋舰和三艘驱逐舰严重受损。他们未击沉一艘日本军舰,只是造成三艘重型巡洋舰轻微受损。鉴于这次失利过于严重,美军保密审查机构把消息掩盖了两个月,直到在埃斯佩恩斯角打了胜仗后才将两次战斗一并公开。

正是新组建的日本第8舰队指挥官、海军中将三川军一(Gunichi Mikawa)加速了这场海战的爆发。他于8月7日从拉包尔向东南航行,计划攻击掩护登陆作战的盟军军舰,并尽可能多地摧毁运输船。他以"鸟海"号重型巡洋舰作为自己的旗舰,率领"天龙"号和"夕张"号轻型巡洋舰以及"夕凪"号驱逐舰一起离开基地,出海与海军少将五藤

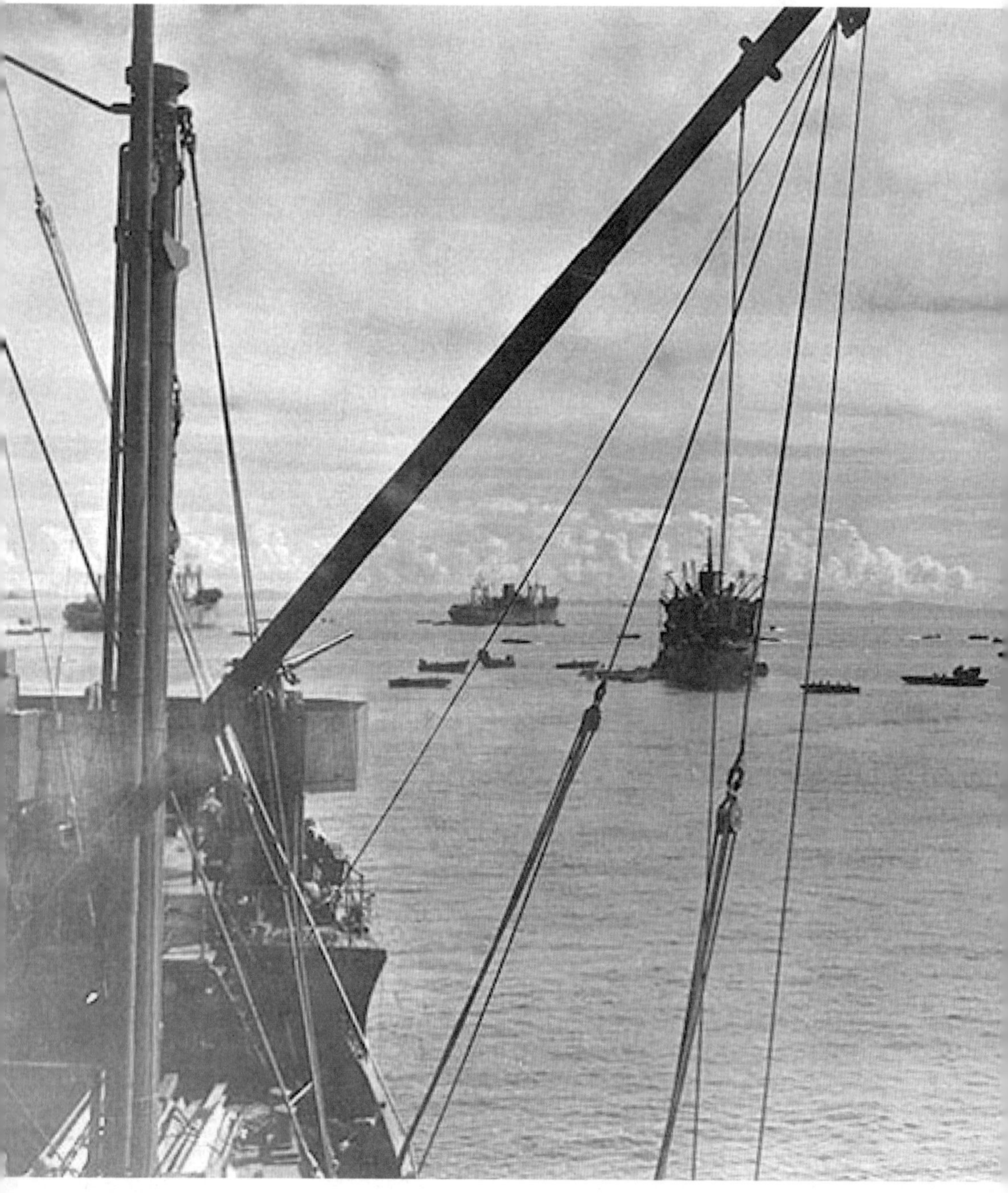

存知（Aritomo Goto）指挥的"青叶"号、"古鹰"号、"加古"号和"衣笠"号重型巡洋舰会合。会师之后，大部队将沿着布干维尔岛东海岸疾速驶向通往瓜岛的"狭槽"（Slot），"狭槽"是美国海军给舒瓦瑟尔岛、新乔治亚岛和圣伊萨贝尔之间海域取的名字。三川中将的意图是先航行到萨沃岛以南，再发起毁灭性夜袭，然后向北撤退。

盟军部署

海军少将理查蒙德·特纳（Richmond Kelly Turner）是南太平洋两栖作战部队总指挥。这支部队负责防守滩头阵地，抵御日本海军的攻击，由四艘美国重型巡洋舰和19艘驱逐舰组成，另有两艘澳大利亚重型巡洋舰和一艘轻型巡洋舰支援。海军少将诺曼·斯科特

1942年7月，美国攻岛部队在瓜岛外集结。头一批登陆部队是由亚历山大·范德格里夫特少将指挥，包括第1海军陆战师大约1.9万名海军陆战队员，搭乘19艘部队运输舰。行动代号为"瞭望塔行动"（Operation Watchtower），这是美国海军总司令、海军上将欧内斯特·金的创意。这是自1898年以来美国发动的第一次两栖作战。当时的作战准备十分仓促，可利用的军事和海上作战资源捉襟见肘，以至于参与行动的高级军官给攻岛计划起了个外号："小本经营行动"（Operation Shoestring）。

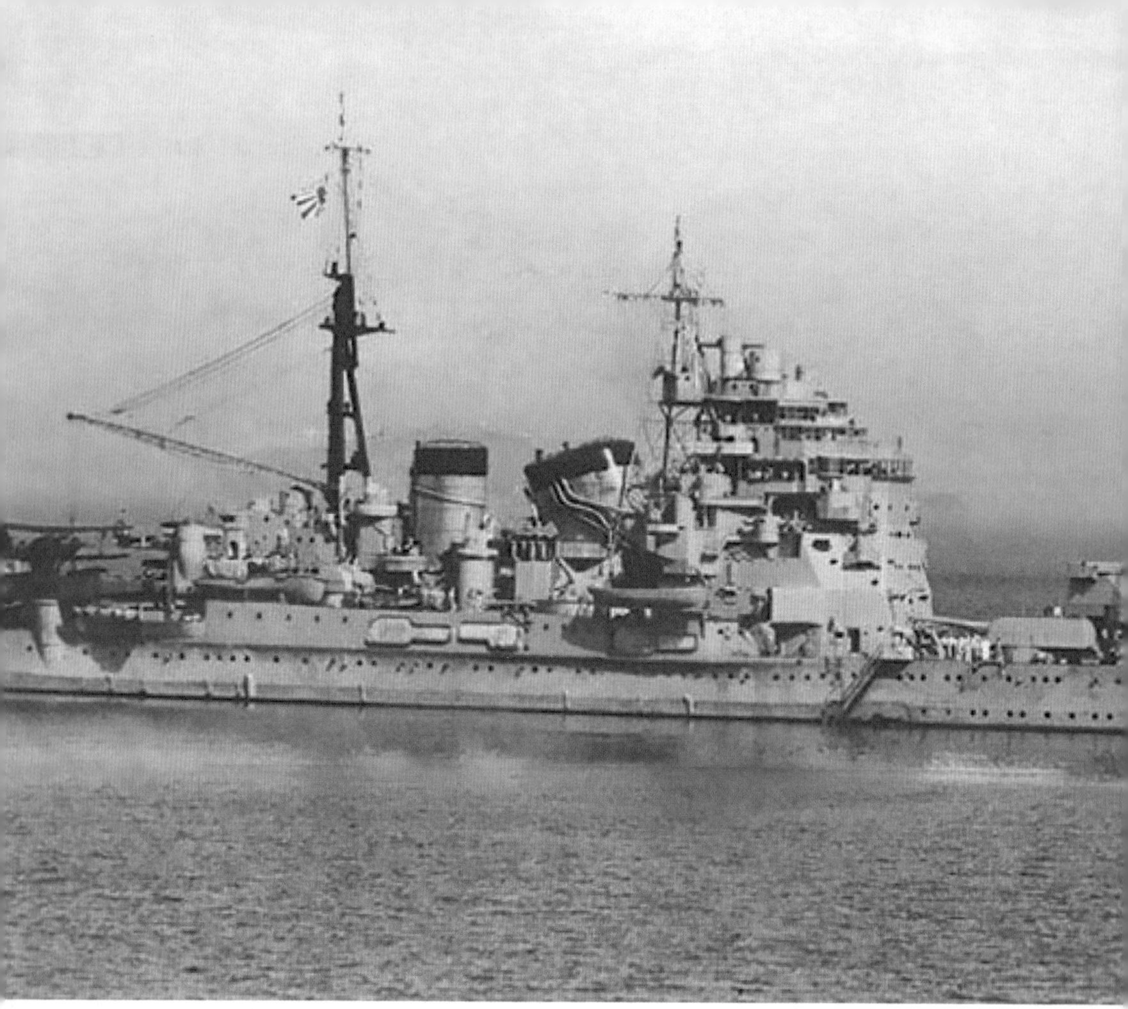

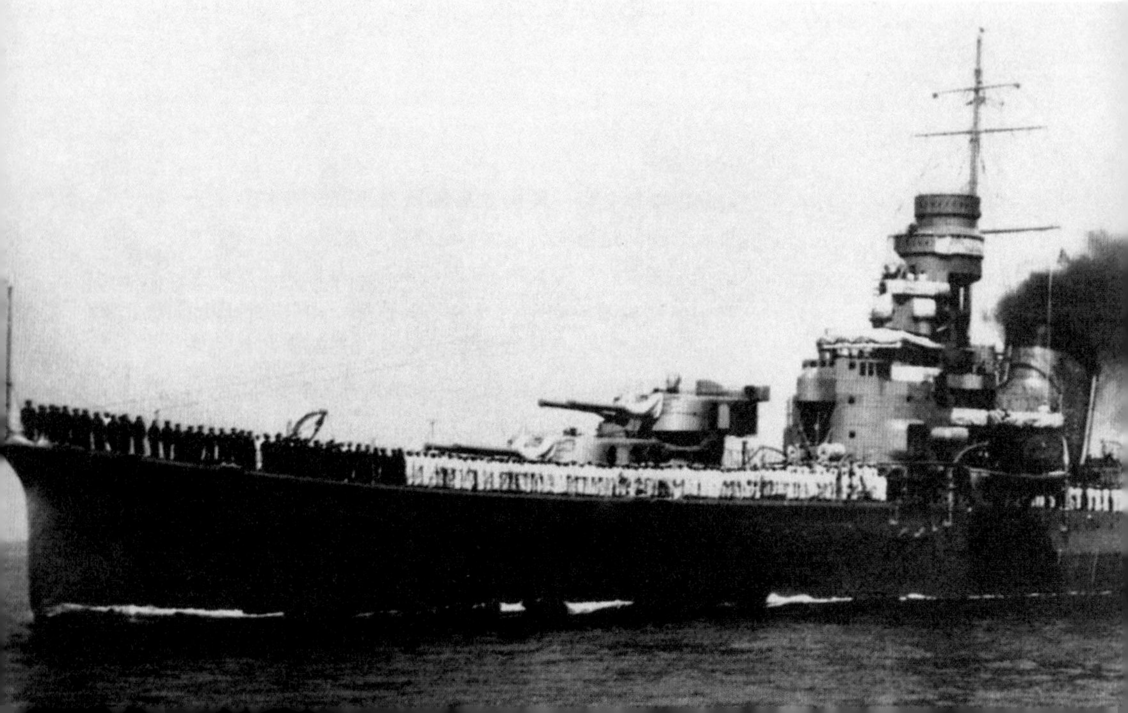

（Norman Scott）率领两艘轻型巡洋舰和两艘驱逐舰在图拉吉和瓜岛之间巡逻。

隶属于澳大利亚海军的英国海军少将维克多·克拉奇利（Victor Crutchley）守卫萨沃岛以南以北两个海峡。美国"芝加哥"号重型巡洋舰，澳大利亚"澳大利亚"号重型巡洋舰及其姊妹舰"堪培拉"号，以及"巴格利"号和"帕特森"号两艘驱逐舰负责看守南大门。北边海峡由"温森斯"号、"昆西"号和"阿斯托里亚"号三艘重型巡洋舰以及"赫尔姆"号和"威尔逊"号两艘驱逐舰保卫。装备有雷达的"拉尔夫·塔尔伯特"号和"布卢"号两艘驱逐舰被部署在萨沃岛以西，在日本军舰接近时提前发出预警。日军上来以后，克拉奇利的舰艇首当其冲。克拉奇利当时甚至都没在场。在袭击开始之前，他被特纳召集到停在20英里外隆加路锚位上的旗舰开会，导致支援舰队失去了作战指挥官。

在1942年8月9日打响的萨沃岛海战中，"高雄"级重型巡洋舰"鸟海"号（上图）是三川中将的旗舰。除了"鸟海"号外，三川还指挥着"青叶"号、"加古"号、"衣笠"号（下图）和"古鹰"号四艘重型巡洋舰，另有"天龙"号、"夕张"号两艘轻型巡洋舰和"夕凪"号驱逐舰。美国军舰在该海域巡逻时遭到了突然袭击。"阿斯托里亚"号、"昆西"号、"温森斯"号巡洋舰和一艘驱逐舰被击沉。澳大利亚"堪培拉"号巡洋舰也不得不自沉。"芝加哥"号虽最终遭到严重损坏，但侥幸免于难，又继续战斗了一天。"鸟海"号最终遭遇与"堪培拉"号一样的命运。它在1944年莱特湾海战中因为无法继续航行，不得不被自己的一艘护卫舰用鱼雷击沉。1942年11月14日，"衣笠"号在瓜岛附近被美军舰载飞机击中后倾覆沉没。

仓促上阵

克拉奇利的水手没有一人守在战斗岗位上——一半的人在休息,几名巡洋舰的舰长其实正在舰长室睡觉——而三川带领的军舰正悄无声息地在"布卢"号和"拉尔夫·塔尔伯特"号之间成纵列穿行。当这位日本舰队司令命令他的军舰向南边敌人开火五分钟后,第一个发现他们的"帕特森"号驱逐舰才发出警报。警报刚响起,两枚鱼雷就击中了"堪培拉"号右舷,随后几乎是同一时间,几轮重型炮弹齐射打到这艘军舰上。这艘遭受重创的巡洋舰停在水中趴窝。舰上失火之后,舰体开始倾侧,情况万分危急,舰员们努力让它不要沉没,但白费力气。最终,舰员们不得不弃舰,打开了通海阀让"堪培拉"号自沉。

"芝加哥"号是唯一幸存的重型巡洋舰。在生死攸关的时刻,舰员花了好几分钟才把舰长霍华德·道格拉斯·博德(Howard D. Bode)上校叫醒,等他爬到舰桥为时已晚。一枚鱼雷炸断了舰艏的一部分,一枚炮弹碰巧击中"芝加哥"号的前桅杆。随后,被彻底打蒙的博德对三川舰队的位置做出了错误判断,当时这些军舰正在向左急转弯转舵。博德并没有与他们交战,而是向西驶离了战场。"巴格利"号驱逐舰也彻底失去战斗力。只用了六分钟,南部舰队就整建制地被消灭了。

三川此时把舰队摆成两个纵阵,去收拾同样没有准备好的北部舰队。他们攻击的第一艘敌舰是"阿斯托里亚"号,一顿齐射之后,把它变成了熊熊燃烧的人间炼狱。第二天,它沉入海底。"昆西"号受到两列日本舰队交叉火力的夹击,舰员试图把它开到萨沃岛搁浅,但还是在凌晨 2:35 倾覆沉没。"温森斯"号被三枚鱼雷击中,15 分钟后沉没。

这位日本舰队司令当时面临着一个重要的抉择。他是否应该继续进攻，去攻打那些美国部队运输舰呢？当时停泊在瓜岛锚地的美国运输船毫无防范，完全暴露在外。但继续行动可能会把自己暴露在盟军的空中火力之下，所以他决定不冒这个险。加上他的舰艇队形分散，弹药也不足，他下令舰队全速撤回拉包尔。

"北安普敦"级重型巡洋舰"芝加哥"号是在萨沃岛海战中被三川率领的特混舰队突袭的美国军舰之一。舰长霍华德·道格拉斯·博德上校在沉睡中被炮火声惊醒，等他费尽千辛万苦终于赶到舰桥，做出的一系列决定竟然全部错误。他没有让"芝加哥"号攻击几艘日本重型巡洋舰，而是向西追赶三川的唯一一艘驱逐舰"夕凪"号，从而脱离了主要作战行动。博德上校也未能向美国特遣舰队在北部的军舰发出警告，告知他们袭击迫在眉睫。事后，他接受了军事法庭的调查，当听到调查报告指责他在战斗中的过失时，他开枪自杀。

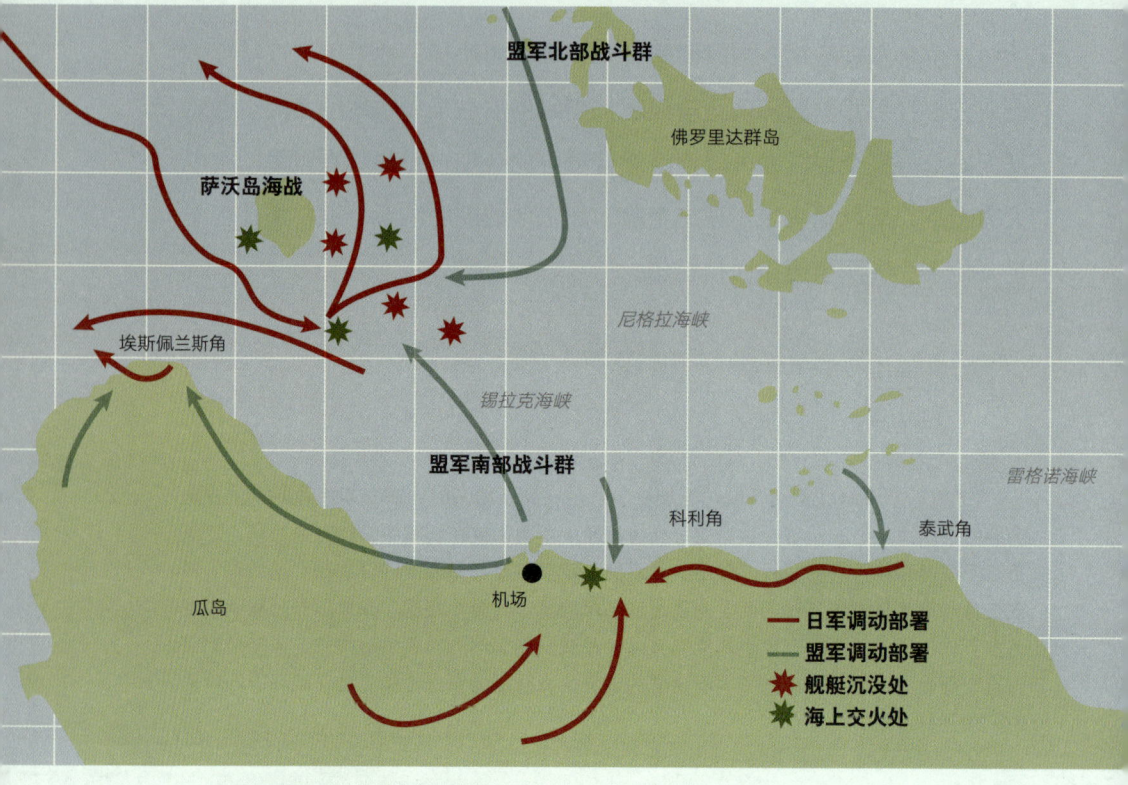

瓜岛战役示意图

瓜岛登陆战刚开始时,美军只遇到零星的微弱抵抗,下午 4:00 攻占日本人在那里修建的机场。在图拉吉他们遭遇到顽强抵抗,但也在 8 月 8 日早上拿下该岛。第二天,瓜岛战役第一场海上大战在萨沃岛打响。后续又在东所罗门群岛、埃斯佩兰斯角、圣克鲁斯群岛、瓜岛、塔萨法兰达和伦德尔岛海域接连发生战斗。在最后一次战斗中,美国"芝加哥"号重型巡洋舰最终不幸被鱼雷击中沉没。

埃斯佩兰斯角的胜利

三川的动作还没结束。10 月初,他派出一支护航舰队,向瓜岛运送急需的援军。这支舰队由海军少将城岛高次(Takatsugu Jojima)率领,包括六艘驱逐舰和两艘水上飞机维修供应舰。此外,三川命令海军少将五藤存知（Aritomo Goto）率领三艘巡洋舰和两艘驱逐舰去炮轰亨德森机场，与此同时城岛的军舰趁机让运送的部队上岸。10月11日清晨，两支舰队从肖特兰群岛出发，沿着"狭槽"向瓜岛驶去。

美军新战术

美国人也在计划增援瓜岛上的海军陆战队。10月8日，运送着第164步兵团的运输船队从新喀里多尼亚出发，匀速向北朝瓜岛驶去。海军中将罗伯特·戈姆利（Robert Ghormley）派海军少将诺曼·霍尔（Norman Hall）指挥的第64特遣舰队机动到附近，为船队提供掩护。除了"旧金山"号和"盐湖城"号两艘重型巡洋舰，还有"博伊西"号和"海伦娜"号两艘轻型巡洋舰，霍尔的特遣舰队还包括"法伦霍尔特"号、"邓肯"号、"布坎南"号、"麦卡拉"号和"拉菲"号五艘驱逐舰。霍尔最初驻守在伦内尔岛海域的战位，接到在"狭槽"发现日本人踪迹的报告之后，10月11日舰队向北移动。

霍尔心里非常清楚，美国海军在前几次跟日本人的夜间遭遇战中表现不佳，于是他改变了战术，命令舰队排成一个纵阵，为首的和殿后的都是驱逐舰，并指示他们用探照灯照射任何可能的目标，方便巡洋舰进行精准射击。霍尔还向舰队下令，各舰一旦发现敌人，不必等待命令，立即自行开火。

接连战斗

接近瓜岛西北角的亨特角时，霍尔命令巡洋舰在晚上10:00释放水上侦察飞机。一小时后，其中一架飞机发现城岛率领的舰队。霍尔预计还能发现更多的日本军舰，于是保持航线不变，继续向东北驶去，穿过萨沃岛以西海域。晚上11:30他们调转船头，向反航向驶去，但这个过程中的混乱导致领头的三艘驱逐舰（"法伦霍尔特"号、"邓肯"号和"拉菲"号）失去了战位。差不多就在这个时候，五藤的舰队被美国雷达发现。

霍尔起初以为雷达荧光屏上的回波来自几艘位置错乱的驱逐舰。他没有采取行动。就在"法伦霍尔特"号和"拉菲"号加速回到原先的战位时，"邓肯"号驶向越来越近的日本军舰，做好了攻击准备。晚上11:45，美军观察哨已经可以看到五藤的军舰，"海伦娜"号通过无线电请求开火。霍尔下令开火。不过多少有点让他吃惊的是，整个美国军舰编队全部同时开火。

在接下来的几分钟，日军旗舰"青叶"号重型巡洋舰被"海伦娜"号、"盐湖城"号、"旧金山"号、"法伦霍尔特"号和"拉菲"号击中40多次。很多火炮被炸毁，五藤阵亡，"青叶"号调转船头，试图脱身。美国人接着攻击"古鹰"号。由于鱼雷发射管被击中而引起大火，"古鹰"号被"布坎南"号驱逐舰发射的鱼雷击中后失去了动力，当天晚上沉入大海。美国人又开始集中火力去打"吹雪"号驱逐舰，将其击沉。战斗日趋白热化，日军"衣笠"号和"初雪"号转舵逃离，"博伊西"号和"盐湖城"号在后面紧追不舍。

上午12:20，随着日军全线撤退，霍尔中断了行动。他只损失1艘驱逐舰，另外"博伊西"号和"法伦霍尔特"号遭受重创。日本人损失1艘巡洋舰和3艘驱逐舰。"青叶"号直到第二年2月才重回到战斗序列。

赢得主动

这是美国人急需的一场胜利，但他们在埃斯佩兰斯角只是一场战术胜利，而非战略胜利。直到11月，他们才实现战略胜利。11月13日

日本"青叶"号重型巡洋舰在萨沃岛海战中遭遇炮弹袭击，但还是完好无损地撤回卡维恩。它在埃斯佩兰斯角海战中作为日本舰队司令五藤存知少将的旗舰，被多达40发152毫米和203毫米口径炮弹击中，舰桥被摧毁，203毫米口径火炮二号炮塔被炸掉，三号炮塔被炸毁，四个锅炉无法工作。五藤身负重伤，战斗结束两天后死亡。"青叶"号被修理之后，又坚持作战了一天。

至15日，在瓜岛第一场海战中，盟军的获胜确保了日本舰队从此再也无力向岛上部队增援或提供充足的物资。在战斗中，日本人损失了两艘战列舰、一艘重型巡洋舰、三艘驱逐舰和11艘运输船。12月12日，日本海军建议放弃瓜岛。

日本首相东条英机陆军大将和陆军直到最后一刻都在反对，但12月31日，日本大本营勉强同意撤退。撤退从2月2日开始，2月8日结束。这次失败标志着整个战役终结的开始。日本人从战略上陆续收缩，最终无条件投降。

第 22 章
地中海运输船队

　　如果像丘吉尔本人在 1940 年宣称的那样，地中海是"大英帝国的颈动脉"，那么马耳他和直布罗陀就是控制这一"动脉"的关键。马耳他牢牢地控制着从意大利至北非的主要海上航线。谁掌握了它，谁就能掌控地中海中部。而直布罗陀扼守着从大西洋进入地中海西部的唯一通道。

　　丘吉尔深知马耳他的战略意义。1530 年，耶路撒冷圣约翰骑士团被奥斯曼土耳其人从罗得岛赶出来后，神圣罗马帝国皇帝查理五世命令他们在马耳他驻扎，并为这个地方赐名"地中海之锁"。这座城市自拿破仑战争以来就一直处在英国人的掌控之中。丘吉尔认为，失去马耳他将是"一场前所未有的灾难……从长远来看，对整个尼罗河流域的防御都可能是致命的"。因此，即便在战争即将开始时，英国地中海舰队为了规避意大利人发动空袭的风险，将主基地从瓦莱塔转移到了亚历山大港，马耳他也要在轴心国的攻击面前坚持下去，这一点至关重要。从这个岛到西西里岛飞行只要 20 分钟。

　　在英国人看来，确保英国对直布罗陀的控制也同样重要。他们竭尽全力加强防御，使它坚不可摧。他们向下深挖到岩石层，开凿出一条大约 25 英里长的隧道，在里面储存弹药和建造车间，同时把飞机跑道延伸到海里。最终，这里可以容纳 600 架飞机。

然而，无论直布罗陀的防御工事修得多么坚固，它的生死存亡说到底还是要看中立方西班牙的态度。人们一直担心，西班牙民族主义独裁者弗朗西斯科·佛朗哥（Francisco Franco）将军当年是靠意大利和德国的援助起家，才在西班牙内战中击败共和政府。他可能会被说服，加入轴心国一边参战。如果他这样做，他显然会放手让纳粹德国国防军从后方攻击直布罗陀。

意大利的失败

墨索里尼对英法宣战的第二天，意大利皇家空军（对马耳他发动了第一次轰炸。它的指挥官虽然信誓旦旦地要"抹平"该岛，但事实证明，意大利皇家空军并不像有些人担心得那么强大。因此，英国皇家空军首先派出几架"格洛斯特角斗士"式（Gloucester Gladiator），然后派上数量更多的"飓风"式战斗机（Hurricane）抵挡住了意大利人后续的空袭，至少在纳粹德国空军抵达战场之前是这样。

同样，意大利皇家海军也无法阻止英国运输船队在地中海中部的航行。意大利海军的将军们不愿冒被打败的危险。这种不情愿，加上燃料日益短缺，使得它的舰队大部分时间都龟缩在塔兰托和拉斯佩齐亚两个军港。少数几位有进取心的指挥官每次想有所作为时，都发现自己被四处弥漫的畏惧感所掣肘。例如，1942 年 6 月，海军上将阿尔贝托·达·扎拉（Alberto Da Zara）在潘泰莱里亚岛海域袭击了一支英国运输船队，结果立刻被怯战的上级命令立即停止行动，返回港口。

一提到英国皇家海军，意大利人似乎就会产生强烈的自卑情结。

1940 年 7 月，他们在卡拉布里亚海岸外的蓬塔斯蒂洛进行第一次大规模海上行动，但虎头蛇尾，结果令人扫兴。"朱利奥·凯撒"号是当时参战的两艘意大利战列舰之一，当它被英国"厌战"号战列舰击中后，意大利人就赶紧释放烟幕弹，整个舰队急匆匆地逃窜回港。10 天之后，在克里特岛北部斯帕达角附近，两艘正在巡逻的意大利巡洋舰在跟一支战斗力较弱的英国驱逐舰舰队交战时，完全没有发挥出速度、射程和火力上的优势。理论上，巡洋舰本应在短时间内击败对手。可实际上，一艘被击沉，另一艘严重受损。

轴心国运输船队

组织运输船队往北非运送物资是意大利皇家海军的另一项职责。但其中存在一个问题，即意大利控制下的利比亚港口容量有限。利比亚首都的黎波里的港口一次只能容下五艘货船和四艘部队运输船。而利比亚东北部的托布鲁克在意大利人手中时，可以接纳三艘货船和两艘部队运输船。班加西一开始可以停靠两艘部队运输船和三艘货船，但英国皇家空军的空袭迫使意大利人放弃了在港口卸货的行动。这意味着班加西接纳船只的数量减少到了三艘。到 1941 年，持续不断的空袭也使的黎波里的容量减少了一半。

这个差额意味着，像英国往马耳他输送补给那样，一次组织 10 艘以上的大型运输船队是毫无意义的。相反意大利的运输船队规模经常很小，多半是由一艘商船和两到三艘护航的战舰组成。虽然减少了敌人攻击的机会，但这绝不是追求效率该有的方式。另一项不利因素是，补给物资抵达德尔纳、巴比迪亚、艾因盖扎莱和马特鲁港后，常常必须重新分卸到较小的近海船只上。战线过长的意大利皇家海军不得不为这些船只也提供护航。

K 舰队出击

最初，英国主要依赖飞机和潜艇来封锁轴心国的补给线。意大利皇家空军能为补给线上航行的船只提供的保护微乎其微。意大利飞行员没有受过在公海飞行的训练，只能在白天执行任务。他们经常发现，连找到需要他们保护的运输船队都是件很难的事。意大利皇家海军没有水下声呐来帮助军舰侦测潜艇，而深水炸弹不太管用，防空武器也不足。

因为英国皇家海军密码学家破译了意大利海军的密码，英国人得手的概率非常高，以至于让埃尔温·隆美尔（Erwin Rommel）上将都感到担忧。作为希特勒勉强派去支援其摇摇欲坠盟友的非洲军团司令，隆美尔接连向上级抱怨意大利皇家海军的无能。然而，对付意大利人单靠飞机和潜艇是不够的。丘吉尔很快意识到，水面舰艇也有必要派遣。在海军上将詹姆斯·萨默维尔的指挥下，驻守直布罗陀的 H 舰队已经全员出动，在地中海西部护送驶往马耳他的运输船队。于是任务落到了驻守马耳他的 K 舰队头上，由威廉·阿格纽（William Agnew）海军上校指挥他们攻击轴心国北非运输船队及其护航舰队，这些船队将从意大利出发，穿越整个地中海中部。

1941 年 10 月 21 日，由"曙光女神"号和"佩内洛普"号两艘巡洋舰以及"兰斯"号和"活泼"号两艘驱逐舰组成的 K 舰队抵达马耳他。到达的日子选得很恰当，那天正好是英国的特拉法加纪念日（Trafalgar Day）。没过多久，K 舰队就展开了行动。11 月 9 日，阿格纽和他的舰队第一次成功地伏击在爱奥尼亚海上向南航行的船队。它包括九艘商船和一艘万吨油船，由两艘意大利巡洋舰和十艘驱逐舰护航。意大利驱逐舰中有两艘在几分钟内就被击沉，一艘受到重创——后来被英国"支持者"号潜艇用鱼雷击中后也沉没。这艘潜艇还击中了另一艘意大利护航舰。随后阿格纽开始攻击商船。九艘商船全部当场被击沉。油船被炮轰后失了火，损失惨重，直接按报废注销。

11月24日，阿格纽再次发动袭击，这次拦截了从希腊前往利比亚班加西的一支运输船队，班加西的位置在希腊克里特岛以西。他击沉了"马里查"号和"普罗奇多"号商船，击伤了参与护航的"卢波"号和"仙后座"号两艘鱼雷快艇。意大利人应对措施是暂停了所有船队的航行。他们告诉德国盟友，的黎波里"几乎被封锁了"。丘吉尔从他的角度还是敦促坎宁安增援K舰队。于是，B舰队被迅速从亚历山大港派往马耳他加入阿格纽，其中包括"埃杰克斯"号和"海王星"号两艘轻型巡洋舰以及"金斯顿"号和"金伯利"号两艘驱逐舰。

"曙光女神"号（上图）是一艘"阿瑞托莎"级轻型巡洋舰，"活泼"号是一艘L级驱逐舰（中图），两艘军舰在打击轴心国运输船队的战斗中很活跃，取得了显著战果，有效阻止了船队将人员和物资运送给北非的隆美尔。1941年12月，"曙光女神"号与"佩内洛普"号一起拦截并击沉了没有护航保护的意大利"阿德里亚修"号部队运输舰。"活泼"号在利比亚苏尔特两次参与针对意大利主力舰队的水面行动，其中就包括著名的"利托里奥"号战列舰。1942年5月，"活泼"号在利比亚托布鲁克港口东北部被德国空军的俯冲轰炸机击沉。

"支持者"号潜艇（下图）于1940年12月抵达马耳他，加入第10潜艇支队。1941年5月24日，在执行第七次战争巡逻任务时，它攻击并击沉了"红色伯爵"号客轮，这艘客轮隶属于有重兵护航的向北非运送部队的一支船队。因其在进攻中展现出的一往无前、坚持到底的英雄气概，"支持号"号潜艇艇长戴维·旺克林（David Wanklyn）少校被授予维多利亚十字勋章。然而，1942年4月13日，好运气没有站到他这一边。"支持者"号在袭击一支船队时被一艘意大利驱逐舰击沉，舰上人员无一生还。

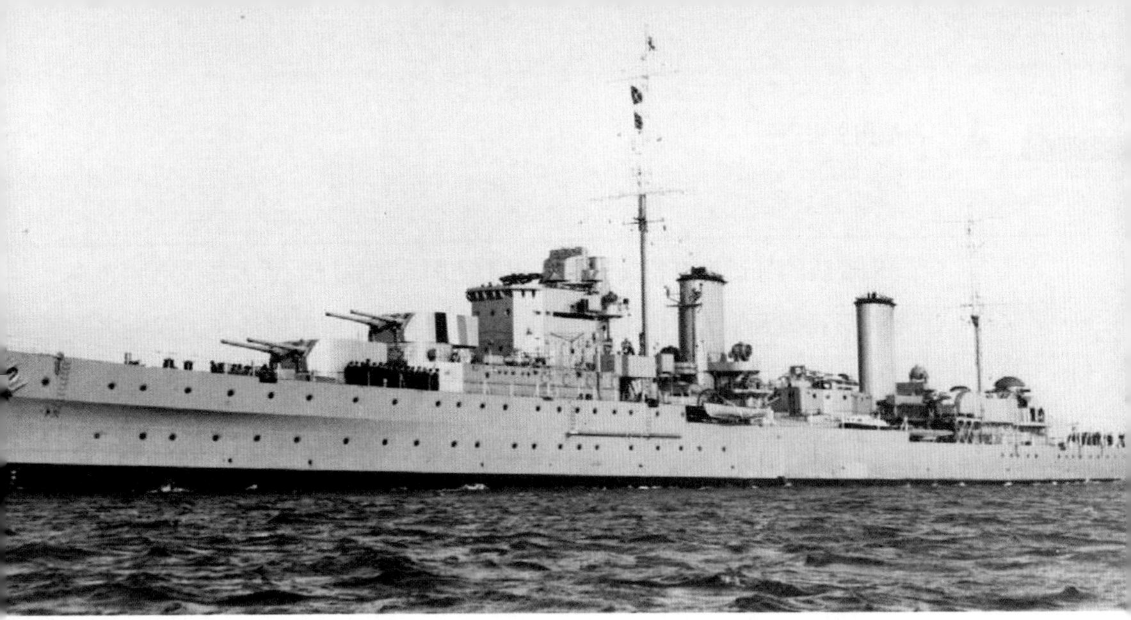

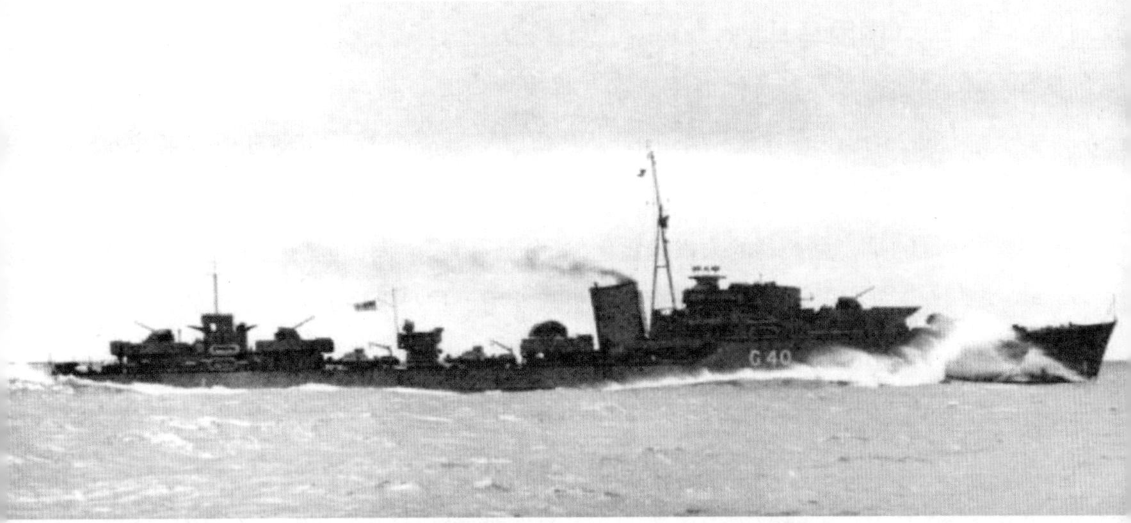
G 40

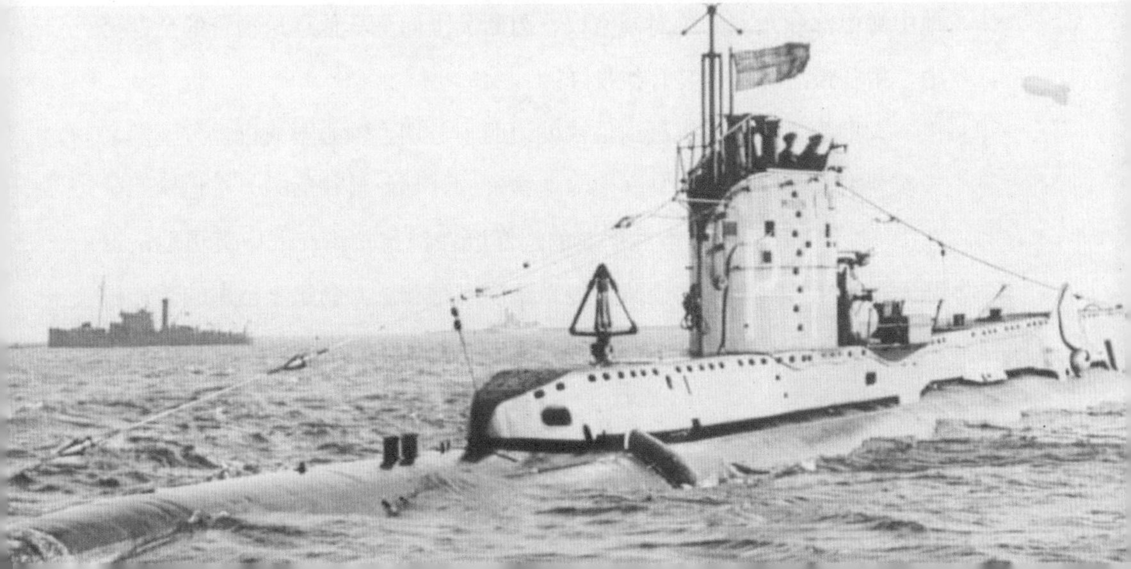

K 舰队的好运没有持续多久。迫于德国人的施压，意大利人赶鸭子上架，只得重新启动运输船队，主要是以巡洋舰输送燃油作为权宜之计，确保隆美尔的装甲部队和为他提供空中支援的德国空军有充足的燃料。K 舰队虽然又取得了一次成功，在的黎波里附近击沉了一艘油船及其护航驱逐舰，但在 12 月 19 日试图对另一支船队动手时误入雷区。"海王星"号轻型巡洋舰和"坎大哈"号驱逐舰被炸沉；"曙光女神"号受到重创。

围困马耳他

这并不是英国海军的唯一损失。德国 U 型潜艇分别于 11 月 14 日和 25 日在马耳他以东击沉"巴勒姆"号战列舰，在马耳他以西击沉"皇家方舟"号航母，"皇家方舟"号是为马耳他运送支援战机的。最糟糕的是，意大利的人操鱼雷偷偷溜进亚历山大港，成功地让"伊丽莎白女王"号和"勇士"号暂时失去战斗力，这是地中海舰队剩下的最后两艘战列舰。

地中海对战双方的态势似乎在向有利于轴心国的方向发展。1942年 1 月，希特勒下令把第 2 航空军和第 10 航空军调到西西里岛。二者合并成一个新的空军司令部——第 2 航空队（Luftflotte 2），任务是夺取地中海中部和东部的绝对制空权，阻断英国向马耳他运送物资的全部努力，用狂轰滥炸逼迫马耳他投降。

大批德国空军战机赶到很快就说明了一切。轴心国战机挫败了随后一次利用大船队从东往马耳他输送物资的计划。再往后的一批运输船队在 1942 年 3 月发出，虽然护航的巡洋舰在锡德拉湾交战中英勇地击退强大得多的意大利水面舰队，但是德国空军和意大利皇家空军的轰炸机仍然阻止了超 7500 吨物资在目的地上岸，这批从亚历山大港装船的物资总计 2.6 万吨。一艘商船在离瓦莱塔仅 20 英里的海域被击沉，其余两艘在港内被击沉。

同年 6 月，两次为马耳他输送补给的重大努力也以失败告终。两支运输船队——代号为"活力"（Vigorous）的船队从亚历山大港向西航行；代号为"鱼叉"（Harpoon）的船队从直布罗陀向东航行，都未能到达。参与运输的 17 艘商船中，只有两艘抵达马耳他。六艘被击沉，其余均严重受损，被迫返回出发港。这些努力导致英国海军五艘巡洋舰和一艘驱逐舰受损，四艘驱逐舰沉没。

基座行动

没有任何燃油运到马耳他，这无异于灭顶之灾。英国皇家海军"百眼巨人"号、"鹰"号两艘航母和美国海军"黄蜂"号航母在 3 月、5 月和 6 月成功地给马耳他岛上运来"喷火"式战斗机，但这些飞机没有燃料根本没法飞。时任马耳他防空司令部司令、空军中将基思·帕克（Keith Park）爵士在 7 月曾警告，他的航空汽油储备只够使用 7 周。如果到时再得不到补给，马耳他只能投降。

"基座行动"是迄今为止最大的一支运输船队，也是英国人的最后一搏。8 月 10 日，14 艘商船从直布罗陀起航，为向马耳他运送补给物资作最后的努力。他们在中途得到 2 艘战列舰"纳尔逊"号和"罗德尼"号，4 艘航母——"胜利"号、"不屈"号、"鹰"号和"暴怒"号，7 艘巡洋舰和 33 艘驱逐舰的护航。纳粹德国空军和意大利皇家空军派出所有能上天的飞机来对付他们。除 784 架战机外，18 艘意大利潜艇、3 艘德国 U 型潜艇和 23 艘轴心国鱼雷快艇也蓄势待发。

一艘 U 型潜艇抢得头功。8 月 11 日，"U-73"号潜艇用鱼雷四次击

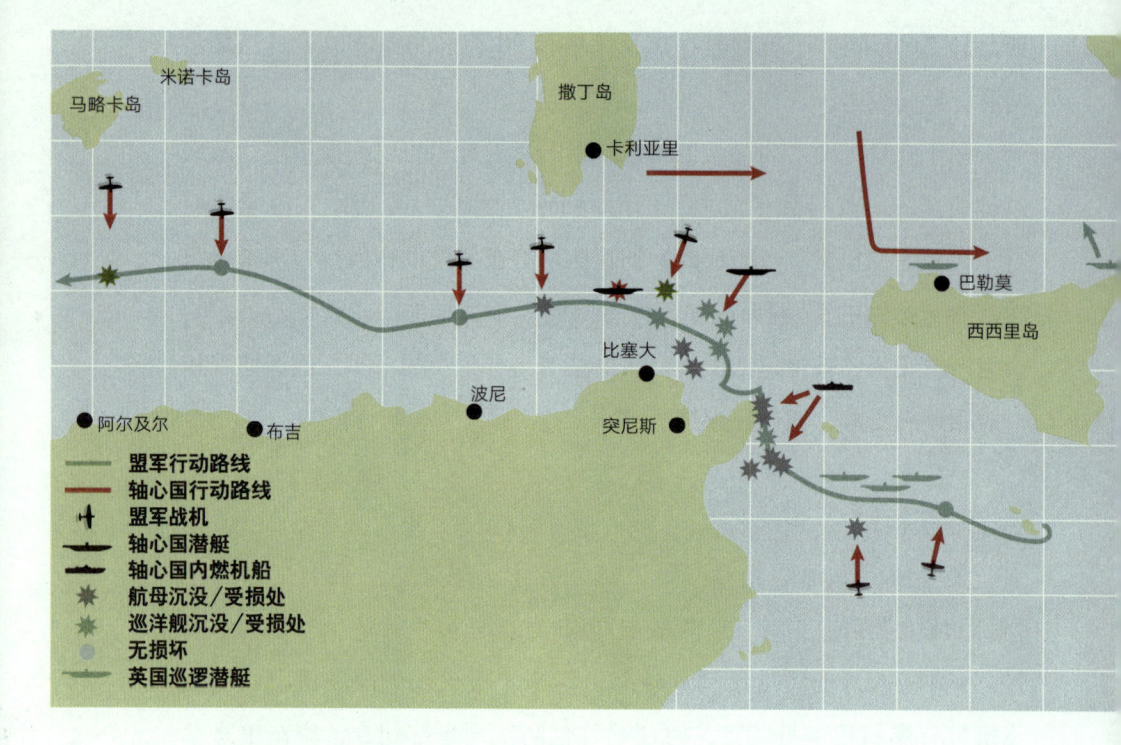

地图标注：
- 马略卡岛
- 米诺卡岛
- 撒丁岛
- 卡利亚里
- 巴勒莫
- 西西里岛
- 比塞大
- 波尼
- 突尼斯
- 阿尔及尔
- 布吉

图例：
- 盟军行动路线
- 轴心国行动路线
- 盟军战机
- 轴心国潜艇
- 轴心国内燃机船
- 航母沉没/受损处
- 巡洋舰沉没/受损处
- 无损坏
- 英国巡逻潜艇

"基座行动"路线图

  1942年8月10日，盟军参与"基座行动"（Operation Pedestal）的舰船从直布罗陀海峡起航，这是向马耳他输送补充物资的最后一搏。运输船队的护航力量包括两艘战列舰、四艘航母、七艘巡洋舰、33艘驱逐舰和24艘潜艇及扫雷舰，同时还有200架飞机提供空中掩护。在接下来的四天里，接到轴心国情报机构发出有关这支运输船队行踪的预警之后，德国和意大利军队对船队发动了大规模空中和潜艇攻击。参与行动的14艘补给船中，有四艘受到重创的货船于8月13日抵达马耳他岛；8月15日，"俄亥俄"号油船到达。这些物资的到来使马耳他免于饥荒和被迫投降。

中"鹰"号航母。航母在几分钟后倾覆并沉没。第二天，"不屈"号航母被德国空军俯冲轰炸机击中三次，而"丢卡利翁"号驱逐舰和"远见"号驱逐舰遭受到空中投射的鱼雷袭击。"开罗"号、"肯尼亚"号和

"尼日利亚"号三艘巡洋舰被意大利潜艇发射的鱼雷击中。"开罗"号被迫弃舰,"尼日利亚"号则返回了直布罗陀。船队唯一的油船"俄亥俄"号也被意大利人用鱼雷击中起火。经过紧急修理,它的速度降至 13 节,但还是设法继续行驶。被迫放弃的"帝国希望"号商船由一艘护航军舰击沉;"弗格森家族"号商船爆炸后沉没;"布里斯班之星"号商船被鱼雷轰炸机炸坏。

拯救"俄亥俄"号

8 月 15 日,战况也是一样。如果非说有什么变化的话,就是 15 艘意大利皇家海军鱼雷快艇对运输船队发起的 15 次攻击使战斗更加激烈了。意大利人用鱼雷击沉"曼彻斯特"号巡洋舰和"圣埃莉莎"号、"阿尔梅里亚·莱克斯"号、"维兰吉"号和"格林诺奇"号 4 艘商船。德国空军 Ju-88 轰炸机击沉"怀玛拉纳"号商船。"斯图卡"式轰炸机的攻击目标是受损的"俄亥俄"号。由于几次被近距离爆炸击中,船壳钢板被炸鼓,油船前部灌进了海水。一架"斯图卡"式轰炸机在海面上向它俯冲而来,倾泻炮弹。Ju-88 轰炸机的一次攻击后,这艘受到重创的油船几乎被撕成两半,船员弃船逃生。

一艘驱逐舰试图拖着"俄亥俄"号航行,但油船太重,拖曳绳不停地被扯断。它现在不断遭受空袭,但德国空军和意大利皇家空军的合力攻击依然未能将之击沉。"圣埃莉莎"号商船的两名幸存者主动来到油船上担任炮手,为油船提供防空保护。然而,一枚炸弹把它的船舵炸得粉碎,另一枚在船艉炸出一个大洞。在前面一艘扫雷舰的拖曳和两侧防止倾覆的两艘驱逐舰的"搀扶"下,"俄亥俄"号再次向前行驶,最终在 8 月 15 日到达港口,受到人群的欢呼和迎接。"罗切斯特城堡"号、"港口城堡"号、"墨尔本之星"号和"布里斯班之星"

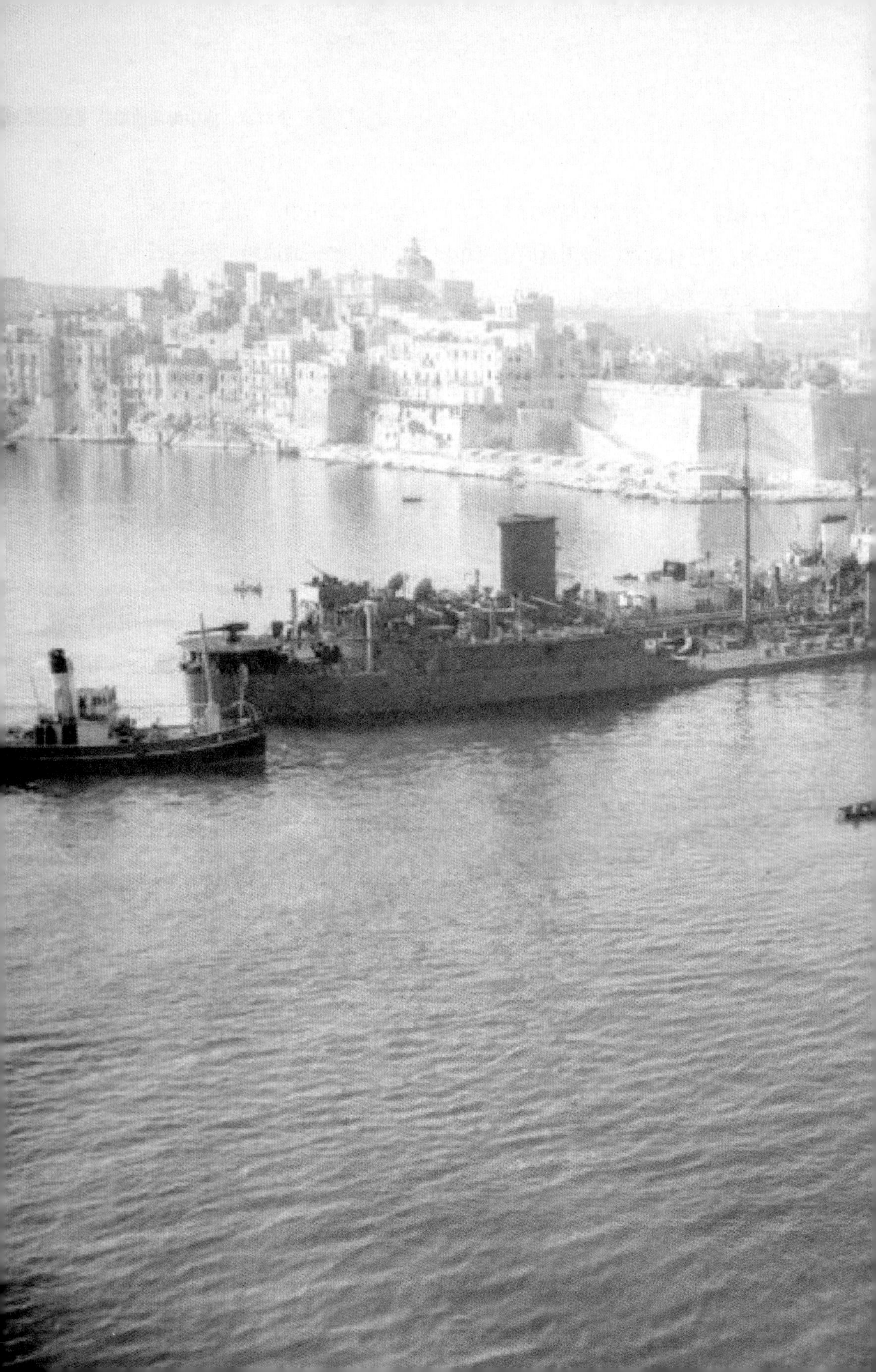

第22章 地中海运输船队

号在其之前到达瓦莱塔。

运输船队这次虽然遭受重大伤亡，但"基座行动"使英国获得急需的战略胜利。马耳他得救了。这个岛从此再也不用投降了。

照片中的"俄亥俄"号高速油船是美国专门租给英国往马耳他运输物资用的。它刚到瓦莱塔港就被盯上，先被一艘意大利潜艇的鱼雷击中，导致船上发生火灾，然后又被"斯图卡"式和Ju-88轰炸机从空中轰炸。最后，它发动机失灵，海水与甲板持平。为了防止其沉没，人们用钢丝绳把它与一左一右的"佩恩"号和"莱德伯里"号两艘驱逐舰捆绑在一起，它最终被拖回目的地。成千上万的马耳他人挤在码头，为其到来欢呼。

一架意大利"萨沃亚-马尔切蒂"式tS79-II型三发动机轰炸机在一支地中海航行的运输船队（左图）上方高空盘旋，准备降低飞行高度，发起低空鱼雷攻击。机组人员给这种型号的飞机起了个绰号叫"该死的驼背"，因为机身前部有个与众不同的驼峰。意大利皇家空军派了约74架该型飞机攻击英国人的"基座行动"船队，但意大利皇家海军和纳粹德国空军使尽了全力，马耳他的生命线却从未完全切断。意大利最高指挥部司令乌戈·卡瓦列罗（Ugo Cavallero）和隆美尔的直接上级——空军元帅阿尔贝特·凯塞

林（Albert Kesselring）敦促实施"大力士行动"（Operation Herkules），按照德意两国的计划，五个意大利师在马耳他南部海岸登陆策应，由两国空降部队组成混编部队侵入马耳他。然而，隆美尔说服希特勒否定了这个计划。意大利主力舰队只在该岛海域航行过一次（右图），那要到1943年9月了，意大利无条件投降后，舰队前往该岛接受盟军扣押。

第 23 章
火炬行动

按照美国陆军部长亨利·史汀生（Henry Stimson）的说法，盟军在法属北非地区实施的"火炬行动"（Operation Torch）这样一场两栖登陆作战其实是罗斯福总统的"私生子"。大英帝国总参谋长陆军元帅艾伦·布鲁克（Alan Brooke）爵士在他的日记里提到："如果'火炬行动'取得成功，我们就能逐步扭转败局。"但作为执行"火炬行动"的盟国远征军新任最高指挥官，德怀特·艾森豪威尔（Dwight D. Eisenhower）上将却没有那么乐观。艾森豪威尔认为，"火炬行动"是"本质上十分冒险的军事行动"。实际上，他一度考虑请求罗斯福总统直接取消这项行动。

艾森豪威尔的疑虑不足为奇。他从来没有真正在战场上带过兵、打过仗，而且除了显而易见的战争危险外，他尚有其他的担忧。他们即将进攻维希法国的北非属地，维希法国会与盟军合作，还是会抵挡盟军的进攻？万一轴心国情报机构提前嗅到有关行动计划的风声怎么办？西班牙人会保持中立吗？或者他们会最终倒向轴心国，派驻守在摩洛哥的13万西班牙军队跟盟军作战吗？再或者，西班牙即便保持中立，佛朗哥会允许纳粹德国空军使用他们的空军基地闪击直布罗陀暴露在外的野战机场和停满船只的锚地吗？这一系列问题和其他不确定因素一直萦绕在艾森豪威尔心头。

同盟国的分歧

"火炬行动"自一开始就备受争议。丘吉尔和他的将军们一致支持"火炬行动"，然而美国陆军参谋长乔治·马歇尔（George Marshall）上将和海军总司令欧内斯特·金上将则持相反看法，他们更倾向于攻占法国北部。1942年6月，两位美军将领抵达伦敦商讨此事。布鲁克在日记中气急败坏地记道："我们发觉两人最想干的事情还是在今年打到英吉利海峡对面去，从而为苏联舒缓压力。但他们并没有意识到，这样做只会葬送6个师的兵力，而得不到任何结果。"

罗斯福在双方之间摇摆不定。起初，他似乎倾向支持开辟期待已久的第二战场。6月1日，他还给丘吉尔发电称，他"比以往任何时候都盼望'波列罗'计划（Bolero，英吉利海峡渡海作战的代号）在8月正式开始实施"。之后他就改变了主意。8月1日，华盛顿传来了消息，"火炬行动"将于秋末正式展开。进攻法国大陆的计划至少推迟一年，取而代之的是，英国和美国将联手彻底把轴心国势力从北非赶走。罗斯福电告丘吉尔："我正在调动所有资源，全力备战，我们应该斩钉截铁地把行动立刻确定下来。"

筹划"火炬行动"

英国地中海舰队前司令安德鲁·坎宁安海军上将，目前是盟军远征军海军总司令，他主要负责策划"火炬行动"的海上作战。除了中途短暂回了伦敦一次之外，他一直待在华盛顿，直到10月中旬才回国，所以副手海军中将伯特伦·拉姆齐（Bertram Ramsey）爵士承担了他的大部分工作。

9月5日，经过多次讨论后，决议最终形成，盟军将从三个地点发起登陆行动——西面的卡萨布兰卡、中间的阿尔及尔和东向的奥兰。前往卡萨布兰卡的船队直接从美国出发，其他船队将从苏格兰出发。乔治·巴顿（George S. Patton）将军率领35000名美军，在卡萨布兰卡上岸。劳埃德·弗雷登道尔（Lloyd R. Fredendall）中将的兵力将从18500增至39000，他们的登陆目标是东部的奥兰。肯尼思·安德森（Kenneth Anderson）中将带领20000多名英美士兵从阿尔及尔登陆。

海军特遣队进行了类似的划分。西部特遣舰队由海军少将亨利·肯特·休伊特（H. Kent Hewitt）指挥，全部由美军组成。休伊特麾下共

有 3 艘战列舰、5 艘航母、7 艘巡洋舰、38 艘驱逐舰、8 艘扫雷舰和 5 艘油船，以及输送突击部队的 91 艘运兵船。中部特遣舰队由海军准将托马斯·特鲁布里奇（Thomas Troubridge）指挥，包括"拉格斯"号指挥舰、2 艘航母、2 艘巡洋舰、2 艘防空舰、13 艘驱逐舰、6 艘小型护卫舰、8 艘扫雷舰和各种辅助舰船。

海军中将哈罗德·伯勒（Harold Burrough）爵士指挥的是东部海军特遣舰队，下辖"布洛洛"号（另一艘指挥舰）、2 艘航母、3 艘巡洋舰、3 艘防空舰、1 艘小型浅水重炮舰、3 艘海岸炮舰、7 艘扫雷舰和 7 艘轻型护卫舰。总而言之，这三支特遣舰队的海军实力着实令人叹为观止。

1942 年 11 月 8 日，美军在阿尔及尔以西的西迪·菲鲁奇登陆时几乎没有遇到抵抗。它们构成了英美两军进攻北非的东翼。中部特遣舰队在奥兰附近登陆，而西部特遣舰队则在法属摩洛哥的亚特兰大海岸登陆。同德国人一样，维希政府也完全没预料到这次行动。法国海军总司令弗朗索瓦·达尔朗曾安慰阿尔及尔的下属，盟军在 1944 年前根本无力组织一支足够强大的进攻舰队。

盟军进攻路线图

　　按照"火炬行动"的最终方案，65000名士兵将分成三支突击部队，搭乘由300艘军舰护航的370艘商船从美国和英国出发。一旦拿下阿尔及尔，肯尼思·安德森中将率领的东部突击部队将迅速东进，抢在轴心国反扑之前先发制人，防止他们从西西里岛急调部队到突尼斯。中部突击部队包括19000名美军士兵，由劳埃德·弗雷登道尔中将指挥，他们将从英国出发攻占奥兰。巴顿将军指挥的西部突击部队拥有35000多人的兵力，他们将从美国直接驶向目的地摩纳哥。

秘密谈判

　　全部备战工作都已接近尾声。10月22日，第一批运兵船队离开美国克莱德，四天之后以及11月1日，更多的舰船也开启了航程。10月24日，进攻卡萨布兰卡的舰队从美国东海岸切萨皮克湾起航。负责掩护的军舰也从各自基地出发。随着盟军大约340艘舰船在直布罗陀海峡集结完毕，渡海登陆作战的日期也最终定在11月8日。

令艾森豪威尔十分欣慰的是，意大利和德国的情报机构似乎都未能嗅到危险的气息。他们虽然注意到直布罗陀来了一批护航舰队，但他们让各自的最高指挥部放心，这些舰队要去的是马耳他，而不是北非；或者这些舰队只是试图强行通过地中海，为伯纳德·蒙哥马利（Bernard Montgomery）将军指挥向前推进的第 8 集团军直接从海路提供补给。在大西洋和地中海哪个方向应该优先得到 U 型潜艇增援这个问题上，雷德尔和邓尼茨爆发了激烈的冲突；等到邓尼茨决定从大西洋调派 25 艘 U 型潜艇增援地中海时，为时已晚。

美军最高指挥官最担心的问题仍然是法国将对登陆行动作何反应。据估计，北非驻军有 2 万多人；艾森豪威尔在进攻开始阶段只能调遣 11.2 万人。美国驻阿尔及尔公使罗伯特·墨菲让他放心，只要进攻由美国主导，法国就不会阻止此次登陆。为了再次确认法国人的态度，马克·克拉克（Mark Clark）中将乘坐潜艇秘密到达阿尔及尔，与法国第 19 军参谋长查尔斯·马斯特（Charles Mast）少将会谈。马斯特向克拉克保证，只要提前四天发出预警，他可以保证几乎不会有武装抵抗。

据墨菲说，驻防部队总司令阿尔方斯·朱安（Alphonse Juin）中将也毫不掩饰他对盟军的支持。然而，两位法军将领都警告，他们无法代表海军上将弗朗索瓦·达尔朗。达尔朗一直在阿尔及尔，因为他的儿子当时在阿尔及尔突然病重，贝当把他从维希派到阿尔及尔担任北非高级专员（High Commissioner）。盟国决定派出一位更有声望的法国军界大人物来解决这个问题。人选显然就是在伦敦的自由法国领导人戴高乐将军，但罗斯福非常厌恶他，否决了这项提议。美国人的目光转向了亨利·吉罗（Henri Giraud）上将，他在 1940 年被德国人俘虏后，奇迹般地从战俘集中营逃脱，安全到达法国未沦陷区。随后，他乘坐飞机到达直布罗陀，向北非同胞发出呼吁，号召他们团结起来支持盟国。

但结果这个计划却适得其反。事实证明，吉罗和戴高乐一样难以对付。他要求美国人在登陆后任命他担任所有进攻北非部队的总司令，来回报他的帮助。这个要求根本无法满足，于是美国人撇开吉罗，按计划进行渡海登陆，改由罗斯福通过广播呼吁法国人站到盟军这一边。

进攻卡萨布兰卡

盟军登陆时，维希政权首脑贝当元帅命令所有驻北非的法国军队发起阻击。并不是所有人都执行了命令，但在达尔朗决定与盟军议和之前，的确爆发了一些激烈的战斗。

进攻前夜，自由法国发动了一场针对查尔斯·诺盖斯（Charles Nogues）将军的政变，但让他逃过一劫。在卡萨布兰卡，诺盖斯和海军中将菲力克斯·米舍利耶（Felix Michelier）进行了顽强抵抗，但坚持时间不长。在港口防御方面，米舍利耶拥有一艘尚未形成战斗力的"让·巴尔"号战列舰（这艘军舰尽管无法行驶，但有一座381毫米口径主炮塔可以使用）、一艘轻型巡洋舰、两艘领航驱逐舰、七艘驱逐舰、八艘海岸炮舰和11艘潜艇。港口西端埃尔汉克的海岸防御炮台可以提供进一步保护。

事实上，美国人选择在稍微远离阿尔及尔城市的费达拉登陆。11月7日午夜时分，巴顿的10艘运兵船在离岸八英里处抛锚；上午6:00，他们装满辎重的登陆艇开始朝海滩驶去。对面岸防炮兵立刻开火阻击，但一开始并未造成什么损失。天亮之后，太阳升起，法军炮火变得更加猛烈。休伊特下令四艘驱逐舰驶近岸边，以缩短射程、拔掉岸炮。与此同时，米舍利耶命令五艘潜艇迎击入侵者，法国战斗机也起飞拦截美军执行轰炸港口任务的舰载轰炸机。法国战斗机与美国"游骑兵"号航母搭载的"野猫"式 F4F 战斗机（Wildcats）短兵相接，陷入激烈缠斗。战斗中法国人损失七架战机，美国人损失五架。

其他美国战机此时已经开始进入港口轰炸各种目标。他们击沉了四艘法国潜艇和不计其数的商船。片刻之后，"马萨诸塞"号战列舰、"威奇塔"号和"塔斯卡卢萨"号两艘重型巡洋舰以及四艘驱逐舰开始炮击埃尔汉克炮台和"让·巴尔"号战列舰。美军迅速摧毁这艘法国战列舰后，开始集中火力攻打埃尔汉克。

法军出击

米舍利耶反应十分迅速。上午 9:00 左右，"马林"号、"福格埃克斯"号和"布朗奈斯"号驱逐舰驶离港口，径直全速驶向美国部队运输舰。他们尽管受到"游骑兵"号航母舰载机的低空扫射，依然成功击沉了一艘登陆艇，但之后"马林"号和"福格埃克斯"号受到休伊特舰队炮火压制，被迫返回岸边。两小时后，"普里茅盖特"号轻型巡洋舰、"阿尔瓦特罗斯"号领航驱逐舰以及"布雷什托伊斯"号和"弗洛恩德乌尔"号驱逐舰加入战斗。与"马萨诸塞"号战列舰、"奥古斯塔"号重型巡洋舰和"布鲁克林"号轻型巡洋舰交锋后，法国人发现自己处于下风。于是，法国军舰调转船头，赶紧驶回军港，全部回到卡萨布兰卡，只有"阿尔瓦特罗斯"号被迫搁浅以防沉没。"普里茅盖特"号发生火灾后回到港口搁浅，而其他两艘幸存的驱逐舰在各自泊位倾覆。"布朗奈斯"号也没有脱险，正午前后被"奥古斯塔"号追上后击沉。

随后战场陷入短暂的平静，法国人趁机抢修"让·巴尔"号，其炮塔再次投入战斗。随后，两艘扫雷舰从卡萨布兰卡驶出，炮击巴顿的渡

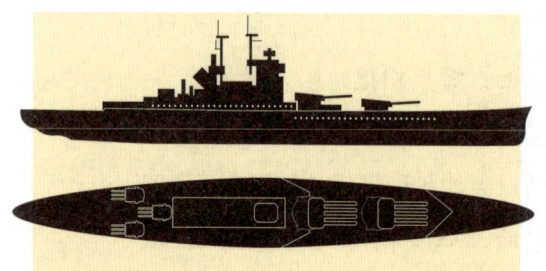

"让·巴尔"号

级别：	"黎塞留"级战列舰
排水量：	48950吨（满载）
长度：	813英尺（248米）
宽度：	108英尺（33米）
吃水：	31英尺（9.4米）
航速：	32节
火力装备：	2座8门381毫米口径火炮；3座3联装9门152毫米口径高射炮；8门40毫米口径和20门20毫米口径机关炮
乘员：	911人

1940年6月，德军攻至圣纳泽尔附近，"让·巴尔"号战列舰的建造工程只完成了75%。舰长面临严峻抉择——要么驶往北非卡萨布兰卡安全地带，要么自沉。舰长选择了前者。然而，卡萨布兰卡码头前沿船坞设施的匮乏使"让·巴尔"号的后续建造工作进展极为缓慢；到1942年11月盟军登陆时，只有一座炮塔上的四门381毫米口径主炮可以投入作战。但不管怎样，在美国海军"马萨诸塞"号驱逐舰和"游骑兵"号航母的俯冲轰炸机报销其之前，它还是炮击了掩护登陆部队的美国军舰。

海部队，战斗再次打响，这时巴顿离城市越来越近。"奥古斯塔"号和两艘驱逐舰出击迫使他们退回港口。休伊特的舰船受到"让·巴尔"号炮击后撤。为了压制法军，"无畏"式俯冲轰炸机从"游骑兵"号航母起飞对"让·巴尔"号战列舰发起攻击。"让·巴尔"号被两枚1000磅重的炸弹击中后沉没。停在近海的三艘法国潜艇想用鱼雷攻击美国军舰，但并没有得手。

法军投降

法军在奥兰也进行了奋勇抵抗。登陆部队原本打算直接从新月形港口的码头上岸，但被几艘法军驱逐舰击退，伤亡惨重。而法军也有两艘驱逐舰在越过防波堤攻击盟军登陆舰队时被击沉。东部和西部两个方向登陆时没有遭到拦阻。在卡萨布兰卡被攻破前一天，奥兰落入盟军手中。

到此时，盟军已经以迅雷不及掩耳之势轻松攻占阿尔及尔，达尔朗从那里下达了投降令。这位法国海军将领用尽浑身解数，以同意停

1942年5月12日,"南达科他"级战列舰"马萨诸塞"号离开位于马萨诸塞州昆西的福尔河造船厂,驶入波士顿港。1942年11月,它作为盟军进攻北非的舰队成员,曾在卡萨布兰卡内外海域与法国军舰交战,压制住了尚未完工的"让·巴尔"号战列舰的主炮火力,还击沉了两艘试图离开港口的法国驱逐舰。它可能是美国最后一艘在舰对舰实战中使用406毫米口径火炮的战列舰了。

战为代价,设法让美国人同意保留自己的官位,允许他以"元帅的名义"继续掌管法属北非,即以贝当的名义。然而,维希政权自身都已难保。盟军占领北非后,希特勒下令立即占领法国本土其他尚未占领的地区。土伦基地停泊的法国海军舰队按照达尔朗的秘密指令自沉,以防落入德军手中。

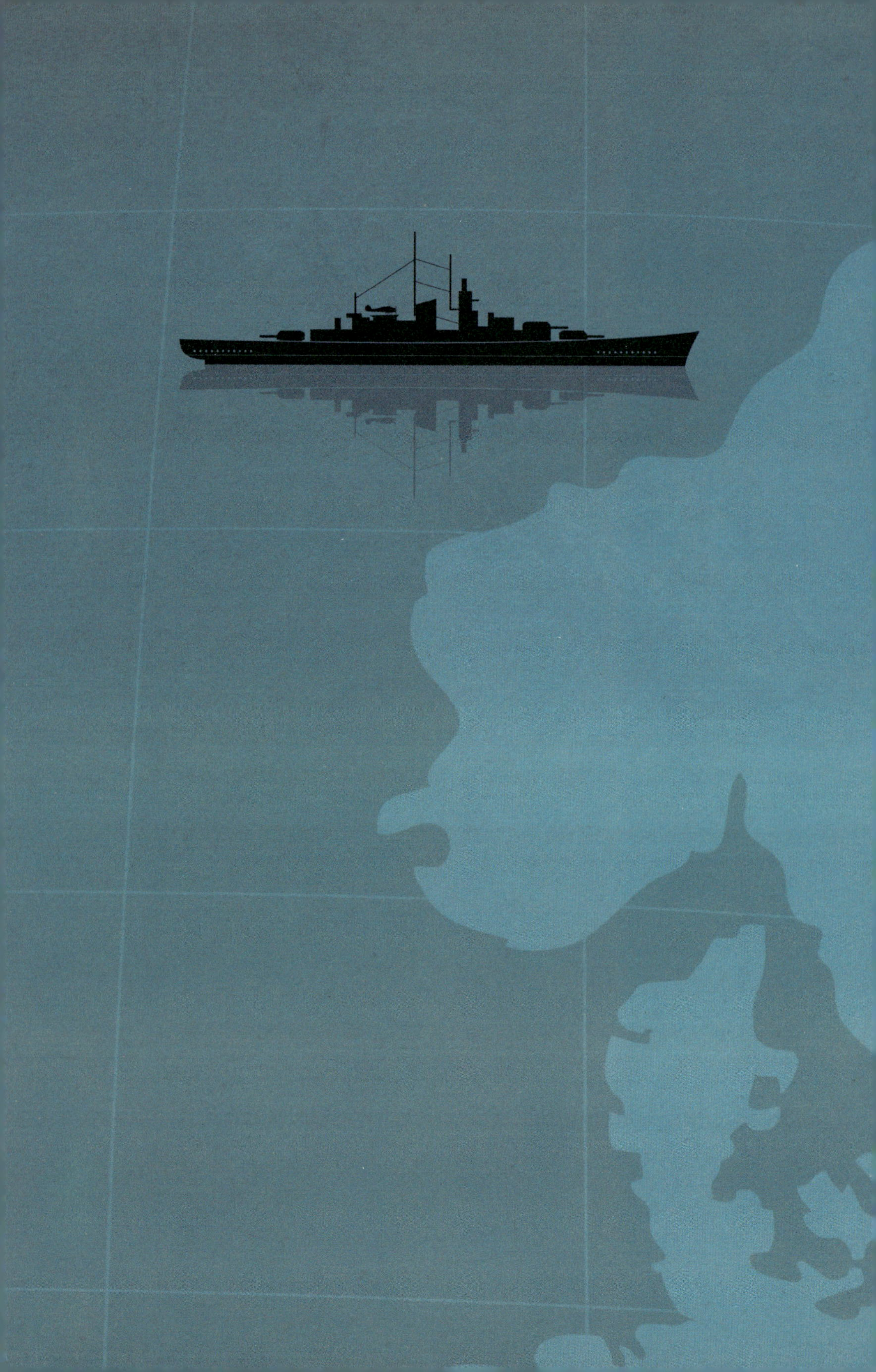

第三部分

战局逆转

当战争之势开始不可逆转地对轴心国集团不利时，同盟国几乎取得了世界上所有大洋的控制权。纳粹德国海军潜艇虽然有打赢大西洋海战的可能，但他们并没能阻止美国向英国输送物资。1943年5月，大西洋海战进入白热化阶段，U型潜艇损耗十分严重，以至于邓尼茨元帅被迫下令潜艇部队撤回安全海域。在远东地区，美国军队开始一步一步地跨越中太平洋，越来越逼近日本领土。再回到欧洲，同盟国向西西里岛发起进攻，揭开登陆意大利的序幕。1944年6月，同盟国实施了史上最大规模的两栖登陆行动——诺曼底登陆。

第 24 章
大西洋海战

这是一场长达六年的漫长消耗战。大战初期，德国 U 型潜艇几乎完全占据上风。从 1940 年 6 月至 10 月，他们共击沉 247 艘商船，总吨位达 140 万吨。

到 1940 年年底，数字上升至 1281。这些船只大部分是英国的，大多数是被 U 型潜艇击沉的，其余的是德国水面舰艇、鱼雷和战机的战果。这个数字超过了英国战前商船总数的五分之一。德国人只损失了六艘 U 型潜艇，其中仅有两艘是被运输船队的护航舰队击沉的。而在接下来的四个月，护航舰队也仅仅击沉了另外两艘 U 型潜艇。

难怪 U 型潜艇的艇员把这段时间称为"快乐时光"，但好景不长。随着护航船只数量增加，英国皇家海军和加拿大皇家海军的护航力度也在加大。加拿大人逐渐向东扩大他们的护航范围，而英国皇家海军也向西延展了护航范围。1941 年 5 月，第一支向东航行的运输船队在护航舰队的保护下，成功横跨北大西洋；7 月，第一支向西航行的运输船队也得到了同样的护卫。U 型潜艇原本能在大西洋中部所谓的"护航缺口"中觅得机会，在那里攻击没有任何护航的运输船队，但现在这个缺口也被补上了。

英国人也在一定程度上破解了 U 型潜艇部队一直得心应手的狼群战术。他们放弃原先采取的攻击性反潜扫荡策略，转而靠近运输船队，为它们提供屏护。为了对付潜艇对水面船只的夜袭，他们研制出新型雷达，使护航舰队能在黑夜中发现 U 型潜艇。由此带来的结果便是，护航舰队开始取得击沉一定数量 U 型潜艇的战果。到 1941 年年末，德国人虽然又击沉了 432 艘商船，但自己也损失了 35 艘 U 型潜艇，其中 27 艘是英国皇家海军护航舰队的功劳。

击鼓行动

大西洋海战似乎即将进入僵持阶段。随后，在 1941 年 12 月 7 日发生了一件让希特勒和美国都猝不及防的事。日本人对珍珠港的美国太平洋舰队发动了闪电袭击，同时还攻击了英国占领的马来西亚、新加坡和中国香港。

跟希特勒一样，邓尼茨对这次意外的事态转变感到十分惊讶，但在几天后德国向美国宣战之时，他迅速做出了应对。根据最新局势，德国人可

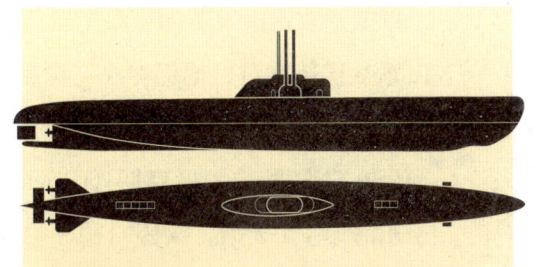

XXI型潜艇

级别：远程攻击型潜艇

排水量：1621吨（上浮）、1819吨（下潜）

长度：251英尺7英寸（76.7米）

宽度：21英尺7英寸（6.6米）

吃水：20英尺8英寸（6.3米）

航速：15.7节（上浮）、17.2节（下潜）

火力装备：6具533毫米口径艇艏鱼雷发射管；2座双联装20毫米口径高射加农炮

乘员：57人

革命性的 XXI 型 U 型潜艇如果能够早点投入使用，可能会彻底颠覆潜艇战模式。但由于生产延迟，它从未投入实战。老式潜艇在水下航速缓慢而且机动性差；下潜航行时间也十分有限。而 XXI 型 U 型潜艇潜行速度比上浮航行速度快，水下停留时间长达 11 天之久。因为配置了新型"蠕动"发动机，它在航行时几乎没有噪音，压力壳由一毫米厚的钢铝合金制成，最深可潜至 919 英尺而不变形。XXI 型潜艇的攻击力也大大改善，可以在 20 分钟内完成鱼雷的六轮装填和发射，相比较而言，传统潜艇仅仅装填一枚鱼雷就要 10 分钟时间。

以随意攻击沿着美国东海岸航行的不设防的盟国船只。尽管遭到德国海军参谋部反对,他仍然决定调派几艘立即可以出海的 IX 型远程潜艇对那些沿海船只实施快速猛烈的打击。12 月 18 日,第一艘潜艇"U-125"号在乌尔里希·福克斯(Ulrich Folkers)指挥下,从洛里昂驶向美国东海岸;5 天后,莱因哈德·哈德根(Reinhard Hardegen)指挥的"U-123"号也从军港驶出;理查德·扎普(Richard Zapp)指挥的"U-66"号在圣诞节出航;海因里希·布莱希罗德(Heinrich Bleichrodt)的"U-109"号和恩斯特·卡尔斯(Ernst Kals)的"U-130"号则在 12 月 27 日出海执行任务。

行动马上开始,邓尼茨为它取名为"击鼓行动"(Operation Drum Roll)。福克斯将在新泽西州海岸行动,而哈德根要前往纽约港,之后沿着海岸搜寻目标,一直航行至北卡罗莱纳州的哈特拉斯角。扎普也要在那附近行动。布莱希罗德和卡尔斯则要在新斯科舍半岛的哈利法克斯湾和圣劳伦斯湾附近游弋。

第一个出击的是哈德根。1942 年 1 月 12 日,他用鱼雷攻击了英国"独眼巨人"号轮船,这艘轮船正从巴拿马运河前往哈利法克斯,准备加入一支返回英国的运输船队。袭击发生在科德海角以东约 300 英里处。哈德根总共发射了两枚鱼雷,第一枚打在"独眼巨人"号右

"U-123"号潜艇 88 毫米口径甲板炮的操作手正在准备开火。这是第一艘到美国沿海寻找猎物的德国潜艇。1942 年 1 月 12 日,邓尼茨启动"击鼓行动"的前一天,"U-123"号在科德海角以东 300 英里海域用鱼雷击沉"独眼巨人"号轮船,这是德国人在行动中击沉的第一艘盟国船只。它接着击沉了"诺内斯"号和"科英布拉"号两艘油船,以及"圣何塞"号、"亚特兰大"号和"西尔维拉"号货船,之后又用甲板炮重创"马来"号并击沉另外两艘船。

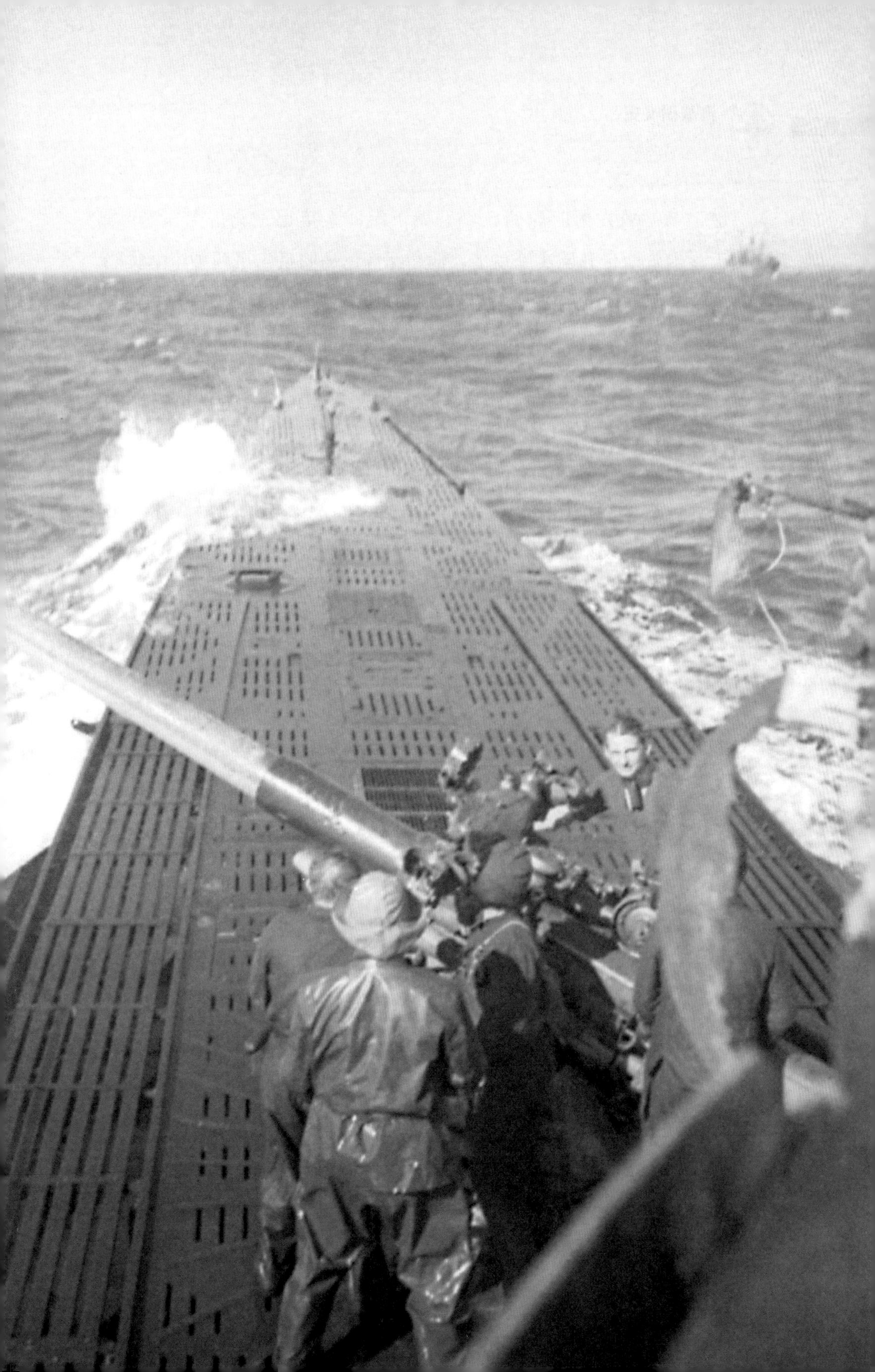

舷，第二枚发射时轮船已经开始下沉，直接近距离击中左舷。第二天，卡尔斯也开始实施攻击，他在纽芬兰岛附近击沉两艘小型货船。

与此同时，哈德根向南进发。1月14日晚，他到达罗得岛湾，立刻被眼前的景象惊呆。海岸上简直是一个灯火通明、路标林立的仙境。美国人没有强制实行灯火管制，更不用说断电了。沿着海岸行驶的汽车大灯清晰可见，数不清的浮动光标能够清晰地映衬出海岸线。突然，哈德根接到报告，有一艘船正在向他们靠近。那是以10节速度直航的挪威"诺内斯"号油船，它完全没有意识到自己有任何危险。哈德根一连发射五枚鱼雷，其中三枚击中要害，导致"诺内斯"号沉入海底。

哈德根的任务还未结束。第二天大部分时间，他在长岛附近的海床隐蔽，在黄昏时分浮出水面，驶向安布罗斯灯塔和运输航线。他小心翼翼地沿着海岸线搜索，逐步接近洛克威海滩和科尼岛。桑迪胡克这条狭长的岛礁静静地扼守着哈德逊河入海口，在他面前，布鲁克林和曼哈顿的城市灯光照亮了夜空。哈德根耐心地在狭长的航道下等待，希望能守到一艘船。因为没有船只经过，哈德根准备折回公海，就在此时，监视哨报告他们后面来了一艘船。原来是英国的6700吨级"科英布拉"号油船，远处城市的灯光清楚地映衬出它的轮廓。哈德根指挥潜艇对它进行拦截。哈德根发射了两枚鱼雷，第一枚命中"科英布拉"号舰桥下方，第二枚击毁船的龙骨。"科英布拉"号36名船员中只有六人幸存。

鱼雷会师点

哈德根继续沿向南航线行驶至哈特拉斯海角，与扎普指挥的"U-66"号潜艇会合，后者早已在那里展开了行动。哈德根抵达时，正好看到扎普摧毁的第一艘民船爆炸时火光四射的场景，那是美国的"艾伦·杰克逊"号油船。扎普跟踪了四天，然后向之发射了两枚鱼雷。扎普随后击沉了加拿大的"霍金斯夫人"号邮轮，因为下沉太快，邮轮船员仅来得及释放三艘救生艇。最终只有一艘被救援船只找到，艇上71名幸存者得救，另外两艘则消失得无影无踪。

"U-123"号也很快开始了行动。1月19日，哈德根击沉美国"亚特兰大"号货船，当天晚些时候，又击沉了拉脱维亚的"西尔维拉"号小型货船，该船当时正在前往萨凡纳的途中。后来由于缺少鱼雷，哈德根只好用甲板炮对"马来"号油船进行攻击。哈德根尽管给它造成重创，最后甚至补打了一枚鱼雷，也没能将之击沉。"马来"号伤痕累累地驶回弗吉尼亚州诺福克港。鱼雷消耗殆尽的哈德根开始经百慕大返回母港，途中又击沉了英国皇家邮政公司的"库莱布拉"号轮船和另一艘挪威油船。2月7日，他到达洛里昂，在码头受到邓尼茨亲自迎接。

扎普紧接着也返回基地。从1月22日到24日，他返航前在哈特拉斯海角又击沉了4艘商船。现在轮到卡尔斯往南大开杀戒了。从1月21日开始，他在南塔基特和哈特拉斯之间的美国东海岸击沉了五艘船只。"U-109"号在新斯科舍岛海域击沉一艘货船后，布莱希罗德指挥着潜艇也向南奔来，在美国东海岸和百慕大之间击沉四艘船只。

那些不走运的油船和轮船水手开始将哈特拉斯附近的海域称为"鱼雷会师点"，这也不足为奇。德国潜艇艇员给这个地方取名"美国打靶场"。大约1.5亿加仑石油泼洒在海水里和海滩上，这些石油原本是急需品。"我们几乎要放弃在海里游泳，"一位当地居民回忆道，"到处漂着石油，弄得你满身都是。"

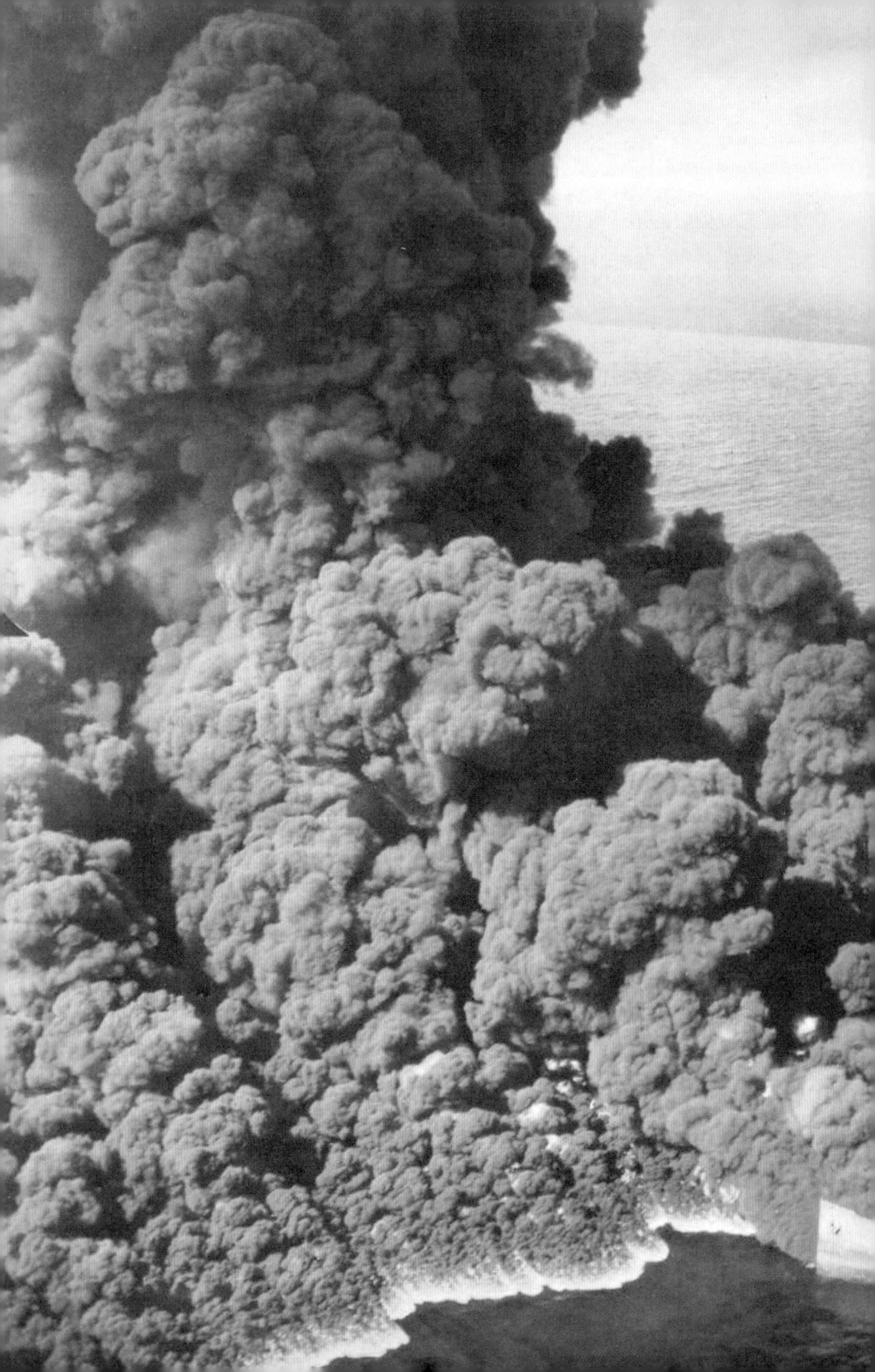

1942年3月26日，在北卡罗莱纳州海岸附近，沃尔特·弗拉申伯格（Walter Flaschenberg）上尉指挥的"U-71"号潜艇向"南方之箭"号油船发射三枚鱼雷，炸毁了油船龙骨，引起熊熊大火。U型潜艇在周边海域击沉的船只数量太过庞大，以至于这个区域被戏称为"鱼雷会师点"。船上燃起的大火经常照亮天空。据说，夜间人们可以在岸边借着强烈的火光读报纸。

大西洋战场示意图

　　大西洋海战是二战持续时间最长的海战。同盟国和轴心国围绕大西洋运输线控制权进行了持续不断的斗争，整个大西洋海战涉及数千艘舰船，战事波及成千上万平方公里的凶险大洋。这幅地图标注了这场伟大战役的关键节点和转折点。整个大西洋最易受攻击的一段就是位于大西洋中部的"大西洋缺口"。1943年中期，被德国潜艇击沉的同盟国商船数目达到历史新高。随着盟军护航航母和远程战机能为运输船队持续提供空中掩护，形势才慢慢对同盟国有利。从5月起，U型潜艇的战场损失开始无法得到补充。

乘胜追击

邓尼茨为自己的成功欣喜不已。参与"击鼓行动"的 U 型潜艇击沉 27 艘船只，总吨位为 16.5267 万吨，而本方潜艇没有损失一艘。在作战日记中，邓尼茨记道，美国海军似乎对战争毫无准备。他写道："我们预计的情况全部应验：大量单独行驶的商船、笨拙的航海技术和海空反潜保护的缺乏。"美国人在实施最基本的防护措施方面慢了好几拍。邓尼茨的潜艇部队已经开始攻击了，美国海岸护航队居然一直等到 5 月中旬才组建起来——即便到那个时候，护航体系最南也只能到达佛罗里达群岛。直到 4 月下旬，沿海城市才实行部分灯火管制。

邓尼茨在"击鼓行动"战果基础上迅速乘胜追击。由 5 艘 IX 型 U 型潜艇组成的第二梯队已经开始在美国东海岸行动。第三梯队另外 5 艘 IX 型 U 型潜艇正在向南前往荷属东印度群岛的阿鲁巴岛和库拉索岛这两个油港，后来又加派两艘前往佛罗里达海岸。仅在 5 月，IX 型 U 型潜艇就在加勒比海地区击沉 48 艘船只，总吨位超过 20 万吨，很大一部分是油船。他们随后在墨西哥湾击沉 26 艘商船。沿着美国海岸、在墨西哥湾或是在加勒比海，不管德国舰艇在哪里发起袭击，那些船只似乎都没有什么有效防御。

回到北大西洋

然而，邓尼茨意识到，仍然有必要进行一场决定性的关键大战。他决定对同盟国穿越北大西洋的主要运输路线再次发动进攻。邓尼茨提醒希特勒，由于"U 型潜艇数量的迅速增加和补给潜艇的使用"，他预见"巨大战机"正在出现。到 1942 年 10 月，投入前线作战的 U 型潜艇达

1942年4月，一支跨越大西洋向东航行的运输船队（左上图）在加拿大新斯科舍省哈利法克斯的贝德福德内港集结。类似的运输船队一直是德国U型潜艇可以轻易攻击的目标，特别是在大西洋中部，邓尼茨在那里部署了大批潜艇，伺机实施狼群战术。

在U型潜艇瞭望塔上站立的艇员（右上图）正在瞭望地平线，寻找潜在目标，随时准备用无线电向其他狼群成员报告自己的位置和罗经方位点。邓尼茨本人在一战期间曾担任过潜艇艇长。作为纳粹德国海军潜艇部队总司令（左下图），邓尼茨欢迎"U-94"号潜艇艇员返回母港，在此之前他刚为艇长颁授一枚骑士十字勋章。图为（右下图）为在一支运输船队下方潜行的德国U型潜艇被一艘美国护航舰释放的深水炸弹击中的场景。

261

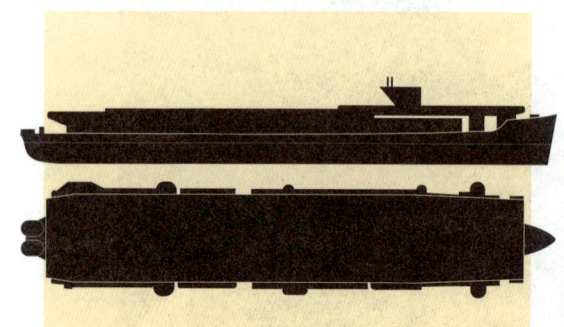

"博格"号

级别："博格"级护航航母

排水量：15400吨（满载）

长度：465英尺（141.7米）

宽度：69英尺6英寸（21.2米）

吃水：36英尺（11米）

航速：18节

舰载战机：28架

火力装备：2门127毫米口径高射炮；8门40毫米口径和12门20毫米口径防空炮

乘员：890人

"博格"级护航航母在1941至1942年期间共建造21艘，而"威廉王子"级护航航母在1942至1943年之间共建造24艘。后者的防空火力优于前者。美国海军拥有的同级别航母是"卡萨布兰卡"级护航航母，其中50艘以上是在从1943年中期开始的12个月内建造完成的。1943年2月，"博格"号航母在大西洋加入一个猎潜战斗群，它共击沉10艘U型潜艇和1艘日本潜艇。1945年4月，它最后一次击沉U型潜艇。

196艘以上，而在年初才100艘不到。德国造船厂每月能造出20艘U型潜艇，而每月平均损失量仅为11艘。即将到来的冬季漫长黑夜非常适合狼群战术的使用，而北大西洋上仍然有一个没有被盟军空中巡逻覆盖的缺口。邓尼茨决定冒险打一仗。

新一轮攻势的第一阶段始于8月。当时与护航舰队的交火非常激烈，有三艘商船的船员甚至还没被鱼雷击中时就主动换乘到救生艇上了。整个秋季德国人都在海上忙着突袭，随着冬季的到来，击沉船只的数量不断增加。到年底，U型潜艇共击沉船只1160艘，总吨位达600多万吨；而纳粹德国空军和水面舰艇击沉船只总吨位为150万吨。这比1939年、1940年和1941年三年的总和还多。

形势扭转

然而，这并不是一场完全一边倒的战争。1942年下半年，邓尼茨损失了66艘U型潜艇。造成潜艇损失增加的原因是盟军增加了护航舰队的数量和使用了技术先进的设备。一种昵称为"哈夫·达夫"的高频测向仪器可以通过跟踪潜艇的无线电信号来定位潜艇位置，这意味着在实施狼群战术时，跟踪商船的潜艇有被随时发现的危险。271型厘米波雷达在夜间也能很容易锁定上浮潜艇的位置。安装了ASV2型雷达和利式反潜探照灯的战机也开始成为猎杀U型潜艇的利器，特别是在比斯开湾。邓尼茨不得不命令U型潜艇在夜间也要像白天那样潜行通过比斯开湾。

从8月21日开始，邓尼茨开始产生怀疑。"敌军飞机的种类和数量越来越多，而且上面安装了专门针对U型潜艇的定位装置，U型潜艇在大西洋东部的作战行动愈发困难。"他在作战日记中写道，"作战难度的增加必然导致难以承受的更多的潜艇损失，进而偷袭成功率下降，整个潜艇战的成功前景也将蒙上一层阴影。"他向希特勒的军备部长阿尔伯特·施佩尔（Albert Speer）报告了自己的想法，请求他升级U型潜艇的火力配置："如果不能倾尽全部资源确保前线U型潜艇达到最高战斗力，我们必须清楚由此带来的危险。终有一天，我们的潜艇会被盟军的护航舰打垮，甚至消灭。"

即便如此，邓尼茨仍然决心继续进攻。他认为，"我们虽然经受了最猛烈的深水炸弹攻击，而且战果甚微，也要保持坚定的信心，决不动摇对胜利的信念"。1942年11月，他们击沉了大量商船，邓尼茨的乐观情绪再次点燃。当月同盟国损失的运输商船数量达到整个二战期间一个月损失船只数的最大值。盟军共有134艘船被击沉，总吨位达80.7754万吨，其中有73万吨是U型潜艇的战果。希特勒非常认可这个了不起的成就。1943年1月，他迫使雷德尔辞职，让邓尼茨取而代之，成为纳粹德国海军新的总司令。

危机时刻

1943年3月，战争到达紧要关头。邓尼茨在大西洋拥有178艘U型潜艇，大多布置在北大西洋"空中掩护缺口"的两侧，组成两大战斗群。他调遣42艘U型潜艇攻击从纽约驶向英国的"SC-122"船队和"HX-229"船队。在随后四天的战斗中，有21艘商船被击沉，德国人称之为"有史以来最大规模的船队袭扰战"。这些损失最终迫使盟军不得不采取强有力的措施填补这段"空中掩护缺口"。他们最终部署了"解放者"式远程轰炸机，与此同时，护航舰队（包括新型护航航母）的数量也大大增加。

这些措施的效果立竿见影。到了4月，盟军舰艇被击沉的比例只比整个3月的一半略高。到5月底，U型潜艇损失率开始让德军难以承受。邓尼茨被盟军击毁41艘潜艇，但他只击沉了50艘同盟国商船。结果，邓尼茨被迫将U型潜艇撤到亚速尔群岛以西相对安全的海域。利用狼群战术实施大规模攻击的日子已经结束，并且一去不复返了。

第 25 章
新型鱼雷竞赛

二战期间，至少有四个国家的海军在作战中进行了水下和水面攻击航行器的试验。意大利皇家海军走到了前列。

意大利人对这类非常规航行器的兴趣可以追溯到一战。他们首先研制出来的是 MAS 鱼雷摩托艇。MAS 后来成为意大利水下特种部队精心挑选的绰号。1918 年 6 月，两艘意大利鱼雷摩托艇在亚得里亚海百慕大群岛海域成功地击沉奥匈帝国的"圣伊斯特万"号战列舰。随后出现的是"水蛭"鱼雷（Mignatta），这是世界上第一种人操鱼雷，由拉法埃莱·罗塞蒂（Raffaele Rossetti）上尉和拉法埃莱·保卢奇（Raffaele Paolucci）中尉共同设计。鱼雷前部由两个圆形炸药柱组成，两名乘员可以将其分离后固定在目标舰艇的舱底龙骨上，或投放在目标舰艇的龙骨正下方海底。当年 11 月，罗塞蒂和保卢奇用一枚"水蛭"鱼雷击沉了停泊在波拉海军基地的"联合力量"号战列舰和"维恩"号海岸防御舰。

从"水蛭"到"猪猡"

到 20 世纪 30 年代中期，下一代"水蛭"鱼雷出现，被乘员称为

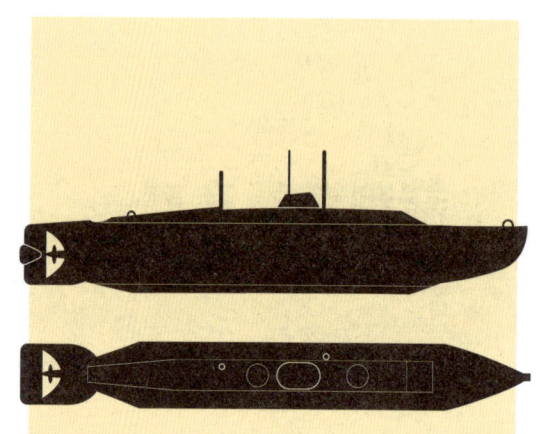

X型艇

级别："X型艇"级微型潜艇

排水量：27吨（上浮）、30吨（下潜）

艇长：51英尺3英寸（15.6米）

艇宽：5英尺9英寸（1.8米）

吃水：5英尺4英寸（1.6米）

航速：6.5节（水上）、5.5节（水下）

火力配置：2枚1814千克重的可拆卸舷侧炸药

乘员：3—4人

X型艇是英国发明的微型潜艇，主要用于攻击停泊在挪威海岸的德国主力舰。这些X型艇被潜水母艇拖到预定的作战区域，这个过程中由航行乘员坐在艇上操控。到达作战区域后，作战乘员从母艇上转移至X型艇。战斗结束后，X型艇再次与母艇会合，被拖回基地。

"猪猡"（Maiale），因为这种人操鱼雷操纵起来十分笨拙。它是意大利皇家海军工程兵军官泰塞奥·泰塞伊（Teseo Tesei）上尉和埃利奥斯·托斯基（Elios Toschi）上尉发明的。"猪猡"比"水蛭"速度快、射程长。更重要的是，它可以在下潜后渗入敌人海军基地，水下航速大约3节。两名乘员都穿着潜水服，佩戴潜水呼吸器，其中一位是队长，由他像骑马一样驾驶鱼雷。1938年，"猪猡"开始在托斯卡纳北岸海域进行试验，第一批"猪猡"是用一艘特别改装的潜艇运送到目标附近的。

泰塞伊和托斯基力主大规模列装他们研发的武器，但是大战来临时，能够投入实战的"猪猡"的数量实在太少。1941年7月，泰塞伊不幸遇难，在马耳他首都瓦莱塔的格兰德港，他为了突破保护运输船只的水栅和防鱼雷网，故意引爆自己。他指挥的这次行动演变成了一场灾难。英国人一直在用雷达追踪攻击分队，"猪猡"被港口要塞的火炮轰出水面。但两个月后"猪猡"迎来好运。在西班牙阿尔赫西拉斯港外，三枚"猪猡"从"希雷"号潜艇发射后，向东穿过海湾扑向直布罗陀。有两枚"猪猡"潜至停泊在海湾的两艘油船下方，乘员把带有延时引信的磁性炸药粘附在两艘船上。第三枚潜至保护港内锚地的水栅下，小心缓慢地穿过防鱼雷网，驶向靠着海港防波堤停泊的另一艘油船。乘员在舱底龙骨装上 660 磅重的炸药后，沿着同一路线返回海湾。

接着 3 名驾驶员自沉了航行器，然后游到阿尔赫西拉斯海岸，安全登上"奥尔特拉"号油船，这艘被扣留的意大利油船已经被秘密改装成"猪猡"鱼雷大本营。三次巨大的爆炸声告诉人们，这次行动已经大获成功。

进入亚历山大港

"猪猡"的下一次行动更为疯狂。12 月 18 日深夜，在距离英国地中海舰队主基地亚历山大港入口不到一英里的海域，"希雷"号潜艇又释放出三枚"猪猡"鱼雷。三名驾驶员驾驶着潜艇潜入水下，驶向保护军港入口的水栅。他们这次行动着实运气不错。当他们接近水栅时，水栅刚好被提到允许三艘英国驱逐舰通过的高度。意大利人趁着水栅未放下时，偷偷跟着驱逐舰溜进了港口。

进入港口之后，指挥官路易吉·德拉彭内（Luigi de la Penne）海军中尉马上向"勇士"号战列舰进发，另外两枚"猪猡"的目标是舰队旗舰"伊丽莎白女王"号战列舰和在附近停泊的"萨戈纳"号油船。两枚鱼雷的驾驶员都成功安放了炸药；德拉彭内把炸药放置在距"勇士"号龙骨下方几英尺的海床上。他随后自沉了航行器，和另外一名乘员一起朝附近的一个航标游去。他们在那里被发现并扣押，接受审问。其他几位意大利人到达岸边，后来也在那里被俘。

德拉彭内与其副手拒绝回答问题。"伊丽莎白女王"号旗舰上的地中海舰队总司令安德鲁·坎宁安爵士下令把他们关押在"勇士"号舱底,正好在水线以下。在炸药还剩五分钟就要爆炸时,德拉彭内传话给"勇士"号舰长查尔斯·摩根(Charles Morgan),向他发出即将发生爆炸的警告。就在三次爆炸发生之前,两位意大利人被带上甲板。

第一次爆炸击沉了"萨戈纳"号油船,同时重创泊在一旁的"杰维斯"号驱逐舰。另外两艘战列舰最后枕着平直的龙骨躺在海底。"伊丽莎白女王"号的三个锅炉房都灌进了海水,几千平方英尺大的双层底甲板被毁。"勇士"号战列舰一座主炮塔下的防鱼雷护体被炸出一个巨大的洞,前弹药舱也灌进了海水。

坎宁安十分震惊。"我们一次又一次地感受到炸弹引起的冲击波,"他记录道,"此时战列舰遭受的是灭顶之灾。"后来整个修复工作用时六个月。然而这位海军将领仍然慷慨地向德拉彭内和他的同胞表达了敬意。"人们不得不佩服,"他记录道,"这些意大利人的极端英雄主义和冒险精神"。英国皇家海军也对"猪猡"赞扬不止。英国人模仿"猪猡"的设计,研发了自己的人操鱼雷,也就是所谓的"战车"(Chariot)。

X型艇

除了"战车"鱼雷,英国人还部署了自己的袖珍潜艇,他们称之为X型艇。1942年,英国人为了击沉德国"提尔皮茨"号战列舰而专门设计了X型艇。他们一直担心,"提尔皮茨"号说不定哪天突然从挪威峡湾的避难所冒出来,突进大西洋;或者向北冲入北极,对英国派往苏联运送援助物资的运输船队实施毁灭性打击。

X型艇外形很小,非常狭窄。船体长50英尺,分为四个水密舱,

照片中的一艘 X 型艇正在训练，这里是英国人在苏格兰刘易斯岛埃里肖特湖设立的高度机密的基地。1943 年 9 月 11 日，X 型艇第一次执行作战任务，当时 6 艘 X 型艇被从苏格兰拖到北海，然后向挪威进发，它们的任务是攻击停泊在那里的德国海军"吕佐夫"号、"沙恩霍斯特"号和"提尔皮茨"号。然而，对前两艘军舰的攻击被迫中止。"X-8"号艇释放时舷侧渗水导致炸药爆炸，舰体严重损坏，最后被自己的乘员凿沉。"X-9"号艇的拖绳在北海断裂，乘员与潜艇一起沉入海底。而"X-10"号艇到了后发现"沙恩霍斯特"号已经出海进行射击练习了。

即前部的电池舱、包含厕所的潜水室、控制室和右后的推进部件。净空高度总体不超过六英尺。每艘 X 型艇有两名乘员，潜艇在水下被拖向目标时由航行乘员负责操控，一旦发现目标就由作战乘员接手。

攻击"提尔皮茨"号

1943 年 9 月 22 日，英国人对"提尔皮茨"号战列舰实施攻击，代号为"水源行动"（Operation Source）。9 月 11 日，参加行动的 6 艘

X型艇从苏格兰基地出发。"X-8"号艇和"X-9"号艇被拖着在北海航行时半道失踪。"X-9"号艇的拖绳断裂后沉没，而"X-8"号艇遭遇到严重的技术问题。"X-10"号艇也是这样，导致它在挪威峡湾外就被抛弃。

余下三艘X型艇仍然坚持发动攻击。其中，"X-5"号艇在峡湾内消失。一般认为，它肯定被敌人发现后击沉了。"X-6"号艇和"X-7"号艇遭遇了难以逾越的战列舰保护反潜网和防鱼雷网。但不管怎么样，X型艇到达了可以对目标实施有效攻击的距离内。

"X-6"号艇的唐纳德·卡梅伦（Donald Cameron）中尉是幸运的。他不必命令潜水员剪开反潜网，而是跟着一艘德国拖船直接驶过了打开的水栅，到达"提尔皮茨"号旁，投放了两个各装两吨高爆炸药的鞍型炸药包。但随后他的霉运降临。"X-6"号艇准备离开峡湾时，撞上一块海图上未标的礁石，造成特别严重的损坏，"X-6"号艇被迫上浮。卡梅伦中尉只得自沉了袖珍潜艇并投降。在艇长戈弗雷·普莱斯（Godfrey Place）上尉的指挥下，"X-7"号艇也成功地投放了炸药。但在爆炸之前，"X-7"号艇却未来得及航行到离"提尔皮茨"号足够远的地方。由此造成的破坏迫使普莱斯及其艇员引水自沉，然后尝试从潜水室逃走。艇上两人遇难，其他人都被德国人俘虏，送到了"提尔皮茨"号上。

"提尔皮茨"号虽然没有被击沉，但也受到重创。卡梅隆和普莱斯都被授予维多利亚十字勋章。随后1944年1月，几名水文专家搭乘"X-20"号艇去侦察诺曼底海滩水文情况；诺曼底登陆日当天，它还和"X-23"号艇一起，担任第一波攻击舰艇的导航信标。此前，1944年4月，"X-24"号艇攻击了卑尔根港一个修理U型潜艇的浮动船坞，9月将其击沉。1945年7月31日，"XE-1"号和"XE-3"号艇渗透进日本在新加坡的海军基地，击沉了"高雄"号巡洋舰，而"XE-4"号和"XE-5"号艇切断了连接西贡、中国香港和新加坡的水下电话线缆。

自杀式武器

德国的人操鱼雷和袖珍潜艇的研发要落后于其他海军强国。1944年诺曼底登陆后，人操鱼雷"黑人"（Neger）和"松貂"（Marder）首次在实战中亮相，被派去攻击盟军补给舰，而由两名乘员操控的"海豹"号袖珍潜艇却从未应用于作战。"黑人"鱼雷虽然击沉了三艘扫雷舰，导致一艘驱逐舰彻底报废，但事实证明它们本身极其脆弱。

图为停泊的"提尔皮茨"号战列舰。9月20日，"X-5"号艇、"X-6"号艇和"X-7"号艇进入峡湾准备攻击"提尔皮茨"号。"X-7"号艇成功地在这艘战列舰龙骨下投放了两个舷侧炸药。一个小时后炸药爆炸，"提尔皮茨"号造成巨大损伤。"提尔皮茨"号估计灌进了1.4万吨海水，舰上的电气和火控系统严重受损，有一座381毫米口径主炮塔被爆炸的冲击波掀翻。"提尔皮茨"号的修复耗费了六个月，直到1944年4月才再次做好出海准备。

7月9日，从塞纳河口的特鲁维尔港释放了21枚"黑人"鱼雷，全部有去无回。"松貂"鱼雷的战绩也同样糟糕。8月的一天夜里，它们去偷袭盟军的运输船队，结果58人只有12人幸存。两种武器并没有比自杀武器强多少，虽然它们并不是有意作为自杀武器设计的。

然而，日本人却不这么认为。仁科关夫（Sekio Nishina）中尉和黑

攻击"提尔皮茨"号作战图

两幅地图描绘了"X-5"号艇、"X-6"号艇和"X-7"号艇攻击"提尔皮茨"号战列舰的过程。"X-6"号艇成功地渗入峡湾，但行驶到"提尔皮茨"号泊位附近撞上了一块水下礁石，还未来得及投放舷侧携带的炸药就被迫上浮。他们被德国军舰的甲板哨兵发现，所有艇员被迫向德军投降。"X-7"号艇在"提尔皮茨"号龙骨下方安放了炸药，后来成功爆炸。但"X-7"号艇在撤离峡湾时，被这艘战列舰外围的防鱼雷网缠住。"X-7"号艇一半舰体没在水中，海水迅速灌入。艇员决定弃艇逃生，但只有2人成功爬出安全门，另外两人溺亡。"X-5"号艇根本没有靠近"提尔皮茨"号，似乎在峡湾某处失踪了。有人认为，"X-5"号艇可能被"提尔皮茨"号战列舰的副炮击沉，因为它试图在上浮状态下驶近"提尔皮茨"号，但这些并未得到证实。英国海军部官方将其列为失踪，推定该艇沉没后，艇员全部阵亡。

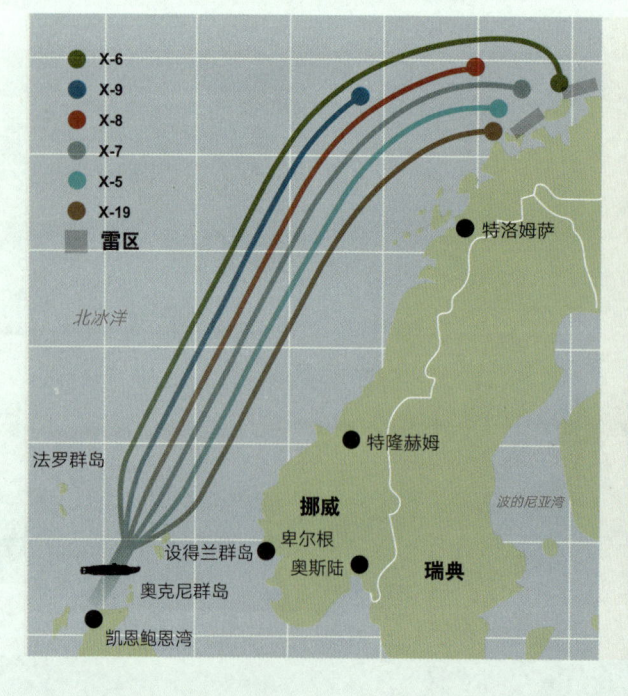

木博司（Hiroshi Kuroki）大尉两名年轻的日本海军军官共同设计了一种试验版标准九三式鱼雷，这种自杀武器要通过日本海军的大型伊级潜艇运送至战场投入战斗。新武器被命名为"回天"（kaiten）。1944年11月19日，"回天"鱼雷首次参加战斗，由仁科中尉亲自指挥。黑木之前在训练事故中溺亡。

到达乌利西环礁海域的目的地后，仅有五枚"回天"鱼雷释放成功，但只有1枚成功击中目标，其他均被击沉。一枚被撞沉，其余的被深水炸弹和舰炮炸沉。在印尼霍兰迪亚和新几内亚海域、佩莱利乌的科索尔水道和关岛阿普拉港海域，它们也一样战绩不佳。日本人吹嘘说"回天"造成了巨大破坏，但其实并没有击沉任何盟军舰艇。

1945年2月和3月，"回天"鱼雷在硫磺岛海域的行动和4月在冲绳的行动也同样以失败告终。尽管如此，日本人在战争结束和无条件投降前，又制造了数百枚"回天"鱼雷。这些自杀鱼雷也不乏自愿驾乘它们的年轻人。他们十分乐意为自己的国家和天皇战死。

第 26 章
跳岛战术

跳岛战术（Island hopping）就像下一盘巨大的跳棋游戏，这个战略后来得到优化之后被称为蛙跳战术（leapfrogging）。幅员辽阔的太平洋成了大棋盘，最终赢得的战利品将是日本列岛。

美国海军于 1942 年 5 月取得中途岛海战的胜利，才使得如此大胆的战略得以实施。这是美国在太平洋战区确立海上统治地位的关键一着。当时美国太平洋舰队已经恢复元气，舰队司令切斯特·尼米兹上将和这一地区盟军陆军总司令道格拉斯·麦克阿瑟（Douglas MacArthur）上将在战前早就开始寻觅重夺军事主动权的最佳途径了，他们在等待合适的时机。

盟军计划

就在日本人为了守住自己抢占的地盘而忙着加强他们所谓的外围环形防线时，盟军参谋人员也没有闲着。为了给大战预热，美国即将发起"车轮行动"（Operation Cartwheel），目的是孤立在新不列颠岛拉包尔的日本要塞。随后采取的战略将是一个一个地攻占太平洋上战略位置重要的岛屿，绕过并孤立防守严密的岛屿，因为那里日本人的抵抗太顽强。

麦克阿瑟说，这些岛屿会留在那里"自生自灭"。

盟军的进攻有两个部分。麦克阿瑟将沿着新几内亚海岸一路向北推进，进入俾斯麦群岛，最终目标是解放菲律宾。而尼米兹将利用跳岛战术跨越太平洋中部，从阿留申群岛出发，途径吉尔伯特群岛、马绍尔群岛和加罗林群岛，最后到达马里亚纳群岛。如果计划进展顺利，美国新一代战略轰炸机的作战半径肯定能够覆盖日本，这些轰炸机将对日本本土进行无情的打击，一直轰炸到时机成熟、地面部队可以进攻日本为止。

纸上谈兵听起来很完美，但计划要想真正付诸行动，还要等待相当长的时间。罗斯福、丘吉尔和斯大林一致认为，他们的首要任务是击败德国。只有等纳粹德国被推翻之后，他们才能腾出手来对付日本。这就意味着，盟军无力在太平洋提供任何海军力量的增援，特别是航母和登陆舰。麦克阿瑟和威廉·"蛮牛"·哈尔西海军上将已经开始向新几内亚和所罗门群岛推进，但进展缓慢。如果按照他们当时的速度推进，估计需要 10 年才能打到日本。

从跳岛到蛙跳

1943 年 5 月，蛙跳战术几乎是在不经意间开始登场。尼米兹上将在阿留申群岛启动了这一战术，当时他决定跳过从 1942 年 6 月就被日本占领的基斯卡岛，转而夺占距离该岛约 200 英里远的阿图岛，阿图岛是两者当中防守较弱的一个。8 月，美国人最终真正登上基斯卡岛时，却发现日本人已经放弃该岛，趁着大雾，神不知鬼不觉地撤防了。尼米兹建议哈尔西也采取同样策略。哈尔西跳过当时拥有 1 万多守军的科隆邦阿拉岛，但其实他并不知道日本人已经决定从那撤走。他转而命令海军陆战队在西北方向的韦拉拉韦拉岛登陆。

1943年12月，美国海军陆战队的数架F4U-1"海盗"式战斗机、数架格鲁曼F6F-3"地狱猫"式战斗机、一架道格拉斯SBD"无畏"式战斗机和一架新西兰皇家空军寇蒂斯P46-F"小鹰"式战斗机停在所罗门群岛韦拉韦拉岛巴拉科马机场的跑道上。1943年8月15日，美军第35步兵团和部分新西兰军队在岛上登陆；第58海军工程营利用9月一个月时间完成了机场的建设工作。巴拉科马机场一直使用到1944年6月15日。战争结束后，它也停用。

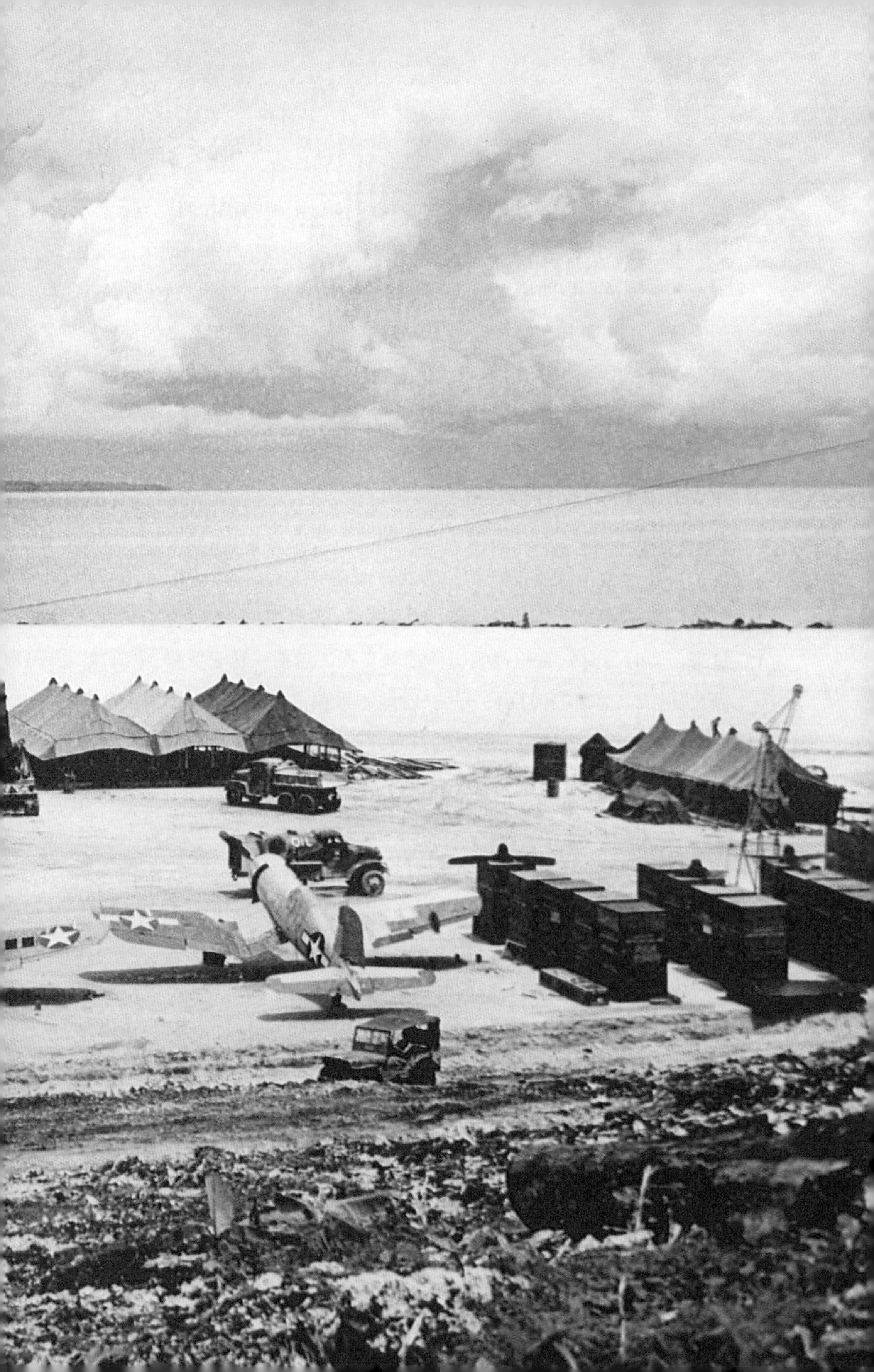

8月15日，海军陆战队在韦拉拉韦拉岛东端的巴拉科马湾上岸。登陆未遇到抵抗，当时日本人已经撤退到岛内腹地。海军陆战队按部就班地向前推进，但速度缓慢。9月18日，哈罗德·巴罗克劳夫少将率领的新西兰人团赶到接替他们。10月1日，新西兰人团从岛的两侧海岸发动钳形攻势，把600名日本兵逼到岛的西北部。这些士兵是日本大本营派往韦拉拉韦拉岛负责维持所罗门群岛驳船基地运转的。

韦拉拉韦拉岛海战

驻扎在该地区的日本海军高级指挥官伊集院松治（Matsuji Ijuin）少将决心营救他被困的同胞。为此，他在"文月"号、"松风"号和"夕凪"号三艘驱逐舰的护卫下，率领着20艘驳船和一些小型船只赶了过来，同时另有六艘驱逐舰担任战场支援，包括"秋云"号、"矶风"号、"风云"号、"五月雨"号、"时雨"号和"夕云"号。面对来势汹汹的日军，美国人能派上战场的只有六艘驱逐舰。这些军舰分成两组，每组三艘。弗兰克·沃克（Frank R.Walker）上校指挥的是"塞尔弗里奇"号、"希瓦利埃"号和"奥班农"号三艘驱逐舰；哈罗德·拉森（Harold B. Larson）中校指挥的是"拉尔夫·塔尔伯特"号、"泰勒"号和"拉瓦莱特"号三艘。沃克的驱逐舰排成纵队高速向前航行，在拉森舰队前方约20英里。

10月6日夜晚快11:00的时候，双方交火。"夕云"号是第一艘击中目标的军舰，它用鱼雷攻击"希瓦利埃"号的左舷船首，结果鱼雷弹头引爆了前弹药舱。爆炸形成的冲击波把"希瓦利埃"号舰艏一下顶到它的舰桥上。这艘难逃一死的驱逐舰很快又撞上了跟在后面的"奥班农"号。"奥班农"号紧急转向，离开了战场。与此同时，"塞尔弗里奇"号成功用鱼雷击中"夕云"号，后者几分钟后沉没。

沃克没有等拉森赶上来，因为"塞尔弗里奇"号驱逐舰的雷达发现了另外两艘日本驱逐舰，他加速追了上去。随后，沃克与"五月雨"号和"时雨"号交上了火。"塞尔弗里奇"号驱逐舰的火炮不断夹叉轰炸两艘敌舰，而日本人反过来也发射了16枚鱼雷，其中一枚击中"塞尔弗里奇"号左舷，导致它摇摇晃晃地停了下来。

伊集院因为担心会有更多的美国援军正向北赶来，下令所有驱逐舰撤退，"塞尔弗里奇"号和"奥班农"号这才得以安全返回图拉吉岛；"希瓦利埃"号上有301名舰员，拉森成功营救了其中250人，之后"希瓦利埃"号被"拉瓦莱特"号用鱼雷击沉。伊集院率领的驳船也成功地救出被困的日本部队。

布干维尔岛战役

美军的下一个目标是布干维尔岛，这是所罗门群岛中最大的一个。如果能拿下布干维尔，美国战机就能随意攻击离该岛北端仅有170英里的拉包尔，日本在那里的据点也终将难保。盟军控制了布干维尔岛，还能有力地压制这个地区日本人的诸多机场。

为了守住布干维尔，日本在岛上派驻了超50000兵力。然而，美国人选择的登陆点是奥古斯塔皇后湾，那里与日军主力部队隔着数公里长的茂密热带雨林，守军只有不到3000人。11月1日，在托罗基那角上岸的海军陆战队第3陆战师成为第一支登陆部队。天黑时分，14000名海军陆战队员成功登陆。截止到11月14日，登陆美军人数达到33861人。按照计划，他们要赶在日本人从陆上发起强大的反攻之前，掘壕固守并建造简易机场。

让美国人更伤脑筋的是日本海军接下来会有什么反应。尼米兹上将认为，他在太平洋中部吉尔伯特群岛发起的陆海协同行动，足以震慑日

美军驱逐舰"希瓦利埃"号、"奥班农"号和"塞尔弗里奇"号驱逐舰正在韦拉韦拉岛附近海域巡逻。1943年10月6日晚,他们遭遇到一支实力占优的日本驱逐舰舰队,当时日本舰队正在为20艘左右驳船护航,准备从岛上撤走军队。"希瓦利埃"号驱逐舰被日本海军一枚鱼雷击中后,舰艉发生摇摆,直接撞上了"奥班农"号。就在"希瓦利埃"号开始挣扎时,"奥班农"号在海水里趴了窝。"塞尔弗里奇"号在这次战斗中也受到严重损坏。

本联合舰队司令长官古贺峰一(Mineichi Koga)上将,这位山本五十六的继任者肯定不敢派上日军主力舰队和航母到西南区域的其他地方作战。尼米兹的判断是准确的,不过古贺也确实下过命令让175架舰载机支援拉包尔,加强那里的防御。

但尼米兹没有预料到的是,日本海军在拉包尔战场负责指挥的大森仙太郎和鲛岛具重两位中将对美军登陆做出的反应如此之快。得到古贺

1943年，美军侦察机拍摄到的布干维尔岛和布卡群岛之间狭窄的布卡海峡。布干维尔岛是当时日本在所罗门群岛的最后一个据点。日本人最终在1945年9月3日向盟军投降，当时余下的日本守军向澳大利亚投降。

批准后，两人将各自指挥的舰队合并成一个战斗支队，他们的目标是摧毁美军的部队运输舰和补给舰，同时趁其他援军未到，消灭支援登陆的美国海军。

冲突碰撞

11月2日晚，美国人和日本人开始交锋。大森率领两艘重型巡洋舰、两艘轻型巡洋舰和六艘驱逐舰拼命地加速，驶向奥古斯塔皇后湾。与此同时，海军少将斯坦顿·梅里尔（Aaron S. Merrill）指挥的第39特遣舰队也正在向北疾驰，准备对他实施拦截，舰队包括四艘轻型巡洋

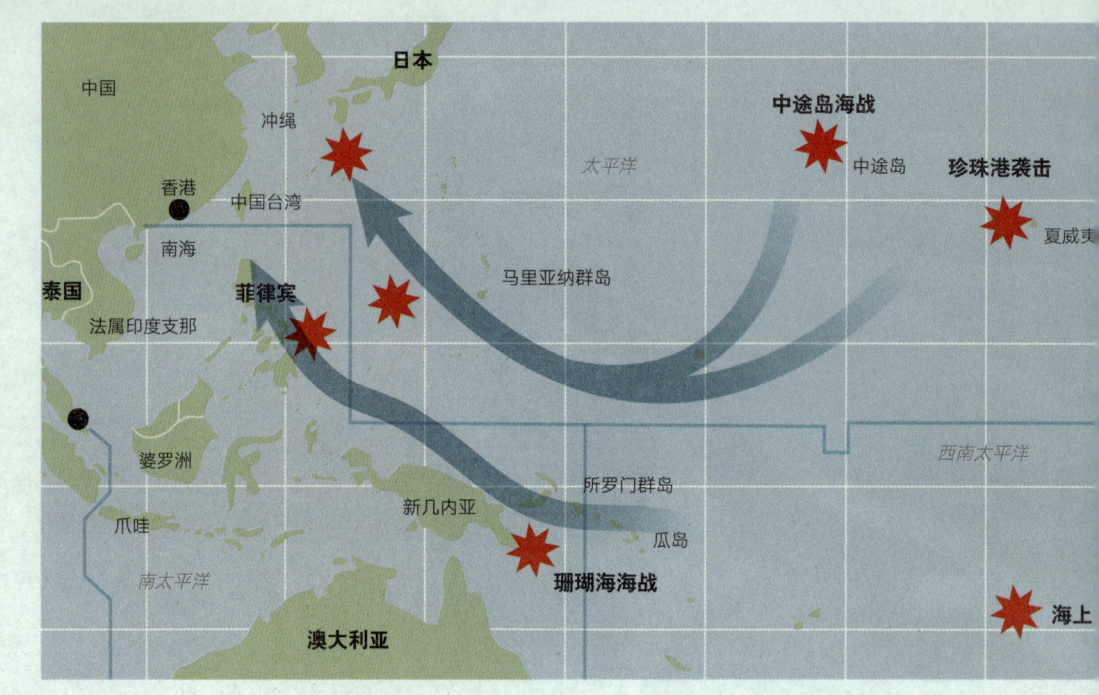

跳岛战术示意图

道格拉斯·麦克阿瑟上将和切斯特·尼米兹上将联手策划了美国海军和陆军自1942年8月起在太平洋实施的跳岛战术。他们的思路是一个一个地攻占太平洋上的关键岛屿，在绕过和孤立日本严防的核心岛屿的同时，以势不可挡之势向日本本土逼近。进攻分为两部分：麦克阿瑟沿着新几内亚海岸向西北推进，进入俾斯麦群岛，最终的目标是解放菲律宾；而在中太平洋，尼米兹首先收复阿留申群岛，然后一路跳跃着攻占吉尔伯特群岛、马绍尔群岛、加罗林群岛和马里亚纳群岛。

舰和八艘驱逐舰。

  日本人虽然纸面实力更强，但大森从这场战斗一开始就不太走运。天气能见度很低，没有雷达为他导航，这一点没法跟美国人比。大森根本不知道对面跟他交手的是什么样的敌人，而弹着观察机（spotter plane）提供的报告只能让他更加迷惑。他下令实施的各种机动战术都没有起到什么作用，反而让舰队陷入一片混乱。

  "川内"号轻型巡洋舰刚加入战斗就差点撞上"时雨"号驱逐舰。"时雨"号躲避时，擦边撞击到姊妹舰"白露"号，两艘军舰均失去战斗力。与此同时，"川内"号遭到梅里尔的轻型巡洋舰炮击。美军火炮前三轮齐射之后，"川内"号上燃起大火。就在大森努力调整乱作一团的战斗中队时，日本军舰上的混乱一直在继续。"羽黑"号重型巡洋舰险些撞上"长波"号和"若月"号驱逐舰。而大森的另一艘"妙高"号重型巡洋舰撞断了"初风"号驱逐舰的舰艏。

不祥之兆

大森撤回到拉包尔。大森这一仗的失利意味着日本人已经无力阻止美军攻占布干维尔岛，尤其是哈尔西将军又得到弗雷德里克·谢尔曼（Frederick C. Sherman）少将率领的第38特遣舰队的增援。这支特遣舰队包括"萨拉托加"号舰队航母和"普林斯顿"号轻型航母。"邦克山"号和"埃塞克斯"号航母以及"独立"号轻型航母抵达布干维尔后，美国在所罗门群岛的海空优势地位就彻底而永久地巩固下来。

相比之下，日本海军的实力日渐衰微，已是穷途末路。从1943年4月9日至1944年2月14日，日本共损失33艘舰船——25艘驱逐舰、5艘轻型巡洋舰、1艘护航航母、1艘水上飞机母舰和1艘战列舰。他们的船坞停满了迫切需要修理的受损舰船。能够补充上的只有3艘航母护航舰、3艘轻型航母、2艘轻型巡洋舰、9艘驱逐舰和2艘战列舰，其中2艘战列舰将通过在艉部添加飞行甲板的方式，作为混合动力航母使用。

美国海军的情况就完全不一样了。1944年2月，美国海军陆战队在西马绍尔群岛最大的岛屿埃尼威托克环礁登陆时，美国海军一下调集了包括"企业"号、"约克城"号、"埃塞克斯"号、"无畏"号和"邦克山"号5艘舰队航母，加上"卡伯特"号、"考佩斯"号和"蒙特雷"

"独立"号是美军建造的9艘1.1万吨级轻型航母中的第一艘,主要参与了太平洋战役后期的行动。"独立"号最初计划建成巡洋舰,但尚在建造阶段时就直接改装成了航母。这艘航母参与进攻了日本在马库斯岛、威克岛和拉包尔的基地,后又随一支特遣舰队攻占了吉尔伯特群岛,但在遭遇日本鱼雷轰炸机的袭击后,严重受损,被迫返回美国维修。1944年7月,"独立"号航母重返太平洋,10月参与了莱特湾海战。

号3艘轻型航母。这支舰队还包括"爱荷华"号、"新泽西"号和另外4艘美国最先进的战列舰,还有大量护航的巡洋舰和驱逐舰。随着一座一座的岛屿被不断向前推进的美军攻占,日本的环形防线也随之瓦解。太平洋战役最后的决战一触即发。

第 27 章
哈士奇行动

1943年7月,代号为"哈士奇行动"(Operation Husky)的西西里岛进攻行动开始,这是盟军在当时发动的最大规模两栖登陆作战。事实上,这次行动的规模仅次于后来代号为"霸王行动"(Operation Overlord)的诺曼底登陆。这是盟军向丘吉尔所说的"欧洲柔软的下腹部"进行渗透的第一步。如果能取得西西里岛战役的胜利,盟军就能叩开进军意大利的大门,甚至有可能如他们希望的那样加速墨索里尼的倒台。

1943年1月,卡萨布兰卡会议开过之后,盟军开始制订详细的进攻计划。最初的提议是从西西里岛西北和东南方向10个相隔很远的海滩进行登陆,但英国陆军上将伯纳德·蒙哥马利爵士坚决反对这个计划,后来只能作罢。相反,最终计划决定蒙哥马利率领第8集团军的四个师和一支独立步兵旅,在锡拉库扎和帕塞罗角之间距西西里岛南端50英里的海滩登陆。上岸之后,英国和加拿大军队将攻占锡拉库扎及其港口,然后占领位于埃特纳火山以南卡塔尼亚平原上的意大利机场,之后一路向北朝墨西拿方向推进。

乔治·巴顿将军将指挥第7集团军在西西里岛南岸斯科利蒂以西的海滩上岸。他们首先占领利卡塔港口,再夺取杰拉机场的控制权,然后继续向西西里首府巴勒莫进军。在主攻部队登陆前的几小时,英美两国的两个空降师分队将被空投到轴心国后方,抢占战略要地。

海军计划

海军元帅安德鲁·坎宁安爵士担任支援这次入侵行动的海军部队总指挥,海军少将亨利·肯特·休伊特指挥西线海军特遣舰队,海军中将伯特伦·拉姆齐爵士指挥东线海军特遣舰队。这两位美国和英国将军麾下共有6艘战列舰、2艘航母、15艘巡洋舰、128艘驱逐舰、26艘潜艇和248艘其他军舰。整个进攻作战舰队还包含509艘部队运输舰和1225艘登陆艇。

为了防止意大利皇家海军干预登陆,

1943年7月11日,"博伊西"号轻型巡洋舰向德国装甲部队开火,德国人当时正在试图突破西西里岛杰拉湾附近的美军滩头阵地。"博伊西"号击毁其中24辆装甲车。这张照片是从正在准备卸载陆军卡车上岸的"LST-325"号坦克登陆舰上拍摄的。一些卡车已经架好机关枪,战斗人员各就各位,做好防空战斗准备。9月,"博伊西"号继续在塔兰托和萨勒诺参与了对意大利本土的登陆行动。

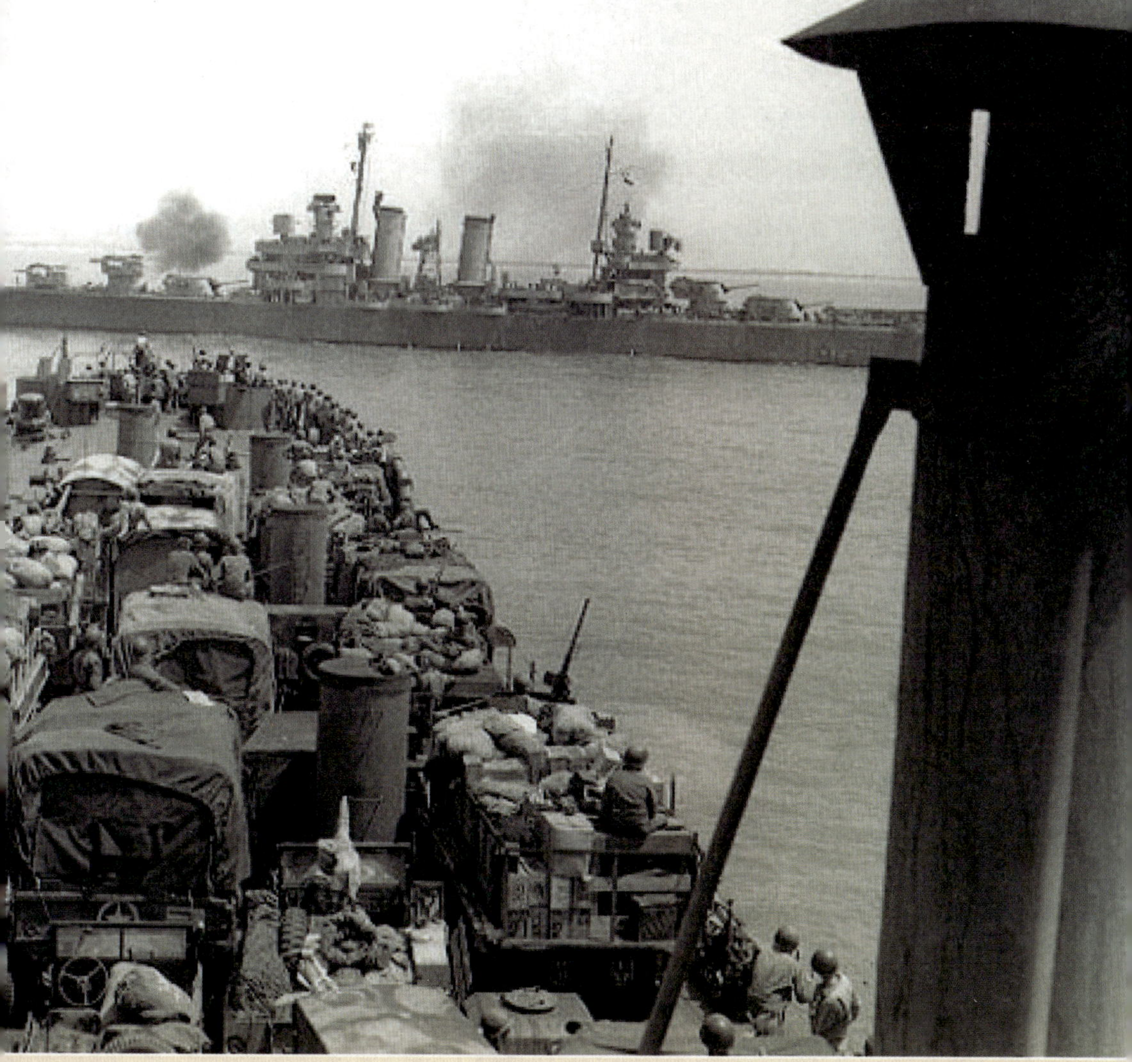

"纳尔逊"号、"罗德尼"号、"厌战"号和"勇士"号4艘战列舰,"无畏"号和"不屈"号2艘航母,4艘巡洋舰以及17艘驱逐舰专门负责掩护。另外,有7艘潜艇停泊在登陆海滩外的战位上当作导航信标。对于英国皇家海军和美国海军来说,他们要想尽一切办法,采取一切措施,来确保登陆顺利进行并取得成功。

飓风干扰

但有一件事情两国海军都无法控制,那就是海上变幻莫测的天气。7月9日,入侵舰队在马耳他海域附近集结完毕,随后向西西里岛及其南部海滩出发。这次航行并非一帆风顺。就在这支庞大的舰队驶向西西里岛的途中,海面刮起了时速达40英里的飓风,一时巨浪翻滚,那些晕船的美国大兵戏称其为"墨索里尼风"。恶劣天气对一部分小型舰船造成严重困难,它们必须与大风大浪搏斗,才能保持队形,跟上大型舰艇。

除了出乎意料的飓风,盟军登陆时实际上并未遇到什么抵抗,一路长驱直入。当时德国空军元帅阿尔贝特·凯塞林掌握着轴心国在意大利驻军的全部指挥权。按照凯塞林的说法,出现这种情况,就是因为"意大利的海防师全都是废物"。但有一部分原因至少也在他自己。阿尔弗雷多·古佐尼(Alfredo Guzzoni)将军希望在西西里岛东南角集结兵力,这位意大利指挥官正确预计到那里将是最有可能的登陆地点,但却被凯塞林驳回。相反,凯塞林采取了更为分散的防御模式。他没有归拢手下的德国部队,担任机动预备队,趁盟军滩头阵地立足未稳、比较脆弱时发起反击,反而把部队分成四个作战群分散地去给意大利人增援。

意军溃败

希特勒曾经担忧，意大利的抵抗确实很软弱。驻守东南海岸的是第 54 那不勒斯步兵师，这个师大多数西西里人仅仅听到盟军象征性的几声枪响就溜之大吉了。锡拉库扎及其重要港口完好无损地落入盟军之手。而位于奥古斯塔防御坚固的海军基地，甚至还没被攻击之前，指挥官就升起白旗投降了。唯一像样的抵抗来自里窝那师和赫尔曼·戈林师，他们向试图从杰拉向前推进的美军发起了坚决的反击。赫尔曼·戈林师的装甲车一度攻到离滩头阵地 2000 码的地方，但美国海军"博伊西"号驱逐舰对登陆部队实施了火力支援，摧毁了其中 24 辆装甲车。余下的装甲车在混乱中溃退。

由于岛上轴心国军队的大多数机场已被盟军占领，或被盟军炸得无法使用，凯塞林不得不乘坐水上飞机到达西西里岛。他到达后发现，从利卡塔一直到埃特纳火山脚下，到处都是盟军建立的桥头阵地。眼下他唯一能做的只有建立一道坚固的防线，"尽可能长"地牵制盟军前进的步伐，为从西西里岛撤离赢得时间。多亏了出色的组织，成千上万的德国和意大利士兵，加上他们的大量装备，最后都安全渡过墨西拿海峡。

意大利陆军总参谋长维托里奥·安布罗西奥（Vittorio Ambrosio）上将甚至更加悲观。早在 7 月 19 日，他就对墨索里尼直言："我们必须承认，西西里岛的命运在短时间内就能确定。我方一打就散的根本原因在于：盟军靠岸时我方海上阻击完全缺失，空中阻击力度太小；海防师武器不足，兵力配置不足；我方防御工事强度不足；意大利预备役师的低效（装备和机动性）。"

安布罗西奥沮丧地总结道："现在追究造成这种状况的根源已经毫无意义。我们在物力不足的情况下加入战争，三年征战造成了这样的后

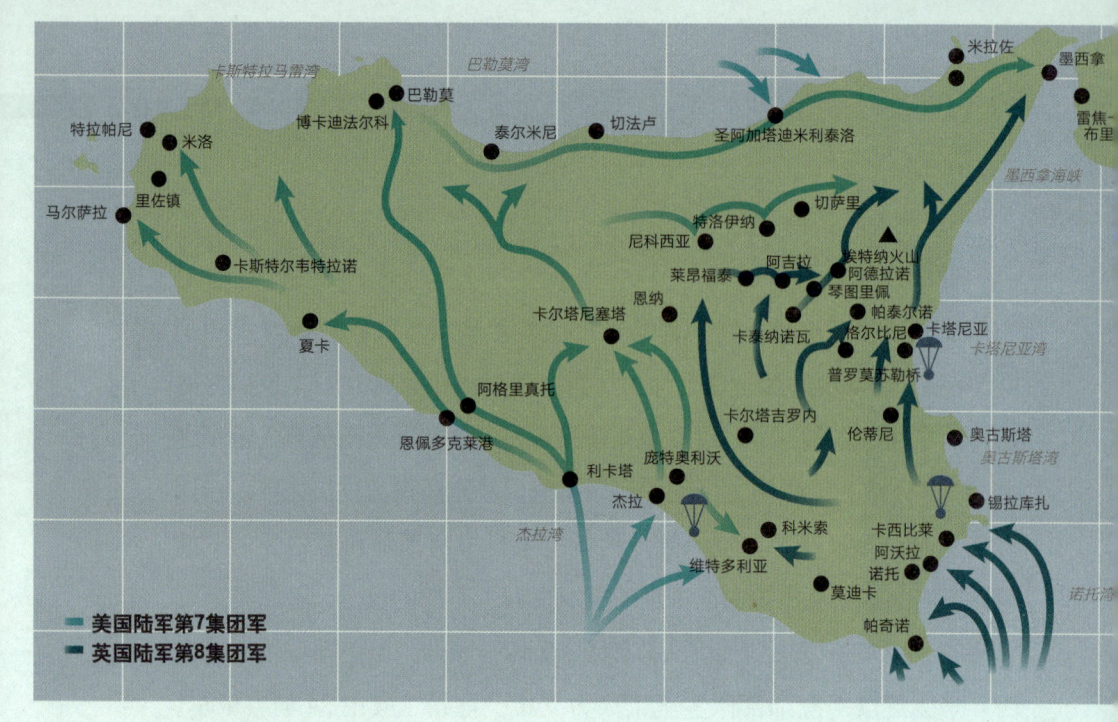

西西里岛登陆战

　　盟军决定派两支攻击部队从西西里岛东南海岸登陆。英国陆军上将伯纳德·蒙哥马利爵士率领的英国陆军第8集团军刚取得北非大捷，按计划他们将在锡拉库扎和帕塞罗角之间的海滩登陆，并占领那里的港口；乔治·巴顿将军指挥的美国陆军第7集团军将在斯科利蒂以西登陆，先占领那里的港口，再夺取利卡塔，然后去攻占杰拉机场。在主力部队行动之前，英美两国将各派一个空降师，利用滑翔机率先实施伞降，夺取关键战略目标。空降行动虽然偏离了方向没起到大作用，但主攻部队除了在杰拉之外也几乎没有遇到激烈的抵抗。只有在杰拉，赫尔曼·戈林师的装甲车迅速赶到战场，对美军发起了反扑。德意指挥官曾经判断，当时正值夏季暴风雨肆虐，任何两栖登陆的企图都只能望而却步。

果，我们有限的资源已经在非洲、苏联、巴尔干地区消耗殆尽。"在他看来，意大利人的战斗意志力即将最终彻底崩溃。

　　显而易见，无论在盟军登陆前、登陆中还是登陆后，意大利皇家海军都没有拿出什么像样的表现。7月16日，意大利海军有一架鱼雷轰炸机击伤了"不屈"号航母，另外"阿拉吉山"号潜艇发射的鱼雷也击中了"克娄巴特拉"号巡洋舰，但这两艘盟军船只都设法返回了马耳他。次日，意大利"斯基皮奥内·阿夫列卡诺"号，或称"大西庇阿"

号轻型巡洋舰在墨西拿海峡与英国鱼雷快艇上演了一场快速对决，造成英国鱼雷快艇一艘沉没、另一艘受损。8月6日和8月8日，驻扎在拉斯佩齐亚基地的意大利海军第7分队和第8分队的巡洋舰企图攻击巴勒莫海域的盟军军舰和运输船队，但两次尝试均遭失败。

意大利海军主力舰队依然躲避在军港内。9月9日，舰队终于驶出基地——只是为了投降。截至9月11日，意大利舰队大多数军舰——"维托里奥·维内托"号、"意大利"号、"多里亚"号和"杜伊利奥"号四艘战列舰，以及大多数巡洋舰和驱逐舰都抵达了马耳他。"凯撒"号战列舰在两天后抵达，而"阿蒂利乌斯·雷古鲁斯"号巡洋舰、三艘

在西西里岛战役中，"大西庇阿"号轻型巡洋舰是取得战绩的少数意大利军舰之一。它几乎没有防护装甲，但速度快，火力猛，时速可达36节。某日夜晚，"大西庇阿"号轻型巡洋舰在墨西拿海峡航行时遭遇四艘英国鱼雷快艇并发生交火。在这场仅持续三分钟的战斗中，它击沉一艘鱼雷快艇，重创一艘鱼雷快艇。而"大西庇阿"号遭受的唯一损失来自德国海岸炮兵的误击。

驱逐舰和三艘鱼雷快艇驶向了巴利阿里群岛马洪港，在那里被盟军扣押。

"罗马"号战列舰永远没能抵达马耳他，它在撒丁岛以北海域被纳粹德国空军击沉，德国人使用了"弗里茨X"型无线电制导炸弹将之炸沉，这种新型革命性炸弹的外形像一枚带着翅膀的炮弹。"意大利"号在这次攻击中也受到损坏。

第 28 章

北角海战

"沙恩霍斯特"号和"格奈泽瑙"号姊妹战列巡洋舰是纳粹德国海军性能最优良的军舰。它们设计时借鉴了之前的袖珍战列舰,即利用速度优势来弥补火力劣势。1942年3月,两舰丝毫不惧英国人将对它们实施的任何阻击,在英吉利海峡上演疯狂冲刺,使它们在世界海军界的声誉更上一层楼。

不过从那之后,"格奈泽瑙"号就不像以前那么幸运了。它在基尔军港干船坞停泊时,一枚英国皇家空军投下的炸弹正中其前甲板。由此引发的弹药舱爆炸使舰体严重受损。虽然它借助自己的动力驶回波兰格丁尼亚港,但再也没有参加过作战。有人提出给它重新装备火力更猛的381毫米口径火炮,但改装计划被希特勒否决。他反倒下令拆除"格奈泽瑙"号现有的火炮装备,转而用作岸炮。至此,这艘曾经风光无限的战列巡洋舰只剩下了空壳。1945年4月,为了封锁军港入口,德国海军让其沉入海底。

变废为宝

比起自己倒霉的姊妹舰,"沙恩霍斯特"号的运气要好一些。希特勒有一次对时任纳粹德国海军总司令的埃里希·雷德尔进行了长时间的指责,"沙恩霍斯特"号和其他所有德国主力舰一起,都他被贬斥为"彻彻底底的废物"。即便如此,"沙恩霍斯特"号还是逃过了希特勒裁减军舰的大斧。雷德尔对元首的爆发感到震惊,随即辞去海军总司令的职位,新提拔的海军元帅卡尔·邓尼茨接替了他的位置。然而,邓尼茨在海军自始至终都是跟 U 型潜艇打交道的,他花在水面舰队上的时间几乎和希特勒一样少。他说服希特勒把"沙恩霍斯特"号派往挪威跟"提尔皮茨"号并肩作战,一旦盟国重新启动驶向苏联的北极运输船队,两舰就出击袭扰。

这个计划本质上十分合理,然而实施时却受到现实的掣肘。1943 年 9 月,"提尔皮茨"号在泊位上遭受英国微型潜艇的攻击,受到严重损坏;想要修好归队至少需要花费六个月时间。这使得邓尼茨在北极发起突击时,只剩"沙恩霍斯特"号一艘主力舰可用,但他仍然决定按计划行事。1943 年 12 月 19 日,他向希特勒报告,"沙恩霍斯特"号战列巡洋舰将对下一支从北苏格兰前往摩尔曼斯克的盟军运输船队实施攻击。

三天后,纳粹德国空军侦察机发现了"JW-55B"运输船队,开始跟踪它的航行路线。圣诞节当天,在第 4 驱逐舰支队五艘驱逐舰的护航下,"沙恩霍斯特"号从朗峡湾海军基地出海拦截这支船队。这次行动的代号为"东线行动"(Operation Ostfront),邓尼茨任命海军少将埃里希·拜(Erich Bey)担任行动指挥官,还发报告诉他:"敌方企图通过这支重要的运输船队向苏联输送给养和武器,增加我方在东方战线英勇奋战的陆军将士的作战困难。我们必须出手。"

陷落北极

"东线行动"是德国计划的一次搜寻和攻击同盟国运输船队的行动代号。德国为此派了"沙恩霍斯特"号战列巡洋舰和五艘护航驱逐舰从挪威向北进发,目标直指德国空军侦察机发现的正在前往苏联途中的"JW-55B"运输船队。但他们并不知晓,英国皇家海军本土舰队总司令海军上将布鲁斯·弗雷泽爵士通过破译的恩尼格玛密电报,早已提前洞悉他们的意图。弗雷泽麾下的巡洋舰首先发现了"沙恩霍斯特"号,并摧毁了舰上的雷达。这艘无法辨别方向的战列巡洋舰逃跑时慌不择路,闯入了"约克公爵"号战列舰和其护航驱逐舰的航线。"约克公爵"号第一轮齐射就使"沙恩霍斯特"号前主炮哑了火,还击中了主锅炉房,导致"沙恩霍斯特"号航速直接降至 10 节。随后,"沙恩霍斯特"号被鱼雷击中数次后陷入瘫痪,但"约克公爵"号以及增援的"贝尔法斯特"号和"牙买加"号巡洋舰仍在不停地对其炮击。遭受重创的"沙恩霍斯特"号向盟军投降,舰体发生倾覆后沉没。舰上大多数船员跟军舰一起葬身海底。

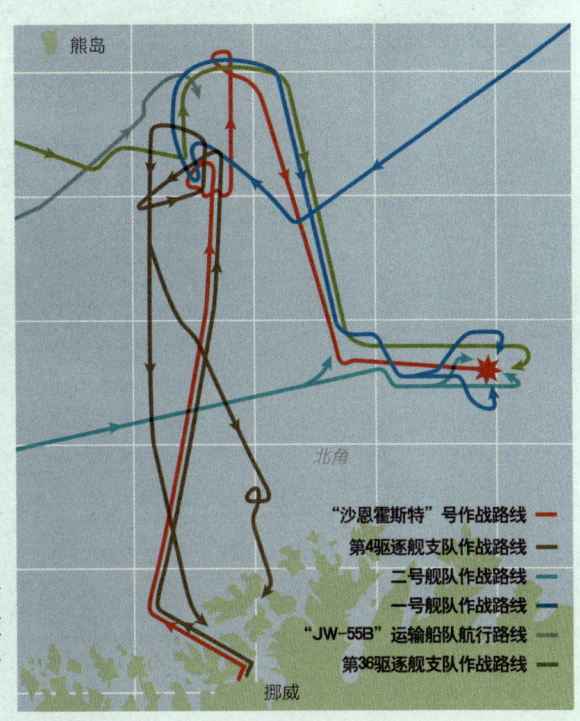

熊岛

北角

挪威

"沙恩霍斯特"号作战路线
第4驱逐舰支队作战路线
二号舰队作战路线
一号舰队作战路线
"JW-55B"运输船队航行路线
第36驱逐舰支队作战路线

驶入陷阱

邓尼茨和拜显然根本没有料到,"沙恩霍斯特"号正被引诱进英国人精心设计的陷阱。"沙恩霍斯特"号刚离港出海,挪威抵抗运动成员就将其出发的信息用电报发了出去。布莱奇利庄园的密码破译员早已破解纳粹德国海军使用的恩尼格玛密码,他们也证实"沙恩霍斯特"号正在驶往北极和巴伦支海的途中。"沙恩霍斯特"号的偷袭行动已经失去了意义。

英国本土舰队总司令海军上将布鲁斯·弗雷泽(Bruce Fraser)爵士早就预料到了"沙恩霍斯特"号的结局。他以"JW-55B"运输船队

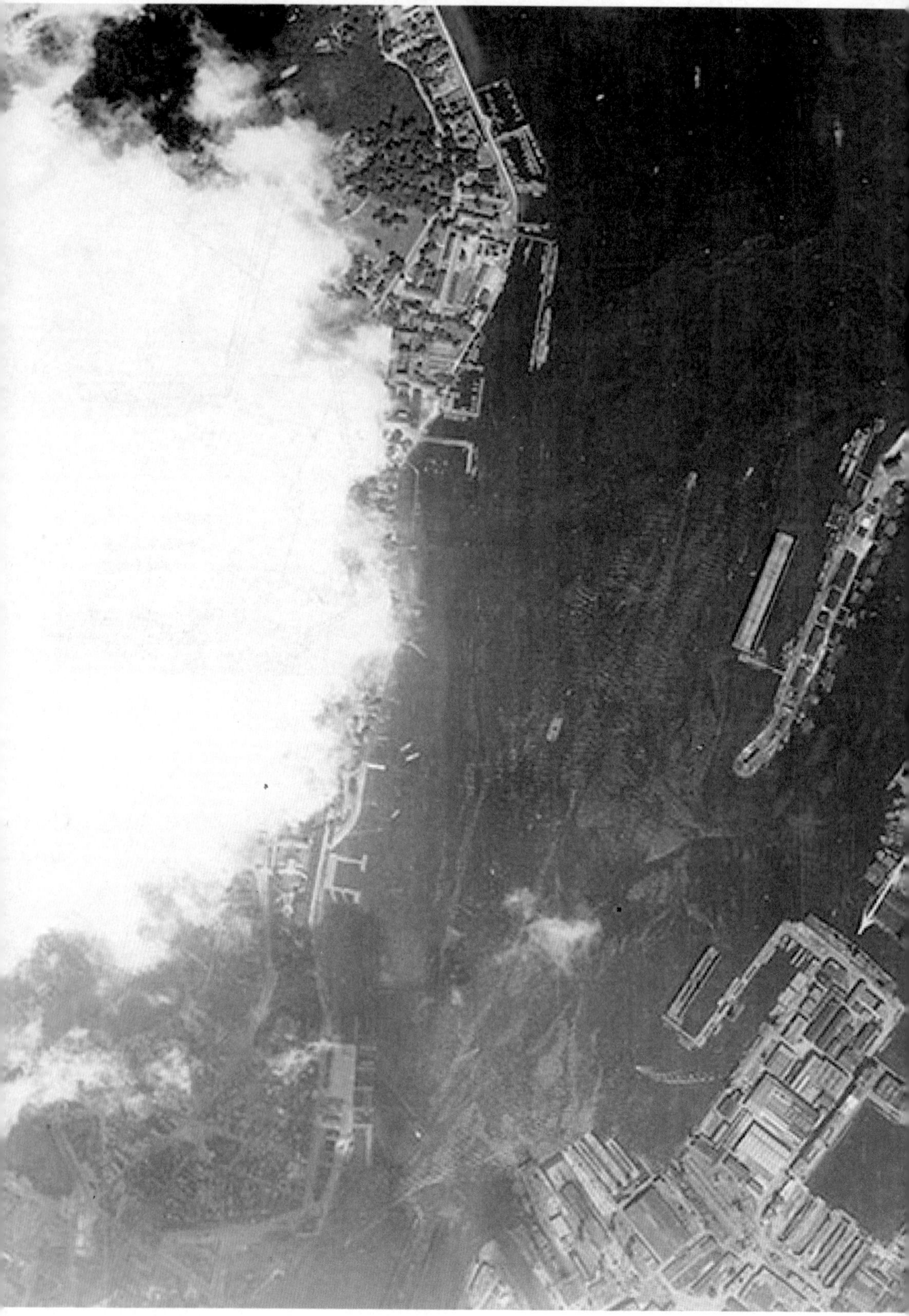

第28章 北角海战

和返回英国的"RA-55A"运输船队为诱饵,同时让两支特遣舰队做好战斗准备,随时拦截"沙恩霍斯特"号,与之进行战斗。罗伯特·伯内特(Robert Burnett)中将指挥的一号舰队下辖"贝尔法斯特"号和"谢菲尔德"号两艘轻型巡洋舰以及"诺福克"号重型巡洋舰。二号舰队由弗雷泽亲自指挥,由"约克公爵"号战列舰、"牙

1942年3月,"沙恩霍斯特"号从法国布雷斯特港出发,沿英吉利海峡成功逃脱后,英国皇家空军一架侦察机在德国海军基尔基地的干船坞拍到了它。侦察照片中部偏下的箭头标记的是"沙恩霍斯特"号的精确位置。1943年3月,德国海军司令部命令它与驻守在挪威的"提尔皮茨"号、"舍尔海军上将"号、"希佩尔海军上将"号、"吕佐夫"号和"欧根亲王"号会合。德国海军打算派这些主力舰攻击从英国前往苏联或者离开苏联返回英国的同盟国运输船队,但是他们并没有找到攻击的目标,实际上运输船队停航了。英国人因为前期损失过大而受挫,从3月到11月中断了对苏联的运输行动。

买加"号轻型巡洋舰及"蝎子"号、"野人"号和"索马里兹"号三艘驱逐舰组成。弗雷泽命令"RA-55A"船队往北航行，远离正在接近他们的"沙恩霍斯特"号，同时调派担任船队护航任务的"火枪手"号、"及时"号和"悍妇"号三艘驱逐舰及另一艘挪威"斯图尔"号驱逐舰加入一号舰队。12月23日，两支特遣舰队向北极进发。两天之后，他们的德国对手也开启了自己的战斗之旅。

一号舰队参战

急剧恶化的海上天气严重影响了纳粹德国空军的空中侦察。拜在跟恶劣天气较量的同时，从10月26日一大早就开始搜寻英国的运输船队。他以为自己肯定会在天黑后跟丢运输船队，所以派出驱逐舰向南侦测。与此同时，伯内特借助雷达正从东北方向逐步接近"沙恩霍斯特"号，早上8:30左右，英国人的雷达首次捕捉到这艘战列巡洋舰的回波。

率先开火的英国军舰是"贝尔法斯特"号巡洋舰，紧接着"诺福克"号和"谢尔菲德"号也向"沙恩霍斯特"号开炮。"沙恩霍斯特"号开火反击，但是没有一次能够击中对手。因为雷达被炸失灵，拜下令退出战斗，向南撤退，然后转向东北方向，准备绕过伯内特的特遣舰队去攻击运输船队。伯内特转换战位为船队提供掩护。

直到中午，英国人才重新在雷达上捕捉到四处躲避的"沙恩霍斯特"号，当时它正以接近最高航速33节的速度疾驰。这次"沙恩霍斯特"号虽然还是无法使用雷达，但却做好了迎战的准备。它摧毁了"诺福克"号的雷达和一座炮塔。然而，拜心中始终牢记邓尼茨的命令，遭遇敌人"重兵"就撤退。于是他再次下令"沙恩霍斯特"号向南航行，决定利用该舰的速度优势全速驶向港口。在"贝尔法斯特"号上坐镇指挥的伯内特在后面紧追不舍，但其他英国巡洋舰因为机械

照片中，"沙恩霍斯特"号战列巡洋舰正在朗峡湾隐匿，等待出击命令。据说，这艘战列巡洋舰拥有无可匹敌的速度，航速最快能达到33节，它能够轻松甩开任何潜在的对手。海军少将埃里希·拜对此尤其自信。即便他的军舰受到了"约克公爵"号战列舰的轰击，他仍致电邓尼茨："'沙恩霍斯特'号永远无法超越。"

照片为从"胜利"号航母拍摄的"约克公爵"号战列舰，可以看到舰艏浪花四溅，当时"约克公爵"号正在以20到25节的航速为前往苏联摩尔曼斯克港的"PQ-12"运输船队提供护航。这艘战列舰355毫米口径主炮由雷达操控，射程达10000码，射击精度高，为击沉"沙恩霍斯特"号战列巡洋舰立下了汗马功劳。

故障不得不减速。

"沙恩霍斯特"号使出浑身解数，依然没能甩掉顽强的追击者。伯内特在尾随"沙恩霍斯特"号的同时，还不断地将其坐标发给正在迅速向战场赶来的二号舰队。

陷入瘫痪

现在轮到弗雷泽出手了。下午 4:17，"约克公爵"号战列舰在雷达上捕捉到"沙恩霍斯特"号。弗雷泽命令"贝尔法斯特"号发射照明弹来照亮"沙恩霍斯特"号，方便已经做好准备的驱逐舰发起鱼雷攻击，随后下令由雷达引导的主炮开火。"约克公爵"号在第一轮齐射时便击中了"沙恩霍斯特"号。

"沙恩霍斯特"号前炮塔很快被炸毁，拜竭尽全力地向北逃跑，但这样恰恰计他进入了"贝尔法斯特"号和"诺福克"号的火力范围。他改变航线向东行驶，仍试图逃出英军的陷阱。战斗中，"沙恩霍斯特"号击中"约克公爵"号两次，炸坏了它的雷达。"约克公爵"号以新一轮舷炮齐射作为回击。一枚炮弹击中"沙恩霍斯特"号的其中一间锅炉房，炸断了连接军舰涡轮机的主蒸汽管。由此产生的戏剧性后果立刻就显现出来。"沙恩霍斯特"号的速度降至 10 节左右。舰上的损害管制部门虽然成功做了一些维修，但最高航速此时只有 22 节了。

这让弗雷泽指挥的驱逐舰抓住了机会，向"沙恩霍斯特"号发起鱼雷攻击。拜意识到自己的军舰大限将至，便向希特勒发电："尊敬的元首，我们将战斗至最后一发炮弹！"

驱逐舰的攻击

随着英国驱逐舰加入进攻，战斗逐渐接近尾声。"野人"号和"索马里兹"号专攻"沙恩霍斯特"号左舷,而"蝎子"号和"斯图尔"号直奔右舷,有四枚鱼雷正中要害。随着"沙恩霍斯特"号航速再次下降,"约克公爵"号在"贝尔法斯特"号和"牙买加"号支援下,扑上来大开杀戒。

"沙恩霍斯特"号当时向右舷严重倾侧,舰艏已经部分没入海水中,只能以3节的航速颤颤巍巍地向前行驶。舰上所有主炮全部哑火,"沙恩霍斯特"号开始原地打转。随着击中它的鱼雷越来越多——发射的55枚鱼雷总计11枚命中目标——"沙恩霍斯特"号在一次次爆炸中剧烈震动。晚上7:45,最后一次巨大的爆炸掀掉了其舰艏,随后它便渐渐沉入海底。

英德主力舰在二战期间的最后一次水面作战就这样结束了。"沙恩霍斯特"号上有1968名舰员,最终36名幸免于难。

第 29 章
鱼雷快艇

德军把自己的鱼雷快艇称作 S 艇（Schnellboot，不知出于什么原因，盟军称其为 E 艇）；英军的叫 MTB 艇（motor torpedo boat）；美军的叫 PT 艇（patrol torpedo boat）；意军的叫 MAS 艇（Motoscafo armato silurante）。鱼雷快艇体积小，速度快（最高航速达 40 节左右），机动性高，在二战各个主战场都有它们的身影。在欧洲，它们在英吉利海峡、北海、爱琴海和亚得里亚海，以及意大利和北非沿岸的地中海参与作战。在东亚战场，它们在马来半岛和缅甸海域、中国南海，横跨整个太平洋向日本人发起攻击，在最终促成菲律宾解放的海上作战中也发挥了举足轻重的作用。它们对敌方沿海航运造成相当大的威胁。举个例子，德国 S 艇的袭击在东英吉利海域带来巨大危险，以至于英国人把这片海域称为"E 艇小道"。

速度快的多面手

所有鱼雷快艇设计的出发点都是用来打击敌人的沿海航运，但很快它们也开始执行其他各种任务了。除了为己方运输船队提供护航外，它们还参与突击进攻、袭击港口、护送间谍登陆敌方海岸、侦察敌情、营救被击落入海的飞行员、袭击敌方潜艇等任务，甚至充当布雷艇，但它们由于最多只能携带 6 枚水雷，实用价值不大。它们的劣势在于作战范围有限，原因在于这种小艇油耗过大，抵御敌军炮火和海上巨浪的能力弱。

鱼雷快艇真正过人之处在于它们的高性能，以及指挥官和艇员不顾一切、勇往直前对海上目标进行穷追猛打的狠劲。这种快艇为了速度而牺牲了防护，所以白天行动时很容易受到攻击。但是，夜晚是它们大显身手的好时候。

德国 S 艇

直到 1943 年年初，德国 S 艇在质量和数量上都优于盟军制造的任何同类快艇，字母 S 代表德语里的"Schnell"（快速）。事实上，无论是战争前还是战争期间，S 艇都算得上交战双方建造的鱼雷快艇样式中最成功的。

故事开始于 20 世纪 20 年代，离希特勒掌权还早着呢，当时那支后来被重新命名为纳粹德国海军的海上力量，已经在想尽办法规避《凡尔赛和

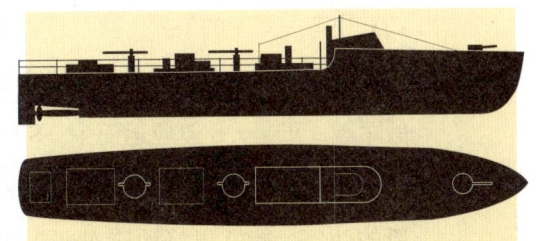

S 艇

级别：S-100 级鱼雷快艇

排水量：100 吨（最大）、78.9 吨（标准）

长度：107 英尺 6 英寸（32.8 米）

宽度：16 英尺 7 英寸（5 米）

吃水：4 英尺 10 英寸（1.3 米）

航速：43.8 节

火力装备：2 具 533 毫米口径鱼雷发射管；1 门 20 毫米口径双发炮；1 门 20 毫米口径单发炮；1 门 37 毫米口径高射炮

乘员：24—30 人

德国 S 艇被盟军称为 E 艇，比美国 PT 艇和英国 MTB 艇的速度快、航程远，而且使用柴油驱动而非汽油驱动。通常情况下，它们大多部署在英吉利海峡和北海，用于拦截盟军前往英国港口的运输船只，不过在爱琴海、地中海和黑海也执行任务。它们击沉商船的总吨位超过 21 万吨，还击沉了 12 艘驱逐舰、8 艘登陆舰、6 艘 MTB 艇、11 艘扫雷舰、1 艘鱼雷快艇、1 艘布雷舰和 1 艘潜艇，损毁 3 艘巡洋舰、5 艘驱逐舰、3 艘登陆舰、1 艘海军拖轮和其他一些商船。除此之外，它们布下的水雷炸毁了 37 艘商船、1 艘驱逐舰、2 艘扫雷舰和 4 艘登陆舰。

约》中有关海军的条款。德军筹划建造一种为海上闪击战量身定做的缩小版军舰。于是，S艇应运而生。S艇的外形大约是英国和美国同类型舰艇的两倍，能够更好地应对恶劣海况。它的作战范围也更大，达到800英里。

S艇的研制源于一种豪华游艇。1928年，位于不莱梅的乐顺造船公司（Lurssen）为美国一名银行业大亨设计了这种最高航速达30节的游艇。德国海军统帅部马上订购了一艘类似的、但尺寸略小的舰艇。这便是1930年完工的"S-1"号艇。它的最高航速达37节，排水量39吨，艇上装备一门20毫米口径高射炮和一挺机关枪，还违反《凡尔赛和约》的条款配

1945年5月13日，德军"S-204"号鱼雷快艇沿着萨福克郡费利克斯托港防波堤向英国海岸部队基地驶来时，艇员挥舞着白旗投降。它和"S-205"号艇在10艘英国MTB艇押送下驶入港口。"S-205"号上搭乘了负责指挥S艇作战的卡尔·布罗伊宁（Karl Breuning）海军少将，他来签署正式的投降文书。

第29章 鱼雷快艇

备了 2 具鱼雷发射管。后续 S 艇的吨位持续上升，先增加到 45 吨，然后到 78 吨，火力也得到加强。1939 年产的 S 艇通常装备 2 具鱼雷发射管、1 门 20 毫米口径自动火炮和 2 挺机关枪。

它的动力装置也进行了改良。第一批生产的 S 艇是汽油动力，不过德军很快决定改为柴油动力。这个思路绝对正确，使用柴油机的 S 艇和英美同类型快艇相比，火灾发生概率低了很多。最初选择安装 3 台曼牌柴油机，但结果不太理想，于是德军改用 3 台 2000 马力、20 个汽缸的"戴姆勒－奔驰"牌柴油机。这些配置能使一艘普通 S 艇具备 40 节以上的顶级航速。

截至 1939 年，纳粹德国海军共列装 18 艘 S 艇。从那时一直到战争结束，德军共生产了大约 230 艘 S 艇，乐顺造船公司一直是主要建造商。经统计，S 艇一共击沉 12 艘驱逐舰、11 艘扫雷舰、8 艘登陆舰、6 艘 MTB 艇、1 艘布雷舰、1 艘鱼雷艇、1 艘潜艇和 101 艘商船，还损毁了 2 艘巡洋舰、5 艘驱逐舰、3 艘登陆舰、1 艘修理船、1 艘海

军拖轮和其他大量商船。S 艇大约损失了 146 艘。

MTB 艇和 PT 艇

英国虽然在一战派部分海岸快艇参战，但德国投降后他们放弃了建造这种快艇的计划。直到 20 世纪 30 年代中期，英国动力船公司、桑尼克罗夫特造船厂和沃思珀造船厂都来争抢英国海军部的合约，这种鱼雷快艇才得以起死回生。英国动力船公司虽然建造了最初的原型艇，但战争爆发后，沃思珀造船厂拿到了最大的合同，MTB 艇开始量产。

上页照片抓拍的是正在全速航行的"PT-105"号鱼雷快艇。1942 年 7 月，这艘快艇当时在美国东海岸海域参加演练。紧随其后的是英国 MTB 艇第 5 中队的其他快艇。与此类似（下图）的英国摩托炮艇（British Motor Gunboat）经常执行被称为"进攻性布雷"的行动，在沿海水域袭扰敌方航运。1941 年 6 月，它们开始在法国和比利时海岸执行此类行动；最后一次行动是 1945 年 4 月在法国海域实施的。

沃思珀造船厂建造的MTB艇航速达到40节。它们通常装备两具533毫米口径鱼雷发射管，在驾驶台后的回转炮塔装有双联装维克斯机枪。如果MTB艇有空余位置，通常还会装上单发或双发刘易斯机枪。跟德国S艇不同，MTB艇使用的是优质航空燃料而不是柴油。最初，这种快艇动力装置是三台意大利产"伊索塔·弗拉斯基尼"发动机。1940年意大利参战后，这种发动机的供应中断，临时采用美国"霍尔·斯科特"发动机作为替代，但事实证明新的发动机动力不足，MTB艇的最高航速下降了11节。1941年，"帕卡德"发动机取而代之。与此同时，MTB艇的火力配置开始升级。沃思珀造船厂1944年产的MTB艇长度达73英尺，装备了四具鱼雷发射管，为了防空需要，还配备了一门20毫米口径双联装机关炮和多挺维克斯K型机枪。

和英国海军一样，美国海军也找了三家不同公司来设计PT艇，分别是电船公司、希金斯工业公司和赫金斯游艇公司。1941年5月，在纽约港附近海域进行了一系列测试后，电船公司研发的PT艇成为当之无愧的最后赢家。在战争期间，这家公司总共为美国海军建造了385艘PT艇，希金斯工业公司建造了200艘PT艇，它们大多数在欧洲战场服役，赫金斯游艇公司仅建造了18艘PT艇，不过没有一艘参战。

电船公司生产的PT艇长80英尺，宽29英尺。它们由三台"帕卡德"发动机提供动力，这种发动机设计起源于一种飞机发动机，足以使PT艇最高航速达到41节。早期PT艇装备有四具鱼雷发射管和安装在两个底座上的两挺机关枪。后来，在艇艉加装了一门20毫米口径"厄利康"高射炮。

电船公司生产的PT艇大多在太平洋地区作战。它们的主要攻击目标是日本人给困守岛屿的卫戍部队运送人员、装备和补给的"大发"式装甲沿海驳船。PT艇参与了所罗门群岛海战，但问题在于它们鱼雷的攻击力对这些沿海驳船没什么效果。日本"大发"式驳船吃水深度大约是五英尺，但美国鱼雷设定的最浅深度是其两倍。结果显而易见，即使PT艇的鱼雷瞄准了目标，也只能毫无威胁地从驳船下方快速穿过。

解决这个问题从某种程度上要靠战场上的随机应变。当时的海军中尉、未来的美国总统约翰·肯尼迪（John F. Kennedy）在他指挥的"PT-109"号艇艏架设了一门37毫米口径单发反坦克炮。有的艇长还给快艇加装了从击落的P-39"眼镜蛇"式战斗机上拆下的39毫米口径机关炮。最后许多PT艇拆除了自己的鱼雷发射管和深水炸弹发射架，改装40毫米口径火炮，并加上防护装甲。战争后期，一些PT艇还装备了火箭炮。

经过改造，PT艇作战成功的概率大大提高。难怪那些不堪重负的日军给PT艇取了个"魔鬼快艇"的绰号。在美国，PT艇中队为自己赢得了"蚊子舰队"的昵称。然而在比较古板的安那

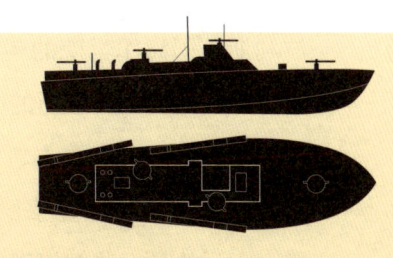

"PT-109"号

级别：	"PT-103"级鱼雷快艇
排水量：	56吨（满载）
长度：	80英尺（24.4米）
宽度：	20英尺8英寸（6.3米）
吃水：	3英尺6英寸（1.1米）
航速：	41节

火力装备： 4具533毫米口径鱼雷发射管；1门20毫米口径机关炮（艇艉）；4挺M2机枪；1门37毫米口径反坦克炮（艇艏）

乘员： 17人

"PT-109"号鱼雷快艇及其PT姊妹艇是二战期间美国海军同类型舰艇中外形最大的一种，它们主要参与太平洋战区的行动。"PT-109"号名气最大的艇长是后来成为美国总统的约翰·肯尼迪。1943年4月下旬，年轻的海军中尉肯尼迪接任舰长职位，不过他在位时间并不长。8月2日晚，"PT-109"号在新乔治亚岛海域附近巡逻搜寻日本运输船只时，被日军"天雾"号驱逐舰撞击。巨大的冲击力把"PT-109"号切成两半，几乎在一瞬间就沉入大海。包括肯尼迪在内的11名幸存者设法游到附近岛屿，几天后从岛上最终获救。

波利斯美国海军学院的毕业生中，更出名的外号是"流氓海军"，部分原因是这些快艇所经历的一系列不幸的意外事故。

举个例子，在攻占新乔治亚岛时，由六艘PT艇组成的战斗小组错把美国海军少将理查蒙德·特纳的旗舰当成敌舰，向它发射了一枚鱼雷。幸运的是，这艘旗舰在日军空袭中严重受损，当时舰上只有基本船员留守。还有一次，一艘PT艇在大白天被一架B-25轰炸机攻击，它被错误地当成了日本驳船。这艘PT艇开火反击并且击落了轰炸机，造成三名机组人员死亡。

第30章
斯拉普顿海滩

1944年春，大家都清楚，盟军即将在法国北部实施登陆行动，开辟人们期待已久的第二战场。对纳粹德国来说，他们要思考的是同盟国将会在何时何地发起攻击。对于盟军来说，他们更多考虑的是部队能否成功登陆，如何防止敌人的反扑把自己打回海上，如何成功突破敌人滩头阵地。正如纳粹德国陆军元帅埃尔温·隆美尔简洁扼要地告诉手下参谋的那样，对于双方而言，这都将是"最漫长的一天"。

作为登陆准备工作的一部分，盟军用德文郡南部海岸代替他们准备登陆的诺曼底海滩，进行了大规模预演。演练地点之所以选择位于达特茅斯以南的斯拉普顿海滩（Slapton Sands），是因为它与奥马哈海滩和剑滩都有相似之处。这次登陆行动代号为"老虎演习"（Operation Tiger），计划于4月22日至5月30日进行。这是盟军进行的最大规模的、最后一次演练，有30000名美军士兵参加，大多数来自美军第4步兵师。

4月27日进行的第一次登陆演练是成功的，然而次日清晨的一次事故使"老虎演习"变成了一场惨烈的灾难。

德国 S 艇威胁

德军通过雷达密切监视着盟军在英吉利海峡日益增加的海上军事行动,纳粹德国海军在该地区的活动也相应增加。他们沿着法国北海岸部署了几支 S 艇小舰队,主要在瑟堡、布洛涅和加来,一部分以德国占领的海峡群岛之一根西岛为基地。鲁道夫·彼得森(Rudolf Petersen)海军上校是这些小舰队的总指挥官,他把司令部设在布洛涅附近的维姆勒。

彼得森指挥的 S 艇主要在夜间巡逻,是一群不好对付的对手。S 艇的动力由三台三轴"戴姆勒－奔驰"牌柴油发动机提供,增压时最大航速可达 40 节。它的火力很猛,标准配置是两具 533 毫米口径前置鱼雷发射管和两到三门 20 毫米口径火

在"老虎演习"期间,美军步兵正在抢占德文郡斯拉普顿海滩有利地形。这个演习是盟军为了发动诺曼底登陆和攻击被纳粹占领的法国沦陷区而进行的一系列正式演练。德怀特·戴维·艾森豪威尔将军是这支攻击部队的最高指挥官,他要求部属把演习设计得尽可能地跟真实情况一样,甚至细化到实弹和炮火的使用。他没有预料到的是,1944 年 4 月 28 日凌晨时分,就在演习接近尾声时,一支由九艘 S 艇组成的小舰队会袭击他们运送士兵到模拟登陆点的八艘登陆舰。

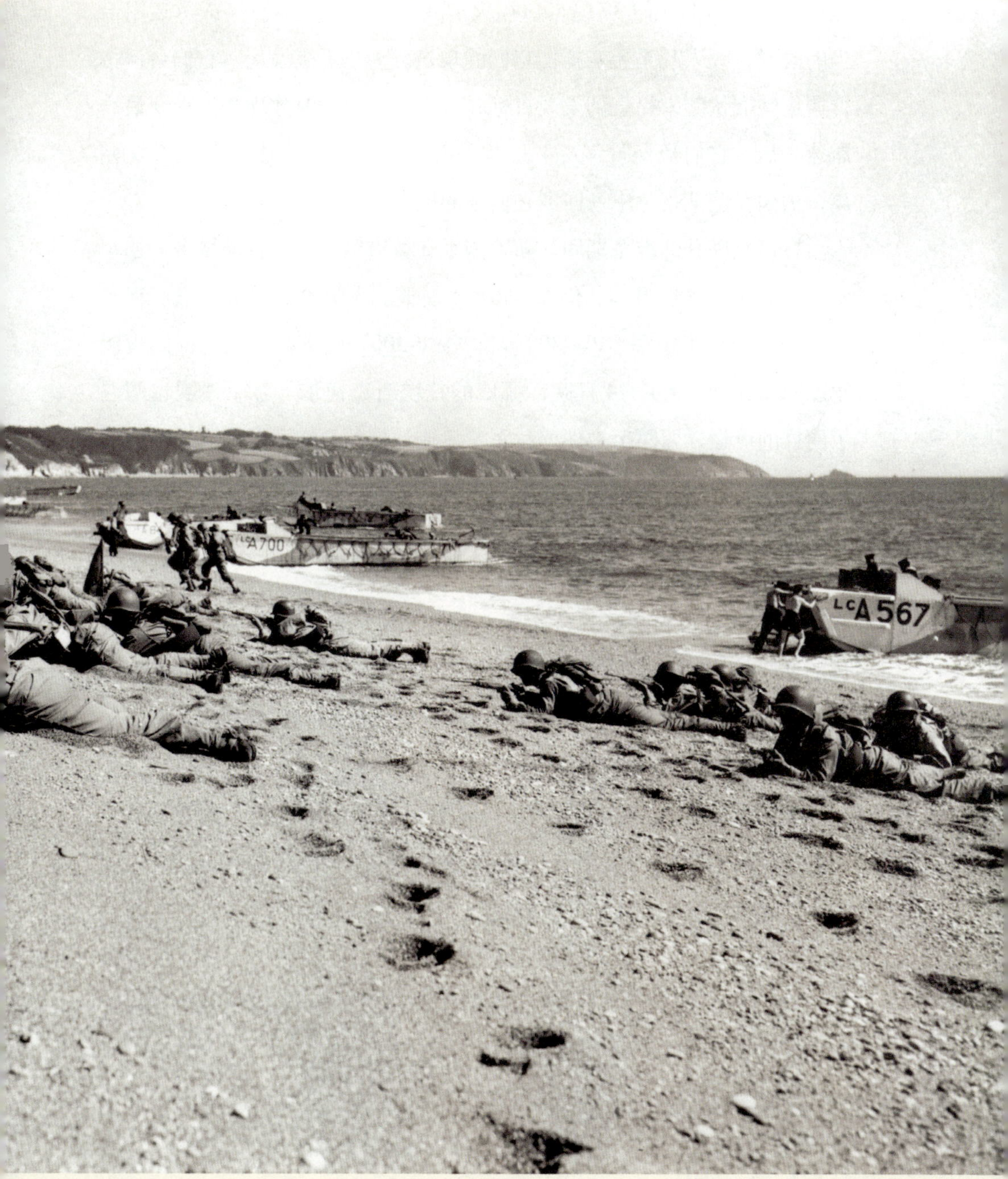
A700
LCA567

炮，有时会增加一门37毫米口径火炮或其他重型武器。当战术运用恰当的时候，敌人几乎无法抵挡它们的攻击。为了不被发现，它们会保持低速运转潜伏起来，直到发现目标并且准备去攻击时才现身。提至最高航速之后，它们径直向敌人冲去。发射鱼雷后，它们同样迅速地掉头驶离，消失在茫茫夜色中，回到它们来的地方。

在诺曼底登陆准备期间，随着盟军在英吉利海峡的行动增多，德军S艇的出现频率也提高。例如，2月5日晚，S艇第5支队从根西岛出发，成功袭击了盟军"PW-300"和"WP-300"两支运输船队，四艘盟军船只被击沉。4月14日晚，挪威的"埃斯克代尔"号驱逐舰也遭遇了同样的厄运。盟军努力迷惑敌军，遮掩他们的真实意图和运输船队的目的地，但斯拉普顿海滩仍然是一个极度诱人的目标。

突然袭击

4月27日上午9:45，"T-45"运输船队准时从普利茅斯起航。它的目的地是莱姆湾和斯拉普顿海滩。船队由"杜鹃花"号小型护卫舰领航，后面2000码是515号坦克登陆舰，再往后相互间隔400码依次是496号坦克登陆舰、511号坦克登陆舰、531号坦克登陆舰和58号坦克登陆舰，最后还拖曳着两个浮箱栈桥。它们本该由"弯刀"号驱逐舰护航，但它前一天遭遇一起小碰撞事故，水线以上被撞得一塌糊涂，被迫留在普利茅斯接受维修了。不知道什么原因，它不在位的情况直到晚上才被报告给上级海军指挥部，然后"萨拉丁"号才接到命令去接替它。最终在4月28日凌晨1:37，它再次起航。等赶上船队时，一切都已太迟。

盟军采取了一些预防措施来防止S艇的袭扰。他们派了驱逐舰和MTB鱼雷快艇封锁了莱姆湾，与此同时还派了三艘MTB艇守在瑟堡外海域，如果停泊在那里的 S 艇准备出港的话，它们就实施拦截。但盟军还是失败了。晚上 11:00，由六艘 S 艇组成的第 5 支队和由三艘 S 艇组成的第 9 支队，在没有被发现的情况下突破了封锁线。它们以 36 节的航速向西直奔莱姆湾高速驶去。期间，缓慢驶向托尔湾的盟军运输船队又增加了三艘坦克登陆舰。船队打算先向东行驶，然后向南进入前往莱姆湾的西向航线，直抵斯拉普顿海滩。

在盟军运输船队开始最后一次转向的时候，S 艇已经设法避开了英军驱逐舰和 MTB 艇的屏护，事实上，盟军甚至连 S 艇的影子都没看到。一次经典的 S 艇行动的大幕拉开了。第 5 支队指挥官彼得森事先得到纳粹德国海军监听到的运输船队位置，他下令支队六艘 S 艇分成三组，两艘一组作战。第三组的"S-138"号艇和"S-136"号艇率先发起攻击。

海上大屠杀

"S-138"号艇误以为 507 号坦克登陆舰是一艘驱逐舰，对它的舰艉进行了两轮鱼雷齐射。"S-131"号艇向另一艘不明身份的军舰发射了多枚单发鱼雷，那是 531 号坦克登陆舰。受到攻击的 531 号坦克登陆舰突然着火，6 分钟内就倾覆沉没了。507 号坦克登陆舰也发生了火灾，但在沉船前 45 分钟奋力自救，最后船上幸存的船员和士兵接到命令弃舰。

第二组的情况截然相反，一个目标也没有击中。"S-140"号艇和"S-142"号艇都向各自的目标发射了鱼雷，但却没看到目标爆炸。一位艇长做出正确推断，应该是他们瞄准的登陆舰吃水太浅。第一组的"S-100"号艇和"S-143"号艇用鱼雷击中了一艘船。第 9 支队的"S-150"号艇和"S-139"号艇攻击了同一艘船，而"S-145"号艇突然停下来转而攻击其艇长所说的"小型武装护航舰队"。这些很有可能是吃水较浅的登陆舰。S 艇最后再次集结，毫发无损地撤出战场。

混乱不堪

很明显，在突然袭击引发的混乱中，大家都不可能搞清楚到底发生了什么。整个运输船队当时收到的唯一明确的命令就是打乱编队、分散独立航行。直到战斗结束几个小时后，这场灾难的严重性才显现出来。除了 507 号和 531 号坦克登陆舰被击沉，289 号坦克登陆舰也严重

305 号坦克登陆舰在斯拉普顿海滩着陆。与其相邻的是"LCI9L-32C"号步兵登陆艇。盟军在莱姆湾遭到 S 艇袭击，一艘坦克登陆舰被击中并很快沉没。另一艘坦克登陆舰发生火灾，不得不弃船，第三艘坦克登陆舰尽管也失了火，但还是成功靠岸。这是一次巨大的灾难。在莱姆湾和斯拉普顿海滩遇难的美国士兵，是诺曼底登陆时犹他海滩美军死亡人数的 10 倍。

受损，尽管它最终颠簸着驶回了军港，但舰艉被一枚德国鱼雷炸飞。而511号坦克登陆舰在遭遇战中被友军496号坦克登陆舰误击。

这次演习伤亡人数很多。数百名被困在甲板下的士兵和水手都随舰艇沉入了海底。其他那些跳进海里的人，很多人溺水而亡，因为只有很少的时间或者根本没时间释放救生艇。他们有的穿着浸满海水的大衣坠入海底；有的把本该放在腋下的救生圈系在了腰上，身体向前倾斜而导致溺水身亡；还有一些人在冰冷的海水中因体温过低而死亡。

经统计，总计749名美国士兵死亡或失踪。这场悲剧令盟军指挥层大为震惊，迅速开始掩盖事情的严重程度。他们特别担心的是，其中有10名掌握有关盟军诺曼底行动具体细节的最高机密的军官，也在失踪者名单中。盟军害怕的是，如果他们已经被德国人抓获并受到

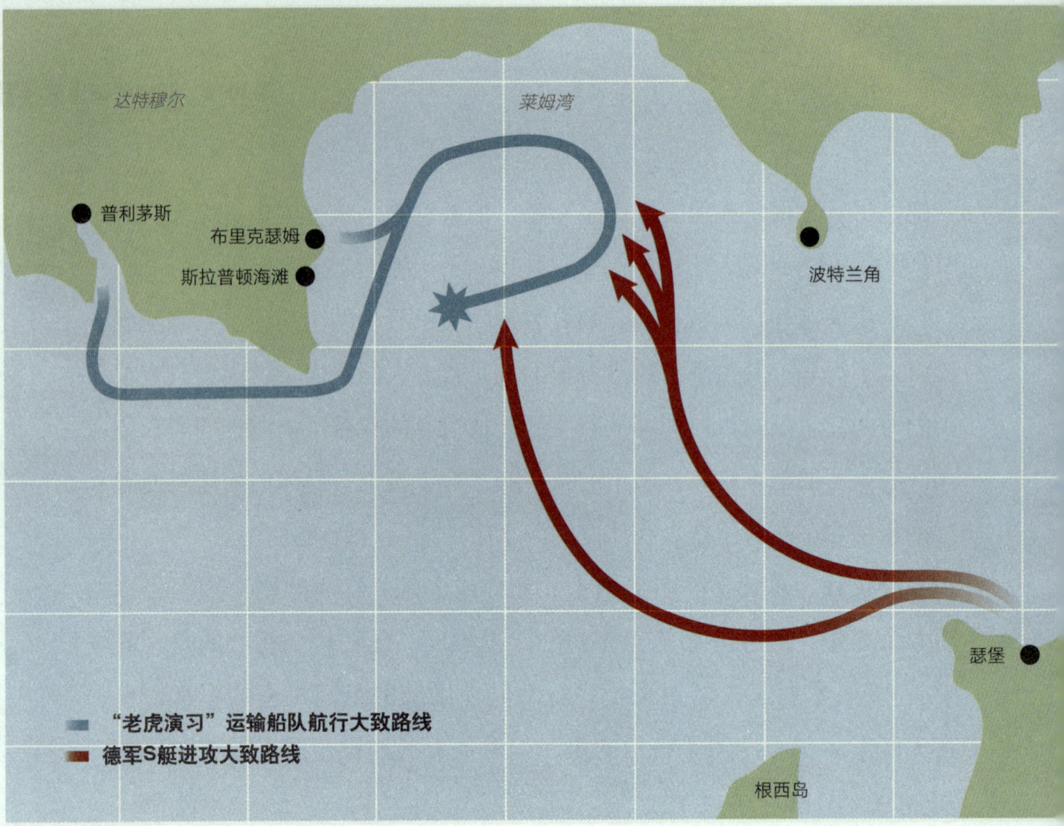
达特穆尔
莱姆湾
普利茅斯
布里克瑟姆
斯拉普顿海滩
波特兰角
瑟堡
根西岛
"老虎演习"运输船队航行大致路线
德军S艇进攻大致路线

运输船队罹难

4月27日，一支命运多舛的运输船队从普利茅斯出发，驶向斯拉普顿海滩的红滩，盟军最初派了两艘军舰执行护航任务，但后来改成一艘小型护卫舰。德国S艇在第二天凌晨1:33开始发起突袭。在随后造成的混乱中，盟军命令运输船队的舰船不予还击，因为那样会将船队位置暴露给敌人。在德军看来，他们正在攻击几艘油船。很多美军士兵在海水中无望地挣扎求生，最终在莱姆湾不幸溺亡。原因之一是他们救生衣的穿戴方式不正确。

审讯，这一重大秘密很可能被泄露。事实上，这10人全部溺亡。

盟军进行了事后反思。他们认为，造成这场灾难的原因是运输船队的护航力量不够强大，护航力量和登陆舰之间的通信也发生了故障。因为一个输入错误，双方使用了不同的无线电频率。然而，没法追责到具体人员。

第 31 章
诺曼底登陆

1944年6月2日，盟军参加诺曼底登陆的第一批进攻舰队从其母港出发。史上最大规模的两栖作战行动开始。超过4000艘登陆舰和部队运输舰在600多艘军舰的护航下，向法国北部的诺曼底海岸快速前进，护航舰队包括7艘战列舰、2艘浅水重炮舰、23艘巡洋舰、2艘炮艇、74艘驱逐舰和242艘近距离支援艇。当它们在索伦特海峡逐渐集结时，英国皇家海军驻扎在朴次茅斯的岸基通信兵罗伯特·米林（Robert Millon）目睹到盟军庞大舰队的一部分。"舰队规模太庞大了，"他记录道，"真是终生难忘的场面。索伦特海域慢慢挤满了各种类型的海军舰艇，从战列舰一直到小型护卫舰和鱼雷快艇。"

海上行动的准备工作在英国海军上将伯特伦·拉姆齐的梳理协调下十分精细。为给登陆舰队开辟道路，他派了800多艘扫雷舰进入德国雷区清扫航线，确保通往登陆海滩的航道畅通；每个登陆海滩都规划有两条航线，一条给高速运兵舰队使用，另一条供低速运兵舰队使用。除此之外，他还派海岸部队到瑟堡和勒阿弗尔海域布雷，以保护入侵舰队侧翼的安全。盟军最高指挥官德怀特·戴维·艾森豪威尔上将，镇定自若地下令开始实施"霸王行动"。但随后，天气开始不配合了。

狂风暴雨

艾森豪威尔和手下指挥官一致同意登陆最早将在 6 月 5 日进行，但是登陆还必须满足各种天气条件。英吉利海峡的天气是出了名的变幻无常。登陆过程中，万一天气情况变糟，狂风巨浪可能掀翻登陆舰，因此大大妨碍两栖进攻。一旦部队登陆上岸，磅礴大雨也能让他们难以前进。另外，云层过厚可能导致飞机无法起飞，难以为登陆作战提供极端重要的空中支援。

在审慎地达成共识之前，气象专家一直争论不休。盟军首席气象顾问詹姆斯·斯塔格（James Stagg）空军上校警告艾森豪威尔，海上即将出现恶劣天气，并且 6 月 5 日可能有暴风雨。他建议最高指挥官推迟进攻行动。艾森豪威尔极不情愿地同意把诺曼底登陆行动推迟 24 小时。

在英吉利海峡另一侧，德国气象预报员也得出了同样的结论。但他们和英国军事气象学家斯塔格的看法有所不同。斯塔格认为，天气状况虽然依然可能不理想，但暴风雨平静后诺曼底登陆行动可以在 6 月 6 日进行。而德国气象预报员认为，暴风雨天气将持续下去，盟军根本不可能发起攻击，最快也要等到 6 月中旬。德军大多数参战指挥官认可了他们的预测。陆军元帅埃尔温·隆美尔的陆军 B 集团军群负责防守诺曼底海岸，他信心十足，认为盟军短期内不会入侵，所以请假回德国家中给妻子庆祝生日去了。还有许多高级军官也离开了自己的职守，前往法国布列塔尼的雷恩按计划参加将于周末在那里举行的战争推演。

一锤定音

艾森豪威尔犹豫不决。他召集高级将领进行秘密会议，帮他做出最终决定。陆军上将伯纳德·蒙哥马利爵士是盟军的陆军总指挥。他坚定地认为，登陆行动应该照常进行。拉姆齐也说，他的攻击舰队不能再长时间地停泊在港口和英吉利海峡中间。他还警告，如果登陆日时间再次推迟，盟军就不得不再等两周，才能等到下一个满月和合适的潮汐。随后斯塔格证实，气象预报员当时非常肯定暴风雨即将短暂停歇。

艾森豪威尔终于下定决心。"好，我们干了。"他说。当时他心里的底气有多少呢，这个问题一直没有定论。不过可以确定的是，这是一场豪赌。6月5日，当攻击舰队穿过英吉利海峡开启17个小时的征途驶向目的地时，艾森豪威尔写了一段备忘，他打算在"霸王行动"万一失败时再公开。"我们在瑟堡-勒阿弗尔区域的登陆行动出师未捷，我已经撤回军队。"这段备忘开头这样写道，"我决定在此时此地发起进攻的依据是手头掌握的最可靠的情报。陆军、空军和海军在履行职责时表现出了全部的勇气和奉献精神。倘若需要追究这次行动的责任和过失，由本人一人承担。"

横渡海峡

随着宏大壮观的部队运输舰队开始横渡英吉利海峡，盟军进行了最后的简令下达。来自第5海岸勤务队的英国军官K. P. 巴克斯特（K. P. Baxter）少校记录了当时的场景。"进入码头之后，我们迅速登上'帝国战斧'号步兵登陆舰，它的左右舷吊艇柱上悬挂着突击登陆艇，"巴克斯特写道，"这艘登陆舰是运送专门部队的小分队成员之一，上面搭载了步兵突击连以及负责排雷和上岸后通信联络的专业人员。"

"登陆舰在英吉利海峡上航行了一段时间后，我们领到了更多的地图、照片和最后的作战指示，这次不再使用代号了，而是完整的飞机名字，"巴克斯特继续写道，"有关真正的登陆区域的许多猜测和疑惑，都彻底烟消云散。"

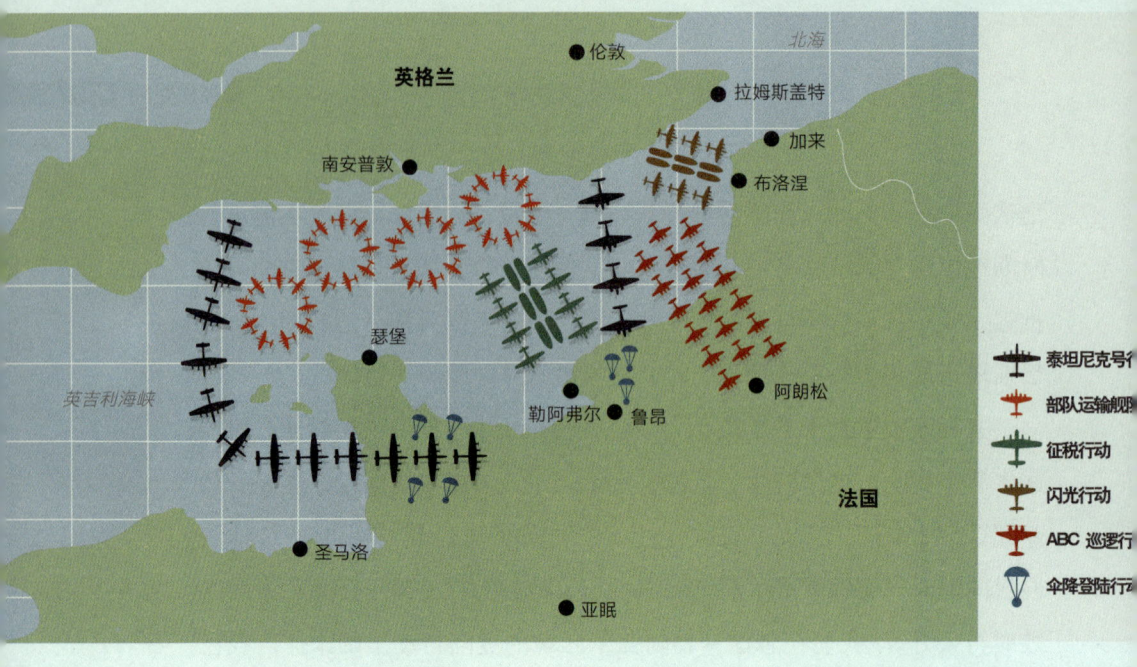

"霸王行动"作战图

"霸王行动"是诺曼底登陆行动的代号,盟军从 1943 年开始正式筹划这个行动。选择诺曼底为登陆点,是因为它位于从英国起飞的战斗机的作战半径内,并且这里的开阔海滩不像加来海峡那么防守严密,因为德国人预计盟军会在加来登陆。另外,它的地理位置便利,正好位于英格兰南部主要港口的对面。

舰队的阵势确实十分壮观。查尔斯·默勒(Charles Mohrle)上尉是美国 P-47 "雷霆"式战斗机飞行员,是负责为舰队提供空中掩护的数千名飞行员之一,他记录下了自己的感受。"各种类型和大小的舰船驶过波涛汹涌的英吉利海峡,船连船,舰连舰,紧紧地聚成一团,人似乎可以从海峡一侧的海岸走到另一侧海岸。"他写道,"我记得特别清楚,我当时就在想,希特勒一定是疯了,居然觉得德国能打败这样一个能用武器装备把海洋和天空填满的国家。"

默勒对海上波涛汹涌状况的估计是准确的。和斯塔格预测的一样,暴风雨虽然逐渐减弱,但海上仍然刮着五级大风。比尔·瑞安(Bill Ryan)是向犹他海滩进发的美军精锐第 1 步兵师 16 团的一名步兵列兵。多年之后，瑞安依然记得天气给他和战友带来的影响，他们乘坐的部队运输舰上下颠簸得十分厉害。"由于住舱十分拥挤，海上波浪翻滚，我们大多数人都已经晕船，或者至少觉得十分恶心。"瑞安回忆道，"一旦离开运输舰的背风面，我们就像浴缸里的软木塞一样东倒西歪。所有没晕船的人都开始晕船。我敢肯定，我是我们舰上唯一一个没有晕船的人。"

第59斯塔福德师的拉尔夫·杰克逊遭遇的情况跟他一样。"我真的不知道船上有多少人，但我敢肯定每个人都跟我一样难受。"他写道，"船上几乎没有任何设施，因为我们预计将连夜抵达诺曼底。口粮是个问题，出发前我们的射击军士建议我们带点面包，所以船上储存了一些面包。但那很快就发霉了！无论怎样，我们最终到达海滩时，每个人都兴奋地从那该死的船上下来！"

海上轰炸

6月6日清晨5:30左右，盟军舰队向德军开火。"贝尔法斯特"号轻型巡洋舰打响了第一炮；攻击目标是位于法国卡尔瓦多斯省滨海韦尔镇的海岸炮兵连。紧随其后，大型战列舰向一侧偏转，使航行方向与海岸保持平行，然后跟巡洋舰和驱逐舰一起用舷炮齐射对付德国的海岸防御工事。几艘火箭登陆舰也加入进来，它们一组齐射最多可打出100枚152毫米口径火箭弹。

约翰·丹尼特（John Dennett）是232号坦克登陆舰上的二等水兵，按计划他将在剑滩上岸，他回忆道："海上轰炸开始，炮声震耳欲聋，当时'厌战'号、'拉米伊'号和'罗伯茨'号战列舰用381毫米口径火炮瞄准敌人炮位开火，紧接着'毛里求斯'号、'阿瑞托莎'号、'达娜厄'号和'弗罗比歇'号巡洋舰也开了火。它们距离海岸很近，因

诺曼底登陆当天，一支由步兵登陆舰组成的运兵船队正在穿越英吉利海峡，朝诺曼底海滩登陆点进发。为了防止被低空飞行的德国战斗机袭击，每一艘步兵登陆舰都拖了一只阻塞气球，但纳粹德国空军飞机显然没有出现。攻击部队在没被敌人发现和完好无损的情况下穿过了英吉利海峡。盟军扫雷舰在德军布下的防御雷区清理出了一条安全航道，而他们通过电子干扰和轰炸也迫使敌方海岸雷达失灵。

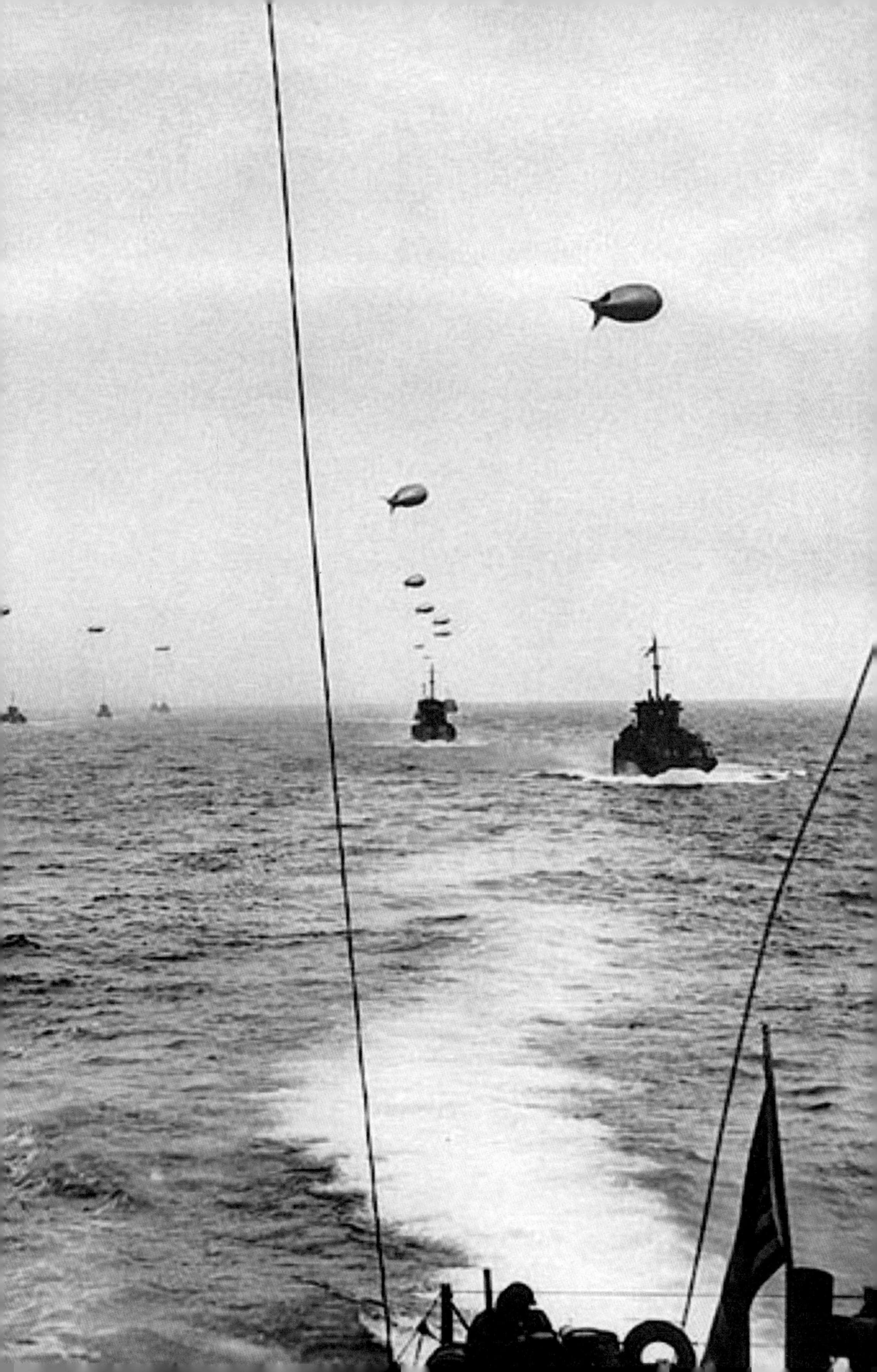

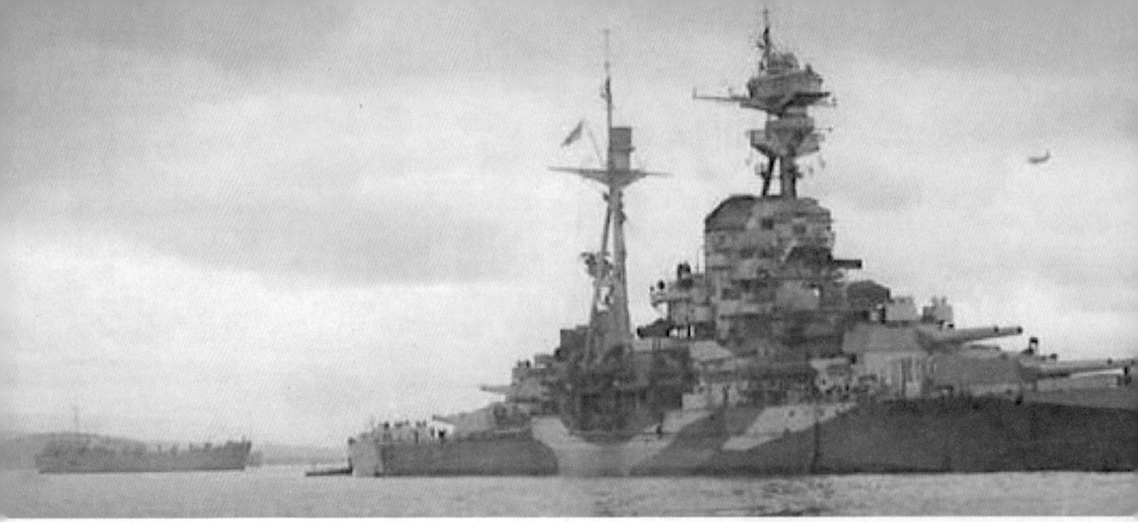

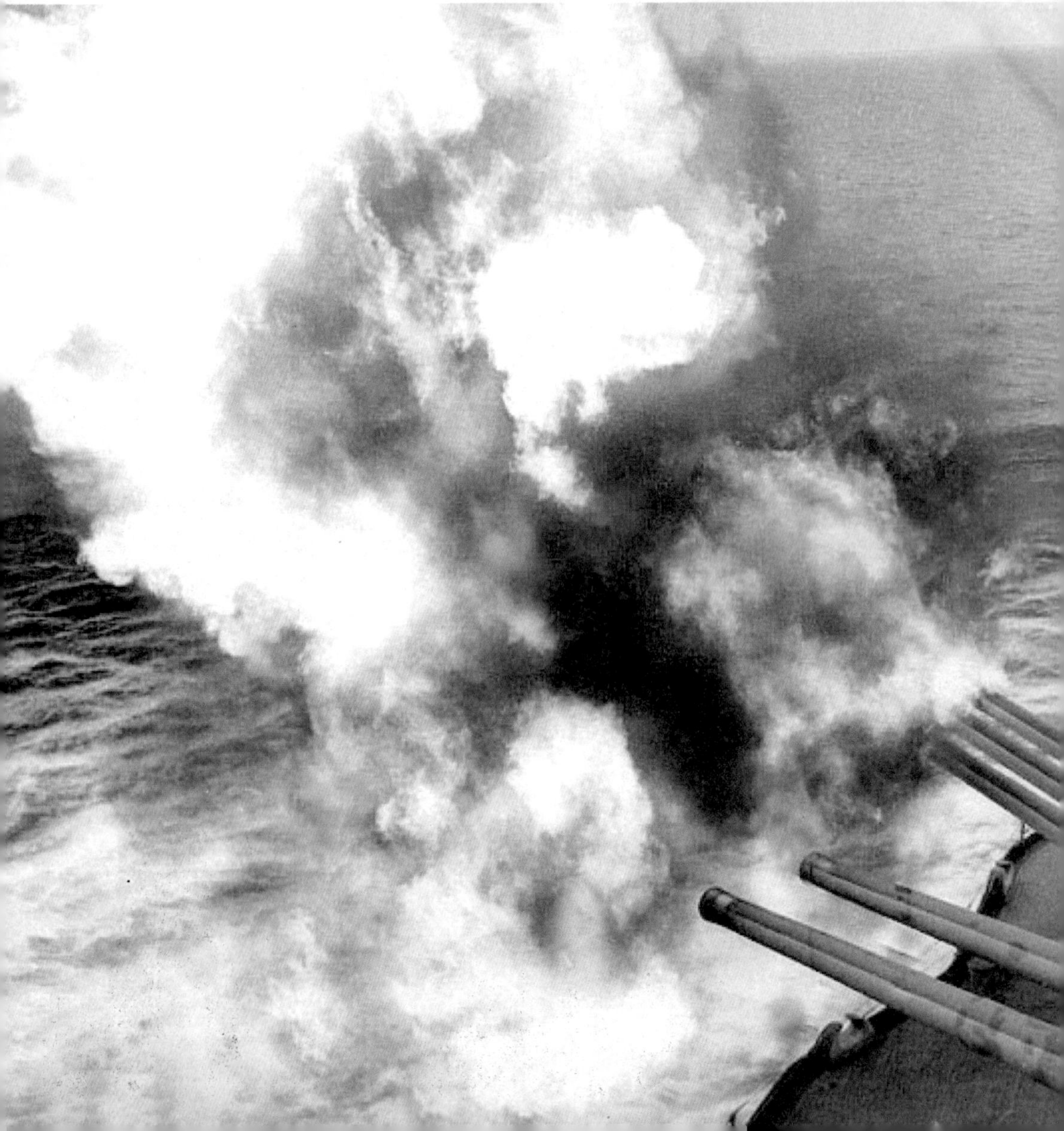

第31章 诺曼底登陆

此使用的是152毫米口径火炮。"以"得克萨斯"号和"阿肯色"号战列舰为首的盟军舰队从海上向奥马哈海滩的德军防御工事发起攻击,"内华达"号在犹他海滩也实施了同样的攻击。黄金海滩和朱诺海滩同样遭到了轰炸。

轰炸不仅精准而且效果很好。许多守卫部队被轰炸的强度吓呆了。甚至连一名德国军事记者在登陆后的广播评论中都不得不承认,这场轰炸的影响极具震撼。他认为:"提供火力弹幕的海军舰炮成为英美进攻部队最厉害的王牌之一。""这可能因为,"他继续说,"海军舰队扮演的角色比空军更具有决定性,因为它的火炮瞄得更准,而且不像轰炸机编队那样受限于短时间的火力打击。"

在奥马哈海滩的登陆战,双方打得难分高下,但盟军最后还是险胜,在夜幕降临时他们已经在诺曼底海岸沿线建立了稳固的据点。德军统帅部被打得措手不及,很大一部分原因在于盟军没有像希特勒所预期的那样在加来海峡登陆。纳粹德国海军的S艇和U型

随着攻击部队逐渐靠近海滩,德军防御工事遭到了盟军舰队的猛烈轰炸。6月6日早晨,在剑滩东北方向,英国老式R级战列舰"拉米伊"号(上图)与"厌战"号战列舰并肩战斗,炮击勒阿弗尔以西的德军海岸炮台。在舰上381毫米口径炮弹耗尽之后,"拉米伊"号返回朴次茅斯重新补充弹药,两天后又与"罗德尼"号战列舰一起炮击卡昂港及其周边目标。美国"内华达"号战列舰(下图)也很活跃。照片拍摄于犹他海滩登陆期间,"内华达"号的355毫米口径前炮正在向德军防御阵地开火。

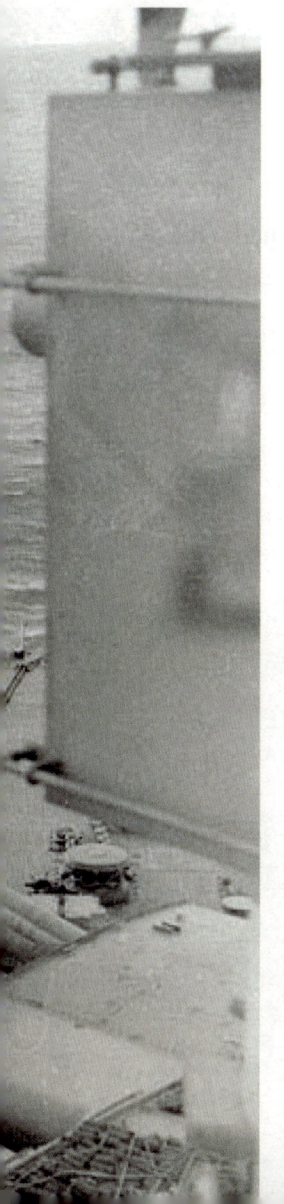

潜艇尽管付出了最大的努力,但还是没能阻止盟军的登陆。德国空军也是如此,在诺曼底登陆当天,与盟军起飞的 14674 架次战机相比,它们仅仅有 391 架次战机出战。

人造码头

得到盟军进攻法国的消息后,隆美尔立刻从德国赶回来,并且很快采取了行动。他想让所有可用的德军装甲师火速赶到海岸,在隆美尔看来,他们的表现将决定战斗的胜负。他同样也希望,有了大批精锐装甲部队在身边共同战斗,守卫海滩的步兵的士气就能得到提升。

但问题是德军装甲部队不受隆美尔直接指挥,而且也不归纳粹德国法国驻军总指挥格尔德·冯·伦德施泰特(Gerd von Rundstedt)陆军元帅指挥。在诺曼底登陆行动前,希特勒坚持要把他们拆开。九个装甲师中有三个归隆美尔指挥,其中只有第 21 装甲师的攻击范围覆盖了诺曼底海岸。另外两个师被部署在塞纳河以北。还有三个装甲师被派到法国南部,剩余两个划给了莱奥·盖尔·冯·施韦彭堡(Leo Geyr von Schweppenburg)上将指挥的总预备队。

只有希特勒才能决定在什么时间、什么地点以及怎样部署装甲师部队。6 月 6 日诺曼底登陆当天傍晚,他才被告知盟军登陆的消息,因为他之前吃了一片安眠药睡着了,他的参谋拒绝叫醒他,导致他贻误了战机。元首认为诺曼底登陆是佯动,主要登陆行动不久将在加来海峡地区展开。于是,他固执地拒绝了对装甲师实施大规模调动。

希特勒犹豫不决的原因之一是他相信自己仍有回旋余地。他认为,即使盟军控制了一个主要港口,但勒阿弗尔和瑟堡的德国守军已经接到坚守到最后一人的死命令。盟军部队将因缺乏发动进攻、冲出桥头堡和向法国内部推进所需的援兵和补给而被困死在滩头阵地。这段缓冲时间也给希特勒提供了展示自己V型复仇武器的机会。

然而,希特勒再次低估了盟军的技术能力。在吸取了1942年8月迪耶普战役失败的经验教训后,攻击行动的策划人员得出结论,要迅速占领诺曼底海岸的现有港口是不可能的。因此,作为诺曼底登陆准备工作的一部分,盟军预先建造了两个浮动码头,一个放置在圣洛朗港供美军登陆使用,另一个放置在阿罗芒什港用来支援英国军队和加拿大军队。

"桑葚"的胜利

两个浮动码头大量的早期预制工作是在北威尔士的康威完成的。两个码头的预制构件数量足够多之后,它们就被放入苏格兰威格顿湾加利斯敦港的岸边,在那里进行组装和测试。按照军用标准,码头需要1英里长,能够抵御7级以上大风,可以停泊大型货船和运输舰。这种浮动栈桥把港口和海滩连接起来,确保战争物资得到快速卸载。根据估算,每个码头每天处理的物资量能达到7000吨。

穿过英吉利海峡,远洋拖船把两个"桑葚"人造码头从索伦特海峡,拖到了法国海岸。同时,阻塞船也离开英国普尔港前往诺曼底,它们将在预定位置自沉,以保护人造码头免受汹涌的波涛和逆流的影响。到达目的地之后,这两个人造码头马上投入运行。6月19日,一场猛烈的暴风雨导致美军使用的码头断裂,但英军使用的码头始终在运转。一直到盟军向前推进得很深之后,这个码头就没必要再用了。

"桑葚"人造码头的建造和使用是一次伟大的胜利。战后,希特勒的军备部长阿尔伯特·施佩尔悲叹道:"为了建造自己的防御工事,我们在两年内消耗了1300万立方米混凝土和150万吨钢材。但诺曼底登

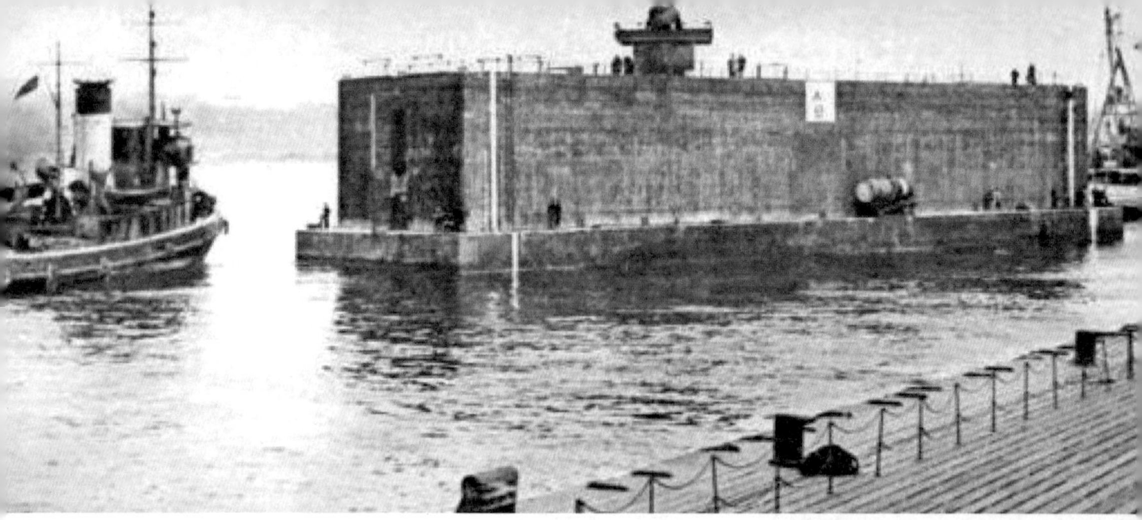

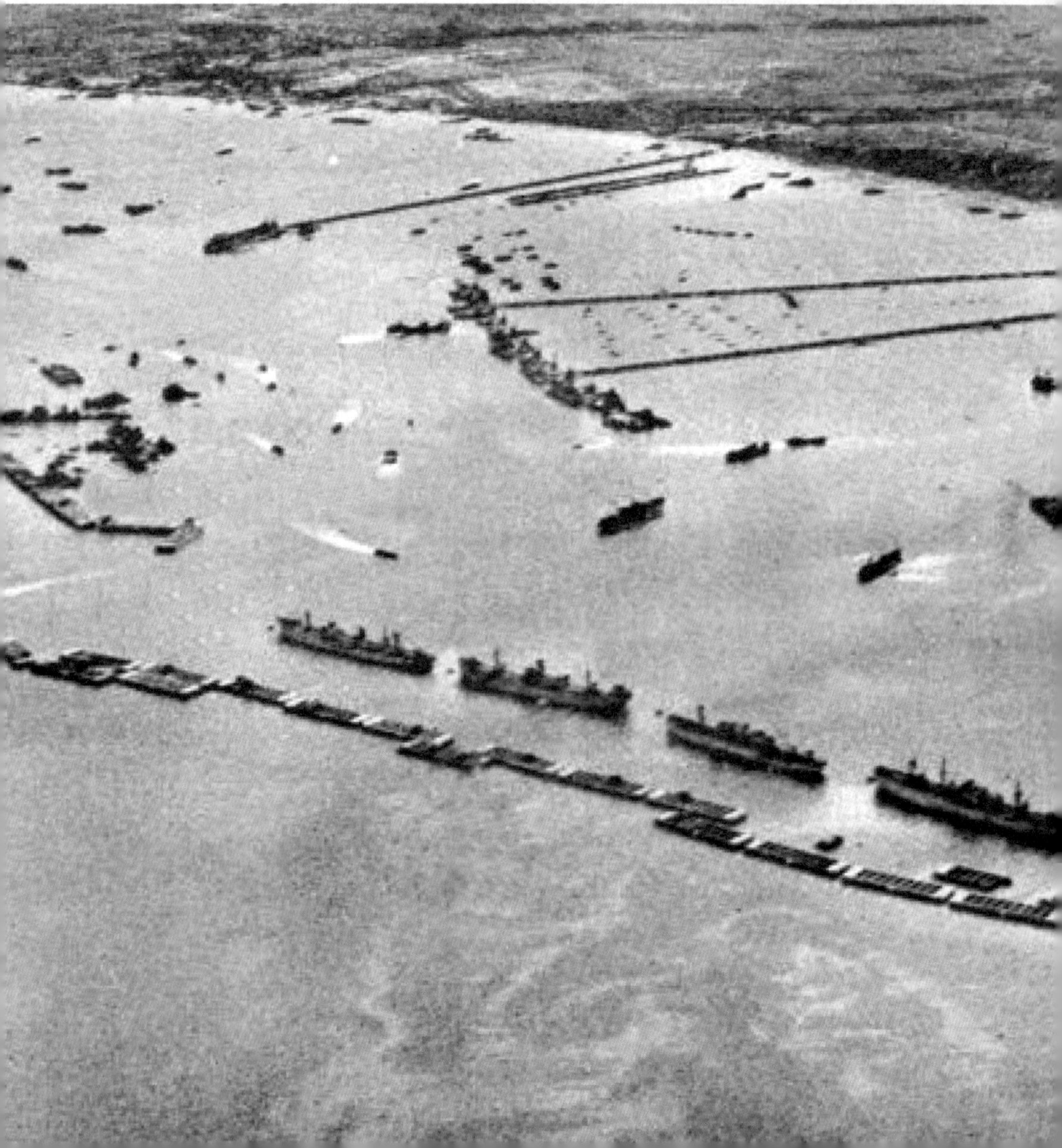

盟军正在准备拖着混凝土沉箱穿过英吉利海峡前往诺曼底海岸的目的地，这些沉箱是用来在法国阿罗芒什港建造"桑葚"预制码头的（左上图）。沉箱下沉后构成主防波堤（右上图）。请注意平台上安装的高射炮，这是为了保护人造码头免受空袭。已调绘的照片（下图）是已建造完成的人造码头全图。

陆两个星期后，这么浩大的工程被一个天才的简单创意化为乌有。正如我们现在所知道的，盟军攻击部队携带了自己的码头。"

海底管道

希特勒认为，汽油是盟军在战争中紧缺的必需品。正常情况下盟军要通过油船将燃料运送到作战区域。这不仅意味着油船有被纳粹德国空军和海军攻击的风险，而且变化无常的天气也很容易导致

海底管道示意图

诺曼底登陆后，盟军执行"冥王星行动"（Operation Pluto），在英吉利海峡海底铺设输油管道，为前进部队穿越法国和比利时，攻入纳粹德国提供燃料。第一条海底管道是从怀特岛的尚克林到法国瑟堡，在1944年8月14日全面投入使用。随着军队向内陆推进，为了缩短供应路线，管道起点从怀特岛改为肯特郡的邓杰内斯角。最终，在英国和欧洲大陆之间总共架设了17条管道。截止到1945年3月，每天通过海底管道输送的汽油达100万加仑。据估计，从1944年8月至战争结束，"冥王星行动"铺设的海底管道共输送了1.72亿加仑汽油。

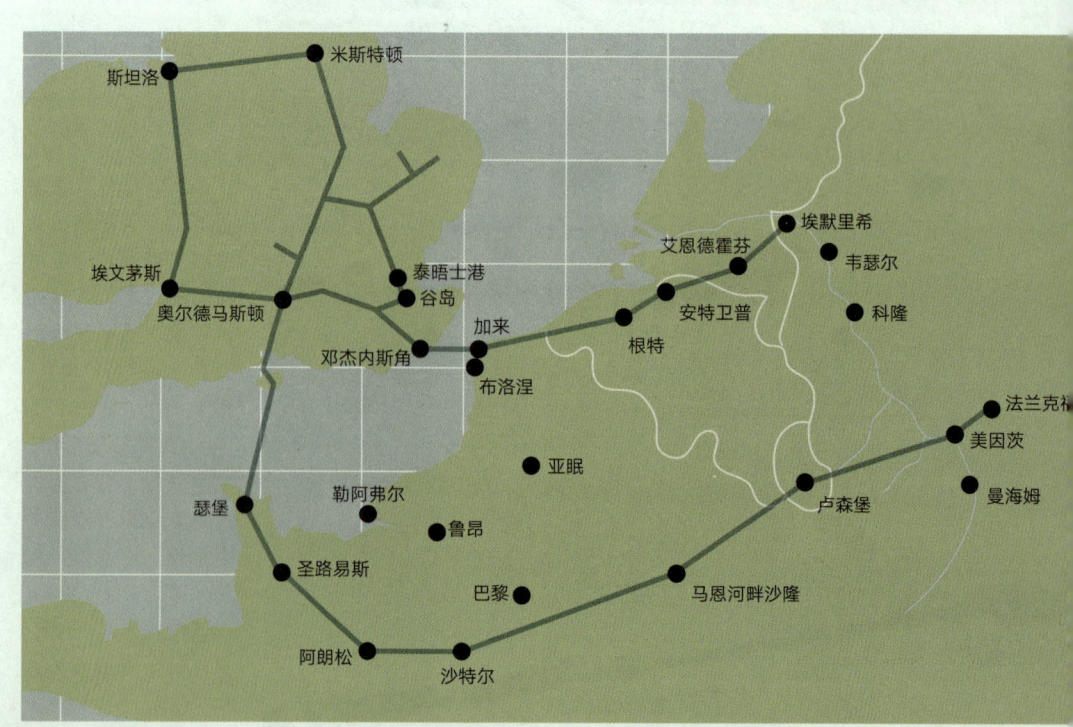

供应中断。

解决的办法是代号为"冥王星行动"的海底管道铺设任务。在诺曼底登陆后的几个星期和几个月的时间里,成千上万加仑汽油通过英吉利海峡下的管道,输送给前方汽车运输部队,然后直接供给向前推进的作战部队使用。艾森豪威尔说,这一功绩"是仅次于'桑葚'人造码头的勇敢壮举"。从 1944 年 8 月,"冥王星"海底管线投入使用开始,一直到 1945 年 5 月欧洲战场战争结束,超过 1.72 亿加仑汽油被输送到法国。也就是说,从盟军突破德军防线,在法国呈扇形展开行动的时候开始,海底管道运输一直没有中断,到最后盟军打到德意志第三帝国西部边境时才告一段落。

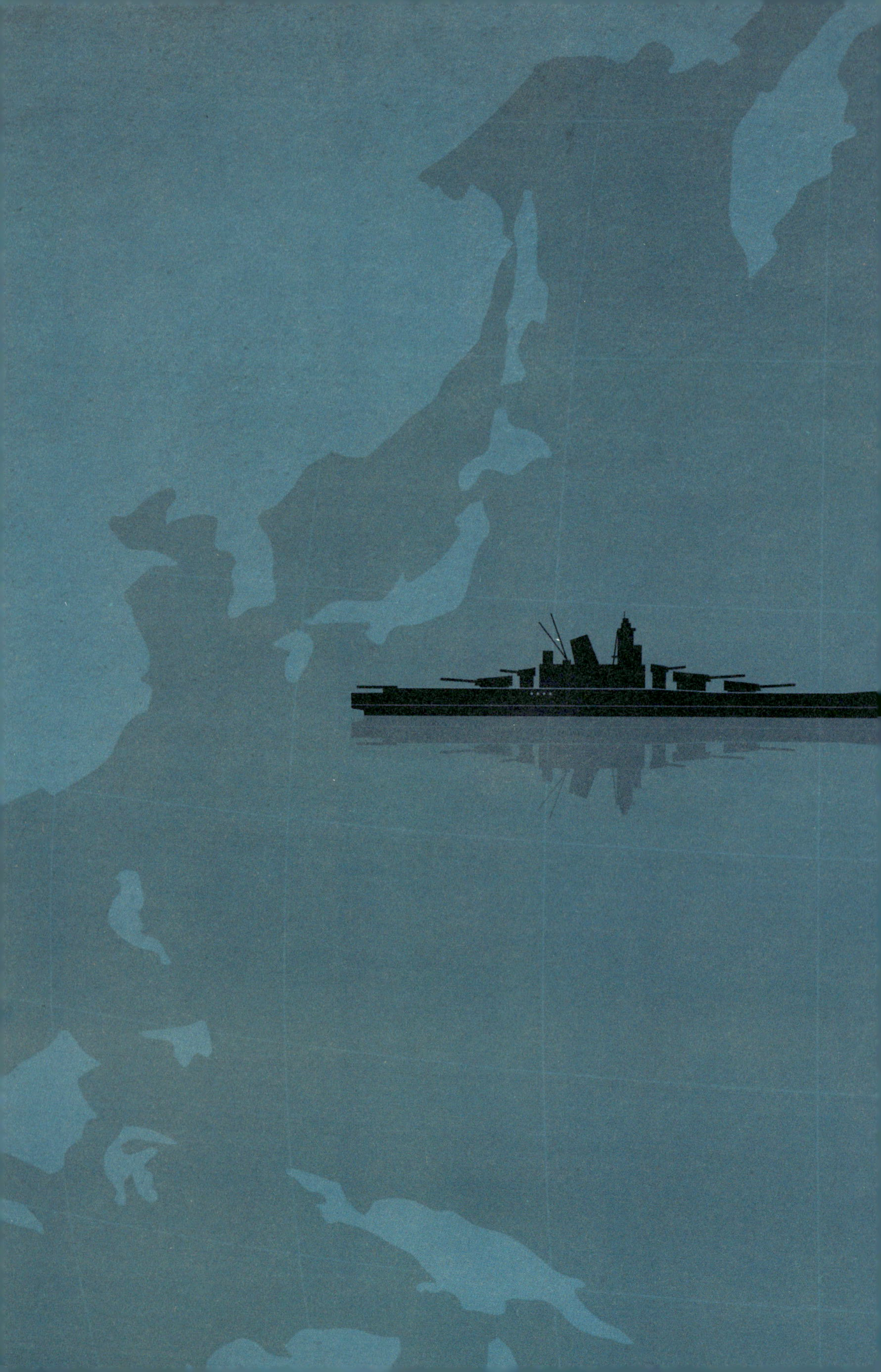

第四部分
进入尾声

　　1944年底，欧洲的海上战事逐渐结束。11月12日，英国皇家空军"兰开斯特"式轰炸机投下重达12000磅的"高个子"(tallboy)炸弹，击沉了已经严重受损的德国海军"提尔皮茨"号战列舰。德国剩余的水面舰队主要驻扎在波罗的海。在那儿，它们很快开始撤离难民，并为处境艰难的德国国防军在撤回德国时提供炮火支援。德国U型潜艇已经被赶出大西洋。新出现的革命性潜艇水下航速得到大幅提升，但为时已晚，它们的数量也太少。在东亚地区，日本海军将领虽然誓言要战斗到最后一个人，但美军跨越太平洋直奔日本本岛的步伐已经难以阻挡，日本海军残余力量再也无力抵抗。

第 32 章
菲律宾海海战

至 1944 年春，东亚战场的美国海军和陆军在太平洋中部、南部和西南部已经彻底转入攻势。相比之下，日本人被迫完全转入防御。联合舰队大部分舰艇已不再尝试阻遏美军在海上的推进，而是无所事事地停泊在新加坡附近的特鲁克岛和林加群岛或日本濑户内海的锚地。

丰田副武（Soemu Toyoda）大将接替了古贺峰一大将担任联合舰队总司令。他不愿意继续被动防御，而是重启了山本五十六原先的战略，在一场决定性战斗中给美国太平洋舰队致命一击。如果他继续像 2 月在特鲁克岛那样进行小规模海战，最终肯定还是失败。对他来说，选择就这么简单。

"阿"号作战计划

促使丰田副武采取行动的导火索是美国在 1944 年 6 月攻占塞班岛，这是马里亚纳群岛北部最大的岛屿。日本人必须不惜一切代价捍卫该岛，因为一旦它和附近地区失守，美国就能在这里部署远程战略轰炸机，进而把打击范围直接拓展到日本本土。丰田副武立刻启动了"阿"号作战计划（Operation A-GO）。

这是一场搏命式赌博。丰田副武任命小泽治三郎（Jisaburo Ozawa）中将为日本航空舰队和第1机动舰队的指挥官，麾下有5艘航母、5艘战列舰、11艘重型巡洋舰和2艘轻型巡洋舰以及28艘驱逐舰。美军方面，雷蒙德·斯普鲁恩斯海军上将和马克·米彻尔（Marc A. Mitscher）海军中将指挥着美国第5舰队和第58特遣舰队，集聚了7艘航母、8艘轻型航母、7艘战列舰、8艘重型巡洋舰、15艘轻型巡洋舰和69艘驱逐舰。

就军舰而言，小泽除了重型巡洋舰外，其他舰船类型均处下风。飞机实力上的差距更加明显。日军能起飞的舰载机只有473架，而美军达到956架。至于飞行员的训练，美军也远胜过日军。美军飞行员必须经过2年训练，飞行时间至少达到300小时，才能有资格被选上参加作战。而日军飞行员最多训练6个月。小泽的部分飞行员甚至只飞了8个星期，就赶鸭子上架直接参战了。

这些劣势固然存在，但小泽还是

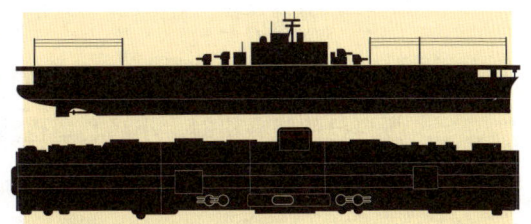

"埃塞克斯"号

级别	"埃塞克斯"级航母
排水量	33000吨（满载）
长度	840英尺（256米）
宽度	93英尺（28.3米）
吃水	28英尺6英寸（8.7米）
航速	33节
舰载战机	80—100架
火力装备	12门127毫米口径高射炮；68门40毫米口径机关炮；52门20毫米口径机关炮
乘员	3448人

从1942年至1945年，在"埃塞克斯"号航母列装之后，又有23艘"埃塞克斯"级航母加入现役。它们分两批建造，第二批航母的显著特点是舰艉加长，前部40毫米口径高射炮的射界更大。"埃塞克斯"级航母虽然在太平洋参加了许多重大海上行动，但它们没有一艘被日本击沉，只有几艘遭到严重损坏。"富兰克林"号就是个典型的例子，它被两枚500磅炸弹击中，炸弹穿过机库甲板，引发了大火，导致舰载机、航空燃料和弹药全部发生爆炸。这艘航母尽管遭受重大损失，伤亡惨重，832人死亡，270人受伤，最后还是驶回珍珠港进行修理。

对胜利充满信心。为了抵消美军的空中优势,他打算只在一种情况下发动进攻,即他能从关岛、雅浦岛和罗塔岛召集 500 架左右日本战机来支援自己的舰载机时。小泽心里也清楚,他的舰载机航程比美军的长。它们从航母起飞执行侦察任务时的航程可达 560 英里,执行攻击任务时航程达 300 英里。美军舰载机侦察航程只有 325 英里至 350 英里,而进攻时只有 200 英里多一点。

战斗开始

在菲律宾海海战开打前,形势就已经对日本人不利了。指挥陆上飞机的海军中将角田觉治(Kakuji Kakuta)原本承诺派给关岛 500 架飞机,结果只给了 50 架。他在其他地方的机场几乎一直不断地受到美军空袭。

但小泽却并不知道问题这么严重。他不知道,他现在只能靠自己的舰载飞机来对付美军的航母。他一直指望着角田的飞机在他发动进攻前先将美军三分之一的航母击沉。此外,他的舰队已经被美军潜艇发现,斯普鲁恩斯和米彻尔已经获悉日本舰队靠近的消息。米彻尔担心,如果继续按照当时的航线前进,他可能会在夜间遭到日军袭击,于是询问斯普鲁恩斯能否向西航行得远一些,以便在黎明时发动空袭。斯普鲁恩斯拒绝了这一提议。他命令第 58 特遣舰队插在小泽舰队和塞班岛之间,为塞班岛登陆作战提供掩护。

7月 19 日凌晨 5:50 左右,一架从关岛起飞执行侦察任务的日本"零"式战机向小泽发电,报告了美军第 58 特遣舰队位置,随后这架战机就被击落。几乎就在同一时间,日本飞机开始从关岛起飞;从"贝劳伍德"号、"卡伯特"号、"约克城"号和"大黄蜂"号航母上紧急起飞的 F6F"地狱猫"式战斗机对其拦截。双方在关岛上空和周边进行了 1 个小时的空中混战,战斗过程中"地狱猫"式战斗机击落 35 架日机。

照片中远处是美国"埃塞克斯"级"邦克山"号航母,它险些被落到附近的日军炸弹直接击中。炸弹碎片飞溅到整个军舰上,炸死两人,炸伤80多名舰员。它仍然坚持战斗,舰载机参与击沉了一艘日本航母。到第二年5月,它走了霉运。在支援冲绳岛登陆作战行动时,它被两架日本"神风"突击机撞击,受到严重损坏。

随后它们接到命令返回航母,防止日本人再次向航母发起空袭。

"猎火鸡大赛"

另一场战斗即将开始,它后来被兴高采烈的美国飞行员戏称为马里亚纳"猎火鸡大赛"。小泽在第一波进攻中派上了16架战斗机、45架携带炸弹的战斗机和8架鱼雷轰炸机。但他们在距离美军航母约55英里的地方被220架"地狱猫"式战斗机拦截——斯普鲁恩斯调集了所有能起飞的战机来阻止日本的进攻。

日本人被成批歼灭。小泽派出的69架飞机中,不到35分钟就被击落了42架。只有1架成功冲破"地狱猫"式战斗机的火力网,投弹击中了"南达科他"号战列舰,造成其轻微损坏。美军最重要的航母都毫发无损。日军第二波攻击从上午10:00开始,战绩更加糟糕。34架俯冲轰炸机、27架鱼雷轰炸机和48架战斗机参与了这波进攻,只剩31架没被击落。大约有20架最远飞到海军少将埃利斯·李(Ellis A. Lee)的战列舰编队,差点击中3艘美军战列舰。只有6架飞到美军航母上空,但都被同仇敌忾的美军战斗机和密集的高射炮火击落。

参与第三波攻击的战斗机上午10:00从"隼鹰"号和"龙凤"号航母起飞,包括15架战斗机、25架携带炸弹的战斗机和7架鱼雷轰炸机。它们的运气比较好,只损失了7架战机,因为根本没有找到美军第58特遣舰队。上午11:30,小泽发起第四波进攻,这是他的最后一击。这次参战的87架战机中,只有9架返回航母。有49架飞机试图降落在关岛奥洛特机场,但在接近跑道时,遭到来自"考彭斯"号、"埃塞克斯"号和"大黄蜂"号航母上的27架"地狱猫"式战斗机的猛攻,其中30架被击落,另外19架被迫紧急降落。

随着战斗的继续推进,小泽摊上的麻烦事绝不仅仅只有这些。更关键的是,他的2艘航母也已经被击沉。美军方面,"大青花鱼"号潜艇率先发起攻击,突破外围护航的军舰之后,向小泽的旗舰"大凤"号航母发射了鱼雷,这是日本帝国海军最新最大的航母。大约20分钟后,美军第二波进攻开始。"大凤"号内部发生巨大的爆炸,2个小时后,受到重创的"大凤"号终于在下午5:28沉没。在此之前,也就是午后12:22,日军另一艘"翔鹤"号航母也被美军"棘鳍"号潜艇用4枚鱼雷击中。下午3:10,"翔鹤"号舰上熊熊烈火烧到弹药库,发生爆炸后立刻沉没。

二战中最大规模的航母战斗正在接近尾声,总共持续8个多小时。

小泽损失战机346架，而美国只损失30架。两艘日本航母被击沉。美军一艘战列舰被一枚炸弹击中，仅在表面造成伤害。美军很显然取得了完胜。

美军全面占优作战图

指挥日本第1机动舰队的海军中将小泽治三郎自信地认为，通过岸基飞机对航母舰载机进行增援，他的航母舰队就能打垮对手。可惜他错了。岸基飞机根本没能参加战斗，而舰载飞机也被美军摧毁。小泽的对手雷蒙德·斯普鲁恩斯海军上将把美军特遣舰队分成四组，防止小泽的军舰溜到他们周边偷袭。日本人虽然是先发制人，但空中力量还是遭到了毁灭性打击。斯普鲁恩斯命令战列舰、重型巡洋舰和驱逐舰一起组成战舰编队，根本不给日本飞机接近美国航母的机会，美军战列舰击落了很多日本飞机。

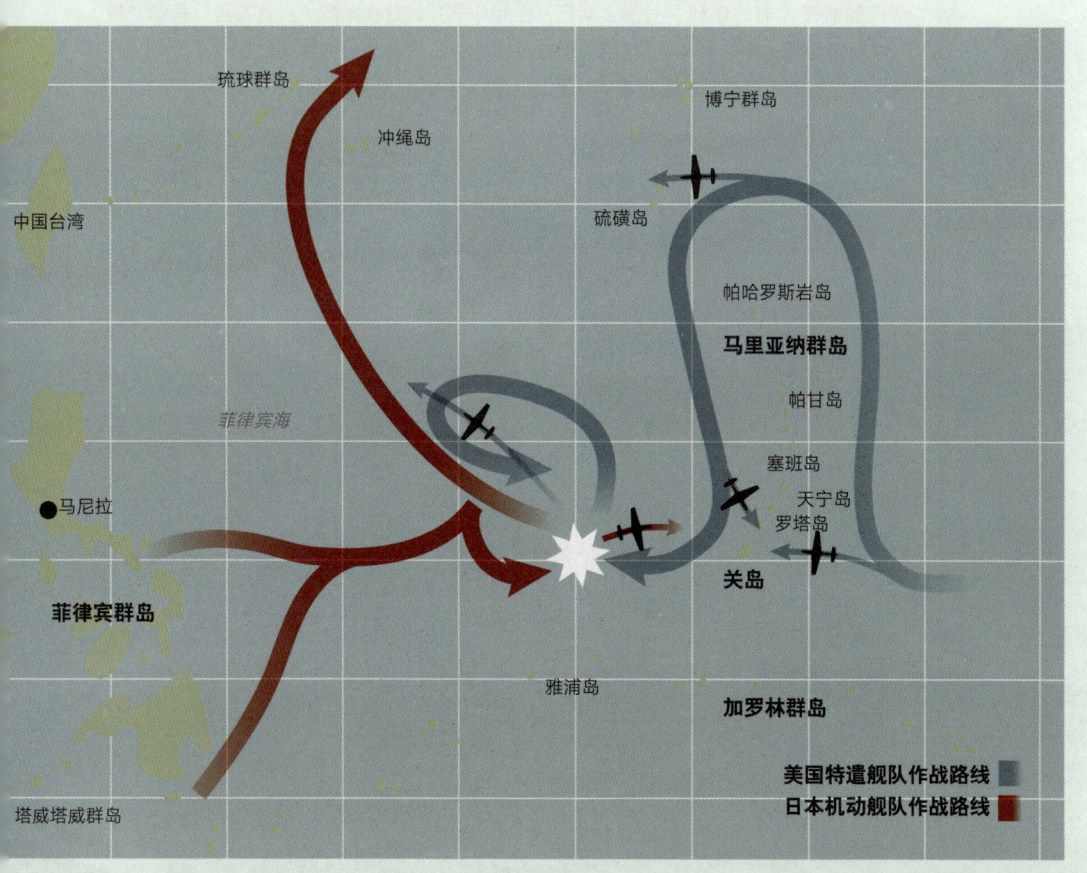

美国特遣舰队作战路线
日本机动舰队作战路线

猎杀日本军舰

猎人现在成了猎物。第二天下午 3:40，美国海军"企业"号航母的一架侦察飞机在 275 英里之外海域发现正在朝西北航行的小泽舰队。当时舰队正在加油。美军战机虽然有突破航程极限的风险，加上又是夜间作战，斯普鲁恩斯和米彻尔依然决定，出动全部飞机对日本人发动夜袭，认为这才是他们的最佳行动方案。

下午 4:20，美军战机开始从航母起飞。短短 10 分钟内，85 架战斗机、77 架俯冲轰炸机和 54 架鱼雷轰炸机全部升空，直奔最新收到的小

1944 年 6 月 20 日傍晚，日本"瑞鹤"号航母和两艘护航驱逐舰正在躲避美军航母对它们的攻击。"瑞鹤"号在被数枚炸弹击中的情况下仍然设法逃脱。"大凤"号和"翔鹤"号两艘航母没有"瑞鹤"号那么幸运，在战斗一开始就被美国"大青花鱼"号和"棘鳍"号潜艇用鱼雷击中。其中，"翔鹤"号被鱼雷击中三次，几分钟之内就沉没了。"大凤"号是日本航空舰队型号最新、规模最大的航母，在下午 2:30 发生爆炸不久后沉没。

一架喷着火苗的"神风"突击队鱼雷轰炸机在半空中爆炸解体，它在试图向美军航母俯冲时被击落。日军在冲绳发动了193次自杀式袭击，共毁掉169架战机。尽管如此，能够突破火力网的"神风"突击机共击沉21艘、击伤66艘美国军舰。如果抵达目标的日本战机数量能多一些的话，他们的战绩将更好。

泽舰队位置而去。小泽派出100架飞机升空应战。

下午6:40，美军第一架战机抵达小泽舰队的位置，当时舰队已兵分三组。在随后20分钟的战斗里，由"飞鹰"号战列舰临时改装成的航母和两艘油船被炸沉。另一艘"玄洋丸"号油船受到重创后无法航行，被日本人自沉。"瑞鹤"号、"隼鹰"号、"千代田"号、重型巡洋舰"摩耶"号均遭到严重破坏。"时雨"号被一枚小炸弹击中，而"榛名"号舰艉被直接击中一次，后甲板被击中两次，舰艏左舷也被近距爆炸击中两次。

小泽舰队在"猎火鸡大赛"中幸存的飞机在这次行动中又折损了65架。美军战机损失总计80架。这些损失中，很多是因为飞行员在准备降落时，在黑暗中难以确定航母位置，结果造成油尽机毁。米彻尔虽然命令航母打开所有探照

1944年10月30日，美军"贝劳伍德"号航母在菲律宾群岛外被一架日本"神风"突击队自杀式战机击中失火。飞行甲板上的舰员正在将未受损的"复仇者"式舰载鱼雷轰炸机从火场转移走，而其他人正在扑灭大火。远处正在起火的是"富兰克林"号航母，它也是在这次袭击中被日本"神风"突击队击中的。

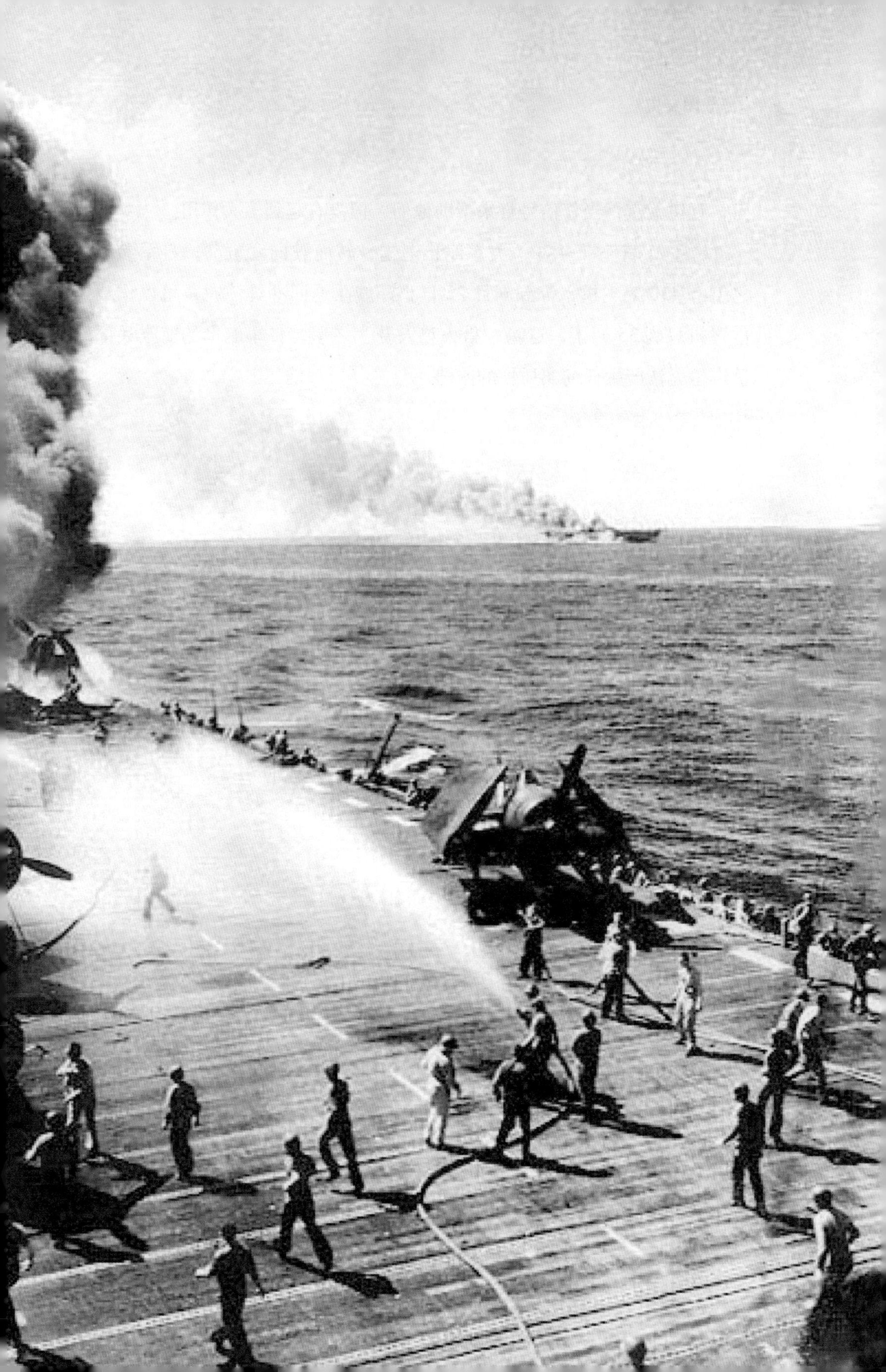

灯，直射天空，当作信号灯来帮助他们，但没有起到多大作用。

6月21日下午4:20，美军停止追击，转而驶向塞班岛。日军参战之初有430架飞机，等到6月22日小泽舰队返回冲绳湾时，可以作战的飞机只剩35架了。这场"猎火鸡大赛"之后，日军航母的航空兵部队再也无法产生任何实质性的威胁。

第 33 章
太平洋潜艇战

日本无条件投降后，在战争期间大部分时间担任日本首相的东条英机（Hideki Tojo）大将，在被问及日本为什么战败时，给出了三条理由。排在第一位的是美军潜艇对日本商船船队的破坏。

这些损失不止削弱了日本的经济和工业实力。到 1945 年，它几乎导致日本全国濒临饥荒。这是美国长期坚持实施消耗战造成的后果，而美军潜艇在其中发挥了主要作用。到战争结束时，他们击沉的日军舰船总吨位累计近 500 万吨，超过日本商船货运量的 60%。日本根本无力承受这样的损失。

见了就打

自珍珠港事件后，美国的太平洋海上作战策略变得简单而直接。太平洋舰队新任总司令切斯特·尼米兹海军上将向潜艇部队下令，如果发现敌方船只，不论是军用还是民用，可以不经警告立即击沉。这是报复性的无限制潜艇战，与邓尼茨在大西洋海战中对 U 型潜艇的使用如出一辙。

但两者的相似之处仅此而已。美军的舰队潜艇不使用狼群战术，在

"伊400"级潜艇

级别：	"伊401潜特"级潜艇
排水量：	5220吨（上浮）、6560吨（下潜）
长度：	380英尺6英寸（116米）
宽度：	39英尺6英寸（12米）
吃水：	23英尺（7米）
航速：	18.5节（上浮）、6.5节（下潜）
火力装备：	8具533毫米口径舰艏鱼雷发射管；1门5.5磅甲板炮；10门25毫米口径机关炮（3座3联装和1门单装）
舰载战机：	3架"爱知"式M6A1水上飞机（亦称晴岚攻击机）
乘员：	100人

　　日本人在二战结束前建造的巨型"伊400"级潜艇是冷战时代的核潜艇之前世界上最大的潜艇。它们的独特之处在于携带的三架水上飞机。这些飞机通过固定弹射器从水密甲板机库中越过艇艏弹射升空。日本总共建造了三艘"伊400"级潜艇。其中两艘从未参战，原本派它们执行自杀式任务，后来取消，而第三艘在建造过程中被改装成水下油船。

　　1942年10月2日，"猫鲨"级潜艇"大比目鱼"号开始在阿留申群岛进行首次战备侦察。海军中校菲利普·罗斯指挥了此次和随后的四次战备侦察任务，之后由海军少校伊格纳修斯·加兰汀接替。在第十次战备侦察中，"大比目鱼"号在吕宋海峡遭到深水炸弹袭击后严重受损。它虽然勉强先驶回塞班岛，然后航行至珍珠港，但从此再也没有参与过作战。这次攻击导致潜艇耐压壳变形，因此下潜已经不再安全。

燃料和给养方面也不依靠补给潜艇（德国人称为"奶牛"潜艇）。总体而言，美军潜艇体型更大、更舒适，里面甚至装了空调，在续航能力上也优于德国潜艇。它们的巡航里程达10000英里，上浮时航行速度为20节，下潜时航速达9节，艇上补给足够维持巡航90天，持续下潜时间最长达48小时。

美军潜艇的火力配置同样十分精良。首先，艇上配置了6至10具533毫米口径鱼雷发射管，1门76毫米口径甲板炮和2挺机枪。后期又

1944年5月，完成第二次战备侦察任务的"巴劳鱵"级潜艇"刺尾鱼"号返回珍珠港。1944年10月24日，"刺尾鱼"号在台湾海峡被自己发射的一枚鱼雷炸沉，当时鱼雷发射后失灵，绕了一圈后最终折回击中潜艇尾部的艉鱼雷舱。几秒钟后，潜艇开始沉没，大多数艇员葬身海底。艇长理查德·奥凯恩海军中校幸免于难。他是美军在整个太平洋战争中最成功的潜艇作战精英。

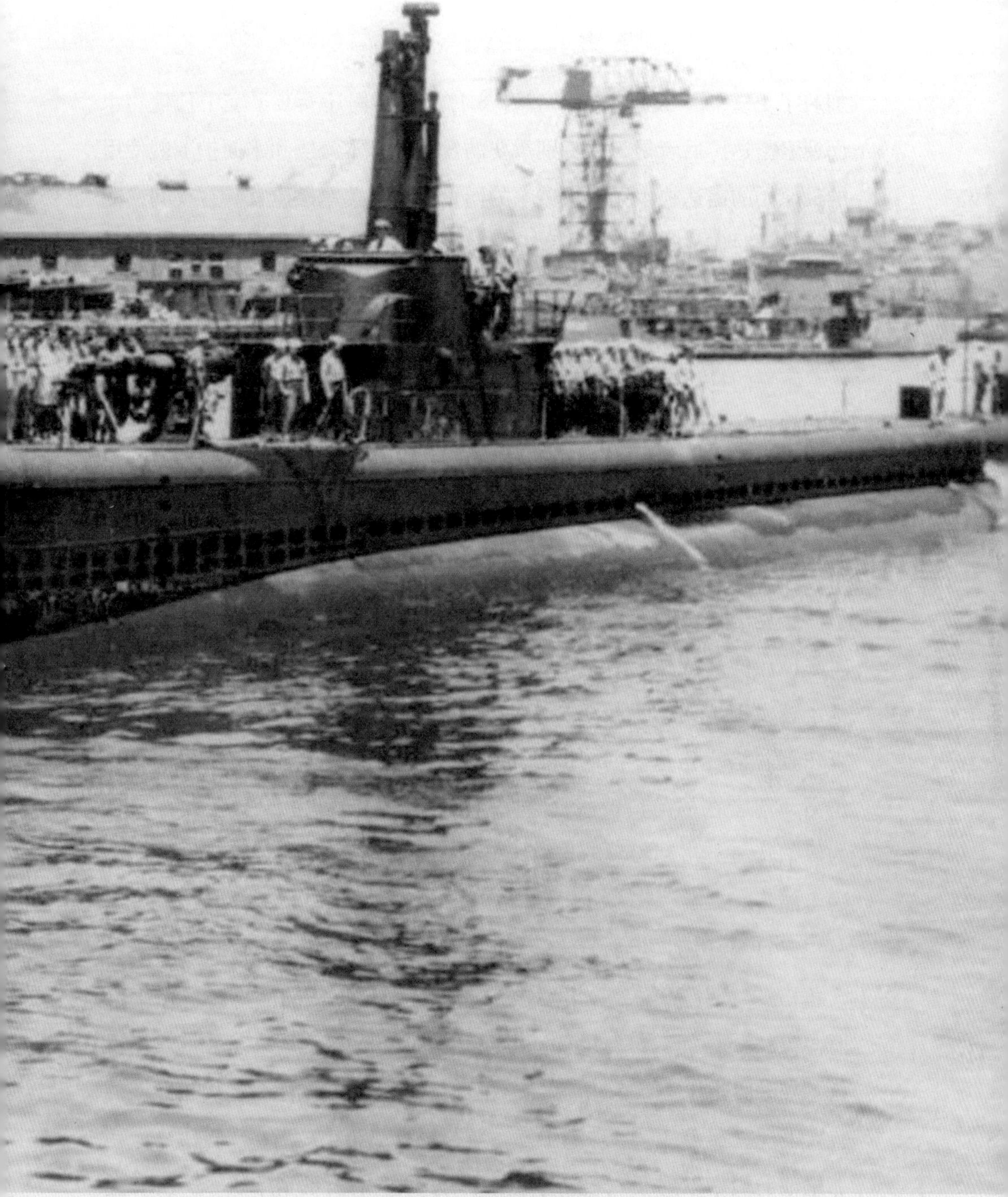

加装了更多的甲板炮。从 1942 年 8 月起，他们还安装了空中预警和水面搜索雷达。后者是一项特别重要的发明。日本潜艇和水面护卫舰使用的最原始的雷达根本无法跟美军的同日而语。美军潜艇官兵在夜间或能见度较低时作战绝对无人能敌。

次品鱼雷

不幸的是，美军潜艇的鱼雷存在重大问题，它们的潜水深度控制装置和磁性引信在实战中都有缺陷。鱼雷下潜的深度经常比设定的深 10 英尺，结果造成彻底脱靶。甚至在鱼雷命中目标的情况下，由于磁性引信的撞针很脆弱，撞击军舰时会变形，从而无法引爆。比这更糟糕的是，美军鱼雷还容易提前爆炸。

修复这些缺陷花了将近两年时间，尤其是美国潜艇部队司令部和海军军械局的部分高级军官拒绝承认现有鱼雷存在重大问题，这更加拖延了修复完成时间。拉尔夫·克里斯蒂（Ralph Christie）海军上校和查尔斯·洛克伍德（Charles Lockwood）海军少将特别反对花钱修复鱼雷。前者在战前负责监督磁性引信的研制；后者接替在空难中阵亡的罗伯特·英格利希（Robert H. English）海军少将，负责指挥珍珠港潜艇部队。

1943 年 10 月之后，美军潜艇才开始重新配置改进后的新型触发式鱼雷。"大比目鱼"号潜艇被挑选进行新型鱼雷的测试。伊格纳修斯·"皮特"·加兰汀（Ignatius 'Pete' Galantin）海军少校是"大比目鱼"号潜艇指挥官，在此前一次战备侦察中，他刚刚亲身经历过鱼雷的骇人表现。加兰汀从珍珠港出发，航行至夏威夷小岛卡霍奥拉韦岛，在那里他向峭壁发射了六枚新型鱼雷，以 90 度的角度击中岩石。所有鱼雷都成功爆炸。

太平洋上的胜利

美军潜艇最终装备了可靠的鱼雷之后，立即着手对日本运输船只实施大规模攻击。仅在1943年9月，他们就创下了击沉31艘商船的纪录，总吨位达13.5万吨。2个月后，他们再创纪录，击沉47艘商船，总吨位达22.8万吨。

到1943年底，日本人损失商船的总吨位已经达到了133.524万吨。他们无法承受这样的损失，开始亡羊补牢，采取措施保护他们的海上生命线。他们一致认为，每年的运输损失必须减少到100万吨以下，大约是当时损失的一半。为此，他们决定重新建造40艘护航舰艇。但为时已晚。美军潜艇的数量此时已经超过150多艘，而且还以每个月6艘的速度增加。

一个月又一个月过去了，日军被击沉舰船的总吨位数越来越高，尤其是洛克伍德少将在太平洋上实施了自己的一套狼群战术之后。1944年前6个月，美军潜艇击沉的日本商船吨位超过100万吨，击沉的军舰吨位达到12.5万吨。7月，日本人又损失了22万吨的商船。10月损失量超32万吨，创了二战期间单月损失的最高纪录。

11月，日军商船又折损了21.4万吨。日本人被迫采取一切可能的措施来降低损失率。指挥大型护航舰队的野村直邦（Naokuni Nomura）大将发布命令，要求运输船队只有白天才能在危险海域航行，夜间要到安全泊位避险。但一切努力都是徒劳的。到1945年年初，美军潜艇有效地封锁了日本，日本的石油、原材料和粮食进口大幅下降。石油和航空油料短缺，工业陷入混乱，日本人平均每天只能依靠热量不到1700卡的食物来勉强活命。

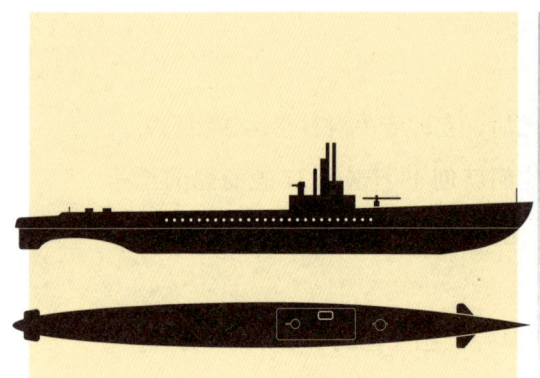

"刺尾鱼"号

级别： "巴劳鳡"级潜艇

排水量： 1490吨（上浮）、2070吨（下潜）

长度： 311英尺1英寸（94.8米）

宽度： 27英尺5英寸（8.4米）

吃水： 16英尺1英寸（4.9米）

航速： 20.5节（上浮）、8.75节（下潜）

火力装备： 10具533毫米口径鱼雷发射管（艇艏6具、艇艉4具）；1门127毫米口径甲板炮；1门40毫米口径和1门20毫米口径高射炮

乘员： 78人

"巴劳鳡"级潜艇是前一代"猫鲨"级潜艇的改进型。127毫米口径甲板炮成为这种潜艇的标配，取代了"猫鲨"级潜艇上的76毫米口径炮。此外，潜艇携带的燃料也从389吨增加至472吨。因此，航程和续航力都得到提升。在太平洋地区参与作战行动的"巴劳鳡"级潜艇共有120艘，只损失了11艘。

照片中尚未完工的日本海军"信浓"号航母被美军"射水鱼"号潜艇发现。"信浓"号航母总吨位达到7.2万吨，是二战期间各国建造的最大航母。当时它正沿着日本海岸按照"之"字形航线向吴港进发，计划到那里躲避美军的猛烈空袭。"信浓"号的巨大速度优势原本可以轻松甩开敌人，但螺旋桨轴承的故障迫使其大幅减速。"射水鱼"号潜艇四次向它发射鱼雷。几分钟之内，"信浓号"不断向右舷倾侧，最终在海水中停了下来，然后倾覆沉入海底。

接连胜利

至此，美军潜艇一直在单调地定期打破记录。"刺尾鱼"号潜艇的艇长理查德·奥凯恩（Richard H. O'Kane）中校就是其中的优秀代表。在前四次战备侦察中，他击沉 20 艘日本船只。从 1944 年 9 月 24 日开始的第五次战备侦察中，他又击沉了九艘。整整一个月后，他在台湾海峡跟踪到一支日本商船队。在耐心尾随了一整夜后，奥凯恩在天亮时上浮，指挥"刺尾鱼"号进入战斗位置。

奥凯恩发射的前六枚鱼雷全部击中目标，日本两艘油船和一艘驱逐舰沉入海底，一艘部队运输舰受到重创。由于仅剩两枚鱼雷，奥凯恩决定去解决那艘部队运输舰。他发射的第一枚鱼雷直奔预定目标而去。但第二枚却没有，这枚鱼雷转了一整圈，竟然驶回了潜艇。艇上人员想尽一切办法躲避这枚鱼雷，但都没有成功。鱼雷正中靠近"刺尾鱼"号潜艇动力装置控制部位舱壁的艉鱼雷舱。

潜艇艉部立即以惊人的速度下沉。奥凯恩和八名艇员被刚开始的爆炸抛到水中，他们在海里挣扎时眼睁睁地看着潜艇沉没。他们中有四人幸存，后来又有11个人从潜艇逃生舱侥幸逃生。其余艇员因吸入蓄电池舱失火时产生的烟气和电池本身泄漏出的致命氯气而窒息死亡。

奥凯恩和其他幸存者被一艘驱逐舰救起后送到日本，他们在那里的监狱一直被关到日本投降。等他们获得自由时，开始的15名幸存者只剩9人（包括奥凯恩本人）还活着。这次战备侦察后来被洛克伍德少将赞为"有史以来最伟大的潜艇巡航之一"，但最终的结局却很悲惨。

奥凯恩是潜艇战的英雄之一。"射水鱼"号潜艇艇长约瑟夫·恩赖特（Joseph F. Enright）中校是另一位这样的英雄。1944年11月29日，他用鱼雷击沉了日本新建造的60000吨航母"信浓"号，创下潜艇战争史上单次最大战绩。"信浓"号航母原本计划建成"大和"号和"武藏"号战列舰的姊妹舰，但尚在船坞进行建造时，它就被改造成巨型航母。日本人花了四年多时间建成，信心满满地以为"信浓"号绝对不可战胜。恩赖特不久就证明他们是错的。

在三艘驱逐舰的护航下，"信浓"号在前一天晚上6:00从东京湾驶出，从而躲避美国空袭的威胁。仅仅两小时后，一直在东京湾外围巡逻的恩赖特就在雷达上捕捉到这艘航母的回波，并开始尾随该舰向南航行。"信浓"号虽然跑得比恩赖特的"射水鱼"号快，但走的是"之"

字形航线，这给了"射水鱼"号勉强跟上的机会，不过恩赖特却没办法机动到有利于攻击的位置。凌晨3:00，"信浓"号突然改变航向，直奔"射水鱼"号而来，送给"射水鱼"号一个绝佳的进攻机会。恩赖特向它发射了六枚鱼雷，其中四枚命中。

从理论上讲，"信浓"号原本能够脱险，但实际上并没有。由于它匆忙入列下海，有些船舱的水密门尚未安装，而另一些安装好的居然渗水。它也没有配备全套的水泵。船坞工人匆匆忙忙地刚把它建造完成。几个小时后，它倾覆后沉没，大部分舰员一起葬身海底。

"信浓"号的沉没昭示着潜艇已经成为一种重要的武器。尼米兹海军上将对此做了精彩的总结。日本投降后一个月，也就是1945年9月的一次记者招待会上，他说："战列舰是昨日之舰，航母是今日之舰，而潜艇将是明日之舰。"这个预测在当时看起来十分了不起。时间将证明它的正确性。

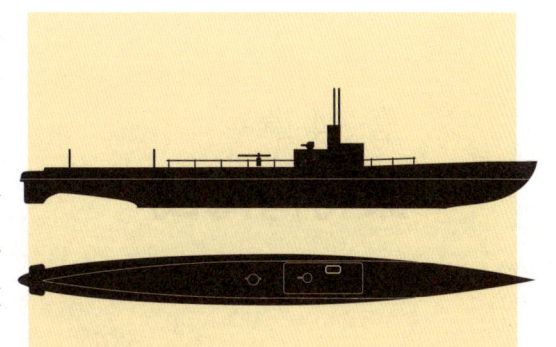

"猫鲨"号

级别："猫鲨"级舰队潜艇
排水量：1525吨（上浮）、2424吨（下潜）
长度：311英尺10英寸（95米）
宽度：27英尺4英寸（8.3米）
吃水：17英尺（5.2米）
航速：21节（上浮）、9节（下潜）
火力装备：10具533毫米口径鱼雷发射管（艇艏4具，艇艉6具）；1门76毫米口径甲板炮；1门40毫米口径和1门20毫米口径机关炮
乘员：70人

在二战期间，"猫鲨"级潜艇摧毁了日本的海上运输和日本海军的大量军舰。太平洋战争爆发时，美国海军虽然只有一艘"鼓鱼"号潜艇服役，但美国造船厂迅速达到每周建造大约三艘"猫鲨"级潜艇的能力。很多潜艇在战争中创造了惊人的记录。从击沉敌舰的吨位来看，"松鲷"号、"红石鱼"号和"鲱鱼"号在整个美国潜艇舰队的战绩位列前三甲。

第 34 章
莱特湾海战

1944年9月，英美联合参谋长委员会（Allied Joint Chiefs of Staff）在魁北克举行会议，经过广泛讨论之后，确定了太平洋战争下一步要采取的重要动作。海军上将威廉·"蛮牛"·哈尔西对日作战颇有心得，他曾利用航母突袭菲律宾群岛，让羸弱的日本航空部队暴露无遗。遵循他的建议，美国人放弃了利用跳岛战术攻占菲律宾群岛的计划。美国两栖作战部队将直取日军要害，攻击菲律宾中东部的莱特岛。

道格拉斯·麦克阿瑟上将和切斯特·尼米兹上将全权指挥这次作战。托马斯·金凯德（Thomas Kincaid）海军上将的第7舰队和哈尔西的第3舰队以及马克·米彻尔海军中将的快速航母特遣舰队（Fast Carrier Task Force）提供海上支援。西奥多·威尔金森（Theodore 'Ping' Wilkinson）海军中将指挥南部运输部队，丹尼尔·巴比（Daniel E. Barbey）海军中将指挥北部运输部队。登陆计划定在10月20日，不过行动提前三天开始，首先拔掉了扼守莱特岛东大门的三个小岛。

日本的反击

日本人早就预料到美军会发起新的攻击，但不确定他们准备从哪里打起。可能是菲律宾群岛、中国台湾岛或者琉球群岛，甚至接近日本本土的地方。无论在哪，日本都将战至最后一艘军舰，战至最后一个人。联合舰队总司令丰田副武大将制订了三个作战计划，为每种情况都做好预案。不久，他获得了需要的线索。

10月18日，美军登陆作战前的两天，日军发现美国扫雷舰在莱特岛附近活动，美国人开始为即将到的攻击舰队清理航道。这正是丰田副武想要的线索，他立即启动了"捷1号"作战计划（SHO-1）。这个计划实际上是要把日本海军所有力量投入到最后一次决定性的战役。

丰田副武将舰队分成了三支特混舰队。北路舰队由海军中将小泽治三郎（Jisaburo Ozawa）指挥，由四艘航母（"瑞鹤"号、"瑞凤"号、"千岁"号和"千代田"号）、两艘战列舰改装的航母"伊势"号和"日向"号、三艘轻型巡洋舰和八艘驱逐舰组成，任务是从北部逼近菲律宾群岛，引诱哈尔西及舰队离开战位。随后，栗田健男（Takeo Kurita）中将率领的中央舰队出战，这支舰队由包括超级战列舰"武藏"号和"大和"海军号在内的五艘战列舰、九艘重型巡洋舰、两艘轻型巡洋舰和15艘驱逐舰组成。它将从圣贝纳迪诺海峡驶出，沿着萨马岛海岸航行，最终从东北方向攻击美军舰队。同时，南路舰队的西村祥治（Shoji Nishimura）和志摩清英（Kiyohide Shima）两位中将率领各自的支队从苏里高海峡驶出，与栗田汇合，然后向聚集在登陆海滩外的运输舰发起进攻。

计划看起来雄心满怀，但成功的可能性很小。由于燃料短缺，几支特混舰队从新加坡以南的林加群岛和日本本土海域集结并航行到莱特岛，花了整整一周时间。等他们到的时候，麦克阿瑟的部队早已登陆上岸了。日本人还要依靠从菲律宾起飞的飞机提供空中掩护，因为小泽治三郎的几艘航母总共只有116架舰载机。这就是精心挑选它们来当诱饵的原因，或者干脆说是炮灰。丰田副武看起来把希望都寄托在打赢一场传统的水面舰艇对决上了。

战斗打响

10月23日凌晨，战斗在巴拉望海峡打响。中央舰队以15节的航速驶入海峡，被美军"海鲫"号和"鲦鱼"号两艘巡逻潜艇发现。潜艇将发现敌人的情况电告哈尔西后，进入攻击位置。

"海鲫"号率先发起进攻，向栗田的旗舰"爱宕"号重型巡洋舰发射了六枚鱼雷，四枚命中。随后"海鲫"号调转船头，向"高雄"号又发起一轮齐射，结果两次命中。"爱宕"号着火后，从舰艏开始倾侧，最终沉没。严重受损的"高雄"号在水中根本无法航行。与此同时，"摩耶"号巡洋舰被"鲦鱼"号四次击中，很快也沉没了。

栗田健男落水后被一艘日本驱逐舰救起，他把旗舰换成"大和"号，继续按照既定航线行驶，进入锡布延海向北航行。但是他期待的空中掩护并没有出现。相反，美军航母舰载机却向他发动了一波又一波的空袭。空袭共有五个波次，从半晌开始，一直延续到傍晚。"武藏"号成为美军的主要攻击目标，这艘战列舰的左舷被13枚鱼雷和10枚炸弹击中，右舷被七枚鱼雷和七枚炸弹击中。即使是这艘号称永不沉没的战列舰，也无法承受这种强度的打击，在航速渐渐慢下来后，被栗田中央舰队甩下的距离越来越大，最终在中央舰队后方20英里处彻底瘫痪。下午7:35，"武藏"号沉入海底。

"武藏"号并不是遭到美国飞机狂轰滥炸的唯一一艘日本军舰，"大和"号战列舰被炸弹命中两次，但很快舰体倾侧的问题就被修复。"长门"号战列舰也被直接击中两次，其中一次穿透了左舷锅炉房，该舰在修复破损之前不得不缓速航行。"利根"号重型巡洋舰和"清霜"号、

"藤波"号、"浦波"号等三艘驱逐舰也被炮弹直接击中和近距爆炸击中。一时间惊慌失措的栗田健男开始掉头航行。性急的哈尔西认为栗田已被打败,于是命令他的舰队向北航行,准备与小泽治三郎的航母群交战。这样一来,圣贝纳迪诺海峡成了无人看守的区域,金凯德的第7舰队也失去了掩护力量。

击溃南路舰队

在苏里高海峡,金凯德只能依靠自己战斗。由于收到西村率领的南路舰队正在逼近的预警,他命令海军少将杰西·奥尔登多夫(Jesse

地图图例:
- 美军海上作战路线
- 美军空中作战路线
- 日军海上作战路线
- 日军空中作战路线
- 交火海域

吕宋
马尼拉
苏禄海
棉兰老岛

日军最后一搏

为了击退美军对菲律宾群岛莱特岛的入侵,日军计划用小泽治三郎的航母作为诱饵,吸引哈尔西上将的特遣舰队脱离原先战位,以便通过圣贝纳迪诺海峡和苏里高海峡对美军运输舰实施两面夹击。哈尔西虽然上了钩,但日本的计划还是失败了。日本海军第2舰队司令栗田中将发现自己失去了空中掩护,而西村率领的第3舰队(Force C)也遭到了杰西·奥尔登多夫少将的伏击。经过这场战役之后,日本帝国海军的残存力量大部分都被消灭。

10月22日，日本联合舰队从婆罗洲文莱湾出发驶向菲律宾群岛和莱特湾。从左至右（左上图），这几艘战列舰分别为"长门"号、"武藏"号和"大和"号，它们正从远处全速驶来，"摩耶"号、"鸟海"号、"高雄"号、"爱宕"号、"羽黑"号和"妙高"号六艘重型巡洋舰也在其中。"大和"号（右图）和其他日本军舰在锡布延海躲避攻击它们的美国海军舰载机。一架战机的投影在一片云上清晰可辨。这艘超级战列舰最终被炸弹击中两次，比较严重的那次击中了舰艏左舷的锚室（左下图）。舰内灌进了2000加仑海水，开始倾侧，但采取了有效防沉措施后，军舰转危为安。"武藏"号运气稍差，左舷遭到13次鱼雷攻击，右舷遭到10次鱼雷攻击，左舷被炸弹击中10次，右舷被炸弹击中七次，当天晚上"武藏"号沉没。

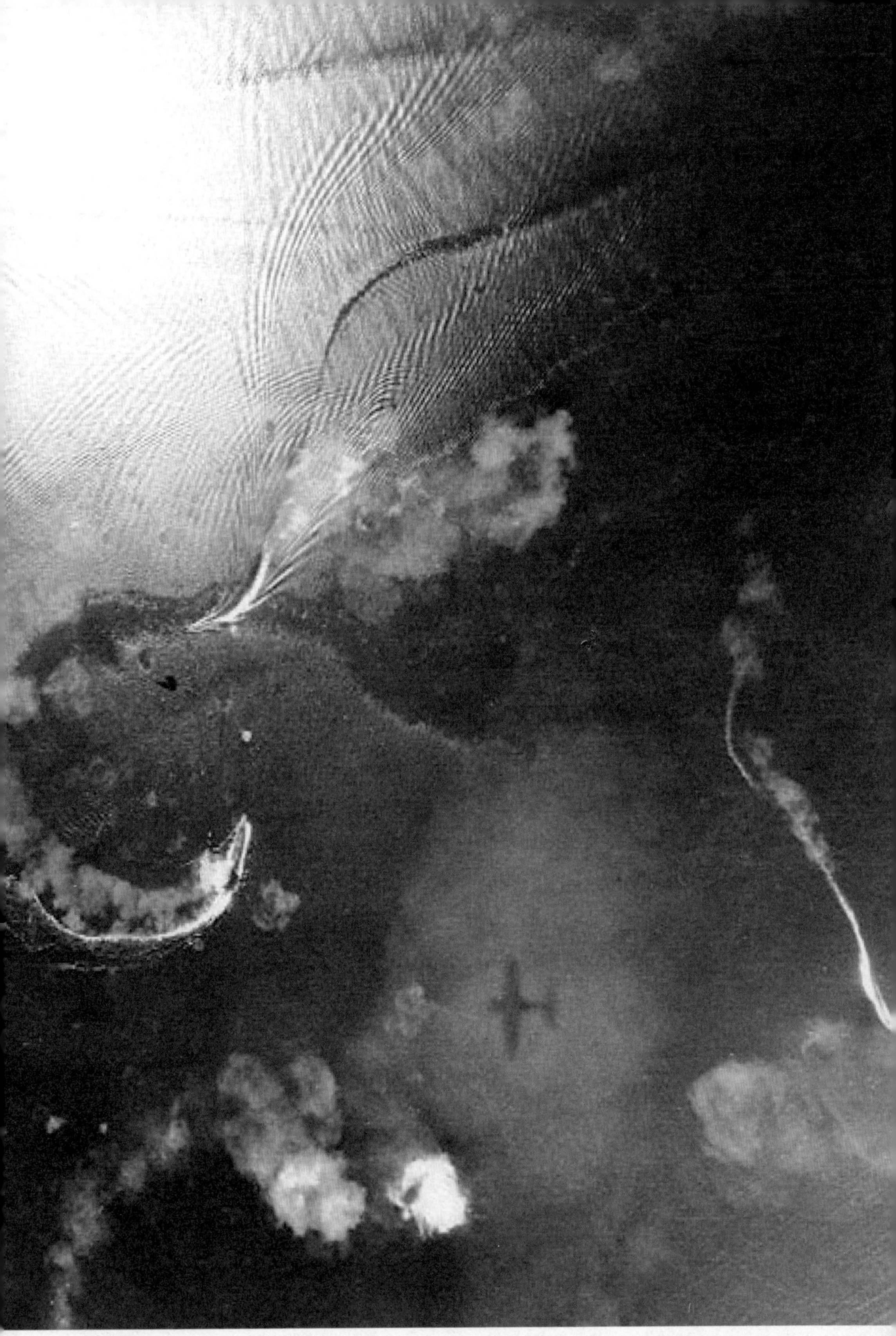

B. Oldendorf）在他们靠近之前实施拦截。奥尔登多夫小心地布下圈套，在海峡之外很远的地方部署了 39 艘 PT 艇作为第一道防线，另有 28 艘驱逐舰部署在了更远的地方。如果西村舰队能冲破这些封锁，接下来他要面对的是奥尔登多夫的六艘战列舰（"密西西比"号、"马里兰"号、"西弗吉尼亚"号、"田纳西"号、"加利福尼亚"号和"宾夕法尼亚"号），加上多艘轻型和重型巡洋舰。

一切都按照奥尔登多夫的计划进行着。西村虽然毫发无伤地躲过 PT 艇的交叉射击，但与驱逐舰遭遇时的情况就完全不同了。"扶桑"号是第一艘被击沉的日本军舰，然后是"山云"号和"满潮"号。"朝云"号舰艏被炸开，"山城"号也被击中。接着，巡洋舰和战列舰也加入战斗。从结果来看，战斗呈现出一边倒的势头。奥尔登多夫的军舰击沉了两艘战列舰和一艘重型巡洋舰。不过南路舰队的残余军舰掉头后倒是成功逃脱了。志摩清英的军舰因为没有参加战斗也得以幸免。

栗田重返战场

战斗依然尚未结束。就在奥尔登多夫准备结束战斗时，他收到栗田返回战斗的情报。在夜幕的掩护下，这位日本海军大将在无人察觉的情况下，悄悄穿过圣贝纳迪诺海峡，在萨马岛附近偷袭了停泊在那里的由克利夫顿·斯普拉格（Clifton A. F. Sprague）海军少将指挥的六艘战斗力较弱的护航航母。栗田的作战舰队要想到达登陆海滩，必须首先解决挡住去路的这六艘航母以及另外三艘驱逐舰和三艘护航驱逐舰。

斯普拉格的几艘航母本身就不是为了参加激烈的水面作战而建造的。然而，鉴于当时的战场局势，他决定利用拖延战术与日本人周旋。所有可以参战的航母舰载机都起飞后，舰群开始向第 7 舰队的其他军舰靠拢。同时，栗田开始缓慢地向南绕行，试图将斯普拉格的特遣舰队驱逐到莱特湾。于是，斯普拉格命令驱逐舰发动攻击。这样一来，他的舰群遭受到了日军源源不断的空袭。

斯普拉格舰队第一艘被击中的航母是"加里宁湾"号，虽然受到重创，这艘航母依然保持住了战斗队形。"约翰斯顿"号和"霍尔"号两艘驱逐舰就没那么幸运了。两艘驱逐舰跟"塞缪尔·罗伯茨"号护航驱逐舰一道向日本战列舰和重型巡洋舰发起冲锋，最后都被日本人击沉。

战斗已接近危急时刻，"筑摩"号、"利根"号、"羽黑"号和"鸟海"号是栗田舰队剩余的四艘重型巡洋舰，它们开始向美军航母逼近。"筑摩"号开始炮轰"甘比尔湾"号，导致后者掉队后慢慢沉没。然而，美军的报复动作也很快地，"鸟海"号、"筑摩"号和"铃谷"号在美军强硬的空袭中纷纷沉没。

斯普拉格的几艘倍受折磨的航母现在受到来自战列舰和巡洋舰的炮火打击。随后，令美国人大为惊讶的是，重型巡洋舰停止了追击。很快他们就发现，整个中央舰队在撤退。栗田决定取道圣贝纳迪诺海峡，往回撤退，以免舰队再受损失。他已经失去了一艘超级战列舰和五艘重型巡洋舰。另有两艘重型巡洋舰失去战斗力，实际上他的所有军舰都遭受了不同程度的损坏。他也知道西村的舰队已经被击溃。在他看来，撤退成了当时唯一明智的选择。

最后一战

与此同时，小泽治三郎一直在按计划完成自己的使命。然而，当他得知栗田正在撤退时，他也开始向北撤退。随后，丰田副武发电告诉他，军令部命令他再次南下。他带着北路舰队又改变航向，回到即将与哈尔西舰队相遇的航线。

10月25日凌晨2:00左右,哈尔西的侦察巡逻机发现了此时已经一分为二的小泽舰队。米彻尔命令他的航母做好天一亮就发动第一波攻击的准备。与此同时,小泽舰上的大部分飞机都飞到了菲律宾的克拉克机场和土格加劳机场。这意味着,美国飞机向他发起攻击时,他只有13架战斗机迎敌。

米彻尔的第一波袭击于早晨8:00左右开始,1小时45分钟后第二波启动。第一波攻势击沉了"千岁"号和一艘驱逐舰,参加过突袭珍珠港的"瑞鹤"号也受到重创,迫使小泽改用轻型巡洋舰"大淀"号作为新的旗舰。第二波攻势导致"千代田"号发生火灾,发动机失灵。日本人尝试拖走它也没能成功,最终只得弃舰。当天傍晚,"千代田"号被哈尔西的驱逐舰击沉。

第三波攻势规模最大,也最具破坏性。饱受摧残的"瑞鹤"号同时被二枚鱼雷击中,立刻倾覆沉没。"瑞凤"号严重受损,但在第四次空

袭中才被击沉。之后的两波攻击造成的破坏相对较小。

哈尔西此时已经让水面舰艇做好接手进攻的准备，给日军以致命一击。然而，就在他准备动手时，之前一个漫不经心的决定导致金凯德陷入了困境，进而影响到了自己。尼米兹亲自介入。哈尔西极其不情愿地掉头，驰援金凯德，但他来得太晚了，并没有起到什么作用。栗田舰队早就趁机逃跑了。

莱特湾海战结束了。海战共经历了四次战斗，10月24日在锡布延

"普林斯顿"号轻型航母正在熊熊燃烧，一旁航行的"伯明翰"号轻型巡洋舰协助它扑灭在甲板上肆虐的大火。这场空袭由一架日本海军单机实施，飞行员投下一枚重达500磅的炸弹，落在飞行甲板上六架正在准备起飞的鱼雷轰炸机之间。舰员们虽然竭尽全力地挽救航母，但最终也无力回天，只得弃舰，"普林斯顿"号被自己的一艘护卫舰发射的鱼雷炸沉。这是日军在战斗中取得的为数不多的战果之一。

海，24 日和 25 日在苏里高海峡，25 日在萨马岛海域，25 日至 26 日在恩加尼奥角，美国人取得了四战全胜的战绩。以两军投入作战的军舰总数而言，莱特湾海战堪称史上最大规模的海战。这也是日本帝国海军的最后绝唱。从此，日本联合舰队再也不具备发动一场像样战争的实力。美国海军的伟大胜利使美国人拿下了莱特岛这个桥头堡，从而为整个菲律宾群岛的解放打下了坚实基础。这样一来，日本人与他们征服的东南亚其他地区的联系中断了，日本本土急需的粮食、石油和其他原材料供应几乎停止。在战斗中，日军损失了四艘航母、三艘战列舰、八艘巡洋舰和 12 艘驱逐舰。10000 多名水兵和飞行员丧生。相比之下，美军的损失要少得多，仅有一艘轻型航母、两艘护航航母、两艘驱逐舰和一艘护卫舰被击沉，1500 人阵亡。

第 35 章
"天一号"作战行动

1945年4月1日,美军登陆冲绳岛,这是实施对日本列岛进攻计划的最后前奏,但日本人仍然决心拼死抵抗。登陆前的一个月,裕仁天皇亲自召集大本营会议,商讨背水一战的计划。

陆军提议用10万名士兵和数百架自杀式"神风"突击机来保卫冲绳岛,裕仁天皇听完之后问,美军发动进攻时,日本海军能为保卫冲绳岛做些什么。"另外,海军在哪儿?"他问道。海军的司令们被天皇问得怔住了。难道天皇就没意识到曾经强大的联合舰队现在只剩下寥寥几艘军舰了吗?难道他不知道海军已经无力回天了吗?

然而,裕仁的意思很清楚。在陆军以命相搏的同时,海军剩余的水面舰艇却置身于战斗之外,这是不可思议的。日本帝国海军的命运早已注定。

走向毁灭

海军总司令丰田副武大将和参谋人员迅速提出"天一号"作战行动(Operation Ten-go),来满足裕仁天皇没有明说的要求。这是一场自杀式作战行动,丰田副武竭尽所能,迅速拼凑出一支海上作战力量,包括

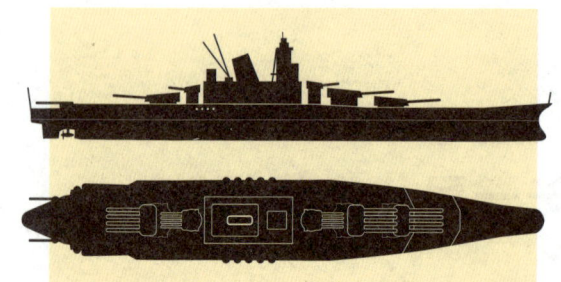

"大和"号

排水量： 71660吨（满载）

长度： 863英尺（263米）

宽度： 127英尺9英寸（38.9米）

吃水： 35英尺6英寸（10.8米）

航速： 27.5节

火力装备： 3座3联装9门460毫米口径火炮；6座双联装12门155毫米口径火炮；24门127毫米口径高射炮；156门25毫米口径加农炮；4挺13毫米口径机枪

乘员： 2500人

"大和"号和姊妹舰"武藏"号是当时建造的最大战列舰。它们满载排水量为71660吨，几乎是同时代盟军战列舰的两倍。它们硕大的460毫米口径主炮射程超过所有盟军军舰，外层装甲十分厚实。然而，它们并非不可击沉。"武藏"号在莱特湾海战中遭受空袭后沉没；"大和"号在1945年4月赴冲绳岛执行最后的自杀任务时，也得到同样下场。它当时作为诱饵，要尽可能多地吸引美国航母舰载机，好让"神风"突击队针对盟军水面舰队展开大规模自杀性攻击。

超级战列舰"大和"号、轻型巡洋舰"矢矧"号和八艘驱逐舰，它们将从丰后海峡出击，突破美国入侵舰队，最终在冲绳岛登陆。一旦搁浅，这些军舰将被当作岸炮来使用，直到被美军摧毁。幸存的船员将从那里下船上岸，充当步兵去参加陆军参谋本部早已计划好的大规模反击。

从理论上讲，"大和"号是战斗力强大的作战机器。它是当时世界上最大的战列舰，长约863英尺，满载时排水量约为71660吨，最大航速为27.5节。其主要武器装备包括9门460毫米口径主炮和150多门加农炮，主炮装填的是3200磅炮弹，射程达22.5英里。舰上共有2767名官兵。实际上，它从一开始受领的作战任务就是自杀式的。

"大和"号的燃料只够支持单趟行程，"矢矧"号也只能坚持五天。负责行动全权指挥的海军中将伊藤整一（Seiichi Ito）明确表示反对行动，觉得这是对宝贵资源的浪费。丰田副武的参谋长草鹿龙之介中将（Ryunosuke Kusaka）这样回应伊藤整一和其他同样对此持怀疑态度的下属军官，他说，实施"天一号"作战行动是天皇本人的意愿。天皇的权威当然不容置疑。4月6日，这支舰队起航。

米彻尔出击

4月7日凌晨4:00，伊藤驶入九州岛东南方向的北太平洋海域。不久，美军的侦察巡逻机发现了向南航行的伊藤舰队。他立即向西改变航线，企图远离米彻尔的航母舰载机的作战范围，之后又向南航行。海军上将雷蒙德·斯普鲁恩斯提前采取了措施防范这种突破。在此之前，他已经命令海军中将莫顿·德约（Morton L. Deyo）指挥的六艘战列舰（"马萨诸塞"号、"印第安纳"号、"新泽西"号、"南达科他"号、"威斯康星"号和"密苏里"号）、七艘巡洋舰和21艘驱逐舰做好准备，如果米彻尔的空袭失败，他们将参与水面作战。

午后不久，米彻尔命令参与第一波攻击的战斗机、俯冲轰炸机和鱼雷轰炸机起飞战斗。伊藤的舰队很快就陷入几乎是一刻不停的轰炸。"大和"号舰长有贺幸作（Kosaku Aruga）少将命令炮手开火，从他的护航舰传来的炮声此起彼伏，在海面回荡。暗淡的天空被各种颜色的炮火映照得亮堂起来。

日军军舰航速提至25节，并开始机动规避。不过"之"字形机动并没有给他们带来什么好处。"矢矧"号的轮机舱被一枚鱼雷击中，直接导致这艘轻型巡洋舰在海水中瘫痪，后来又被六枚鱼雷和12枚炸弹击中，下午2:05沉没。"矶风"号和"滨风"号驱逐舰也随之沉没。"凉月"号发生火灾，"朝霜"号因船舵卡住而失去控制，慢慢地兜圈子。这两艘军舰后来都被日本人自己击沉。

"大和"号在机动自救的过程中至少被八枚鱼雷和15枚炸弹击中。

"大和"号最后的战斗开始于下午12:32，当时它及其护卫舰——一艘轻型巡洋舰和八艘驱逐舰向第一波接近的美国俯冲轰炸机和鱼雷轰炸机开火。俯冲轰炸机于下午12:40首次命中舰身；十分钟后，鱼雷轰炸机向其左舷发射了两枚鱼雷。很快，更多的炸弹击中了它，左舷八次，右舷两次。最后一枚鱼雷于下午2:17正中舰体，在那之后"大和"号的战场结束。

第35章 "天一号"作战行动 373

美军四架"复仇者"式鱼雷轰炸机低空快速飞行,在战场投下大量鱼雷,约翰·卡特(John Carter)海军中尉驾驶着另一架"复仇者"式鱼雷轰炸机紧随其后,观察到了当时的作战场面。"真不幸,"他后来回忆说,"这艘大军舰正在向左转弯,巨大舰身的舷侧全部暴露在从各个方向驶来的鱼雷面前。"卡特看到至少三枚鱼雷正中目标,另外两枚在非常接近目标时爆炸,结果看起来就像一次巨大的爆炸。

"大和"号沉没

这艘巨大的超级战列舰现在向左舷严重倾侧。有人试图通过"注水"恢复平衡,但情况还是越来越糟。下午 2:10 左右,有贺幸作感到又一枚鱼雷击中了他的舰艇。主舵瞬间向左舷方向重重卡住,"大和"

"大和"号最后一战

"大和"号战列舰离开德山军港后不久,在丰后海峡航行时被巡逻的美军潜艇"马鲅"号和"铲鲟"号发现,其后被二者一路从日本本土海域尾随至九州岛以南 175 英里的北太平洋,双方在那里展开最后对决。"大和"号原本计划突破美军防线到达冲绳岛,然后在沙滩搁浅,再利用舰上巨大的 460 毫米口径主炮为日本陆军提供炮火支援,阻击美国登陆部队。这艘战列舰的燃料仅够支撑单趟行程。

号失去了控制，有贺幸作立刻下令幸存的舰员弃舰。下午2:20，"大和"号彻底倾覆，舱内最后一次大爆炸将舰体炸得四分五裂，随后军舰沉没。有贺幸作和伊藤整一都葬身海底。只有四艘遭受重创的驱逐舰成功逃过一劫，回到母港。丰田副武的最后一搏就这样不太体面地结束了。

在日本，有关这场灾难的消息被严密封锁，没有公之于众。向天皇报告的任务落在了海军大臣米内光政（Mitsumasa Yonai）的头上。他低垂着眼睛，站在裕仁天皇面前，报告说"天一号"作战行动失败了。这一仗，日军牺牲3700至4250人，损失了"大和"号、"矢矧"号和其他4艘驱逐舰。美军只有12人阵亡，10架战机被击落。天皇似乎没有听懂，他透过眼镜凝视着米内光政。"海军怎么样了？"他问道，"舰队的状况如何？"舰队没了，米内回答道。曾经战无不胜的日本帝国海军已经无力再参与作战。

从空中拍摄的"大和"号正在遭受炸弹和鱼雷大规模袭击的场面。这艘战列舰最终倾覆沉没时，舰上的大火蔓延到舰艉弹药舱，由此引起的两次巨大的舱内爆炸把整个军舰炸得四分五裂。爆炸产生的巨大蘑菇云，冲至军舰上方数千英尺的天空。

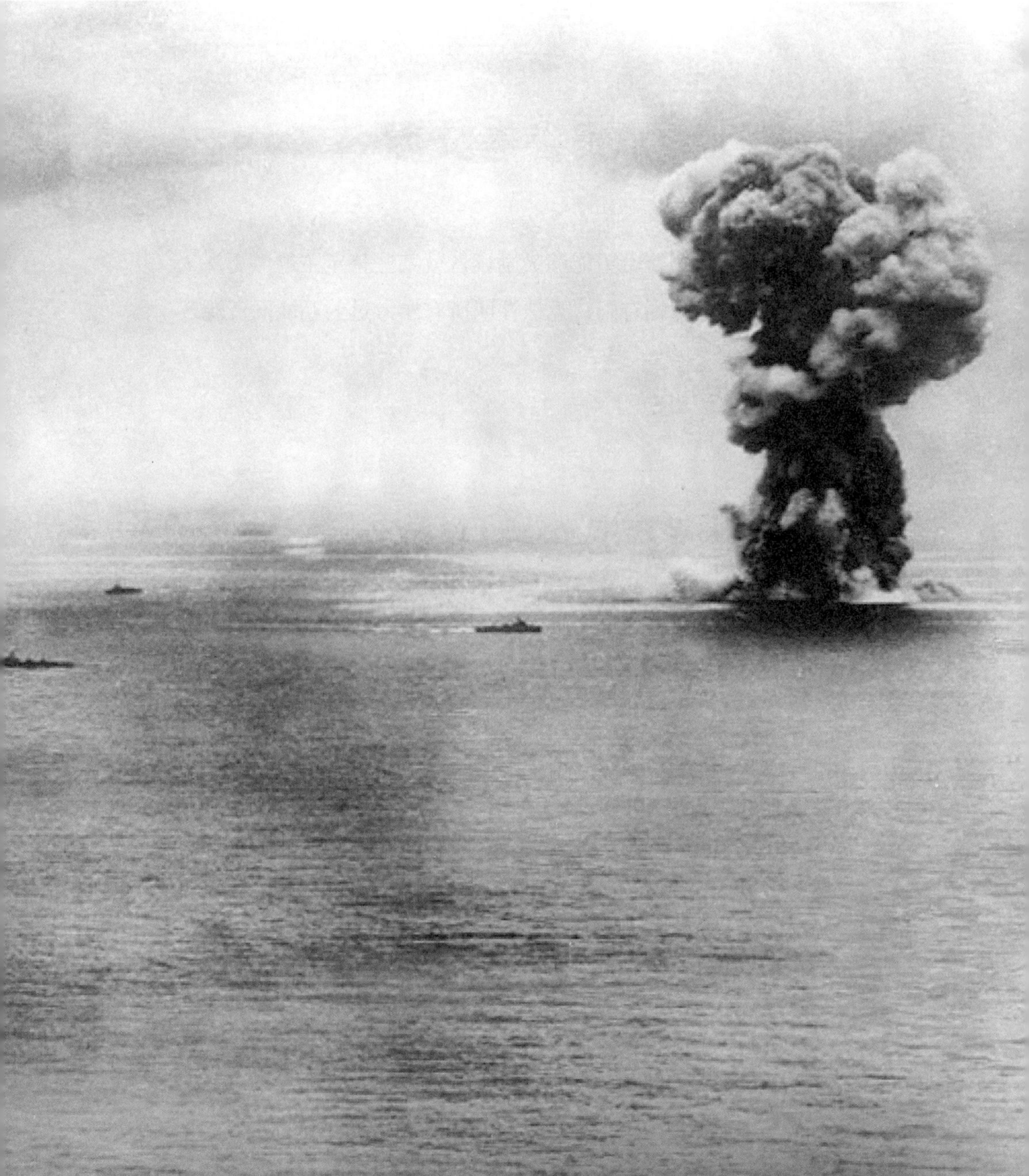

参考文献

此处所列的书籍希望能够鼓励读者就某些特定主题做更深入、更详细的研究。由于篇幅有限，无法注明所有参考过的互联网资源。

Ballantyre, Iain
Killing the Bismarck
Pen & Sword Maritime

Barnett, Correlli
Engage the Enemy More Closely
Penguin

Brescia, Maurizio
Mussolini's Navy
Seaforth

Bennett, G H
Hitler's Ghost Ships
University of Plymouth Press

Frank, Richard B
Guadalcanal
Penguin

Lavery, Brian
Churchill's Navy
Conway Maritime

Dull, Paul S
A Battle History of the Imperial Japanese Navy
Naval Institute Press

Hornfischer, James D
Neptune's Inferno
Presidio Press

Kennedy, Paul M
The Rise and Fall of British Naval Mastery
Palgrove Macmillan

Konstam, Angus
The Battle of North Cape
Pen & Sword

Bismarck 1941
Osprey

Lowry, Thomas P & Welham, John
The Attack on Taranto
Stackpole

Mallmann-Showell, Jak P
A Companion to the German Navy
History Press

Marriott, Leo
Fighting Ships of World War II
Airlife

Middlebrook, Martin & Mahoney, Patrick
Battleship: The Loss of the Prince of Wales and the Repulse
Penguin

Morison, Samuel Eliot
The Two Ocean War
Little Brown
History of United States Naval Operations in World War II
Little Brown, 15 volumes

O'Hara, Vincent
The German Fleet At War
Naval Institute Press
On Seas Contested
Naval Institute Press

Padfield, Peter
War Beneath the Sea
Wiley
Dönitz: The Last Führer
HarperCollins
Battleship
Birlinn

Parshall, Jonathan
Shattered Sword
Potomac Books

Potter, John Deane
Fiasco
Macmillan

Robinson, Terence
Channel Dash
Pan Macmillan

Santarini Marc
Bismarck and Hood
Fonthill Media

Simmons, Mark
The Battle of Matapan
The History Press

Spurr, Russell
A Glorious Way To Die: The Kamikaze Mission of the Battleship Yamato
William Morrow Paperbacks

Stille, Mark
The Imperial Japanese Navy in the Pacific War
Osprey
The Naval Battle of Guadalcanal
Osprey

Symonds, Craig L
The Battle of Midway
OUP USA

Tillman, Barrett
Clash of the Carriers
New American Library

Tolk, Ian W
Pacific Crucible
Norton

Walling, Michael
Forgotten Sacrifice
Osprey

Wilson, Ben
Empire of the Deep
Phoenix

Williams, Andrew
The Battle of the Atlantic
BBC Books

Woodman, Richard
The Battle of the River Plate
Pen & Sword Maritime
Arctic Convoys
Pen & Sword

Van der Vat, Dan
Pearl Harbor
Basic Books
The Pacific Campaign
Hodder & Stoughton
The Atlantic Campaign
HarperCollins

Vego, Milan N
The Battle for Leyte
Naval Institute Press

Zimm, Alan D
The Attack on Pearl Harbor
Casemate

译名对照表

A	
Abbekerk	"阿伯比科克"号内燃机船
Abruzzi	"阿布鲁齐"号轻型巡洋舰
Acasta	英国"阿卡斯塔"号驱逐舰
Achilles	"阿基利斯"号巡洋舰
Admiral Graf Spee	"斯佩伯爵海军上将"号袖珍战列舰
Admiral Hipper	"希佩尔海军上将"号袖珍战列舰
Admiral Scheer	"舍尔海军上将"号袖珍战列舰
Africa Shell	"非洲壳牌"号油船
Ajax	"埃杰克斯"号轻型巡洋舰
Akagi	"赤城"号航母
Akigumo	"秋云"号驱逐舰
Alagi	"阿拉吉山"号潜艇
Alaska-class heavy cruiser	"阿拉斯加"级重型巡洋舰
Albacore	"大青花鱼"号潜艇
Albatros	"阿尔瓦特罗斯"号驱逐舰
Alcoa Ranger	"阿尔卡突击者"号商船
Aldersdale	"阿尔德斯代尔"号商船
Alfieri	"阿尔菲耶里"号驱逐舰
Allan Jackson	"艾伦·杰克逊"号油船
Allen, Stanley	斯担利·艾伦
Almeria Lykes	"阿尔梅里亚·莱克斯"号商船
Altmark	"阿尔特马克"号油船
Ambrosio, Vittorio	维托里奥·安布罗西奥
Aoba	"青叶"号重型巡洋舰
Archerfish	"射水鱼"号潜艇
Ardent	"热心"号驱逐舰
Arethusa	"阿瑞托莎"号轻型巡洋舰
Argus	"百眼巨人"号航母

Arizona	"亚利桑那"号战列舰
Ark Royal	"皇家方舟"号航母
Arkansas	"阿肯色"号战列舰
Armin	"阿明"号驱逐舰
Arromanches harbour, Normandy	诺曼底阿罗芒什港
Asagumo	"朝云"号驱逐舰
ASDIC underwater detection system	潜艇探索声呐
Ashlea	"阿拉什"号商船
Astoria	"阿斯托里亚"号重型巡洋舰
Atago	"爱宕"号重型巡洋舰
Athenia	"雅典娜"号客轮
Atlantis	"亚特兰蒂斯"号辅助巡洋舰
Attilio Regolo	"阿蒂利乌斯·雷古鲁斯"号巡洋舰
Augusta	"奥古斯塔"号重型巡洋舰
Aurora	"曙光女神"号巡洋舰
Azalea	"杜鹃花"号护卫舰
Azerbaijan	"阿塞拜疆"号油船
B	
B-25B bombers	B-25B轰炸机
Bagley	"巴格利"号驱逐舰
Baltimore-class heavy cruiser	"巴尔的摩"级重型巡洋舰
Barb	"鲱鱼"号潜艇
Barham	"巴勒姆"号战列舰
Bartolomeo Colleoni	"巴托洛梅奥·科莱奥尼"号轻型巡洋舰
Battle in the Mediterranean	地中海战役
Battle of Leyte Gulf	莱特湾海战

Battle of Midway	中途岛海战	Chance-Vought F4U-1 Corsairs	F4U-1"海盗"式战斗机
Battle of Savo Island	萨沃岛海战	Channel Dash	"海峡冲刺"行动
Battle of the Atlantic	大西洋海战	Chariot	"战车"鱼雷
Battle of the North Cape	北角海战	Chevalier	"希瓦利埃"号驱逐舰
Battle of the Philippine Sea	菲律宾海海战	Chicago	"芝加哥"号重型巡洋舰
Battle of Vella Lavella	韦拉拉韦拉岛海战	Chikuma	"筑摩"号重型巡洋舰
Battle off Cape Matapan	马塔潘角海战	Chiyoda	"千代田"号航母
Bearn	"贝阿恩"号航母	Chokai	"鸟海"号重型巡洋舰
Bedouin Forester	"贝都因森林人"号驱逐舰	Christopher Newport	"克里斯托弗·纽波特"号自由轮
Begg, William	威廉·贝格	Churchill, Winston	温斯顿·丘吉尔
Belleau Wood	"贝劳伍德"号航母	City of Flint	"弗林特城"号货船
Berwick	"贝里克"巡洋舰	City of Paris	"巴黎之城"号邮轮
Birmingham	"伯明翰"号巡洋舰	Clan Ferguson	"弗格森家族"号商船
Bismarck	"俾斯麦"号战列舰	Clement	"克莱门特"号货轮
Blucher	"布吕歇尔"号重型巡洋舰	Cleopatra	"克娄巴特拉"号巡洋舰
Blue	"布卢"号驱逐舰	Cleveland-class cruiser	"克利夫兰"级轻型巡洋舰
Bogue	"博格"号护航航母	Clyde	"克莱德"号潜艇
Boise	"博伊西"号轻型巡洋舰	Coastal Motor Boats	英国海岸快艇
Bolton Castle	"博尔顿城堡"号商船	Colleoni	"科莱奥尼"号轻型巡洋舰
Bolzano	"博尔扎诺"号重型巡洋舰	Commandant Teste	"特斯特指挥官"号水上飞机母舰
Bonte, Friedrich	弗里德里希·邦特	Conte di Cavour	"卡武尔伯爵"号战列舰
Boulonnais	"布朗奈斯"号驱逐舰	Coral Sea	珊瑚海
Brestois	"布雷什托伊斯"号驱逐舰	Cornwall	"康沃尔"号巡洋舰
Bretagne	"布列塔尼"号战列舰	Coronel	"科罗内尔"号武装劫掠船
Breuning, Karl	卡尔·布罗伊宁	Cossack	"哥萨克"号驱逐舰
Brisbane Star	"布里斯班之星"号商船	Courageous	"勇敢"号航母
British Expeditionary Force	英国远征军	Cowpens	"考佩斯"号轻型航母
British Motor Gunboat	英国摩托炮艇	Craven-class destroyer	"克雷文"级驱逐舰
Brooklynclass cruiser	"布鲁克林"级巡洋舰	Crested Eagle	"冠鹰"号明轮船
Buchanan	"布坎南"号驱逐舰	C-type magnetic mines	C型磁性水雷
Bulldog	"斗牛犬号"驱逐舰	Culebra	"库莱布拉"号轮船
Bunker Hill	"邦克山"号航母	Cumberland	"坎伯兰"号巡洋舰
C		Cunningham, Andrew	安德鲁·坎宁安
Cabot	"卡伯特"号轻型航母	Curlew	"杓鹬"号防空巡洋舰
Caire	"开罗"号巡洋舰	Curtiss P46-F Kittyhawk Mark IV	寇蒂斯P46-F"小鹰"式战斗机
California	"加利福尼亚"号战列舰	D	
Campbell	"坎贝尔敦"驱逐舰	D'Oyly-Hughes, Guy	盖伊·休斯
Campioni, Inigo	伊尼戈·坎皮奥尼	Dace	"鲦鱼"号巡逻潜艇
Cape Matapan	马塔潘角	Danae	"达娜厄"号巡洋舰
Carducci	"卡尔杜齐"号驱逐舰	Daniel Morgan	"丹尼尔·摩根"号商船
Carlton	"卡尔顿"号商船		
Cavagnari, Domenico	多梅尼科·卡瓦尼亚里		
Cavalla	"棘鳍"号潜艇		

Daniels, Henry	亨利·丹尼尔斯
Darlan, François	弗朗索瓦·达尔朗
Darter	"海鲫"号巡逻潜艇
D-Day	诺曼底登陆
de la Penne, Luigi	路易吉·德拉彭内
Delaware	"特拉华"号战列舰
depth charges	深水炸弹攻击
Deucalion	"丢卡利翁"号商船
Deutschland	"德意志"号袖珍战列舰，参见"吕佐夫"号
Devonshire	"德文郡"号巡洋舰
Dixie Arrow	"南方之箭"号油船
Dönitz, Karl	卡尔·邓尼茨
Dora	"多拉"号战列舰
Doria	"多里亚"号战列舰
Doric Star	"多立克之星"号货船
Dornier Do bombers	"道尼尔"式Do-17轰炸机
Dorsetshire	"多塞特郡"号重型巡洋舰
Douglas SBD Dauntless	"无畏"式俯冲轰炸机
Duilio	"杜伊利奥"号战列舰
Duke of York	"约克公爵"号战列舰
Duncan	"邓肯"号驱逐舰
Dunkerque	"敦刻尔克"号战列舰
Dunkirk	敦刻尔克
Dupleix	"杜布雷"号巡洋舰
E	
Eagle	"鹰"号航母
Earlston	"厄尔斯顿"号商船
E-boats see S-boats	E艇，参见S艇
Edinburgh	"爱丁堡"号重型巡洋舰
Effingham	"埃芬厄姆"号巡洋舰
Eisenhower, Dwight D.	德怀特·戴维·艾森豪威尔
El Capitan	"埃尔卡皮坦"号商船
Elliman, P. D.	P.D. 埃利曼
Emmy Friedrichs	"埃米·弗里德里希"号补给舰
Empire Byron	"拜伦帝国"号商船
Empire Hope	"帝国希望"号商船
Empire Howard	"霍华德帝国"号商船
Enterprise	"企业"号航母
Eskimo	"爱斯基摩人"号驱逐舰
Essex	"埃塞克斯"号航母
Exeter	"埃克塞特"号巡洋舰
Express	"快车"号驱逐舰

F	
Fairey Albacore torpedo bomber	费瑞"青花鱼"式舰载鱼雷轰炸机
Fairfield City	"费尔菲尔德城"号商船
Farenholt	"法伦霍尔特"驱逐舰
Field, Frederick	弗雷德里克·菲尔德
First Sea Lord	第一海务大臣
Fiume	"菲乌梅"重型巡洋舰
Flasher	"松鲷"号潜艇
Fleet Air Arm	英国海军航空兵
Fletcher-class destroyer	"弗莱彻"级驱逐舰
Foch	"福煦"号巡洋舰
Force H	英国H舰队
Force Z	英国Z舰队
Foresight	"远见"号驱逐舰
Formidable	"无畏"号航母
Fougueux	"福格埃克斯"号驱逐舰
Franklin	"富兰克林"号航母
French, William	威廉·弗伦奇
Frobisher	"弗罗比歇"号巡洋舰
Frondeur	"弗洛恩德乌尔"号驱逐舰
Fujinami	"藤波"号驱逐舰
Fumizuki	"文月"号驱逐舰
Furious	"暴怒"号航母
Furutaka	"古鹰"号重型巡洋舰
Fuso	"扶桑"号战列舰
G	
Gambier Bay	"甘比尔湾"号航母
Garibaldi	"加里波第"号轻型巡洋舰
Gato	"猫鲨"号潜艇
Gensoul, Marcel	马塞尔·让苏尔
Georges Leygues	"乔治·莱格"号巡洋舰
Giovanni Delle Bande Nere	"乔瓦尼·达莱·班德·内雷"号轻型巡洋舰
Giulio Cesare	"朱利奥·凯撒"号战列舰
Glenorchy	"格林诺奇"号商船
Glorious	"光荣"号航母
Gloucester	"格洛斯特"号轻型巡洋舰
Glowworm	"萤火虫"号驱逐舰
Gneisenau	"格奈泽瑙"号战列巡洋舰
Goebbels, Joseph	约瑟夫·戈培尔
Gort, John	约翰·戈特
Gotland	"哥特兰岛"号巡洋舰

Graf Zeppelin	"齐柏林伯爵"号航母		Ilex	"圣栎"号驱逐舰
Grenade	"榴弹"号驱逐舰		Illustrious	"光辉"号航母
Greyhound	"灰猎犬"号驱逐舰		Independence	"独立"号轻型航母
Grumman F6F-3 Hellcats	格鲁曼F6F-3"地狱猫"式战斗机		Indomitable	"不屈"号航母
Guadalcanal	瓜岛		International Arms Limitation Agreement	《限制海军军备条约》
Gurkha	"廓尔喀"号驱逐舰		Iowa	"衣阿华"号战列舰
H			Ise	"日向"号战列舰
Haguro	"羽黑"号重型巡洋舰		Isokaze	"矶风"号驱逐舰
Halder, Franz	弗朗茨·哈尔德		Italia	"意大利"号战列舰
Halibut	"大比目鱼"号潜艇		**J**	
Hanakaze	"滨风"号驱逐舰		Jaguar	"美洲虎"号驱逐舰
Hardegen, Reinhard	莱因哈德·哈德根		Jamaica	"牙买加"号巡洋舰
Hardy	"哈迪"号驱逐舰		Jean Bart	"让·巴尔"号战列舰
Hartlebury	"哈特尔伯里"号商船		Jervis	"杰维斯"号驱逐舰
Haruna	"榛名"号战列舰		John Witherspoon	"约翰·威瑟斯彭"号商船
Harwood, Henry	亨利·哈伍德		Johnston	"约翰斯顿"号驱逐舰
Hasty	"急火"号驱逐舰		Jungo	"隼鹰"号轻型航母
Hatsukaze	"初风"号驱逐舰		**K**	
Havoc	"浩劫"号驱逐舰		Kaga	"加贺"号航母
Helena	"海伦娜"号轻型巡洋舰		kaitens	"回天"鱼雷
Helm	"赫尔姆"号驱逐舰		Kako	"加古"号重型巡洋舰
Hermes	"竞技神"号航母		Kaliin Bay	"加里宁湾"航母
Hero	"英雄"号驱逐舰		kamikaze torpedo-bombers	自杀性鱼雷轰炸机
Hiei	"比睿"号战列舰		Kandahar	"坎大哈"号驱逐舰
Hiryu	"飞龙"号航母		Karlsruhe	"卡尔斯鲁厄"号轻型巡洋舰
Hitler, Adolf	阿道夫·希特勒		Kasii Maru	"花木丸"号客运货船
HMS Vernon	英国皇家海军"弗农"号水雷学校		Kassos	"卡索斯"号货船
Hoel	"霍尔"号驱逐舰		Kazagummo	"风云"号驱逐舰
Home Fleet	英国本土舰队		Kell, Vernon	弗农·凯尔
Honomu	"霍诺穆"号商船		Kenya	"肯尼亚"号巡洋舰
Hood	"胡德"号战列巡洋舰		Kiel dry dock	基尔干船坞
Hoosier	"印第安纳人"号商船		Kim	苏联"基姆"舰队辅助船
Hornet	"大黄蜂"号航母		Kimberley	"金伯利"号驱逐舰
Hostile	"敌人"号驱逐舰		King George V-class	"国王乔治五世"级战列舰
Hotspur	"热刺"号驱逐舰		Kingston	"金斯顿"号驱逐舰
Hudson	"哈德逊"式侦察机		Kinugasa	"衣笠"号重型巡洋舰
Hunter	"猎人"号驱逐舰		Kirishima	"雾岛"号战列舰
Huntsman	"猎手"号货船		Kitajima, Ichiro	北岛一郎
Hyperion	"亥伯龙神"号驱逐舰		Kiyoshimo	"清霜"号驱逐舰
I			Knute Nelson	"克努特·内尔松"号油船
I-400 submarines	"伊400"级潜艇		Königsberg	"柯尼希斯山"号轻型巡洋舰
Icarus	"伊卡洛斯"号驱逐舰		Kormoran	"鸬鹚"号辅助巡洋舰

Kretschmer, Otto	奥托·克雷奇默	Maya	"摩耶"号重型巡洋舰
Kuinne	"奎恩"号驱逐舰	McCalla	"麦卡拉"号驱逐舰
Kurita, Takeo	栗田健男	Mediterranean	地中海
L		Melbourne Star	"墨尔本之星"号商船
Lady Hawkins	"霍金斯夫人"号邮轮	Mers-el-Kébir, Algeria	阿尔及利亚凯比尔港
Laffey	"拉菲"号驱逐舰	Michel	"米歇尔"号辅助巡洋舰
Lance	"兰斯"号驱逐舰	Michigan	"密歇根"号战列舰
Landing Craft Infantries	步兵登陆舰	Michishio	"满潮"号驱逐舰
Landing Ship Tanks	坦克登陆舰	Mignatta assault craft	"水蛭"鱼雷
Langley	"兰利"号航母	Mikasa	"三笠"号战列舰
Langsdorff, Hans	汉斯·朗斯多夫	Mogador	"摩加多尔"号驱逐舰
LCI9L-32C	"LCI9L-32C"号步兵登陆舰	Montana-class battleship	"蒙大拿"级战列舰
LCT-305 tank landing craft	305号坦克登陆舰	Montcalm	"蒙卡尔姆"号轻巡洋舰
Ledbury	"莱德伯里"号驱逐舰	Monterey	"蒙特雷"号轻型航母
Lemp, Fritz-Julius	弗里茨-朱利叶斯·伦普	Motor Torpedo Boats	英国鱼雷快艇
Letitia	"利蒂希亚"号小艇	Musashi	"武藏"号战列舰
Lexington	"列克星敦"号航母	Musketeer	"火枪手"号驱逐舰
Leyte Gulf	莱特湾	Mussolini, Benito	墨索里尼
Lindermann, Ernst	恩斯特·林德曼	Myoko	"妙高"号重型巡洋舰
Littorio	"利托里奥"号战列舰	**N**	
Lively	"活泼"号驱逐舰	Nagara	"长良"号轻型巡洋舰
London Naval Agreement, Prize Regulations	《伦敦海军条约》"战时捕获法则"	Nagato	"长门"号战列舰
		Nagumo, Chuichi	南云忠一
LST-325	LST-325号坦克登陆舰	Naiad	"水中仙女"号巡洋舰
Ludemann	"吕德曼"号驱逐舰	Narvik, Norway	挪威纳尔维克港
Lutjens, Günther	冈瑟·卢金斯	Nashville	"纳什维尔"号轻型巡洋舰
Lützow	德国"吕佐夫"号袖珍战列舰	Navarino	"纳瓦里诺"号商船
M		Nelson	"纳尔逊"号战列舰
Magdepur	"马格德堡"号轮船	Neosho	"尼奥肖"号战列舰
Maiale assault craft	"猪猡"型鱼雷航行器	Neptune	"海王星"号轻型巡洋舰
Makeig-Jones, William T.	威廉·托菲尔德·马凯格–琼斯	Nevada	"内华达"号战列舰
Malin	"马林"号驱逐舰	New Orleans-class heavy cruiser	"新奥尔良"级重型巡洋舰
Malta	马耳他	Newton Beech	"牛顿海滩"号货船
Manchester	"曼彻斯特"号巡洋舰	Nigeria	"尼日利亚"号巡洋舰
Mapia	"梅皮亚"号货船	Nimitz, Chester W.	切斯特·威廉·尼米兹
Maryland	"马里兰"号战列舰	Norfolk	"诺福克"号重型巡洋舰
MAS assault craft	意大利鱼雷摩托艇	Norness	"诺内斯"号油船
Massachusetts	"马萨诸塞"号战列舰	North Carolina-class battleship	"北卡罗莱纳"级战列舰
Matabele	"马塔贝莱"号驱逐舰		
Matsukaze	"松风"号驱逐舰	North Dakota	"北达科他"号战列舰
Maugeri, Franco	佛朗哥·毛杰里	Norway	挪威
Mauritius	"毛里求斯"号巡洋舰	Nubian	"努比亚人"号驱逐舰

Nuremberg Trials	纽伦堡审判	Plan Orange	橙色计划
O		Plan Z	Z计划
O'Bannon	"奥班农"号驱逐舰	Pola	"波拉"号重型巡洋舰
O'Kane, Richard	理查德·奥凯恩	Polyphemus	"波吕斐摩斯"号货船
Ohio	"俄亥俄"号高速油船	Port Castle	"港口城堡"号商船
Oklahoma	"俄克拉荷马"号战列舰	Pownall, Henry	亨利·波纳尔
Olopana	"奥洛帕纳"号商船	Pridham-Wippell, Henry	亨利·普里德姆-威佩尔
Olterra	"奥尔特拉"号油船	Prien, Günther	冈瑟·普里恩
Operation Cartwheel	车轮行动	Primauguet	"普里茅盖特"号轻型巡洋舰
Operation Cerebus	地狱犬行动	Prince of Wales	"威尔士亲王"号战列舰
Operation Drum Roll	击鼓行动	Princeton	"普林斯顿"号轻型航母
Operation Dynamo	发电机行动	Prinz Eugen	"欧根亲王"号重型巡洋舰
Operation Husky	哈士奇行动	Prize Regulations, London Naval Agreement	《伦敦海军条约》"战时捕获法则"
Operation Judgement	审判行动		
Operation Ostfront	东线行动	Provence	"普罗旺斯"号战列舰
Operation Overlord	霸王行动	PT boats (PTs)	美国PT鱼雷快艇
Operation Pedestal	基座行动	PT-105	"PT-105"号鱼雷快艇
Operation Pluto	"冥王星"海底管道铺设行动	PT-109	"PT-109"号鱼雷快艇
Operation Rheinübung	莱茵河演习行动	Python	"大蟒"号补给舰
Operation Sealion	海狮行动	Q	
Operation Ten-Go	"天一号"作战行动	Queen Elizabeth	"伊丽莎白女王"号战列舰
Operation Tiger	老虎演习	Quincy	"昆西"号重型巡洋舰
Operation Torch	火炬行动	R	
Opportune	"及时"号驱逐舰	Raeder, Erich	埃里希·雷德
Orion	"猎户座"号辅助巡洋舰	Ralph Talbot	"拉尔夫·塔尔伯特"号驱逐舰
Oropresa	盟军奥罗佩萨扫雷具	Ramillies	"拉米伊"号战列舰
Ouvry, John G. D.	约翰·加尔诺·德拉艾·乌弗里	Ramsey, Bertram	伯特伦·拉姆齐
P		Rasher	"红石鱼"号潜艇
Pacific Ocean	太平洋	Rawalpindi	"拉瓦尔品第"号辅助巡洋舰
Pankraft	"潘克拉夫特"号商船	R-class British battleship	英国R级战列舰
Panzerschiffen	装甲舰		
Patterson	"帕特森"号驱逐舰	Renown	"闻名"号小船
Paulus Potter	"保罗·斯波特"号商船	Renown	"声望"号战列巡洋舰
Pearl Harbor	珍珠港	Repulse	"反击"号战列巡洋舰
Penelope	"佩内洛普"号巡洋舰	Resolution	"决心"号战列舰
Penn	"佩恩"号驱逐舰	Revenge	"复仇"号战列舰
Pennsylvania	"宾夕法尼亚"号战列舰	Richard Zapp	理查德·扎普
Perth	"珀斯"号轻型巡洋舰	Richelieu	"黎塞留"号战列舰
Peter Kerr	"彼得·科尔"号商船	River Afton	"阿夫顿河"号商船
Phelps	"菲尔普斯"号驱逐舰	Roberts	"罗伯茨"号战列舰
Philippine Sea	菲律宾海	Rochester Castle	"罗切斯特城堡"号商船
Phillips, Tom	汤姆·菲利普斯	Rodney	"罗德尼"号战列舰
Pinguin	"企鹅"号辅助巡洋舰		

Rogge, Bernard	伯恩哈德·罗格	SLCs	人操鱼雷
Roma	"罗马"号战列舰	Solomon Islands	所罗门群岛
Roosevelt, Franklin D.	富兰克林·罗斯福	Somerville, James	詹姆斯·萨默维尔爵士
Royal Oak	"皇家橡树"号战列舰	Soryu	"苍龙"号航母
Royal Sovereign	"君权"号战列舰	South Carolina	"南卡罗莱纳"号战列舰
Ryuhu	"龙凤"号航母	South Dakota-class battleship	"南达科他"级战列舰
Ryujo	"龙骧"号轻型航母	Southern Cross	"南十字"号蒸汽游艇
S		St Abbas	"圣阿巴斯"号拖船
Sagona	"萨戈纳"号油船	Stalin, Joseph	约瑟夫·斯大林
Saladin	"萨拉丁"号驱逐舰	Stier	"金牛座"号辅助巡洋舰
Salt Lake City	"盐湖城"号重型巡洋舰	Stord	"斯图尔"号驱逐舰
Samidare	"五月雨"号驱逐舰	Strasbourg	"斯特拉斯堡"号战列巡洋舰
San Francisco	"旧金山"号重型巡洋舰	Streonshalh	"斯聚恩肖"号商船
Santa Elisa	"圣埃莉莎"号商船	Stuart	"斯图亚特"号驱逐舰
Saratoga	"萨拉托加"号航母	Suffolk	"萨福克"号巡洋舰
Sasumi	"朝霜"号驱逐舰	suicide weapons	自杀性武器
Saumarez	"索马里兹"号驱逐舰	surface raiders	武装劫掠船
Savage	"野人"号驱逐舰	Sussex	"萨塞克斯"号巡洋舰
Savoia-Marchetti tS79-II trimotor bomber	"萨沃亚-马尔切蒂"式tS79-II型三发动机轰炸机	Suzutsuki	"凉月"号驱逐舰
		Sydney	"悉尼"号轻型巡洋舰
S-boats	德国S艇	Szent Istvan	"圣伊斯特万"号战列舰
Scapa Flow	斯卡帕湾	T	
Scharnhorst	"沙恩霍斯特"号战列巡洋舰	Taconna	"塔克纳"号商船
Schepke, Joachim	阿希姆·施普克	Taiho	"大凤"号航母
Schleswig-Holstein	"石勒苏益格-荷尔斯泰因"号战列舰	Tairoa	"泰罗亚"号商船
Scimitar	"弯刀"号驱逐舰	Tang	"刺尾鱼"号潜艇
Scipio Africano	"大西庇阿"号轻型巡洋舰	Tanikaze	"谷风"号驱逐舰
Scire	"希雷"号潜艇	Taranto	塔兰托
Scorpion	"蝎子"号驱逐舰	Tartar	"鞑靼"号驱逐舰
Sealion	"海狮"号潜艇	Tennessee	"田纳西"号战列舰
Selfridge	"塞尔弗里奇"号驱逐舰	Tenryu	"天龙"号轻型巡洋舰
Sendai	"川内"号轻型巡洋舰	Texas	"得克萨斯"号战列舰
Shigure	"时雨"号驱逐舰	Thor	"雷神托尔"号辅助巡洋舰
Shinano	"信浓"号航母	Tirpitz	"提尔皮茨"号战列舰
Shiratsuyu	"白露"号驱逐舰	Tojo, Hideki	东条英机
Shokaku	"翔鹤"号航母	Tone	"利根"号重型巡洋舰
Shropshire	英国"什罗普郡"号巡洋舰	Tosa	"土佐"号战列舰
Sicily	西西里岛	Tovey, John	约翰·托维
Sidi Ferruch, Algiers	阿尔及尔西迪·菲鲁奇	Treaty of Versailles	《凡尔赛和约》
Sims	"西姆斯"号驱逐舰	Trento	"特伦托"号重型巡洋舰
Skua	"贼鸥"式俯冲轰炸机	Trevanion	"特里文尼恩"号货轮
Slapton Sands, Devon	德文郡斯拉普顿海滩	Trieste	"的里雅斯特"号重型巡洋舰

Trinidad	"特立尼达"号巡洋舰	Wake-Walker, William	威廉·韦克-沃克
Truant	"懒惰"号潜艇	Walker	"步行者"号驱逐舰
Tuscaloosa	"塔斯卡卢萨"号巡洋舰	Wanklyn, David	戴维·旺克林
U		Warburton-Lee, Bernard	伯纳德·沃伯顿-李
U-29	"U-29"号潜艇	Warspite	"厌战"号战列舰
U-30	"U-30"号潜艇	Washington	"华盛顿"号战列舰
U-47	"U-47"号潜艇	Washington Naval Treaty	《华盛顿海军条约》
U-51	"U-51"号潜艇	Wasp	"黄蜂"号航母
U-66	"U-66"号潜艇	Weissenberg	"魏森堡"号油船
U-71	"U-71"号潜艇	West Virginia	"西弗吉尼亚"号战列舰
U-73	"U-73"号潜艇	Whitworth, William	威廉·惠特沃思
U-94	"U-94"号潜艇	Wichita	"威奇塔"号巡洋舰
U-99	"U-99"号潜艇	Widder	"寡妇"号辅助巡洋舰
U-100	"U-100"号潜艇	Wien	"维恩"号海岸防御舰
U-109	"U-109"号潜艇	Wilhelm Gustloff	"威廉·古斯塔夫"号运兵船
U-110	"U-110"号潜艇	Wilhelm Heidkamp	"威廉·海德坎普"号驱逐舰
U-123	"U-123"号潜艇	William Hooper	"威廉·胡珀"号商船
U-125	"U-125"号潜艇	Wilson	"威尔逊"号驱逐舰
U-126	"U-126"号潜艇	Wilson, Woodrow	伍德罗·威尔逊
U-235	"U-235"号潜艇	Windsor	"温莎"号驱逐舰
U-403	"U-403"号潜艇	Wolverine	"金刚狼"号驱逐舰
U-408	"U-408"号潜艇	Worcester	"伍斯特"号驱逐舰
U-boats	U型潜艇	**X**	
Upholder	"支持者"号潜艇	X-craft	X型微型潜艇
Urakaze	"浦风"号驱逐舰	**Y**	
Uranami	"浦波"号驱逐舰	Yahagi	"矢矧"号轻型巡洋舰
V		Yamagumo	"山云"号驱逐舰
Valiant	"勇士"号战列舰	Yamamoto, Isoroku	山本五十六
Vanguard	"前卫"号驱逐舰	Yamashiro	"山城"号驱逐舰
Vanoc	"瓦诺克"号驱逐舰	Yamato	"大和"号战列舰
Vestal	"维斯塔尔"号战列舰	York	"约克"号巡洋舰
Vian, Philip	菲利普·维安	Yorktown	"约克城"号航母
Victorious	"胜利"号航母	Yubari	"夕张"号轻型巡洋舰
Vincennes	"温森斯"号重型巡洋舰	Yugumo	"夕云"号驱逐舰
Virago	"悍妇"号驱逐舰	Yunagi	"夕凪"号驱逐舰
Vireo	"绿娟"号扫雷舰	**Z**	
Viribus Unitis	"联合力量"号战列舰	Zaafaran	"扎法兰"号商船
Vittorio Veneto	"维托里奥·维内托"号战列舰	Zara	"扎拉"号重型巡洋舰
W		Zenker	"岑克尔"号驱逐舰
Wairangi	"维兰吉"号商船	Zuikaku	"瑞鹤"号航母
Wakatsuki	"若月"号驱逐舰		

历史图文系列
用图片和文字记录人类文明轨迹

策划：朱策英
Email：gwpbooks@foxmail.com

金城出版社 GOLD WALL PRESS

空战图文史：1939—1945年的空中冲突
[英]杰里米·哈伍德/著 陈烨/译

本书是二战三部曲之一。通过丰富的图片和通俗的文字，全书详细讲述二战期间空战全过程，生动呈现各国军力、战争历程、重要战役、科技变革、军事创新等诸多历史细节，还涉及大量武器装备和历史人物，堪称一部全景式二战空中冲突史，也是一部近代航空技术发展史。

海战图文史：1939—1945年的海上冲突
[英]杰里米·哈伍德/著 付广军/译

本书是二战三部曲之二。通过丰富的图片和通俗的文字，全书详细讲述二战期间海战全过程，生动呈现各国军力、战争历程、重要战役、科技变革、军事创新诸多历史细节，还涉及大量武器装备和历史人物，堪称一部全景式二战海上冲突史，也是一部近代航海技术发展史。

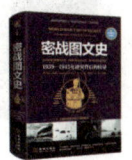

密战图文史：1939—1945年冲突背后的较量
[英]加文·莫蒂默/著 付广军 施丽华/译

本书是二战三部曲之三。通过丰富的图片和通俗的文字，全书详细讲述二战背后隐秘斗争全过程，生动呈现各国概况、战争历程、重要事件、科技变革、军事创新等诸多历史细节，还涉及大量秘密组织和间谍人物及其对战争进程的影响，堪称一部全景式二战隐秘斗争史，也是一部二战情报战争史。

堡垒图文史：人类防御工事的起源与发展
[英]杰里米·布莱克/著 李驰/译

本书通过丰富的图片和生动的文字，详细描述了防御工事发展的恢弘历程及其对人类社会的深远影响，包括堡垒起源史、军事应用史、技术创新史、思想演变史、知识发展史等。这是一部人类防御发展史，也是一部军事技术进步史，还是一部战争思想演变史。

武士图文史：影响日本社会的700年
[日]吴光雄/著 陈烨/译

通过丰富的图片和详细的文字，本书生动讲述了公元12至19世纪日本武士阶层从诞生到消亡的过程，跨越了该国封建时代的最后700年。全书穿插了盔甲、兵器、防御工事、战术、习俗等各种历史知识，并呈现了数百幅彩照、古代图画、示意图、手绘图、组织架构图等等。本书堪称一部日本古代军事史，一部另类的日本冷兵器简史。

太平洋战争图文史：通往东京湾的胜利之路
[澳]罗伯特·奥尼尔/主编 傅建一/译

本书精选了二战中太平洋战争的10场经典战役，讲述了各自的起因、双方指挥官、攻守对抗、经过、结局等等，生动刻画了盟军从珍珠港到冲绳岛的血战历程。全书由7位世界知名二战史学家共同撰稿，澳大利亚社科院院士、牛津大学战争史教授担纲主编，图片丰富，文字翔实，堪称一部立体全景式太平洋战争史。

纳粹兴亡图文史：希特勒帝国的毁灭
[英]保罗·罗兰/著 晋艳/译

本书以批判的视角讲述了纳粹运动在德国的发展过程，以及希特勒的人生浮沉轨迹。根据大量史料，作者试图从希特勒的家庭出身、成长经历等分析其心理与性格特点，描述了他及其党羽如何壮大纳粹组织，并最终与第三帝国一起走向灭亡的可悲命运。

潜艇图文史：无声杀手和水下战争
[美]詹姆斯·德尔加多/著 傅建一/译

本书讲述了从1578年人类首次提出潜艇的想法，到17世纪20年代初世界上第一艘潜水器诞生，再到1776年用于战争意图的潜艇出现，直至现代核潜艇时代的整个发展轨迹。它呈现了一场兼具视觉与思想的盛宴，一段不屈不挠的海洋开拓历程，一部妙趣横生的人类海战史。

狙击图文史：影响人类战争的400年
[英]帕特·法里 马克·斯派瑟/著 傅建一/译

本书讲述了自17至21世纪的狙击发展史。全书跨越近400年的历程，囊括了战争历史、武器装备、技术水平、战术战略、军事知识、枪手传奇以及趣闻逸事等等。本书堪称一部图文并茂的另类世界战争史，也是一部独具特色的人类武器演进史，还是一部通俗易懂的军事技术进化史。

战舰图文史 （第1册）：从古代到1750年
[英]山姆·威利斯/著　朱鸿飞　泯然/译

本书以独特的视角，用图片和文字描绘了在征服海洋的过程中，人类武装船只的进化史，以及各种海洋强国的发展脉络。它不仅介绍了经典战舰、重要事件、关键战役、技术手段、建造图样和代表人物等细节，还囊括了航海知识、设计思想、武器装备和战术战略的沿革……第1册记录了从古代到公元1750年的海洋争霸历程。

战舰图文史 （第2册）：从1750年到1850年
[英]山姆·威利斯/著　朱鸿飞　泯然/译

本书以独特的视角，用图片和文字描绘了在征服海洋的过程中，人类武装船只的进化史，以及各种海洋强国的发展脉络。它不仅介绍了经典战舰、重要事件、关键战役、技术手段、建造图样和代表人物等细节，还囊括了航海知识、设计思想、武器装备和战术战略的沿革……第2册记录了从公元1750年到1850年的海洋争霸历程。

战舰图文史（第3册）：从1850年到1950年
[英]山姆·威利斯/著　朱鸿飞　泯然/译

本书以独特的视角，用图片和文字描绘了在征服海洋的过程中，人类武装船只的进化史，以及各种海洋强国的发展脉络。它不仅介绍了经典战舰、重要事件、关键战役、技术手段、建造图样和代表人物等细节，还囊括了航海知识、设计思想、武器装备和战术战略的沿革……第3册记录了从公元1850年到1950年的海洋争霸历程。

医学图文史：改变人类历史的7000年（精、简装）
[英]玛丽·道布森/著　苏静静/译

本书运用通俗易懂的文字和丰富的配图，以医学技术的发展为线，穿插了大量医学小百科，着重讲述了重要历史事件和人物的故事，论述了医学怎样改变人类历史的进程。这不是一本科普书，而是一部别样的世界人文史。

疾病图文史：影响世界历史的7000年（精、简装）
[英]玛丽·道布森/著　苏静静/译

本书运用通俗易懂的文字和丰富的配图，以人类疾病史为线，着重讲述了30类重大疾病背后的故事和发展脉络，论述了疾病怎样影响人类历史的进程。这是一部生动刻画人类7000年的疾病抗争史，也是世界文明的发展史。

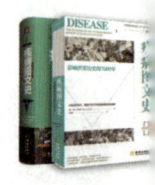

间谍图文史：世界情报战5000年
[美]欧内斯特·弗克曼/著　李智　李世标/译

本书叙述了从古埃及到"互联网+"时代的间谍活动的历史，包括重大谍报事件的经过，间谍机构的演变，间谍技术的发展过程等，文笔生动，详略得当，语言通俗，适合大众阅读。

二战图文史：战争历程完整实录（全2册）
[英]理查德·奥弗里/著　朱鸿飞/译

本书讲述了从战前各大国的政治角力，到1939年德国对波兰的闪电战，再到1945年日本遭原子弹轰炸后投降，直至战后国际大审判及全球政治格局。全书共分上下两册，展现了一部全景式的二战图文史。

第三帝国图文史：纳粹德国浮沉实录
[英]理查德·奥弗里/著　朱鸿飞/译

本书用图片和文字还原了纳粹德国真实的命运轨迹。这部编年体史学巨著通过简洁有力的叙述，辅以大量绝密的历史图片，珍贵的私人日记、权威的官方档案等资料，把第三帝国的发展历程（1933—1945）完整立体呈现出来。

世界战役史：还原50个历史大战场
[英]吉尔斯·麦克多诺/著　巩丽娟/译

人类的历史，某种意义上也是一部战争史。本书撷取了人类战争史中著名大战场，通过精练生动的文字，珍贵的图片资料，以及随处可见的战术思维、排兵布阵等智慧火花，细节性地展现了一部波澜壮阔的世界战役史。

希特勒的私人藏书：那些影响他一生的图书
[美]提摩西·赖贝克/著　孙韬　王砚/译

本书通过潜心研究希特勒在藏书中留下的各类痕迹，批判分析其言行与读书间的内在逻辑，生动描绘了他从年轻下士到疯狂刽子手的思想轨迹。读者可以从中了解他一生收藏了什么书籍，书籍又对他产生了何种影响，甚至怎样改变命运。